Kathrin Rathsam / Jochen Schleyer

Spanische Grammatik

für die Mittel- und Oberstufe

Cornelsen

Spanische Grammatik

für die Mittel- und Oberstufe

Neue Ausgabe

Im Auftrag des Verlages erarbeitet von: Kathrin Rathsam, Jochen Schleyer

Redaktion: Ute Gebel, Marit Reifenstein, Heike Malinowski (Projektleitung)
Berater: Dr. Barbara Köberle
Illustrationen: Christoph Grundmann, Darmstadt
Gesamtgestaltung und technische Umsetzung: Heike Börner, Berlin

Die Mediencodes enthalten ausschließlich optionale Unterrichtsmaterialien; sie unterliegen nicht dem staatlichen Zulassungsverfahren.

www.cornelsen.de

2. Auflage, 1. Druck 2014

Alle Drucke dieser Auflage sind inhaltlich unverändert und können im Unterricht nebeneinander verwendet werden.

Druck: Firmengruppe APPL, aprinta Druck, Wemding

ISBN 978-3-06-024384-6

PEFC/04-32-0928

PEFC zertifiziert

Dieses Produkt stammt aus nachhaltig bewirtschafteten Wäldern und kontrollierten Quellen

www.pefc.de

Gebrauchsanleitung

Diese *Spanische Grammatik* für die Schule umfasst den gesamten grammatischen Stoff: von der Mittelstufe bis zum Abitur.

Sie ist in drei große Teile gegliedert, die du oben auf der Seite wiederfindest:

Wörter In diesem Teil kannst du alle Wortarten (z. B. Substantive, Verben, Adjektive), ihre Formen und ihren Gebrauch nachsehen.

Sätze Dieser Teil informiert dich darüber, wie du spanische Sätze bildest (z. B. Aussagesätze, Fragesätze, Aufforderungssätze), wie du Sätze miteinander verknüpfst und was du dabei beachten musst.

Texte In diesem Teil werden Fragen behandelt, die mit dem Schreiben von spanischen Texten zu tun haben. Du findest darin praktische Hinweise zum Verfassen von Texten sowie Beispieltexte zu verschiedenen Textsorten, die du in der Schule brauchen kannst, z.B. Zusammenfassung, Personencharakterisierung und Kommentar.

In den meisten Fällen wirst du diese Grammatik aber dann aufschlagen, wenn du Erklärungen zu einem ganz bestimmten grammatischen Problem suchst. Wie kannst du in dieser Grammatik etwas finden?

¿nuestro? Du suchst ein bestimmtes Wort, kennst aber den grammatischen Fachausdruck dafür nicht.
→ Du suchst das Wort hinten im **Register**. Dort sind die Seiten und Kapitel angegeben, auf denen du alles über dieses Wort nachlesen kannst, z. B. **nuestro** (Possessivpronomen) S. 28/2.3.

Konditionalsatz? Du suchst eine Erklärung zu einem grammatischen Begriff.
→ Diesen Begriff suchst du ebenfalls im **Register**. Dort wirst du auf die Seiten und Kapitel verwiesen, auf denen du Erklärungen dazu findest, z. B. **Konditionalsatz** S. 268/20.

Du willst ein ganzes Grammatikkapitel wiederholen (z. B. das Adverb).
→ Du suchst im **Inhaltsverzeichnis** das Kapitel zu den Adverbien (5. Das Adverb).

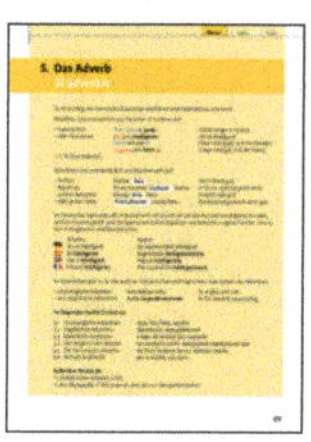

Die erste Seite des betreffenden Kapitels ist orange hervorgehoben. Dort findest du eine Übersicht über den Inhalt des Kapitels.

Innerhalb der Kapitel gibt es unterschiedliche Hinweise:

Merke! Kurz gefasste Regeln zum Lernen,

Lerntipp: Hinweise zum Lernen bestimmter Regeln, Merksprüche oder schlaue Wege sich etwas zu merken,

⚠ Ausnahmen oder bestimmte Dinge, die man besonders beachten muss.

las **once** y media
onze heures et demie
half past **eleven**
halb zwölf

Vergleiche mit anderen Sprachen (Französisch, Englisch, Deutsch)

Zusatzwissen: Grammatischer Stoff, der für die Oberstufe gedacht ist, d. h. für Schüler und Schülerinnen, die die Grundregeln schon beherrschen. In der Mittelstufe musst du dich nicht damit beschäftigen.

▸ S. 139 (Unpersönliche Verben) Sehr hilfreich sind die zahlreichen Querverweise. Sie zeigen dir, auf welcher Seite du weiterführende Informationen finden kannst, die über das Thema eines Kapitels hinausgehen oder eng damit verbunden sind.

Auf einen Blick: In diesen Tabellen findest du Übersichten über grammatische Formen, Zusammenfassungen oder Gegenüberstellungen.

¿Cómo evitar errores? Diesen Abschnitt findest du am Ende der meisten Kapitel. Es ist in jedem Fall sinnvoll, ihn dir anzusehen. Dort findest du:
- Tipps zur Vermeidung typischer Fehler,
- Übersetzungshilfen für Fälle, in denen du dich im Spanischen ganz anders ausdrückst als im Deutschen
- und Hinweise zur Verbesserung deines Stils.

Vielleicht findest du dort genau das, was du suchst.

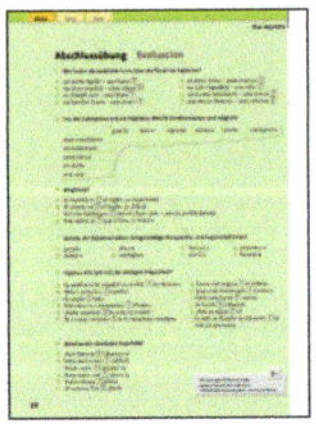

Evaluación: Nach jedem Kapitel hast du in einem Test die Möglichkeit, dein Wissen zu überprüfen. Die Lösungen der **Evaluación**-Aufgaben findest du im Internet unter dem auf der Seite angegebenen Webcode.

Die Lösungen findest du unter:
www.cornelsen.de/webcodes
Gib dort den Webcode gram-evaluacion04 ein.

Im **Anhang** findest du:
- das **Alphabet** und Erklärungen zur **Aussprache** des Spanischen,
- Erklärungen zur **Betonung** und Akzentsetzung des Spanischen,
- Regeln zur **spanischen Rechtschreibung**,
- Regeln zur **spanischen Zeichensetzung**,
- Regeln zur **Silbentrennung**
- und Übersichtstabellen zu den **unregelmäßigen Verben**.

Ein ausführliches **Register** mit **grammatischen Begriffen** und Stichwörtern ermöglicht dir ein schnelles Auffinden des Gesuchten. (▸ S. 322–328)

Wir wünschen Dir ein erfolgreiches Arbeiten mit der *Spanischen Grammatik*!

Inhalt

Wörter

Sätze

Texte

Anhang

1. Das Substantiv
El sustantivo

Substantive – auch bekannt unter dem Begriff **Nomen** – sind Wörter, die Personen (el chico, Juana), Sachen (el libro, la bicicleta) oder Abstrakta (el amor, la suerte) bezeichnen oder bestimmen.

Jedes Substantiv hat ein grammatikalisches **Geschlecht** – das **Genus**.
Im Spanischen gibt es nur zwei Geschlechter, die du auch am bestimmten oder unbestimmten Artikel erkennst:
männlich (maskulin): el hombre – *der Mann*
weiblich (feminin): la mujer – *die Frau*

Das Geschlecht der Substantive ist im Deutschen und Spanischen des Öfteren unterschiedlich:
la sala – *der Saal*
el grupo – *die Gruppe*

Substantive, die im Deutschen ein neutrales Geschlecht haben (auch sächlich genannt), sind im Spanischen entweder männlich oder weiblich:
männlich: *das Kino* – el cine
weiblich: *das Schwimmbad* – la piscina

Im Unterschied zu vielen deutschen Substantiven haben spanische Substantive keine Kasusendung, das heißt, sie werden nicht dekliniert:

Mi hermano vive en Madrid.	*Mein Bruder lebt in Madrid.*
La novia **de mi hermano** vive en Toledo.	*Die Freundin meines Bruders lebt in Toledo.*

Im folgenden Kapitel findest du:

Außerdem findest du:
→ ¿Cómo evitar errores?, S. 17,
→ eine Evaluación, S. 19, in der du dein Wissen überprüfen kannst.

el sol = *die Sonne*
la luna = *der Mond*

1.1 Das Geschlecht der Substantive
El género de los sustantivos

1.1.1 Kennzeichnung des Geschlechts durch die Endung

♂ männlich		⚠ aber:	
el hermano	der Bruder	la foto	das Foto
el libro	das Buch	la mano	die Hand
el centro	das Zentrum	la moto	das Motorrad
		la radio	das Radio

Die meisten Substantive, die auf **-o** enden, sind männlich.

♀ weiblich		⚠ aber:	
la hermana	die Schwester	el clima	das Klima
la casa	das Haus	el día	der Tag
la fortuna	das Glück/Schicksal	el mapa	die (Land-)Karte
		el planeta	der Planet
		el tranvía	die Straßenbahn

Die meisten Substantive, die auf **-a** enden, sind weiblich.

♂ männlich		♀ weiblich	
el césped	der Rasen	la red	das Netz
el diente	der Zahn	la fuente	die Quelle / der Brunnen
el ajedrez	das Schach	la paz	der Frieden

Substantive, die auf einen Konsonanten oder einen Vokal außer **-a** oder **-o** enden, können männlich oder weiblich sein.

Lerntipp:
Lerne die spanischen Substantive immer mit ihrem Artikel! Schlage diesen in einem Wörterbuch nach, wenn du dir nicht sicher bist.

Weitere typische Endungen für männliche Substantive sind:

el drama	das Drama	**-ama**
el programa	das Programm	
el problema	das Problem	**-ema**
el tema	das Thema	
el equipaje	das Gepäck	**-aje**
el viaje	die Reise	
el billete	der Fahrschein	**-ete**
el juguete	das Spielzeug	
el abril	(der) April	**-il**
el móvil	das Mobiltelefon	

el acordeón	das Akkordeon	**-ón**
el callejón	die Gasse	
el corazón	das Herz	
⚠ aber:		
la razón	die Vernunft / der Grund	
el amor	die Liebe	**-or**
el color	die Farbe	
⚠ aber:		
la flor	die Blume	
la labor	die Arbeit	

Merke!
Mehrsilbige Substantive auf **-aje** sind genauso wie französische Substantive auf **-age** (le garage, le voyage, l'étage ...) fast immer männlich. Das ist anders als im Deutschen *(die Garage, die Etage)*.

Weitere typische Endungen für weibliche Substantive sind:

la estación	der Bahnhof	**-ión**
la habitación	das Zimmer	
la impresión	der Eindruck	
la región	die Region	
la situación	die Situation	
la unión	die Union	
⚠ aber:		
el **avión**	das Flugzeug	
el **camión**	der Lkw	
el **escorpión**	der Skorpion	
el **guión**	das Drehbuch	

la ciudad	die Stadt	**-ad**
la edad	das Alter	
la verdad	die Wahrheit	
la altitud	die Höhe	**-tud**
la inquietud	die Unruhe	
la plenitud	die Fülle	
la costumbre	der Brauch	**-umbre**
la muchedumbre	die Menge	

Lerntipp:
Notiere dir Substantive immer farbig und mit dem entsprechenden Artikel:
männlich → blau, weiblich → rot
el diente *la fuente*

1.1.2 Kennzeichnung des Geschlechts durch den Wortinhalt

Bei manchen Substantiven kannst du aus ihrer Bedeutung schließen, ob sie im Spanischen männlich oder weiblich sind.

Typische männliche Substantive sind im Spanischen:

el norte, el sur, el este, el oeste	der Norden, der Süden, der Osten, der Westen	– die Himmelsrichtungen,
el lunes, el martes, el miércoles	der Montag, der Dienstag, der Mittwoch	– die Wochentage,
el enero, el febrero, el marzo	der Januar, der Februar, der März	– die Monatsnamen,
el dos, el millón	die Zwei, die Million	– die Zahlen
el Ebro el Sena los Pirineos el (Mar) Mediterráneo el (océano) Atlántico el Himalaya	der Ebro die Seine die Pyrenäen das Mittelmeer der Atlantische Ozean der Himalaya	– und die Flüsse, Meere, Gebirge und Berge.
⚠ aber: la Sierra Nevada la Sierra de Gredos	die Sierra Nevada die Sierra de Gredos	Gebirgsnamen, die mit **(la) Sierra** ... (*der Gebirgszug / die Bergkette*) beginnen, sind weiblich.

Typische weibliche Substantive sind im Spanischen:

la a, la zeta	das A, das Zett	– die Buchstaben,
las (Islas) Baleares las (Islas) Canarias Sicilia Córcega	die Balearen die Kanaren Sizilien Korsika	– die meisten Inseln,
(la) África, la Europa	Afrika, Europa	– die Kontinente
(la) Alemania, (la) España, (la) Francia ⚠ aber: (el) Brasil (el) Canadá (el) Ecuador (el) Japón (el) Luxemburgo (el) México (el) Perú (el) Portugal (el) Reino Unido (los) Estados Unidos (los) Países Bajos	Deutschland, Spanien, Frankreich Brasilien Kanada Equador Japan Luxemburg Mexiko Peru Portugal Großbritannien die Vereinigten Staaten die Niederlande	– und die meisten Länder.

1.1.3 Bezeichnung von Lebewesen

Die meisten spanischen Substantive, die Lebewesen bezeichnen, haben eine männliche und eine weibliche Form.

♂ männlich		♀ weiblich	
el abuelo	der Großvater	la abuela	die Großmutter
el alumno	der Schüler	la alumna	die Schülerin
el amigo	der Freund	la amiga	die Freundin
el chico	der Junge	la chica	das Mädchen
el cliente	der Kunde	la clienta	die Kundin
el gato	der Kater	la gata	die Katze
el hermano	der Bruder	la hermana	die Schwester
el hijo	der Sohn	la hija	die Tochter
el jefe	der Chef	la jefa	die Chefin
el médico	der Arzt	la médica	die Ärztin
el ministro	der Minister	la ministra	die Ministerin
el niño	der (kleine) Junge	la niña	das (kleine) Mädchen
el novio	der (feste) Freund	la novia	die (feste) Freundin
el perro	der Hund	la perra	die Hündin
el presidente	der Präsident	la presidenta	die Präsidentin
el primo	der Cousin	la prima	die Cousine
el tío	der Onkel	la tía	die Tante

Bei Substantiven, die Personen bezeichnen und im Maskulinum auf **-o** oder **-e** enden, wird zum Bilden der weiblichen Endung ein **-a** an den Wortstamm angefügt.

♂ männlich		♀ weiblich	
el autor	der Autor	la autora	die Autorin
el alemán	der Deutsche	la alemana	die Deutsche
el conductor	der Fahrer	la conductora	die Fahrerin
el dios	der Gott	la diosa	die Göttin
el español	der Spanier	la española	die Spanierin
el francés	der Franzose	la francesa	die Französin

Bei Substantiven, die Personen bezeichnen und auf einen Konsonanten enden, wird zur Bildung der weiblichen Form ein **-a** an die männliche Form angefügt. Der Betonungsakzent vor **-s** oder **-n** entfällt in der weiblichen Form.

Einige Substantive, die Lebewesen bezeichnen, haben in der weiblichen Form abweichende Endungen:

♂ männlich		♀ weiblich	
el actor	der Schauspieler	la actriz	die Schauspielerin
el alcalde	der Bürgermeister	la alcadesa	die Bürgermeisterin
el gallo	der Hahn	la gallina	das Huhn
el héroe	der Held	la heroína	die Heldin
el príncipe	der Prinz	la princesa	die Prinzessin
el rey	der König	la reina	die Königin
el poeta	der Dichter	la poetisa	die Dichterin

Einige Substantive haben für die weibliche Form ein anderes Wort als für die männliche:

♂ männlich		♀ weiblich	
el hombre	der Mann	la mujer	die Frau
el toro	der Stier	la vaca	die Kuh
el padre	der Vater	la madre	die Mutter

Einige Substantive, die Personen bezeichnen, sind in der männlichen und weiblichen Form gleich. Hier kann man das Geschlecht nur am Begleiter (Artikel) erkennen. Dies gilt insbesondere für Substantive mit den Endungen **-ista** und **-ante**, aber auch für einige andere:

♂ männlich		♀ weiblich		
el artista el dentista el pianista el periodista el taxista	der Künstler der Zahnarzt der Pianist der Journalist der Taxifahrer	la artista la dentista la pianista la periodista la taxista	die Künstlerin die Zahnärztin die Pianistin die Journalistin die Taxifahrerin	**-ista**
el cantante el estudiante	der Sänger der Student	la cantante la estudiante	die Sängerin die Studentin	**-ante**
el atleta	der Athlet	la atleta	die Athletin	**-ta**
el guía el policía	der Führer der Polizist	la guía la policía	die Führerin die Polizistin	**-ía**
el indígena	der Ureinwohner	la indígena	die Ureinwohnerin	**-gena**
el joven	der Jugendliche	la joven	die Jugendliche	**-n**

Lerntipp:
Lerne die Substantive, die in der weiblichen und männlichen Form gleich sind, auswendig! Wenn du sie aufschreibst, notiere auch jeweils den männlichen und weiblichen Artikel dazu. Markiere auch das Endungs **-a** in der männlichen Form:
⚠ el artista / la artista

1.1.4 Substantive mit Bedeutungsveränderungen

Bei einigen Substantiven ändert sich die Bedeutung, je nachdem ob sie männlich oder weiblich sind:

♂ männlich		♀ weiblich	
el capital	das Kapital	la capital	die Hauptstadt
el coma	das Koma	la coma	das Komma
el cura	der Pfarrer	la cura	die Kur
el editorial	der Leitartikel	la editorial	der Verlag
el frente	die Front	la frente	die Stirn
el guía	der Führer	la guía	der Reiseführer (= *Buch*); *auch:* die Führerin
el orden	die (An-)Ordnung	la orden	der Befehl/Orden
el parte	der Bericht	la parte	der Teil
el policía	der Polizist	la policía	die Polizei; *auch:* die Polizistin
el rosa	das Rosa	la rosa	die Rose

Lerntipp:
Schreibe die Substantive mit zwei Bedeutungen auf Karteikärtchen, die du in eine rote und blaue Hälfte unterteilst.

el	la
parte	
der Bericht	der Teil

Zusatzwissen:
Einige wenige Substantive können sowohl männlich als auch weiblich sein, ohne dass sich ihre Bedeutung ändert:

♂ männlich		♀ weiblich	
el / la dote			die Mitgift
el / la tilde			die Tilde
el arte	die Kunst	⚠ aber:	
		las bellas artes	die Schönen Künste
		las artes marciales	die Kampfkunst
		⚠ aber:	
el mar	das Meer (*sachlich*)	la mar	das Meer (*poetisch*)
		la bajamar	die Ebbe
		la pleamar	die Flut
		en alta mar	auf hoher See
		mar llana/picada	ruhige/stürmische See

1.2 Singular und Plural der Substantive
El singular y el plural de los sustantivos

1.2.1 Regelmäßige Bildung

Singular		Plural	
la chica	das Mädchen	las chicas	die Mädchen
la costumbre	der Brauch	las costumbres	die Bräuche / das Brauchtum
el boli	der Kuli	los bolis	die Kulis
el hermano	der Bruder	los hermanos	die Brüder / die Geschwister
el espíritu	der Geist	los espíritus	die Geister
el sofá	das Sofa	los sofás	die Sofas
el bebé	das Baby	los bebés	die Babys
el dominó	das Domino	los dominós	die Dominos

Substantive, die auf einem Vokal enden, erhalten im Plural normalerweise ein **-s**.

el marroquí	der Marrokaner	los marroquíes/-quís	die Marokkaner
el hindú	der Hindu	los hindúes/-dús	die Hindus

Substantive, die auf einem betonten **-í** oder **-ú** enden, können den Plural mit **-es** oder **-s** bilden.

el hotel	das Hotel	los hoteles	die Hotels
el profesor	der Lehrer	los profesores	die Lehrer
el buey	der Ochse	los bueyes	die Ochsen
la ley	das Gesetz	las leyes	die Gesetze

Substantive, die auf einem Konsonanten (außer **-s**) oder **-y** enden, bilden in der Regel den Plural auf **-es**.

el mes	der Monat	los meses	die Monate
el dios	der Gott	los dioses	die Götter

Substantive, die auf **-s** enden und auf der letzten Silbe betont werden, bilden den Plural ebenfalls auf **-es**.

1.2.2 Besondere Pluralformen

lunes	der Montag	los lunes	montags / die Montage
el jueves	der Donnerstag	los jueves	donnerstags / die Donnerstage

Substantive, die auf **-s** enden und auf der letzten Silbe unbetont sind, behalten im Plural die Singularform.

Rodríguez	los Rodríguez	die Rodríguez
Delgado	los Delgado	die Delgados
Mejía	los Mejía	die Mejías

Anders als im Deutschen bleiben Familiennamen im Spanischen im Plural unverändert.

el lápiz	der Bleistift	los lápices	die Bleistifte
la luz	das Licht	las luces	die Lichter
el pez	der Fisch	los peces	die Fische

Bei Substantiven, die auf **-z** enden, wird dieses im Plural zu **-c-**. Die Aussprache bleibt gleich.

el inglés	der Engländer	los ingleses	die Engländer
la razón	der Grund	las razones	die Gründe
el joven	der Jugendliche	los jóvenes	die Jugendlichen

Bei manchen Substantiven muss im Plural wegen der Betonungsregeln ein Akzent gesetzt werden bzw. entfallen.

el carácter	der Charakter	los caracteres	die Charaktere
el régimen	das Regime	los regímenes	die Regimes

Bei diesen Substantiven verschiebt sich die Betonung auf die jeweils folgende Silbe. Das heißt, der Akzent entfällt oder verschiebt sich um eine Silbe.

1.2.3 Der Plural bei zusammengesetzten Substantiven

el ferrocarril	die Eisenbahn	los ferrocarriles	die Eisenbahn(en)
el cumpleaños	der Geburtstag	los cumpleaños	die Geburtstage
el paraguas	der Regenschirm	los paraguas	die Regenschirme

Bei zusammengesetzten Substantiven gelten die gleichen Regeln der Pluralbildung wie für einfache Substative.

el camión cisterna	der Tanklaster	los camiones cisterna	die Tanklaster
la palabra clave	das Schlüsselwort	las palabras clave	die Schlüsselwörter

Bei zusammengesetzten Substantiven, die aus zwei getrennt geschriebenen Substantiven bestehen, wird nur das erste Substantiv in den Plural gesetzt, da es den Hauptsinn trägt.

1.2.4 Substantive mit einer zweiten Bedeutung im Plural

z. B. el abuelo	der Großvater	los abuelos	die Großväter/Großeltern
el padre	der Vater	los padres	die Väter/Eltern
el hermano	der Bruder	los hermanos	die Brüder/Geschwister
el hijo	der Sohn	los hijos	die Söhne / (eigenen) Kinder
el rey	der König	los reyes	die Könige / das Königspaar

1.2.5 Substantive, die nur im Plural vorkommen

z. B. las afueras	die Umgebung	las tenazas	die Zange
los celos	die Eifersucht	las tijeras	die Schere
las gafas	die Brille	las vacaciones	die Ferien

Wie vermeide ich Fehler? ¿Cómo evitar errores?

Spanische Substantive werden im Allgemeinen kleingeschrieben.
Großgeschrieben werden immer:

– Eigennamen von Personen,	Juan Hernández Gonzalo, Ana García Delgado
– geografische Namen,	Madrid, Andalucía, España, Europa, el (río) Ebro, el (mar) Mediterráneo
– Feiertage,	Navidad, Pascuas, el Año Nuevo
– Gottesbezeichnungen und Namen von Heiligen	Dios, Alá, Yahvé, Buda, San Bartolomé
– und Namen von Institutionen.	la Real Academia Española, el Ministerio del Interior, el Gobierno, el Museo del Prado

Anders als im Deutschen, Französischen und Englischen werden im Spanischen die Einwohner klein geschrieben:

los europeos, los españoles
die Europäer, die Spanier
les Européens, les Espagnols
the Europeans, the Spanish

Viele Obstsorten sind im Spanischen weiblich, die dazugehörigen Bäume jedoch männlich:

♀ weiblich		♂ männlich	
la manzana	der Apfel	el manzano	der Apfelbaum
la cereza	die Kirsche	el cerezo	der Kirschbaum
la naranja	die Orange	el naranjo	der Orangenbaum
la ciruela	die Pflaume	el ciruelo	der Pflaumenbaum
⚠ aber:			
el plátano	die Banane	el platanereo	die Bananenstaude
el mango	die Mango	el mango	der Mangobaum
el melocotón	der Pfirsich	el melocotonero	der Pfirsichbaum

Es gibt einige Substantive, die auf Deutsch und Spanisch ähnlich klingen und auch die gleiche Bedeutung, jedoch ein anderes Geschlecht haben:

männlich	weiblich	weiblich	männlich
el banco	die Bank	la alarma	der Alarm
el control	die Kontrolle	la danza	der Tanz
el chocolate	die Schokolade	la ensalada	der Salat
el garaje	die Garage	la plaza	der Platz
el grupo	die Gruppe	la rima	der Reim
el melón	die (Zucker-)Melone	la sala	der Saal
el millón	die Million		
el número	die Nummer		
el partido	das Spiel / die Partei		
el rol	die Rolle		
el tomate	die Tomate		
el CD/DVD	die CD / DVD		

„Falsos amigos“

Es gibt spanische Substantive, die ihrer Form nach deutschen Substantiven sehr ähnlich sind. Sie haben aber wenigstens eine andere Bedeutung, weshalb man sie **falsos amigos** – *„falsche Freunde“* nennt.

		⚠ nicht:	denn das heißt auf Spanisch:
el abogado	der Rechtsanwalt	die Avocado	el aguacate
la arena	der Sand / *auch:* die Arena		
el balón	der Ball	der Ballon	el globo
la batería	das Schlagzeug	die Batterie	la pila
el buró	der Schreibtisch	das Büro	la oficina
el bombero	der Feuerwehrmann	der Bomber	el bombardero
el caramelo	der Bonbon / *auch:* das Karamell		
la carta	der Brief	die Postkarte	la postal
		die Eintrittskarte	la entrada
		die Karte	la tarjeta
la clase	der Unterricht / *auch:* die Klasse		
el compromiso	die Verlobung/Verpflichtung	der Kompromiss	el acuerdo
el corredor	der Läufer	der Korridor	el pasillo
el cristal	die Glasscheibe / *auch:* das (Kristall)Glas	das Kristall	la cristalería
la clausura	die Schließung	die Klausur	el examen
el compás	der Takt	der Kompass	la brújula
el desierto	die Wüste	das Dessert	el postre
la dirección	die Adresse/Richtung / *auch:* die Direktion		
la estufa	der Ofen	die (Treppen-)Stufe	el escalón
la feria	die Messe	die Ferien	las vacaciones
la firma	die Unterschrift / *auch:* die Firma	die Firma	la empresa
el gas	die Kohlensäure / *auch:* das Gas		
el gimnasio	die Sporthalle	das Gymnasium	el instituto de Enseñanza Media / el liceo (*lat. am.*)
la infusión	der Früchte- bzw. Kräutertee	die Infusion	la gota a gota
la jura	der Schwur	Jura	derecho
la labor	die Arbeit	das Labor	el laboratorio
el mantel	die Tischdecke	der Mantel	el abrigo
la palma	die Handfläche	die Palme	la palmera
el profesor	der Lehrer	der Professor	el catedrático
el presente	die Gegenwart	das Präsent	el regalo
la propaganda	die Werbung / *auch:* die Propaganda		
la renta	das Einkommen	die Rente	la jubilación / la pensión
el refrán	das Sprichwort	der Refrain	el estribillo
el regalo	das Geschenk	das Regal	la estantería
la tableta	das Brettchen	die Tablette	la pastilla / el comprimido
la visita	der Besuch / die Besichtigung	die Visite	la visita médica

Abschlussübung Evaluación

1. Ordne die folgenden Substantive in eine männliche und eine weibliche Gruppe ein.

a. abuela b. césped c. radio d. planeta e. mapa
f. moto g. clima h. tranvía i. día j. mano
k. foto l. poeta m. programa n. diente o. costumbre
p. fuente q. labor r. flor s. amor t. lápiz
u. paz v. ajedrez w. hotel x. situación y. verdad

2. Welche Substantive sind in der männlichen und weiblichen Form gleich?

a. atleta b. poeta c. guía d. alcalde e. jefe f. policía g. dentista h. presidente i. héroe j. indígena

3. Wie ist die deutsche Entsprechung von ...?

a. el capital / la capital
b. el orden / la orden
c. el coma / la coma
d. el cura / la cura
e. el rosa / la rosa
f. el editorial / la editorial
g. el frente / la frente
h. el parte / la parte

4. Nenne jeweils die männliche bzw. weibliche Form der folgenden Personen.

a. el rey b. la actriz c. el príncipe d. la poetisa e. el gallo f. la heroína g. el alcalde h. la artista i. el autor j. la cantante

5. Bilde die männliche bzw. weibliche Form der folgenden Bewohner.

a. el alemán b. la rusa c. el francés d. la suiza e. el americano f. la inglesa g. el español h. la holandesa

6. Bilde den Plural der folgenden Substantive.

a. la hermana b. el sofá c. el boli
d. el israelí e. el espíritu f. el hindú
g. el hotel h. el conductor i. la ley
j. el mes k. el interés l. el lunes
m. el cumpleaños n. la luz o. el régimen

7. Bilde den Singular der folgenden Substantive.

a. los holandeses b. los alemanes c. los jóvenes d. las razones e. los caracteres f. los lápices g. los autobuses h. los paraguas i. los ferrocarriles j. los camiones cisterna

8. Was heißt auf Spanisch ...?

a. die Eltern b. die Großeltern c. die Geschwister d. die Väter e. die Brüder f. die (eigenen) Kinder

Die Lösungen findest du unter:
www.cornelsen.de/webcodes
Gib dort den Webcode gram-evaluacion01 ein.

2. Die Begleiter des Substantivs
Los determinantes del sustantivo

Substantive werden meist von Wörtern begleitet, die das Substantiv näher bestimmen, z. B. **el** hombre (*der Mann*), **un** coche (*ein Auto*), **mi** abuelo (*mein Großvater*), **esta** mujer (*diese Frau*). Diese Wörter heißen Begleiter und passen sich meist in Geschlecht und Zahl an das Substantiv an, das sie begleiten.

Im folgenden Kapitel findest du alle spanischen Begleiter und Informationen zu ihrem Gebrauch:

Außerdem findest du:

→ ¿Cómo evitar errores?, S. 38,
→ eine Evaluación, S. 40, in der du dein Wissen überprüfen kannst.

2.1 Der bestimmte Artikel El artículo determinado

2.1.1 Formen des bestimmten Artikels

	♂ männlich		♀ weiblich	
Singular	el hombre el libro el chico	der Mann das Buch der Junge	la mujer la casa la chica	die Frau das Haus das Mädchen
Plural	los hombres los libros los chicos	die Männer die Bücher die Jungen (und Mädchen)	las mujeres las casas las chicas	die Frauen die Häuser die Mädchen

Spanische Substantive sind entweder männlich oder weiblich. Im Singular lautet der männliche Artikel **el** und der weibliche Artikel **la**. Im Plural steht vor männlichen Substantiven der Artikel **los** und vor weiblichen **las**. Bei Gruppen, in denen beide Geschlechter vertreten sind, wird immer der männliche Artikel verwendet.

Merke!

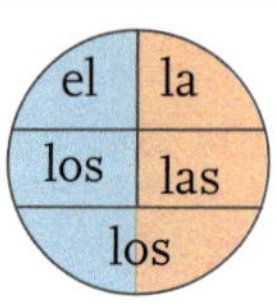

lo bueno	das Gute	Substantive im Neutrum wie im Deutschen (z.B. *das Haus*) gibt es nicht. Nur bei substantivierten Adjektiven bzw. Adverbien kann der „sächliche" Artikel **lo** stehen. Eine Ausnahme bilden die Farbadjektive. Diese stehen mit dem männlichen Artikel. Von **lo** gibt es keine Pluralform.
lo especial	das Besondere	
⚠ aber:		
el rojo	das Rot	
el negro	das Schwarz	

♀ weiblich

Singular		Plural	
el agua	das Wasser	**las** aguas	die Gewässer
el ama de casa	die Hausfrau	**las** amas de casa	die Hausfrauen
el arma	die Waffe	**las** armas	die Waffen
el hacha	die Axt / das Beil	**las** hachas	die Äxte/Beile
el alma	die Seele	**las** almas	die Seelen
el habla	die Sprache/Mundart	**las** hablas	die Mundarten
el hambre	der Hunger		
⚠ aber:			
la abeja	die Biene	**las** abejas	die Bienen
la hambruna	die Hungersnot	**las** hambrunas	die Hungersnöte
la árabe	die Araberin	**las** árabes	die Araberinnen
La Haya	Den Haag		

Vor weiblichen Substantiven, die mit einem betonten **a-** oder **ha-** beginnen, wird der männliche Artikel **el** benutzt, um das Aufeinanderstoßen von zwei betonten **a** zu vermeiden. Daher heißt es z.B. **la abeja** und **la hambruna** (weil hier die Betonung auf der zweiten Silbe liegt). Ausnahmen sind **la árabe** (weil es auch **el árabe** gibt) und **La Haya** (weil es ein Eigenname ist).

⚠ aber:		Wenn ein Adjektiv zwischen dem Artikel und einem dieser Substantive steht, wird der weibliche Artikel **la** benutzt. Bei nachgestellten Adjektiven steht der männliche Artikel **el**.
la pequeña arma	die kleine Waffe	
el agua fría	das kalte Wasser	

2.1.2 Die Verschmelzung des bestimmten männlichen Artikels (*al/del*)

Esta tarde vamos **al** cine. Heute Abend gehen wir ins Kino. Hablan mucho **del** novio de Ana. Man spricht viel über den Freund von Ana.	Die Präposition **a** verschmilzt mit dem bestimmten männlichen Artikel im Singular (**el**) zu **al**. Die Präposition **de** verschmilzt mit dem bestimmten männlichen Artikel im Singular (**el**) zu **del**.
⚠ aber: Los cuadros **de** El Greco son fenomenales. Die Gemälde von El Greco sind toll. Este barco va **a** El Ferrol. Dieses Schiff fährt nach El Ferrol.	Bei Eigennamen (z.B. El Greco) kommt es zu keiner Verschmelzung.

Merke!

Die Verschmelzung des Artikels mit Präpositionen gibt es auch im Französischen.
Im Gegensatz zum Französischen kommt es im Spanischen nur bei Präpositionen und Artikeln im Singular zu Verschmelzungen:

🇫🇷	à + le = au	à + les = aux
	de + le = du	de + les = des
🇪🇸	a + el = al	–
	de + el = del	–

2.1.3 Der Gebrauch des bestimmten Artikels

Mona es **la** nueva profesora de Español. Mona ist die neue Spanischlehrerin. **El** móvil de Juan es nuevo. Das Handy von Juan ist neu. **El** programa me parece muy interesante. Ich finde das Programm sehr interessant.	Meist wird der bestimmte Artikel im Spanischen so wie im Deutschen verwendet: wenn man von Personen, Sachen oder Sachverhalten spricht, die als bekannt vorausgesetzt werden oder die man vorher schon erwähnt hat.

= allgemein/unbekannt = konkret/bekannt

Der bestimmte Artikel bei Zeitangaben und bei Altersangaben

Es **la** una. Es ist ■ ein Uhr. Cerramos a **las** diez. Wir machen um zehn Uhr zu.		Vor der Uhrzeit muss immer der bestimmte Artikel stehen. Vor der *eins* steht der weibliche Artikel im Singular, vor allen anderen Zahlen der weibliche Artikel im Plural.
El sábado voy al concierto de Malú. (Am) Samstag gehe ich zum Malú-Konzert. **Los** martes juego al baloncesto. ■ Dienstags spiele ich Basketball.		Spricht man von einem bestimmten Wochentag, so steht davor der bestimmte Artikel im Singular. Findet etwas regelmäßig statt, stehen der Artikel und der Wochentag im Plural.
por **la** mañana por **la** tarde por **la** noche	am Vormittag, morgens, früh nachmittags, am frühen Abend abends, nachts	Vor den Tageszeiten steht der bestimmte Artikel.

aber: Mañana es ■ 24 de diciembre. Morgen ist der 24. Dezember. **Anoche** me acosté a las diez. Gestern Abend bin ich um zehn Uhr ins Bett gegangen.	Anders als im Deutschen steht hinter einem Zeitadverb wie **hoy, mañana** usw. kein Artikel beim Datum. **Anoche** (*gestern Abend/Nacht*) steht ohne Artikel.
la semana pasada — ■ letzte Woche **el** próximo mes — ■ nächsten Monat **el** año que viene — ■ nächstes Jahr	Bei Zeitangaben mit **semana, mes** und **año** steht immer der bestimmte Artikel.
Mi abuela murió a **los** 92 años. Meine Großmutter starb mit ■ 92 Jahren. Manu cumple hoy **los** 18 años. Manu wird heute ■ 18 Jahre alt. aber: Manu tiene 17 años. Manu ist 17 Jahre alt.	Auch bei Altersangaben wird der bestimmte Artikel gebraucht. Nur nach der Altersangabe mit **tener** steht kein bestimmter Artikel.

Informationen zum Gebrauch des bestimmten Artikels bei Ordnungszahlen und Prozentangaben findest du auf ▸ S. 108 und ▸ S. 111.

Der bestimmte Artikel bei Verallgemeinerungen

Los perros son muy fieles. ■ Hunde sind sehr treu. **La** fruta es buena para la salud. ■ Obst ist gut für die Gesundheit. Me gusta **el** deporte. Ich mag ■ Sport. aber: Me gusta escuchar música. Ich höre gerne Musik. Me gusta escuchar **la** música de Marlango. Ich höre gern die Musik von Marlango.	Bei verallgemeinernden Aussagen steht im Spanischen der bestimmte Artikel. Folgt auf **gustar** ein Verb im Infinitiv, steht kein bestimmter Artikel vor dem Substantiv, es sei denn, das Substantiv bezeichnet etwas ganz Bestimmtes.

Der bestimmte Artikel vor Substantiven, die Körperteile bezeichnen

Pilar tiene **el** pelo rubio. Ana hat ■ blondes Haar. Toni tiene **las** piernas largas. Toni hat ■ lange Beine.	Vor Körperteilen steht im Spanischen der bestimmte Artikel.

Der bestimmte Artikel vor Titeln und Namen

la señora Pérez — ■ Frau Pérez **el** ingeniero Puig — ■ Ingenieur Puig **la** doctora Martínez — ■ (Frau) Doktor Martínez aber: ¿Cómo está, señor Carmona? Wie geht es Ihnen, Herr Carmona?	Vor Titeln und Namen steht im Spanischen der bestimmte Artikel. Bei der direkten Anrede steht kein Artikel.

Der bestimmte Artikel bei Kombinationen mit *wir/ihr + Substantiv*

(Nosotros) **Los** españoles somos muy abiertos. Wir ■ Spanier sind sehr offen. (Vosotras) **Las** chicas sois muy divertidas. Ihr ■ Mädchen seid sehr lustig.	Der bestimmte Artikel steht nach **nosotros, vosotros** und **ustedes,** wenn danach ein Substantiv im Plural folgt, das die Person näher beschreibt.

Der bestimmte Artikel nach *jugar* (+ *Spiel*) und *tocar* (+ *Instrument*)

Juana juega **al** fútbol. Juana spielt ■ Fußball. A María le gusta jugar **a las** cartas. Maria spielt gerne ■ Karten.	Bei Spielen oder Sportarten benutzt man im Spanischen für das Verb *spielen* **jugar a** + *bestimmter Artikel* + *Substantiv*.
Pablo toca **el** violín. Pablo spielt ■ Geige.	Bei Instrumenten benutzt man für *spielen* das Verb **tocar** + *bestimmter Artikel* + *Substantiv*.

Die Auslassung des bestimmten Artikels

Juan Carlos, ■ Rey de España Juan Carlos, der spanische König Felipe ■ II (Segundo) Philipp der Zweite ■ San Ignacio der Heilige Ignatius	Der bestimmte Artikel wird ausgelassen: – bei Monarchen und Heiligen
a principios de noviembre Anfang November a mediados de agosto Mitte August a fines de marzo Ende März ⚠ aber: **al** principio/final de la crisis am Anfang/Ende der Krise	– und bei ungefähren Zeitangaben. Wenn die Zeitangaben einen genaueren Zeitpunkt bezeichnen, steht der bestimmte Artikel.
En ■ primavera hace buen tiempo. Im Frühjahr ist schönes Wetter. En ■ verano hace mucho calor. Im Sommer ist es sehr heiß. En ■ abril llueve mucho. Im April regnet es viel. ⚠ aber: La guerra empezó en **el** verano del año 1936. Der Bürgerkrieg begann im Sommer 1936.	Der bestimmte Artikel wird außerdem ausgelassen: – vor **en** + *Jahreszeiten/Monaten* Wird die Jahreszeit eines bestimmten Jahres angegeben, so steht der bestimmte Artikel.

en ■ casa ir a ■ casa salir de ■ casa ■ Correos estar en ■ Internet ir en ■ tren/bici/coche ¿Tienes ■ hora?	zu Hause nach Hause gehen das Haus verlassen die Post im Internet sein mit dem Zug/Fahrrad/Auto fahren Weißt du, wie spät es ist?	– und bei bestimmten festen Ausdrücken.

Zusatzwissen:

■ Suiza ■ Turquía	die Schweiz die Türkei	■ África ■ Australia	■ Afrika ■ Australien	Vor den Namen von Ländern und Kontinenten steht im Spanischen kein bestimmter Artikel.
(la) Argentina (el) Brasil (la) China (el) Canadá (los) Estados Unidos	■ Argentinien ■ Brasilien ■ China ■ Kanada die USA	**(la)** India **(el)** Japón **(los)** Países Bajos	■ Indien ■ Japan die Niederlande	Bei einigen Ländern wurde früher der bestimmte Artikel gebraucht. Im heutigen Spanisch wird er aber kaum noch gebraucht.
España es un país culturalmente muy rico. Spanien ist kulturell ein sehr reiches Land. **La** España de hoy es un país muy moderno. Das heutige Spanien ist ein sehr modernes Land.				Wie im Deutschen wird der bestimmte Artikel bei den Ländernamen meist nur verwendet, wenn das Land näher beschrieben wird.
⚠ **El** Cairo **La** Haya **La** Habana	Kairo Den Haag Havanna			Bei einigen Städten muss der Artikel stehen.

2.1.4 Der Gebrauch des neutralen Artikels *lo*

Lo bueno es que Diego vuelva mañana. Das Gute ist, dass Diego morgen zurückkommt. **Lo** más importante es que hables con Juan. Das Wichtigste ist, dass du mit Juan redest. **Lo** primero que tenemos que hacer ... Das Erste, was wir tun müssen ... A cada uno **lo** suyo. Jedem das Seine.	Der neutrale Artikel **lo** wird verwendet: – zur Substantivierung von Adjektiven, – Ordinalzahlen – und Possessivpronomen,
¿Ves **lo** difícil **que** es esta tarea? Siehst du, wie schwierig diese Aufgabe ist?	– zur Hervorhebung eines Adjektivs,
Llámame **lo antes** posible. Ruf mich so bald wie möglich an	– zur Steigerung ähnlich dem Superlativ,
Lo de tu hermano no me sorprende. Das mit deinem Bruder überrascht mich nicht.	– zur Bezeichnung eines bekannten Sachverhalts

a lo largo de ...	... entlang	– und in einigen idiomatischen, d.h. feststehenden Ausdrücken.
a lo lejos	in der Ferne	
a lo mejor	vielleicht	
de lo contrario	im Gegenteil	
por lo demás	übrigens	
por lo general	im Allgemeinen	
por lo menos	wenigstens/zumindest	
por lo visto	offensichtlich	

2.2 Der unbestimmte Artikel El artículo indeterminado

2.2.1 Formen des unbestimmten Artikels

	♂ männlich		♀ weiblich	
Singular	**un** hombre	ein Mann	**una** mujer	eine Frau
Plural	**(unos)** hombres	■ Männer	**(unas)** mujeres	■ Frauen

Der unbestimmte Artikel vor männlichen Substantiven lautet **un**, vor weiblichen Substantiven lautet er **una**.

un agua	ein Wasser	Vor weiblichen Substantiven, die mit einem betonten **a-** oder **ha-** beginnen, wird die männliche Form **un** benutzt, um das Aufeinanderstoßen von zwei betonten **a** zu vermeiden.
un alma	eine Seele	
un arma	eine Waffe	
un habla	eine Sprechweise	
un hacha	eine Axt / ein Beil	
⚠ aber:		Es heißt z.B. **una abeja**, weil das Substantiv nicht auf dem **a-** der ersten Silbe betont wird.
una abeja	eine Biene	

▸ S. 21 (Formen des bestimmten Artikels)

2.2.2 Der Gebrauch des unbestimmten Artikels

Veo **un** gato. Ich sehe eine Katze. Tengo **un** problema. Ich habe ein Problem. Conozco a **una** chica española. Ich kenne ein spanisches Mädchen.	In den meisten Fällen wird der unbestimmte Artikel im Spanischen so wie im Deutschen verwendet.

Estos son ■ libros interesantes. Das sind ■ interessante Bücher.	Normalerweise steht im Plural kein unbestimmter Artikel. Das ist genauso wie im Deutschen.

David tiene **unas** gafas muy modernas. David hat eine sehr moderne Brille. Ana lleva **unos** pantalones muy bonitos. Ana trägt eine sehr schöne Hose.	Er muss jedoch im Plural stehen: – vor Substantiven, die es im Spanischen nur im Plural gibt,
Tengo **unos** treinta DVD. Ich habe ungefähr dreißig DVDs.	– bei ungefähren Zahlenangaben
Ha salido con **unas** amigas. Sie ist mit ein paar / einigen Freundinnen weggegangen.	– und wenn *ein paar/einige* gemeint ist.

¿Me traes ■ medio kilo de tomates? Bringst du mir ein halbes Kilo Tomaten mit? ¿Tienes ■ otro libro? Hast du ein anderes Buch?	Im Spanischen steht kein unbestimmter Artikel: – vor den Adjektiven **medio** und **otro**,
■ Gran número de la gente aplaudió. Eine große Anzahl der Leute applaudierte. ■ Parte de los alumnos quiere ir a España. Ein Teil der Schüler will nach Spanien fahren. Ha comprado ■ gran cantidad de libros. Er hat eine (Riesen-)Menge Bücher gekauft.	– vor den Substantiven **número**, **parte** und **cantidad**
¿Tienes ■ coche? Hast du ein Auto? Ese señor siempre lleva ■ corbata. Dieser Herr trägt immer einen Schlips. Pedro siempre viste ■ camiseta. Pedro hat immer ein T-Shirt an. ⚠ ¿Tienes **un** coche alemán o japonés? Hast du ein deutsches oder ein japanisches Auto? Ese señor lleva **una** corbata amarilla. Dieser Herr trägt einen gelben Schlips. Hoy Pedro viste **un** jersey gris. Heute hat Pedro einen grauen Pullover an.	– und hinter den Verben **tener**, **llevar** und **vestir**, wenn die Aussagen oder Fragen verallgemeinernd sind. aber: Werden die Fragen oder Feststellungen näher beschrieben, muss der unbestimmte Artikel stehen.

2.3 Der Possessivbegleiter El determinante posesivo

Possessivbegleiter bestimmen die Zugehörigkeit von Personen, Sachen oder Abstrakta zu bestimmten „Besitzern“: **mi** tía (*meine Tante*), **tu** bici (*dein Fahrrad*), **su** problema (*sein Problem*). Sie richten sich in Geschlecht und Zahl immer nach dem Substantiv, auf das sie sich beziehen. Von den **Possessivpronomen** (▸ S. 56) unterscheiden sie sich dadurch, dass sie ein Objekt näher bestimmen und nicht ersetzen.

2.3.1 Formen der Possessivbegleiter

	Singular (ein „Besitztum“)				Plural (mehrere „Besitztümer“)			
ein „Besitzer“	**mi**	amigo	mein	Freund	**mis**	amigos	meine	Freunde
		amiga	meine	Freundin		amigas		Freundinnen
	tu	amigo	dein	Freund	**tus**	amigos	deine	Freunde
		amiga	deine	Freundin		amigas		Freundinnen
	su	amigo	sein/ihr/Ihr	Freund	**sus**	amigos	seine/ihre/Ihre	Freunde
		amiga	seine/ihre/Ihre	Freundin		amigas		Freundinnen
mehrere „Besitzer“	**nuestro**	amigo	unser	Freund	**nuestros**	amigos	unsere	Freunde
	nuestra	amiga	unsere	Freundin	**nuestras**	amigas		Freundinnen
	vuestro	amigo	euer	Freund	**vuestros**	amigos	eure	Freunde
	vuestra	amiga	eure	Freundin	**vuestras**	amigas		Freundinnen
	su	amigo	ihr/Ihr	Freund	**sus**	amigos	ihre/Ihre	Freunde
		amiga	ihre/Ihre	Freundin		amigas		Freundinnen

Die Possessivbegleiter **mi, tu** und **su** stehen sowohl vor männlichen als auch vor weiblichen Substantiven. **Su/s** wird auch in der Höflichkeitsform verwendet.
Nuestro und **vuestro** stehen vor männlichen Substantiven, **nuestra** und **vuestra** vor weiblichen Substantiven. Steht das „Besitztum“ im Plural, wird an alle Possessivbegleiter ein **-s** angehängt.

Merke!

Im Spanischen wird in der 3. Person nicht nach dem Geschlecht des Besitzers unterschieden. Das ist genauso wie im Französischen (son carnet – *sein/ihr/Ihr Heft*).
Die richtige Zuordnung ergibt sich nur aus dem Zusammenhang. Bei Zweifeln muss ein Zusatz erfolgen: **Aquí está su cuaderno, el de Pepe.**

ein „Besitzer“	... su cuaderno (de él)	... sein Heft (von ihm)
	... su cuaderno (de ella)	... ihr Heft (von ihr)
	... su cuaderno (de usted)	... Ihr Heft (von Ihnen)
mehrere „Besitzer“	... su cuaderno (de ellos)	... ihr Heft (von ihnen)
	... su cuaderno (de ellas)	... ihr Heft (von ihnen)
	... su cuaderno (de ustedes)	... Ihr Heft (von Ihnen)

2.3.2 Gebrauch der Possessivbegleiter

¿Conoces a **sus** padres? Kennst du ihre Eltern?	Der Possessivbegleiter steht vor dem Substantiv, auf das er sich bezieht.
He comido con **mis** abuelos y **mis** padres. Ich habe mit meinen Großeltern und ■ Eltern gegessen.	Stehen mehrere Substantive in einem Satz, die einem Besitzer zugeordnet werden, steht im Spanischen auch vor jedem Substantiv der Possessivbegleiter.
Pepe es **mi** compañero y ■ amigo. Pepe ist mein Klassenkamerad und (mein) Freund.	Handelt es sich bei diesen Substantiven um ein und dieselbe Person mit mehreren Eigenschaften, steht der Possessivbegleiter in der Regel nur einmal.

Zusatzwissen:

Me duele **el** brazo.
Mein Arm tut weh.
Pepe se puso **los** pantalones verdes.
Pepe zog seine grüne Hose an.

Der Possessivbegleiter wird im Spanischen seltener benutzt als im Deutschen. So steht, wenn die Besitzverhältnisse klar sind, im Spanischen meist der bestimmte Artikel. Dies gilt insbesondere im Zusammenhang mit Körperteilen und Kleidungsstücken.

2.4 Der Demonstrativbegleiter El determinante demostrativo

2.4.1 Formen der Demonstrativbegleiter

♂ männlich	→	→→	→→→
Singular	este chico dieser Junge (hier)	ese chico dieser Junge (da)	aquel chico der Junge (dort)
Plural	estos chicos diese Jungen (hier)	esos chicos diese Jungen (da)	aquellos chicos die Jungen (dort)
♀ weiblich	→	→→	→→→
Singular	esta chica dieses Mädchen (hier)	esa chica dieses Mädchen (da)	aquella chica das Mädchen (dort)
Plural	estas chicas diese Mädchen (hier)	esas chicas diese Mädchen (da)	aquellas chicas die Mädchen (dort)

Die Demonstrativbegleiter weisen auf eine bestimmte Person, Sachen oder Abstrakta hin. Sie richten sich in Geschlecht und Zahl immer nach dem Substantiv, auf das sie sich beziehen.

2.4.2 Gebrauch der Demonstrativbegleiter

Kennzeichnung der räumlichen Entfernung

Mit den Demonstrativbegleitern wird meist die räumliche Entfernung zwischen dem Sprecher und der bezeichneten Person oder Sache verdeutlicht.

Esta foto me gusta mucho.
Dieses Foto (hier) gefällt mir sehr.
¿**Esos** libros son tuyos?
Sind diese Bücher (da) deine?
¿Cómo se llama **aquella** montaña?
Wie heißt der Berg (dort)?

Este (*diese/r/-s hier*) bezeichnet, was dem Sprecher am nächsten ist. **Ese** (*der/die/das da*), bezeichnet etwas, was vom Sprecher entfernt und ggf. in der Nähe des Angesprochenen ist. **Aquel** (*der/die/das dort*) bezeichnet, was sowohl vom Sprecher als auch vom Angesprochenen weiter entfernt ist.

⚠ In der Umgangssprache wird häufig nicht so streng zwischen **este** und **ese** unterschieden. **Aquel** wird eher selten genutzt.

Admiro mucho a **mi abuela**. ¡**Esta** mujer todavía es muy activa ! Ich bewundere meine Großmutter sehr. Diese Frau ist immer noch sehr aktiv!	In zusammenhängenden Texten verweist der Demonstrativbegleiter häufig auf etwas zuvor Genanntes.

Kennzeichnung der zeitlichen Entfernung

Der Demonstrativbegleiter wird auch bei Zeitangaben verwendet. Das ist ähnlich wie im Französischen (ce matin– *heute Morgen*).

Esta semana he trabajado mucho. Diese Woche habe ich viel gearbeitet. **este** mes/año dieser Monat / dieses Jahr en **este** siglo in diesem Jahrhundert **esta** mañana/tarde/noche heute Morgen/Nachmittag/Abend, Nacht	**Este** wird in Zeitangaben der Gegenwart verwendet.
Estuve en México en 2001. **Ese** año conocí a Ana. 2001 war ich in Mexiko. In dem Jahr habe ich Ana kennengelernt. **Ese** año cumplí los siete años. In dem Jahr wurde ich sieben Jahre alt.	**Ese** wird bei Zeitangaben verwendet, die sich auf die nähere Vergangenheit beziehen.
En **aquel** año Colón descubrió América. In jenem Jahr entdeckte Columbus Amerika. en **aquellos** tiempos zu jener Zeit en **aquel** entonces damals	**Aquel** verwendet man bei Zeitangaben, die eine länger zurückliegende Vergangenheit bezeichnen.

Zusatzwissen:

Y el tío **ese**, ¿qué hace aquí?
Und der Typ da, was macht der hier?
La chica **aquella** no me parece nada simpática.
Das Mädchen da ist mir überhaupt nicht sympathisch.

Wenn ein Demonstrativbegleiter hinter einer Person steht, wird damit nicht nur auf die räumliche Entfernung zum Sprecher hingewiesen, sondern auch Skepsis gegenüber dieser Person ausgedrückt. Oft ist die Äußerung abfällig gemeint.

2.5 Der Frage- und Ausrufebegleiter
El determinante interrogativo y exclamativo

Die spanischen Fragebegleiter heißen **¿qué?** und **¿cuánto?** (weitere Fragewörter ▸ S. 258). Sie tragen einen Akzent. Das ist bei allen Fragewörtern so.

¿Qué películas ponen esta semana? Welche Filme laufen diese Woche? **¿Qué** revistas españolas conoces? Welche spanischen Zeitschriften kennst du? **¿Qué** problema tiene Pedro? Was für ein Problem hat Pedro?	Der Fragebegleiter **¿qué?** (*welche/r/s*) ist unveränderlich, das heißt, er ändert sich nicht in Geschlecht oder Zahl.
¿A qué hora sale el bus? Wann (= *um welche Uhrzeit*) fährt der Bus ab? **¿De qué** problemas estás hablando? Von welchen Problemen sprichst du gerade?	Vor dem Fragebegleiter **¿qué?** kann eine Präposition stehen.

♂ männlich	♀ weiblich
¿Cuánto dinero necesitas? Wie viel Geld brauchst du? **¿Cuántos** DVD tienes? Wie viele DVDs hast du?	**¿Con cuánta** gente hablaste? Mit wie vielen Leuten hast du gesprochen? **¿Cuántas** chicas se apuntaron al curso? Wie viele Mädchen haben sich für den Kurs eingeschrieben?

Der Fragebegleiter **¿cuánto?** hat vier Endungen so wie die Adjektive auf **-o**. Er richtet sich in Geschlecht und Zahl nach dem Substantiv, das er begleitet. Auch **¿cuánto?** kann mit einer Präposition stehen.

¿No sabes **qué** problema tiene Pablo? Weißt du nicht, was für ein Problem Pablo hat?	No sé **cuántos** libros ya he leído. Ich weiß nicht, wie viele Bücher ich schon gelesen habe.
¡Qué hombre! Was für ein Mann!	**¡Cuánta** gente! So viele Menschen!
¡Qué horror! Das ist ja schrecklich!	**¡Cuánto** dinero! So viel Geld!

¿Qué? und **¿cuánto?** werden nicht nur zur Einleitung direkter Fragen verwendet, sondern stehen auch auch in indirekten Fragen und in Ausrufen.

Merke dir die Verwendung von **qué** und **cuánto** in folgenden feststehenden Ausdrücken:

¿Qué hora es?	Wie spät ist es?
¿A qué hora llegas?	Wann kommst du an?
¿Cuántos años tienes?	Wie alt bis du?
¿Cuántas veces ...?	Wie oft...?

Weitere Anwendungen der Fragebegleiter findest du im Kapitel „Fragesätze" ▸ S. 258.

2.6 Der indefinite Begleiter El determinante indefinido

Die folgenden Begleiter nennt man indefinite („unbestimmte") Begleiter:

algún, alguno/-a	irgendein/e	ningún/-a	kein/e
bastante	genug / genügend/e	otro/-a	andere/r
cualquier/a	irgendein/e	poco/-a	wenig/e
demás	andere/übrige	tanto/-a	so viel/e
demasiado/-a	zu viel/e	varios/-as	mehrere/einige
mucho/-a	viel/e		

Folgende Begleiter werden oft zu den indefiniten Begleitern gezählt, obwohl sie sich im Kontext immer auf etwas Bestimmtes beziehen:

ambos/-as	beide	tal	solch/e
cada	jede/r	todo/-a	ganze/r, jede/r, alle

2.6.1 *algún*

♂ männlich	♀ weiblich
¿Conoces algún libro de García Márquez? Kennst du (irgend)ein Buch von García Márquez? Ya he leído algunos libros en español. Ich habe schon einige spanische Bücher gelesen.	¿Tenéis alguna idea? Habt ihr (irgend)eine Idee? ¿Conoces algunas canciones flamencas? Kennst du irgendwelche Flamenco-Lieder?

Algún ist ein Adjektiv und richtet sich daher in Geschlecht und Zahl nach dem Substantiv, auf das es sich bezieht. Vor männlichen Substantiven im Singular wird das ursprüngliche **alguno** zu **algún** verkürzt.

Merke dir die Verwendung von **algún** in folgenden feststehenden Ausdrücken:

por algún tiempo	für einige Zeit	en algún momento	irgendwann
desde hace algún tiempo	seit einiger Zeit	algunas veces	manchmal
dentro de algún tiempo	in(nerhalb) einiger Zeit	¿alguna pregunta?	irgendwelche Fragen?
alguna cosa	(irgend) etwas	de alguna manera	irgendwie
en alguna parte	irgendwo	algún día	eines Tages
en algún sitio	irgendwo	algún que otro	der/das eine oder andere

Zusatzwissen:

sin duda **alguna** (= sin **ninguna** duda)
ohne jeden Zweifel
No podemos aceptar de modo **alguno** esa propuesta. (= de **ningún** modo)
Diesen Vorschlag können wir unter keinen Umständen akzeptieren.

Steht **alguno** hinter dem Substantiv, auf das es sich bezieht, so hat es einen negativen Sinn und bedeutet so viel wie **ninguno**. Diesen Sonderfall findet man vor allem in der Schriftsprache.

2.6.2 *ambos*

♂ männlich	♀ weiblich
Ambos chicos me parecen muy simpáticos. Beide Jungen finde ich sehr sympathisch.	Ambas chicas se interesan por José. Beide Mädchen interessieren sich für José.

Ambos wird nur im Plural benutzt und hat eine männliche und eine weibliche Form.

Merke dir die folgenden feststehenden Ausdrücke:

de ambos lados	von beiden Seiten	por ambos lados	auf beiden Seiten

2.6.3 *bastante*

Tengo **bastante** dinero. Ich habe genug Geld. No hay **bastantes** habitaciones en este hotel. Es gibt nicht genug Zimmer in diesem Hotel	**Bastante** hat jeweils nur eine Singular- und Pluralform.

Merke!

Tengo **bastante** frío/calor. Mir ist ziemlich kalt/warm.

2.6.4 *cada*

Cada joven sueña con tener trabajo. Jeder Jugendliche träumt davon, Arbeit zu haben. Conocen **cada** canción de memoria. Sie kennen jedes Lied auswendig.	**Cada** ist unveränderlich und steht normalerweise vor einem Substantiv im Singular.
Solo se veían **cada** tres meses. Sie sahen sich nur alle drei Monate.	Vor einem Zahlwort bedeutet **cada** *alle*.

Merke dir die folgenden feststehenden Ausdrücke:

cada uno/-a	jede/r	a cada paso	fortwährend
cada hora/día	stündlich/täglich	cada dos por tres	ständig

2.6.5 *cualquier/a*

en **cualquier** país del mundo	in jedem (beliebigen) Land der Welt	**Cualquier** und **cualquiera** sind unveränderlich und bedeuten *irgendein/e* bzw. *jede/r beliebige*. Die verkürzte Form **cualquier** steht vor dem Substantiv. Die vollständige Form **cualquiera** steht immer hinter dem Substantiv.
en **cualquier** ciudad	in jeder (beliebigen) Stadt	
un libro **cualquiera**	irgendein Buch	
una revista **cualquiera**	irgendeine Zeitschrift	

Merke dir die folgenden feststehenden Ausdrücke:

cualquier cosa	irgendetwas	de cualquier forma	irgendwie
cualquier día	eines Tages	de cualquier manera	irgendwie
un día cualquiera	an einem beliebigen/ gewöhnlichen Tag	de cualquier modo	irgendwie
		en cualquier caso	in jedem Fall
a cualquier hora	jederzeit	en cualquier momento	irgendwann/jederzeit
cualquier persona	irgendjemand, jeder	en cualquier parte	irgendwo

2.6.6 *demás*

Los **demás** chicos están en casa.
Die restlichen/übrigen Jungen sind zu Hause.
Las **demás** chicas no bailan.
Die anderen Mädchen tanzen nicht.
Toda la **demás** gente lo escuchó.
Alle anderen Leute haben es gehört.

Demás hat eine unveränderliche Form und steht nur vor Substantiven im Plural.

Eine Ausnahme sind Sammelbegriffe wie **familia, gente** oder **población**.

Merke!

los/las **demás** presentes — die übrigen/restlichen Anwesenden

2.6.7 *demasiado*

♂ männlich	♀ weiblich
¡Hay demasiado ruido aquí! Es ist zu laut hier! (*wörtlich: „...zu viel Lärm...“*)	Había demasiada gente. Es waren zu viele Leute da.
Mi tío fuma demasiados cigarrillos. Mein Onkel raucht zu viele Zigaretten.	¡Son demasiadas preguntas! Das sind zu viele Fragen!

Demasiado richtet sich in Geschlecht und Zahl nach dem Substantiv, vor dem es steht.

Merke!

¡Hace **demasiado** frío/calor! — Es ist zu kalt / zu heiß!

2.6.8 *mucho/poco*

♂ männlich	♀ weiblich
Ana tiene mucho/poco dinero. Ana hat viel/wenig Geld.	Tengo mucha/poca hambre. Ich habe viel/wenig Hunger.
Tenemos muchos/pocos amigos. Wir haben viele/wenige Freunde.	Me interesan muchas/pocas cosas. Mich interessieren viele/wenige Dinge.

Mucho und **poco** richten sich in Geschlecht und Zahl nach dem Substantiv, vor dem sie stehen.

2.6.9 *ningún*

♂ männlich	♀ weiblich
No tengo ningún amigo en Argentina. Ich habe keine Freunde / keinen einzigen Freund in Argentinien.	Ninguna canción me gusta. Kein (einziges) Lied gefällt mir.

Ningún ist ein Adjektiv und richtet sich daher in Geschlecht nach dem Substantiv, auf das es sich bezieht. Es wird nur im Singular verwendet, es sei denn, es bezieht sich auf ein Substantiv, das es im Spanischen nur im Plural gibt (z. B. **ningunas gafas**). Vor männlichen Substantiven im Singular wird **ninguno** zu **ningún** verkürzt.

⚠

No hay ningún problema. Das ist kein Problem. **Nunca** había visto ninguna peli mexicana. Noch nie hatte ich einen mexikanischen Film gesehen.	Wenn **ningún** nicht am Satzanfang steht, muss vor dem konjugierten Verb zusätzlich **no** stehen. Gibt es noch eine weitere Verneinung im Satz (z. B. **nunca, nadie**) bedeutet **ninguno/-a** *ein/e*.

Merke dir die Verwendung von **ningún** + *Substantiv* in folgenden feststehenden Ausdrücken:

en/por ningún lado	nirgendwo	de ninguna manera	keinesfalls
ninguna vez	kein einziges Mal / nie	de ningún modo	keinesfalls

▸ S. 294 (Die doppelte Verneinung)

2.6.10 *otro*

♂ männlich	♀ weiblich
¿Me pones otro zumo? Bringst du mir noch einen Saft? Tengo otros dos libros de este autor. Ich habe (noch) zwei andere/weitere Bücher von diesem Autor.	¿Puedes poner otra película? Kannst du einen anderen Film einlegen? ¿Tenéis otras preguntas? Habt ihr (noch) andere/weitere Fragen?

Otro richtet sich in Geschlecht und Zahl nach dem folgenden Substantiv und bedeutet *ein/e andere/r*. Als Mengenangabe bedeutet **otro** *noch ein/e (andere/r, weitere/r)* und kann in Verbindung mit einem Zahlwort stehen.

⚠ Anders als im Deutschen steht vor **otro** nie der unbestimmte Artikel.

Sí, tenemos otras dos preguntas. Ja, wir haben noch zwei andere/weitere Fragen.	⚠ Bei Mengenangaben steht **otro**, anders als im Deutschen, immer vor der Zahl.

Merke dir die folgenden feststehenden Ausdrücke:

otra cosa	etwas anderes	en otro lugar	woanders
otra vez	noch einmal	en otro sitio	woanders
¡otra vez será!	ein andermal!	en otra ocasión	ein anderes Mal
al otro día	am Tag darauf	por otros motivos	aus anderen Gründen
el otro día	neulich	¡A otra cosa mariposa!	Schluss jetzt!
de un sitio a otro	hin und her	Eso ya es otra cosa.	Das ist schon besser.

2.6.11 *tal*

No quiero conocer a **tal** individuo. So eine Person möchte ich nicht kennenlernen. ¿Te gusta **tal** canción? So ein Lied gefällt dir? **Tales** animales son muy peligrosos. Solche Tiere sind sehr gefährlich. No me gustan **tales** películas. Solche Filme gefallen mir nicht.	**Tal** richtet sich nur in der Zahl nach dem Bezugswort und bedeutet *so ein/e* oder *solch/e*.
¿Conoces a un **tal** Pérez? Kennst du einen gewissen Pérez? Preguntan por una **tal** Ana. Sie fragen nach einer gewissen Ana.	Vor Eigennamen steht **un/a + tal** und bedeutet *ein/e gewisse/r*.

2.6.12 *tanto*

♂ männlich	♀ weiblich
No tengo tanto dinero. Ich habe nicht so viel Geld. ¡Me gustan tantos actores! Mir gefallen so viele Schauspieler!	¿Por qué tienes tanta sed? Warum hast du so viel Durst? ¡En mi clase hay tantas chicas inteligentes! In meiner Klasse sind so viele intelligente Mädchen!

Tanto richtet sich in Geschlecht und Zahl nach dem Bezugswort und bedeutet *so viel/e*.

Merke!

¡Hace **tanto** tiempo!	Es ist so lange her!
Tiene veinte y **tantos** años.	Er ist über zwanzig.
Se levantó a las **tantas**.	Er stand sehr spät auf.

2.6.13 *todo*

♂ männlich	♀ weiblich
María ha estudiado todo el día. Maria hat den ganzen Tag gelernt. Todos mis primos viven en Argentina. Alle meine Cousins wohnen in Argentinien.	¿Has bebido toda una botella? Hast du eine ganze Flasche getrunken? Todas estas chicas son españolas. Alle diese Mädchen sind Spanierinnen.

Todo hat vier Endungen und bedeutet im Singular *ganze* und im Plural *alle*. Es richtet sich in Geschlecht und Zahl nach dem Bezugssubstantiv. Meist steht zwischen **todo** und dem Bezugswort ein weiterer Begleiter, wie z. B. ein Artikel, ein Possessiv- oder Demonstrativbegleiter.

Zusatzwissen:

Mario es **todo un** hombre.
Mario ist ein ganzer Mann.

Todo mit einem unbestimmten Artikel wird meist für Aussagen im übertragenen Sinn verwendet.

aber:

Llueve en **toda** España.
Es regnet in ganz Spanien.
Toda persona debería aprender al menos una lengua extranjera.
Jeder / Jede Person sollte wenigstens eine Fremdsprache lernen.

Wenn **todo** ohne einen weiteren Begleiter steht, bedeutet es *jeder* oder *ganz* und bezeichnet eine Gesamtheit von Personen oder Sachen.

Die Bedeutung von **todo** + *Substantiv* im Singular ist wie im Französischen:

ES	**todo** el libro	**toda** la semana
FR	**tout** le livre	**toute** la semaine
DE	*das ganze Buch*	*die ganze Woche*

Merke dir die folgenden fest stehenden Ausdrücke:

toda clase de	jede Art von	a toda prisa	in aller Eile
todo tipo de	jede Art von	de todas formas	auf alle Fälle
todo el mundo	alle/jedermann	de todas maneras	auf alle Fälle
todo el día	den ganzen Tag	de todos modos	auf alle Fälle
toda España	ganz Spanien	en todo caso	auf jeden Fall
a toda costa	um jeden Preis	en todas partes	überall
a todas horas	zu jeder Tages- und Nachtzeit		

2.6.14 *varios*

♂ männlich	♀ weiblich
Tengo varios DVD con películas españolas. Ich habe mehrere DVDs mit spanischen Filmen.	Hay varias versiones de esta canción. Es gibt mehrere/verschiedene Versionen von diesem Lied.

Der Begleiter **varios** wird nur im Plural verwendet und hat jeweils nur eine männliche und eine weibliche Form.

Wie vermeide ich Fehler? ¿Cómo evitar errores?

Der Artikel

Der bestimmte Artikel wird im Spanischen in folgenden feststehenden Ausdrücken verwendet:

a **la** derecha	rechts
a **la** izquierda	links
dar **la** bienvenida (a alguien)	(jemanden) willkommen heißen
dar **los** buenos días (a alguien)	(jemanden) begrüßen
dar **la** enhorabuena (a alguien)	(jemanden) beglückwünschen
dar **las** gracias (a alguien)	sich (bei jemandem) bedanken
dar **el** pésame (a alguien)	(jemandem) sein Beileid aussprechen
dar **la** razón (a alguien)	(jemandem) recht geben
hacerse **el** sordo/tonto	sich taub/dumm stellen
pagar **al** contado	bar zahlen
por **la** mañana/tarde/noche	früh/nachmittags/abends

In folgenden Ausdrücken wird der bestimmte Artikel im Spanischen nicht verwendet:

Correos	die Post
estar en casa	zuhause sein
ir en tren/bici/coche	mit dem Zug/Fahrrad/Auto fahren
ir/volver a casa	nach Hause gehen/zurückkommen
¿Tienes hora?	Kannst du mir sagen, wie spät es ist?
tener hambre/sed	Hunger/Durst haben
tener suerte / mala suerte	Glück/Unglück haben

Beachte die Bedeutungsunterschiede beim Gebrauch des männlichen/weiblichen Artikels und des neutralen **lo**:

el dicho	die Redewendung	**lo** dicho	das Gesagte
el hecho	die Tatsache	**lo** hecho	das Getane
el pasado	die Vergangenheit	**lo** pasado	das Geschehene
el contrario	das Gegenteil / der Gegner	por **lo** contrario	im Gegenteil

---

Der unbestimmte Artikel steht nie vor **medio** und **otro**:

Necesito medio litro de leche.	Ich brauche einen halben Liter Milch.
La peli empieza en media hora.	Der Film beginnt in einer halben Stunde.
Eso es otra cosa.	Das ist eine andere Sache.
Toma otro bocadillo.	Nimm noch ein Brötchen.

Normalerweise steht im Plural kein unbestimmter Artikel. Im Spanischen werden die unbestimmten Artikel **unos** und **unas** aber vor Substantiven verwendet, die nur im Plural existieren:

¿Tienes **unas** tijeras?	Hast du eine Schere?
Pablo lleva **unos** pantalones bonitos.	Pablo trägt eine schöne Hose.

Auch zur Angabe von ungefähren Zahlenangaben wird der unbestimmt Artikel benutzt:

Alba tiene **unos** 20 años.	Ana ist ungefähr 20 Jahre alt.
Han hecho **unas** fotos buenísimas.	Sie haben (ein paar) tolle Fotos gemacht.

Der Possessivbegleiter

Für die verschiedenen deutschen Possessivbegleiter in der 3. Person gibt es im Spanischen jeweils nur eine Form:

	ein Besitzer	**mehrere Besitzer**
su amigo	sein/ihr/Ihr Freund	ihr/Ihr Freund
su amiga	seine/ihre/Ihre Freundin	ihre/Ihre Freundin
sus amigos	seine/ihre/Ihre Freunde	ihre/Ihre Freunde
sus amigas	seine/ihre/Ihre Freundinnen	ihre/Ihre Freundinnen

Der Demonstrativbegleiter

Zeiten des aktuellen Tages werden im Spanischen meist mit dem Possessivbegleiter **este** ausgedrückt:

esta mañana	heute Morgen
esta tarde	heute Nachmittag
esta noche	heute Abend/Nacht

Werden in einem Satzgefüge oder Kontext mehrere Personen oder Sachen erwähnt, so wird das im ersten Satz zuerst genannte/entfernte Element im folgenden Satz mit **aquel**, das zuletzt genannte/nahe Element mit **este** wieder aufgenommen:

Pilar y Rocío son hermanas. Esta es rubia y aquella es morena.

Pilar und Rocio sind Schwestern. Letztere (diese) ist blond und erstere (jene) ist dunkelhaarig.

Abschlussübung Evaluación

1. Ergänze die bestimmten Artikel vor den Substantiven.

a. [?] agua
b. [?] alma
c. [?] habla
d. [?] abeja
e. [?] hambruna
f. [?] hacienda
g. [?] alameda
h. [?] habitación
i. [?] armas
j. [?] hachas

2. Entscheide, ob ein bestimmter Artikel benutzt werden muss. Wenn ja, ergänze ihn.

a. Isabel [?] II, [?] reina de Gran Bretaña, nació en [?] año 1926.
b. – Me gusta [?] teatro. –¿Te gusta ir a [?] museos?
c. [?] gatos son muy independientes.
d. [?] alemán es una lengua muy difícil.
e. María tiene [?] pelo negro.
f. José tiene [?] ojos azules.
g. [?] señora Ramírez tiene 60 años.
h. [?] señor Ramírez, ¿cuántos años tiene usted?

3. Wie heißt es richtig?

a. Estoy **en / en la** casa de Carmen.
b. Lorenzo está saliendo **de / de la** casa.
c. **A / A los** principios de marzo todavía hace mucho frío.
d. **En / En el** verano del año pasado hizo mucho calor.
e. En los Pirineos nieva mucho **en / en el** invierno.
f. **A / Al** mediados del mes vamos a Toledo.

4. Wie heißen die folgenden Begriffe auf Spanisch? Nenne die feststehenden Ausdrücke mit lo.

a. vielleicht
b. im Gegenteil
c. wenigstens
d. offensichtlich
e. in der Ferne
f. im Allgemeinen

5. Su oder sus? Ergänze den richtigen Possessivbegleiter.

a. Juana y [?] padres van a Londres este año.
b. Los alumnos y [?] profesor de Español organizan una Noche Española en el instituto.
c. Eva y [?] madre van de compras.
d. Fabián y [?] amigos estudian español.
e. Mis vecinos van al cine con [?] hijos.

6. Welche der folgenden indefiniten Begleiter werden im Geschlecht an das Substantiv angeglichen, auf das sie sich beziehen? Welche nicht?

a. algún
b. demasiado
c. bastante
d. mucho
e. cada
f. otro
g. cualquier
h. tal
i. demás
j. tanto

Die Lösungen findest du unter:
www.cornelsen.de/webcodes
Gib dort den Webcode gram-evaluacion02 ein.

3. Die Pronomen
Los pronombres

Pronomen, auch Fürwörter genannt, sind Stellvertreter. Sie stehen für ein Substantiv mit seinen Begleitern und seinen Erweiterungen. Die Form eines Pronomens richtet sich häufig in Geschlecht (Genus) und Zahl (Numerus) nach dem Substantiv, das es ersetzt bzw. auf das es sich bezieht.

In diesem Kapitel findest du folgende Pronomen und ihren Gebrauch:

3.1	Die Personalpronomen	
	Die Subjektpronomen	yo, tú, él/ella, usted, nosotros/-as, vosotros/-as, ellos/-as, ustedes
	Die direkten Objektpronomen	me, te, lo/la, nos, os, los/las
	Die indirekten Objektpronomen	me, te, le, nos, os, les
	Die Reflexivpronomen	me, te, se, nos, os, se
	Die Stellung der Pronomen im Satz	
	Pronomen nach einer Präposition	a mí, de ti, sobre él, conmigo, menos yo
3.2	Die Relativpronomen	que, quien, el cual, cuyo/-a
3.3	Die Possessivpronomen	mío, tuyo, suyo
3.4	Die Demonstrativpronomen	este, ese, aquel
3.5	Die Fragepronomen	¿qué?, ¿quién/es?, ¿cuál/es?
3.6	Die Indefinitpronomen	algo, todo, alguien, nada

Außerdem findest du:

→ Auf einen Blick: Die Personalpronomen, S. 47,
→ Auf einen Blick: Begleiter und Pronomen, S. 66,
→ ¿Cómo evitar errores?, S. 67,
→ eine Evaluación, S. 69, in der du dein Wissen überprüfen kannst.

3.1 Die Personalpronomen Los pronombres personales

3.1.1 Die Subjektpronomen

Formen

[**Yo**]	Soy de Madrid.	ich	Im Spanischen gibt es eigene Höflichkeitsformen (**usted/ustedes**). Außerdem gibt es auch im Plural männliche und weibliche Formen der Subjektpronomen (nosotros/nosotras, vosotros/vosotras, ellos/ellas).
¿ [**Tú**]	Eres de Madrid?	du	
[Él]	Es de Madrid.	er	
[Ella]	Es de Madrid.	sie	
¿ [**Usted**]	Es de Madrid?	Sie (Singular)	
[Nosotros]	Somos de Madrid.	wir (m.)	
[Nosotras]	Somos de Madrid.	wir (w.)	Die Pronomen **tú** und **él** schreibt man mit Akzent, um sie von dem Possessivbegleiter **tu** (z. B. **tu** madre) bzw. dem bestimmten Artikel **el** (z. B. **el** coche) zu unterscheiden.
¿ [Vosotros]	Sois de Madrid?	ihr (m.)	
¿ [Vosotras]	Sois de Madrid?	ihr (w.)	
[Ellos]	Son de Madrid.	sie (m.)	
[Ellas]	Son de Madrid.	sie (w.)	
¿ [**Ustedes**]	Son de Madrid?	Sie (Plural)	

■ Llueve. Es regnet. ■ Hay zumo. Es gibt Saft. ■ Es fácil equivocarse. Es ist ein Leichtes, sich zu irren.	Im Spanischen gibt es kein Pronomen, das dem deutschen *es* entspricht. Bei unpersönlichen Verben und Konstruktionen steht das spanische Verb in der 3. Person Singular.

► S. 139 (Unpersönliche Verben)

Die Pronomen nosotras/vosotras/ellas beziehen sich auf rein weibliche Gruppen. Bei gemischten oder rein männlichen Gruppen wird immer die männliche Form nosotros/vosotros/ellos verwendet.

¿Cómo está **usted**, señor Ramírez? Wie geht es Ihnen, Herr Ramírez?	Señoras, ¿qué piensan **ustedes** de esta historia? Meine Damen, was halten Sie von dieser Geschichte?

Die Höflichkeitsformen **usted** (abgekürzt auch **Ud.**) und **ustedes** (abgekürzt auch **Uds.**) entsprechen im Deutschen der höflichen Anrede mit *Sie*. Allerdings benutzen spanische Muttersprachler viel häufiger die vertrauliche Anrede **tú** bzw. **vosotros/-as**. Die höfliche Anrede mit **usted/es** verwenden sie vor allem gegenüber deutlich älteren oder höher gestellten Personen.

Gebrauch

■ Soy Laura. ¿■ Hablas español? ¿■ Tenéis miedo?	Ich bin Laura. Sprichst du Spanisch? Habt ihr Angst?	Da man meist an der Endung des Verbs erkennen kann, in welcher Person das Subjekt steht (1. Ps. Singular, 2. Ps. Singular, 2. Ps. Plural usw.), wird das Subjektpronomen in der Regel nicht benutzt.

Tengo dos hermanos. ¿Y **tú**? Ich habe zwei Brüder. Und du?	Man verwendet die Subjektpronomen: – wenn im Satz kein Verb steht,
Yo no hablo alemán, pero **él**, sí. Ich spreche kein Deutsch, aber er schon.	– wenn die Person, um die es geht, betont werden soll
Ella no va a venir pero **él** ya está aquí. Sie wird nicht kommen, aber er ist schon da. **Ella** escuchaba música mientras **yo** dormía. Sie hörte Musik, während ich schlief. **Yo** tomaría el dinero, pero **él** nunca lo haría. Ich würde das Geld nehmen, aber er würde das niemals tun. Juan dice que **yo** lo llame cuando **él** vuelva. Juan sagt, ich solle ihn anrufen, wenn er zurückkommt.	– und um Missverständnisse zu vermeiden, z. B. in der 3. Ps. Singular Präsens, in der die Verbform für die männliche und weibliche Person sowie die Höflichkeitsform gleich ist. Auch bei manchen Zeiten und Modi (**pretérito imperfecto, condicional, subjuntivo**) haben die 1. und 3. Ps. Singular dieselbe Form.
Ustedes son muy amables. Sie sind sehr nett. **Usted** puede acompañarme, si ■ quiere. Sie können mich begleiten, wenn Sie wollen.	Am häufigsten werden die Höflichkeitsformen **usted** und **ustedes** verwendet, auch wenn keine Betonung beabsichtigt ist. Eine Wiederholung von **usted/ustedes** in einem Satz wird jedoch vermieden.

Stellung

Usted tiene razón. Sie haben recht. Aquí mando **yo**. Hier bestimme ich.	Wenn ein Subjektpronomen verwendet wird, steht es in der Regel vor dem Verb. Bei der Nachstellung wird es besonders stark betont.
¿Habla **usted** inglés? Sprechen Sie Englisch? ¿Qué ha dicho **ella**? Was hat sie gesagt? ¿Qué puedes hacer **tú**? Was kannst du schon machen?	Im Fragesatz steht das Subjektpronomen normalerweise hinter dem Verb. Anders als im Deutschen steht es bei zusammengesetzten Verbformen oder Infinitivkonstruktionen nie zwischen den einzelnen Bestandteilen der Verbgruppe.

ustedes und der *voseo* in Lateinamerika

Vamos al cine. ¿**Ustedes** tienen ganas de ir? Wir gehen ins Kino. Habt ihr Lust mitzukommen?	In Lateinamerika wird **ustedes** anstelle von **vosotros/-as** verwendet. **Ustedes** wird wie gewöhnlich mit der 3. Ps. Plural des Verbs kombiniert.
Vos podés ayudar. ¡Adoptá una ballena! Du kannst helfen. Adoptiere einen Wal! Y **vos**, ¿qué hacés por el medio ambiente? Und was machst du für die Umwelt?	In manchen Ländern, z. B. in Argentinien und Costa Rica, verwendet man außerdem das Subjektpronomen **vos** anstelle von **tú**. Die Endung der Verbform wird in diesem Fall anders gebildet. Dieses Phänomen nennt man **voseo**.

3.1.2 Die direkten Objektpronomen

¿	**Me**	ves?	Siehst du mich?
Sí,	**te**	veo.	Ja, ich sehe dich.
–¿Conoces a Diego? –Claro que	lo	conozco.	... Klar kenne ich ihn.
–¿Y a Laura? –Sí,	la	conozco también.	... Ja, sie kenne ich auch.
¿Quiere que	lo/la	acompañe?	Soll ich Sie begleiten?
¿Por qué	**nos**	gritas?	Warum schreist du uns an?
Javi	**os**	busca.	Javi sucht euch.
–¿Conoces a mis hermanos? –Sí,	los	conozco muy bien.	... Ja, ich kenne sie sehr gut.
–¿Quieres ver mis tortugas? –Claro que	las	quiero ver.	... Natürlich will ich sie sehen!
	Los/Las	espero en el bar.	Ich warte in der Bar auf Sie.

Die direkten Objektpronomen ersetzen direkte Objekte. Sie stehen für männliche oder weibliche Personen oder Sachen und entsprechen meist den deutschen Akkusativpronomen. Anders als im Deutschen (*sie*) gibt es im Spanischen auch in der 3. Person Plural ein männliches (los) und ein weibliches Pronomen (las).

Informationen zur Stellung der Objektpronomen im Satz findest du auf ▸ S.48.

–Tienes que hacer algo. –**Lo** intenté, pero no sirvió.
– Du musst etwas tun. – Ich habe es probiert, aber es hat nichts gebracht.
–¿Ha dicho Ana que te quiere? –Sí, **lo** ha dicho.
– Hat Ana gesagt, dass sie dich liebt? – Ja, sie hat es gesagt.
Prometiste pedir disculpas. Ahora tienes que hacer**lo**.
Du hast versprochen, dich zu entschuldigen. Jetzt musst du es tun.

Das Pronomen **lo** ersetzt neutrale Pronomen wie **todo** oder **algo** sowie Satzinhalte. Es wird mit *es* übersetzt.

La bici **la** tiene Carlos.
Carlos hat das Fahrrad.

Steht in einem Satz das direkte Objekt vor dem Verb, muss es durch ein direktes Objektpronomen wiederholt werden.

⚠ Nicht immer übersetzt man die direkten Objektpronomen wie oben angegeben.
Zum einen haben manche Substantive im Deutschen und im Spanischen ein unterschiedliches Geschlecht. Überlege immer, welches Geschlecht das spanische Substantiv hat, das du ersetzen willst:

Spanisch	Deutsch
–¿Ves la casa? – Sí, **la** veo.	*– Siehst du das Haus? – Ja, ich sehe es.*
–¿Pones la mesa? – Sí, **la** pongo.	*– Deckst du den Tisch? – Ja, ich decke ihn.*
–¿Conoces el CD? – Sí, **lo** conozco.	*– Kennst du die CD? – Ja, ich kenne sie.*

Zum anderen erfordern manche Verben im Spanischen ein direktes Objekt, im Deutschen jedoch ein indirektes Objekt als Ergänzung:

Spanisch	Deutsch
–¿Ayudas a Paco? –Sí, **lo** ayudo.	*– Hilfst du Paco? – Ja, ich helfe ihm.*
–¿**Lo** escuchas? –No, **la** escucho a ella.	*– Hörst du ihm zu? – Nein, ich höre ihr zu.*
–¿Sigues las flechas? –Sí, **las** sigo.	*– Folgst du den Pfeilen? – Ja, ich folge ihnen.*
–¿Obedeces a tus padres? –**Los** obedezco, pero no siempre.	*– Gehorchst du deinen Eltern? – Ich gehorche ihnen, aber nicht immer.*

▸ S.226 (Das Verb und seine Ergänzungen)

Der *leísmo*

El señor Sánchez parece ser un hombre feliz. Siempre **le** veo sonreír.
Herr Sánchez scheint ein glücklicher Mann zu sein. Immer sehe ich ihn lächeln.

In Madrid und den umliegenden Provinzen wird häufig für eine männliche (und seltener auch für eine weibliche) Person im Singular nicht das direkte Objektpronomen **lo** (bzw. **la**), sondern das indirekte Objektpronomen **le** verwendet. Man nennt dieses Phänomen **leísmo**. Der Sprecher verdeutlicht damit, dass es sich um eine Person und nicht um einen Gegenstand handelt.

¿Quiere que **lo** acompañe? Möchten Sie, dass ich Sie/ihn begleite?
¿Quiere que **le** acompañe? Möchten Sie, dass ich Sie begleite?
Le/s saluda atentamente ... Es grüßt Sie höflichst ... / Mit freundlichen Grüßen ...

Außerdem ist in der gesamten spanischsprachigen Welt ein Sonderfall des **leísmo** verbreitet: Die Höflichkeitsformen **usted** und **ustedes** werden anstatt durch die direkten Objektpronomen **lo/s** und **la/s** durch die Formen **le** bzw. **les** ersetzt. Der Sprecher drückt damit aus, dass es sich nicht um eine dritte Person, sondern um die Höflichkeitsform in der direkten Anrede handelt.

3.1.3 Die indirekten Objektpronomen

¿	**Me**	enseñas las fotos?	Zeigst du mir die Fotos?
	Te	explico el asunto.	Ich erkläre dir den Fall.
Los amigos de David	**le**	escriben a menudo.	Davids Freunde schreiben ihm oft.
Los abuelos de Ana	**le**	envían un regalo.	Anas Großeltern schicken ihr ein Geschenk.
¿	**Le**	doy el billete?	Soll ich Ihnen das Ticket geben?
Mi primo	**nos**	ha mandado una postal.	Mein Cousin hat uns eine Postkarte geschickt.
María	**os**	lo explicará todo.	María wird euch alles erklären.
¿Qué	**les**	regalamos?	Was schenken wir ihnen?
Señores,	**les**	agradezco su atención.	Meine Herren, ich danke Ihnen für Ihre Aufmerksamkeit.

Die indirekten Objektpronomen ersetzen indirekte Objekte, vor allem Lebewesen, seltener Sachen. Sie entsprechen meist den deutschen Dativpronomen.

Informationen zur Stellung der indirekten Objektpronomen im Satz findest du auf ▸ S.48.

Merke!

Anders als im Deutschen steht **le** bzw. **les** im Spanischen für männliche und weibliche indirekte Objekte sowie für die Höflichkeitsform.

Ana **le** escribe.	*Ana schreibt ihm/ihr/Ihnen.*
Ana **les** escribe.	*Ana schreibt ihnen/Ihnen.*

Merke!

Die indirekten und direkten Objektpronomen unterscheiden sich nur in der 3. Person:

direkte Objektpronomen	**indirekte Objektpronomen**
lo/la	**le**
los/las	**les**

Sandra **le** manda un SMS a Diego. Sandra schickt Diego eine SMS.	Auch wenn ein Satz bereits ein indirektes Objekt enthält, steht häufig zusätzlich ein indirektes Pronomen vor dem Verb.
A Diego Sandra **le** ha mandado un SMS. Sandra hat Diego eine SMS geschrieben.	Wenn ein indirektes Objekt vor dem Verb eines Satzes steht, muss dieses durch ein indirektes Pronomen wiederholt werden.

⚠ Die indirekten Objektpronomen übersetzt man nicht immer wie oben angegeben, da manche Verben im Spanischen ein indirektes Objekt, im Deutschen jedoch ein Akkusativobjekt erfordern:

Le pido ayuda.	*Ich bitte ihn/sie um Hilfe.*
Le pregunto algo.	*Ich frage ihn/sie etwas.*
Le interesa todo.	*Es interessiert ihn/sie alles.*
Le cuesta mucho trabajo.	*Es kostet ihn/sie viel Arbeit.*
Le molesta bastante.	*Das stört ihn/sie ziemlich.*

Lerntipp:
Lerne die Verben deswegen immer mit ihren Ergänzungen: **pedir algo a alguien, preguntar algo a alguien** usw.!

▸ S. 226 (Das Verb und seine Ergänzungen)

Zusatzwissen:

Salúda**me** a tu esposa.
Grüß mir deine Frau!

Se **le** rompió el coche a Daniel.
Daniels Auto ist (ihm) kaputt gegangen.

Die indirekten Objektpronomen können auch verwendet werden, um Interesse oder eine Anteilnahme des Sprechers auszudrücken.

3.1.4 Die Reflexivpronomen

	Me	siento bien.	Ich fühle mich gut.
¿A qué hora	**te**	acuestas?	Um wie viel Uhr legst du dich hin?
Roberto	**se**	aburre.	Roberto langweilt sich.
Laura	**se**	apura.	Laura beeilt sich.
¿Usted	**se**	divierte?	Amüsieren Sie sich?
	Nos	vestimos ya.	Wir ziehen uns schon an.
¿	**Os**	ducháis ahora?	Duscht ihr (euch) jetzt?
Mis padres	**se**	alegraron mucho.	Meine Eltern freuten sich sehr.
Las chicas	**se**	despiden.	Die Mädchen verabschieden sich.

Viele spanische reflexive Verben entsprechen den deutschen reflexiven Verben. Sie werden stets von einem Reflexivpronomen begleitet, das in derselben Person wie das Subjekt steht und die Funktion eines direkten oder indirekten Objektpronomens hat.

Merke!

Die Reflexivpronomen unterscheiden sich nur in der 3. Person von den direkten und den indirekten Objektpronomen.

Reflexivpronomen		direkte Objektpronomen		indirekte Objektpronomen	
se	sich	lo/la	ihn/sie	**le**	ihm/ihr/Ihnen
se	sich	los/las	sie	**les**	ihnen/Ihnen

¿A qué hora **te levantas** los domingos?
Wann stehst du ▪ sonntags auf?
¿▪ **Quedamos** a las ocho?
Treffen wir uns um acht Uhr?

Nicht alle Verben, die im Spanischen reflexiv sind, sind dies auch im Deutschen und umgekehrt.

llamar**se** = *heißen*   cambiar = *sich verändern*

Aquí **se habla** español.
Hier spricht man Spanisch.
En esta tienda **se venden** entradas para conciertos.
In diesem Laden werden Konzerttickets verkauft.

Mit dem Reflexivpronomen **se** + *3. Person Singular/Plural* wird im Spanischen auch das unpersönliche *man* ausgedrückt.

► S.173 (Die reflexiven Verben)
► S.181 (Ersatzkonstruktionen für das Passiv)

Auf einen Blick: Die Personalpronomen

Subjektpronomen	indirektes Objektpronomen	direktes Objektpronomen	Reflexivpronomen
[yo]	me		
[tú]	te		
[él/ella/usted]	le	lo/la	se
[nosotros/nosotras]	nos		
[vosotros/vosotras]	os		
[ellos/ellas/ustedes]	les	los/las	se

3.1.5 Die Stellung der Objekt- und Reflexivpronomen im Satz

Aussagesätze und Fragesätze

Busco las llaves. ¿Dónde **las** guardas? Ich suche die Schlüssel. Wo bewahrst du sie auf? **Les** escribimos una carta. Wir schreiben ihnen einen Brief.	Die Objektpronomen stehen im Spanischen vor dem konjugierten Verb. Das ist anders als im Deutschen.
Ya **te** lo he dicho todo. Ich habe dir schon alles gesagt. Si **lo** hubiera sabido, **me** habría comportado de otra manera. Wenn ich es gewusst hätte, hätte ich mich anders verhalten.	Bei zusammengesetzten Verbformen stehen die Objektpronomen vor dem konjugierten Hilfsverb **haber**. Das ist anders als im Deutschen.
No **lo** puedo ver. / No puedo ver**lo**. Ich kann es/ihn nicht sehen. **Te** voy a decir algo. / Voy a decir**te** algo. Ich werde dir etwas sagen. **Se** acaban de ir. / Acaban de ir**se**. Sie sind gerade weggegangen. **Se** estaba bañando. / Estaba bañándo**se**. Er/sie wusch sich gerade. ¿Qué **nos** estás contando? / ¿Qué estás contándo**nos**? Was erzählst du uns da?	Wenn das Prädikat eines Satzes aus einer Struktur mit **Infinitiv** oder **gerundio** besteht, können die Objektpronomen sowohl vor dem konjugierten Verb stehen als auch an den **Infinitiv** bzw. an das **gerundio** angehängt werden. Wenn das Pronomen an das **gerundio** angehängt wird, erhält die betonte Silbe einen Akzent, um die ursprüngliche Betonung der Verbform zu erhalten.

▸ S. 313 (Die Betonung)

Infinitivergänzungen

Será difícil encontrar**lo**. Es wird schwierig sein, ihn zu finden. Ordena tu habitación antes de ir**te**. Räum dein Zimmer auf, bevor du gehst. Después de duchar**se** Abdel desayuna. Nachdem Abdel (sich) geduscht hat, frühstückt er.	Bei Infinitivergänzungen wird das Pronomen an den Infinitiv angehängt, da es in diesem Satzteil kein konjugiertes Verb gibt. Das Pronomen wird dabei an das Subjekt des Hauptsatzes angeglichen.

Imperativ

No **me** olvidéis. ¡No **lo** llames! No **nos** enfademos.	Vergesst mich nicht. Ruf ihn nicht an! Regen wir uns nicht auf.	Beim verneinten Imperativ stehen die Objektpronomen wie im Aussage- und Fragesatz vor dem konjugierten Verb.
Dime la verdad. Levántate. Ayudadlo. Llamémosla. Ponte los zapatos.	Sag mir die Wahrheit. Steh auf! Helft ihm. Rufen wir sie an. Zieh dir die Schuhe an.	Beim bejahten Imperativ wird das Objektpronomen immer an das Verb angehängt. Um die ursprüngliche Betonung der Verbform zu erhalten, muss bei allen mehrsilbigen Imperativformen ein Akzent gesetzt werden.

▸ S. 313 (Die Betonung)

Sentémonos. Vámonos. Levantémonos.	Setzen wir uns! Gehen wir! Stehen wir auf!	1. Person Plural Bei reflexiven Verben entfällt in der 1. Person Plural das Endungs-**s** der ursprünglichen Verbform vor dem Reflexivpronomen **nos**: **sentemos** + **nos** → **sentémonos**.
Lavaos los dientes. ¡Decidíos! ¡Sentaos!	Putzt euch die Zähne. Entscheidet euch! Setzt euch!	2. Person Plural In der 2. Person Plural entfällt das Endungs-**d** der ursprünglichen Verbform vor dem Reflexivpronomen **os**: **lavad** + **os** → **lavaos**.

In der Umgangssprache wird der Imperativ der 2. Person Plural oft durch den Infinitiv mit angehängtem Reflexivpronomen ersetzt. ▸ S. 186 (Der Infinitiv anstelle eines Imperativs)

Die Stellung von zwei Objektpronomen im Satz

¿El libro? **Me lo** ha dado. Das Buch? Er hat es mir gegeben. ¡**Te lo** juro! Ich schwöre es dir! ¿**Te lo** han dicho? Haben sie es dir gesagt?	In einem spanischen Satz mit zwei Objektpronomen steht das indirekte Objektpronomen vor dem direkten Objektpronomen.
Le doy el libro. → **Se lo** doy. Ich gebe ihm das Buch. → Ich gebe es ihm. **Les** enseño las fotos. → **Se** las enseño. Ich zeige ihnen die Fotos. → Ich zeige sie ihnen.	Vor den direkten Objektpronomen **lo, la, los** und **las** werden die indirekten Objektpronomen **le** und **les** zu **se**.

Merke!

Wenn in einem Satz zwei Objektpronomen stehen, dann steht im Spanischen das indirekte vor dem direkten Objektpronomen. Das ist im Deutschen umgekehrt:

Te cuento la historia. → Te la cuento.

Ich erzähle dir die Geschichte. → *Ich erzähle sie dir.*

Me Te **Se** Nos Os **Se**	lo la los las	dan.	*Sie geben*	*es/ihn* *sie* *sie* *sie*	*mir.* *dir.* *ihm/ihr/Ihnen.* *uns.* *euch.* *ihnen/Ihnen.*

Für die Stellung zweier Objektpronomen beim **Infinitiv**, beim **gerundio** und beim **Imperativ** gelten dieselben Regeln wie bei einem Objektpronomen: (▸ S. 48)

–¿Qué hago con las llaves? –**Me las** puedes dar. / Puedes dár**melas**. – Was mache ich mit den Schlüsseln? – Du kannst sie mir geben. **Te lo** estoy diciendo. / Estoy diciéndo**telo**. Ich sage es dir gerade.	Bei Infinitivkonstruktionen und der Verlaufsform stehen die Pronomen entweder vor dem konjugierten Verb oder sie werden an den **Infinitiv** bzw. das **gerundio** angehängt. Wenn die Pronomen angehängt werden, erhält das Verb einen Akzent auf der ursprünglich betonten Silbe.

▸ S. 313 (Die Betonung)

Dá**mela**. Cuénta**selo**. Prométe**noslo**.	Gib sie mir. Erzähl es ihm/ihr/ihnen. Versprich es uns.	Beim bejahten Imperativ werden die Objektpronomen immer angehängt. Die ursprünglich betonte Silbe erhält einen Akzent.
Digámo**selo**. Sagen wir es ihm/ihr/ihnen.		Bei der 1. Person Plural des bejahten Imperativs fällt das Endungs-**s** vor dem Pronomen **se** weg: **digamos** + **se** + **lo** → **digámoselo**.

No **me lo** digas. Sag es mir nicht. No **se las** deis. Gebt sie ihm/ihr/ihnen nicht.	Beim verneinten Imperativ stehen die Objektpronomen wie im Aussagesatz vor dem konjugierten Verb.

¿La postal? **Se la** daré. Die Postkarte? Ich werde sie ihm/ihr/ihnen/Ihnen geben. **(Se) la** daré **a él**. Ich werde sie ihm geben.	Die indirekten Pronomen **le** und **les** können sich sowohl auf männliche als auch auf weibliche Personen beziehen. Verwende im Zweifelsfall statt des indirekten Objektpronomens **a** + *betontes Pronomen*.

▸ S. 51 (Personalpronomen nach einer Präposition)

Merke!

Manchmal muss man durch eine Ergänzung verdeutlichen, welche Person gemeint ist, wenn es aus dem Zusammenhang nicht erkennbar ist.

⚠

Laura **se** lo ha contado (a Diego). Laura hat es ihm (*Diego*) erzählt. –¿Dónde está el abrigo? –Laura **se** lo ha puesto. – Wo ist der Mantel? – Laura hat ihn (sich) angezogen.	Das Pronomen **se** kann sein: – ein indirektes Objektpronomen, – ein Reflexivpronomen
Hoy **se** le ha regalado un libro a Laura. Heute hat man Laura ein Buch geschenkt.	– oder ein unpersönliches Pronomen mit der Bedeutung *man*.

▸ S.181 *(Pasiva refleja)*

3.1.6 Personalpronomen nach einer Präposition

¿Hablaron de **mí**? Haben sie über mich gesprochen?	Diego avanzó hacia **nosotros/-as**. Diego kam auf uns zu.
Sin **ti** yo no voy a España. Ohne dich fahre ich nicht nach Spanien.	Lo hice por **vosotros/-as**. Ich habe es für euch getan.
Pienso mucho en **él**. Ich denke viel an ihn.	Corrieron tras **ellos**. Sie liefen ihnen nach.
Soñé con **ella**. Ich habe von ihr geträumt.	Es para **ustedes**. Das ist für Sie.
Le esperamos a **usted**. Wir warten auf Sie.	El sábado jugamos contra **vosotros**. Am Samstag spielen wir gegen euch.

Nach einer Präposition steht in der 1. Person Singular das Pronomen **mí** und in der 2. Person Singular das Pronomen **ti**.
In allen anderen Fällen steht das jeweilige Subjektpronomen: **él/ella, usted, nosotros/-as, vosotros/-as, ellos/-as, ustedes**.

▸ S.41 (Die Subjektpronomen)

Merke!

Mí hat einen Akzent, **ti** hat keinen!

Quiere guardarlo todo para **sí**. Er will alles für sich behalten. Se pusieron de acuerdo **entre sí**. Sie einigten sich untereinander.	Anstelle des Reflexivpronomens **se** verwendet man nach einer Präposition das reflexive Pronomen **sí**. Es entspricht dem deutschen *sich*. Die Verbindung **entre sí** wird im Deutschen mit *sich untereinander* übersetzt.

¿Vas al cine **conmigo**? Gehst du mit mir ins Kino? ¿**Contigo**? ¡Cómo no! Mit dir? Aber sicher! A veces Pedro habla **consigo** mismo. Manchmal spricht Pedro mit sich selbst. El señor Ruiz no lleva pasaporte **consigo**. Herr Ruiz führt keinen Pass bei sich.	Die Pronomen **mí**, **ti** und **sí** verschmelzen mit der Präposition **con** zu: **con** + **mí** → **conmigo** **con** + **ti** → **contigo** **con** + **sí** → **consigo** Die Formen sind unveränderlich und werden immer ohne Akzent geschrieben.

Según **yo**, tenemos que hacerlo. Meiner Ansicht nach müssen wir es tun. **Entre** **tú** y **yo** hay una gran diferencia. Zwischen dir und mir besteht ein großer Unterschied. **Excepto** **tú**, no hay nadie que ... Außer dir gibt es niemanden, der ... Todos van al cine, **menos** **yo**. Alle gehen ins Kino, außer mir.	Nach **según**, **entre**, **excepto** und **menos** stehen auch in der 1. und 2. Person Singular die Subjektpronomen **yo** und **tú**.

Merke dir folgende häufig auftretende Wendungen:

por mí	meinetwegen	hoy por ti, mañana por mí	eine Hand wäscht die andere
¿a mí qué?	das ist mir egal	volver en sí	wieder zu Bewusstsein kommen
para mí	meiner Meinung nach	leer para sí	still lesen

3.2 Die Relativpronomen Los pronombres relativos

Ana tiene un perro. **Su perro** se llama Rufo. Ana hat einen Hund. Ihr Hund heißt Rufo.	Ana tiene un perro **que** se llama Rufo. Ana hat einen Hund, der Rufo heißt.

Relativpronomen (**que, quien, el cual**) bzw. der Relativbegleiter **cuyo** verbinden zwei Sätze zu einem Satzgefüge: Es entsteht ein Hauptsatz mit einem Nebensatz. Das Relativpronomen (z. B. **que**) ersetzt das Satzglied, durch das die Sätze miteinander in Verbindung stehen (*hier:* **su perro**).

▸ S. 275 (Der Relativsatz)

3.2.1 *que*

El chico, **que** está cantando, se llama Raúl. Der Junge, der singt, heißt Raúl.	Das Relativpronomen **que** ist unveränderlich. Es steht für Personen oder Sachen und kann im Relativsatz: – Subjekt (*Wer?/Was?*)
Esteban ve el DVD **que** Juan le ha regalado. Esteban schaut die DVD an, die Juan ihm geschenkt hat.	– oder direktes Objekt (*Wen?/Was?*) sein.

El libro a **que** se refiere se llama «La Celestina». Das Buch, auf das er sich bezieht, heißt „La Celestina". La calle en **que** vivo es muy tranquila. Die Straße, in der ich wohne, ist sehr ruhig. Esta es una de los canciones **que** más me gustan. Das ist eines der Lieder, die mir am besten gefallen.	**Que** kann nach einsilbigen Präpositionen wie **a, de, en** und **con** stehen. In diesem Fall bezieht sich das Relativpronomen meist auf Sachen. Diese können männlich oder weiblich sein und im Singular oder Plural stehen.

⚠ Nach den Präpositionen **sin** und **por** steht immer **el que** oder **el cual**. Meist wird aber auch nach den anderen Präpositionen **el que** verwendet.

el que

♂ männlich	♀ weiblich
Este es **el equipo** contra **el que** jugamos el sábado. Das ist die Mannschaft, gegen die wir am Samstag spielen. **Los chicos** con **los que** hablé son muy simpáticos. Die Jungs, mit denen ich sprach, sind sehr sympathisch.	¿Cómo se llama **la señora** de **la que** estás hablando? Wie heißt die Frau, von der du gerade sprichst? Cristina queda con **unas chicas** a **las que** conoció ayer. Cristina trifft sich mit einigen Mädchen, die sie gestern kennenlernte.

Nach Präpositionen und vor allem, wenn das Bezugswort eine Person ist, wird **que** in der Regel vom bestimmten Artikel begleitet: **el que, la que, los que** und **las que**. Dieser stimmt immer mit dem Bezugswort des Hauptsatzes überein.
El que kann direktes oder indirektes Objekt des Relativsatzes sein.

Julia tiene miedo por Romeo **al que** quiere mucho.
Julia hat Angst um Romeo, den sie sehr liebt.
Me dieron las gracias las chicas **a las que** había ayudado.
Die Mädchen, denen ich geholfen hatte, bedankten sich bei mir.

⚠ Wenn **que** direktes Objekt im Relativsatz ist und sich auf eine Person im Hauptsatz bezieht, steht vor dem **que** die Präposition **a** + *bestimmter Artikel*.
Denke an die Verschmelzung von **a** + **el** → **al**.

Diego espera una respuesta de Sandra **a la que** ha mandado un mensaje.
Diego wartet auf eine Antwort von Sandra, der er eine SMS geschickt hat.

Wenn **que** indirektes Objekt im Relativsatz ist, steht auch hier die Präposition **a** + *bestimmter Artikel* vor dem **que**.

▸ S. 252 (Das indirekte Objekt)

Zusatzwissen:

El tío de mi amiga, **el que** llegó ayer, va a visitarnos mañana. Die Tante meines Freundes, die gestern angekommen ist, wird uns morgen besuchen.	**El que** wird außerdem verwendet: – um Unklarheiten zu vermeiden,
–¿Cuál es tu libro? –**El que** está en la mesa. – Welches ist dein Buch? – Das auf dem Tisch.	– wenn das Bezugswort nicht im Satz steht,
Los que quieran venir pueden llamarme. Diejenigen, die mitkommen möchten, können mich anrufen.	– bei Verallgemeinerungen
Doy las gracias a todos **los que** participaron. Ich danke allen, die teilgenommen haben.	– und nach **todos/-as**.

lo que

Lo que quiero hacer es trabajar en una empresa grande. Was ich möchte, ist, in einem großen Unternehmen zu arbeiten. **Lo que** dice Carlos no es cierto. Das, was Carlos sagt, stimmt nicht. Carmen hace mucho deporte, **lo que** no le gusta a su novio. Carmen treibt viel Sport, was ihrem Freund nicht gefällt.	**Lo que** ist unveränderlich und bezieht sich auf einen ganzen Satz (bzw. eine Satzaussage) und nicht auf Personen oder Sachen. Im Deutschen wird es mit *das, was* oder nur mit *was* übersetzt.

Das Relativpronomen **lo que** entspricht dem französischen **ce qui / ce que**.

Esto es todo **lo que** te puedo decir.
C'est tout **ce que** je peux te dire.
Das ist alles, was ich dir sagen kann.

Lo que me molesta es el ruido de la calle.
Ce qui me dérange, c'est le bruit de la rue.
Was mich stört, ist der Straßenlärm.

3.2.2 *quien*

Esta es la amiga a **quien** visité. Das ist die Freundin, die ich besuchte. Fueron los mayas **quienes** inventaron un calendario muy preciso. Es waren die Mayas, die einen sehr genauen Kalender erfunden haben.	Das Relativpronomen **quien** steht nur für Personen. Es hat die Pluralform **quienes**. Oft steht es nach Präpositionen. Es kann immer durch **el que, la que** usw. ersetzt werden und wird vor allem in der Schriftsprache verwendet. ⚠ **Quien** wird nie mit Artikel verwendet.

Zusatzwissen:

Hay quien cree en milagros. Es gibt Leute, die an Wunder glauben. **No hay quien** lo haga mejor. Es gibt niemanden, der es besser machen würde.	Die Wendung **(no) hay quien** wird auch in der Alltagssprache verwendet. Nach **no hay quien** steht das Verb im **subjuntivo**.

3.2.3 *el cual*

♂ männlich	♀ weiblich
Quedé con un amigo **al cual** no he visto desde hacía dos años. Ich habe mich mit einem Freund verabredet, den ich seit zwei Jahren nicht gesehen habe. Hay pueblos **de los cuales** no se sabe mucho. Es gibt Völker, von denen man nicht viel weiß.	Esta es la amiga **con la cual** viajé a Gomera. Das ist die Freundin, mit der ich nach Gomera gefahren bin. Hay regiones en este país **a las cuales** nunca he ido. Es gibt Regionen in diesem Land, in die ich noch nie gefahren bin.

Das Relativpronomen **el cual** steht für Personen und Sachen. Der bestimmte Artikel stimmt in Geschlecht und Zahl immer mit dem Bezugswort des Hauptsatzes überein. Auch **el cual** passt sich im Geschlecht und in der Zahl dem Bezugswort an: **el cual, la cual, los cuales, las cuales**.
Es wird meist von einer Präposition begleitet.
⚠ **a + el cual → al cual** **de + el cual → del cual**

He vendido mi bicicleta **la cual** solo usaba para ir de compras. Ich habe mein Fahrrad verkauft, das ich nur zum Einkaufen genutzt habe.	Ohne Präposition steht **el cual** eher selten und nur, wenn das Bezugswort besonders betont werden soll.

⚠ **El cual** kann anstelle von **el que** verwendet werden, findet sich aber eher in der (gehobenen) Schriftsprache.

3.2.4 *cuyo*

♂ männlich	♀ weiblich
La chica, **cuyo** padre es argentino, se llama Soledad. Das Mädchen, dessen Vater Argentinier ist, heißt Soledad. Los niños, **cuyos** padres nunca tienen tiempo, necesitan buenos amigos. Kinder, deren Eltern nie Zeit haben, brauchen gute Freunde.	El señor Pérez, **cuya** esposa trabaja en Bruselas, se muda. Herr Pérez, dessen Frau in Brüssel arbeitet, zieht um. Roma es la ciudad **cuyas** plazas cuentan entre las más bonitas del mundo. Rom ist die Stadt, deren Plätze zu den schönsten der Welt zählen.

Der Relativbegleiter **cuyo** (*dessen/deren*), der der Vollständigkeit wegen mit an dieser Stelle genannt wird, bezieht sich auf Personen und Gegenstände, die etwas „besitzen". Er hat vier Formen (**cuyo**, **cuya**, **cuyos**, **cuyas**) und richtet sich in Geschlecht und Zahl nach dem ihm folgenden Substantiv.

⚠ Im Deutschen richtet sich das Relativpronomen *dessen* nach dem Substantiv im Hauptsatz, auf das es sich bezieht. Im Spanischen richtet sich der entsprechende Relativbegleiter **cuyo** nach dem nachfolgenden Substantiv:

Este es el chico cuya hermana ha ganado la competencia.

Das ist der Junge, dessen Schwester den Wettbewerb gewonnen hat.

Zusatzwissen:

El coche, **cuya** velocidad era muy alta, ...
Das Auto, dessen Geschwindigkeit sehr hoch war, ...
→ El coche, **que** circulaba a una velocidad muy alta, ...
Das Auto, das mit einer sehr hohen Geschwindigkeit fuhr, ...
Javi, sin **cuya** ayuda yo no lo habría conseguido ...
→ Javi, sin la ayuda **del cual** no lo habría conseguido ...
Javi, ohne dessen Hilfe ich es nicht geschafft hätte, ...

Cuyo wird vor allem in der Schriftsprache verwendet. In der Umgangssprache wird es meist umschrieben, z. B. durch einen Relativsatz mit **que** oder ein nachgestelltes **del cual**.

Merke!

	Person	Sache	veränderbar in
que	✓	✓	✗
quien	✓	✗	Zahl
el cual	✓	✓	Zahl und Geschlecht
cuyo	✓	✓	Zahl und Geschlecht

3.2.5 Anstelle von Relativpronomen gebrauchte Adverbien

Donde, **cuanto**, **como** und **cuando** können anstelle von Relativpronomen gebraucht werden.

El pueblo **en el que** vivo ... → El pueblo **donde** vivo es muy pequeño. Das Dorf, in dem ich wohne, ist sehr klein.	**Donde** entspricht dem deutschen *wo* und ersetzt eine Konstruktion mit **en** + *bestimmter Artikel* + **que**.
(Todo) **Lo que** decía ... → (Todo) **Cuanto** decía me parecía algo raro. Alles, was er sagte, erschien mir etwas seltsam.	**Cuanto** entspricht dem deutschen *alles, was* und kann eine Konstruktion mit **lo que** ersetzen.
Aún recuerdo el día **en (el) que** te conocí. → Aún recuerdo el día **cuando** te conocí. Ich erinnere mich noch an den Tag, an dem / als ich dich kennenlernte.	**Cuando** entspricht dem deutschen *als* und kann eine Konstruktion mit **en** (+ *bestimmter Artikel* +) **que** ersetzen.
Me gusta la forma **en que** escribe este autor. → Me gusta la forma **como** escribe este autor. Ich mag die Art, wie dieser Autor schreibt.	**Como** entspricht dem deutschen *wie* und kann eine Konstruktion mit **en que** ersetzen.

3.3 Die Possessivpronomen Los pronombres posesivos

Das Possessivpronomen verdeutlicht ein Besitzverhältnis (z. B. Esta gorra es **mía**. *Diese Kappe gehört mir.*) oder eine Beziehung (z. B. Paco es un amigo **mío**. *Paco ist ein Freund von mir.*).

	♂ männlich		♀ weiblich	
Singular (ein „Besitztum“)	Este (libro) es...	Dieses Buch gehört ...	Es una amiga...	Sie ist eine Freundin...
	mío	mir	**mía**	von mir
	tuyo	dir	**tuya**	von dir
	suyo	ihm/ihr/Ihnen	**suya**	von ihm/ihr/Ihnen
	nuestro	uns	**nuestra**	von uns
	vuestro	euch	**vuestra**	von euch
	suyo	ihnen/Ihnen	**suya**	von ihnen/Ihnen
Plural (mehrere „Besitztümer“)	Estos (libros) son ...	Diese Bücher gehören ...	Son unas amigas...	Sie sind einige Freundinnen...
	míos	mir	**mías**	von mir
	tuyos	dir	**tuyas**	von dir
	suyos	ihm/ihr/Ihnen	**suyas**	von ihm/ihr/Ihnen
	nuestros	uns	**nuestras**	von uns
	vuestros	euch	**vuestras**	von euch
	suyos	ihnen/Ihnen	**suyas**	von ihnen/Ihnen

Das Possessivpronomen wird in Geschlecht und Zahl an das Bezugswort (Substantiv oder Pronomen) angeglichen. Es kann direkt hinter dem Bezugswort oder allein stehen.

¿Esta mochila es **tuya**? No, la **mía** es roja.	Gehört der Rucksack dir? Nein, meiner ist rot.	Steht das Possessivpronomen ohne Bezugswort, so wird ihm der bestimmte Artikel vorangestellt.

Das ist genauso wie im Französischen:

- –¿Este bocadillo es **tuyo**? –No, **el mío** es con queso.
- – Ce sandwich est **à toi**? – Non, **le mien** est au fromage.
- – *Ist dieses belegte Brot von dir? – Nein, meins ist mit Käse.*

Merke!

In der 1. und 2. Person Plural sind die Formen der Possessivpronomen identisch mit denen der Possessivbegleiter:
nuestro/-a
vuestro/-a.

► S. 27 (Der Possessivbegleiter)

Zusatzwissen:

- ¿Son mis gafas o **las tuyas**?
- Ce sont mes lunettes ou **les tiennes**?
- *Ist das meine oder deine Brille?*

Anders als im Deutschen können im Spanischen nicht zwei Possessivbegleiter bei einem Substantiv stehen. Anstelle des zweiten Possessivbegleiters steht im Spanischen dann ein Possessivpronomen. Das ist genauso wie im Französischen

3.4 Die Demonstrativpronomen Los pronombres demostrativos

Demonstrativpronomen verweisen auf Personen oder Sachen.

♂ männlich	→		→→		→→→	
Singular	este	dieser (hier)	ese	dieser (da)	aquel	dieser (dort)
Plural	estos	diese (hier)	esos	diese (da)	aquellos	diese (dort)
♀ weiblich	→		→→		→→→	
Singular	esta	diese (hier)	esa	diese (da)	aquella	diese (dort)
Plural	estas	diese (hier)	esas	diese (da)	aquellas	diese (dort)

Das spanische Demonstrativpronomen hat dieselben Formen wie der Demonstrativbegleiter. Es richtet sich in Geschlecht und Zahl nach dem Substantiv, das es vertritt.

► S. 29 (Der Demonstrativbegleiter)

–¿**Esta** es tu amiga Flor? –No, **esa** no. Es **aquella**. – Ist das hier deine Freundin Flor? – Nein, diese da nicht. Es ist diese dort. –¿**Estos** son libros de arqueología? –No, **esos** no. **Aquellos**. – Sind das hier Archäologiebücher? – Nein, die da nicht. Diese dort.	Mit Hilfe von **este**, **ese** und **aquel** wird die räumliche Entfernung zwischen dem Sprecher und der bezeichneten Person oder Sache verdeutlicht.
¿Cómo se dice **esto** en español? Wie sagt man das auf Spanisch? **Eso** no significa nada. Das bedeutet gar nichts. ¿Qué es **eso**? Was ist das da? **Eso** no me gusta. Das (da) gefällt mir nicht.	Neben **este/-a, ese/-a** und **aquel/aquella** gibt es zusätzlich noch die neutralen Formen: **esto, eso** und **aquello**. Sie weisen auf einen vorangehenden oder folgenden Satz hin oder bezeichnen etwas nicht näher Bestimmtes. Besonders die neutrale Form **eso** wird häufig verwendet, um etwas Unbestimmtes zu bezeichnen.

Präge dir die folgenden Wendungen ein:

por eso	deshalb	¡De eso nada!	Von wegen!
Eso es.	Genau! / Stimmt!	a eso de las ocho	gegen acht Uhr

Zusatzwissen:

Siento mucho **esto/eso/aquello de** tu hermano.
Das mit deinem Bruder tut mir leid.
Esto de pasar un año en Argentina es una locura.
Das mit dem Auslandsjahr in Argentinien ist Wahnsinn.
¿Qué es **eso del cambio climático**?
Was hat es mit diesem Klimawandel auf sich?
¿Cómo era **aquello** de Pablo y María?
Wie war das noch mal / die Geschichte mit Pablo und María?

Mit den Demonstrativpronomen kann man außerdem auf eine gerade angesprochene Tatsache oder Situation Bezug nehmen.

3.5 Die Fragepronomen Los pronombres interrogativos

Es gibt die Fragepronomen **¿qué?, ¿quién?, ¿cuál?** und **¿cuánto?** Sie stehen nicht bei einem Substantiv, sondern allein. Daneben existieren noch weitere Fragewörter wie die Fragebegleiter (▸ S. 31) und Frageadverbien (▸ S. 102). Fragewörter werden immer mit Akzent geschrieben, auch in der indirekten Frage. Sie stehen meist am Satzanfang. ▸ S. 258 (Der Fragesatz)

3.5.1 *¿qué?*

¿**Qué** es esto?	Was ist das?	Mit dem Fragewort **¿qué?** (*was?*) fragt man nach Sachen oder Abstrakta.
¿**Qué** está pasando aquí?	Was ist hier los?	

¿Qué? kann verschiedene Funktionen im Fragesatz haben.
Mehr Informationen dazu findest du auf ▸ S. 258.

3.5.2 *¿quién?*

¿**Quién** es? Wer ist da?	Mit dem Fragewort **¿quién?** (*wer?*) fragt man nach Personen.
¿**Quiénes** son estas personas? Wer sind diese Leute? ¿Con **quiénes** trabajamos? Mit wem arbeiten wir zusammen?	Wenn man bewusst nach mehreren Personen fragt, benutzt man die Pluralform **¿quiénes?** Diese gibt es im Deutschen nicht.

¿**A quién** estás llamando? Wen rufst du gerade an? ¿**A quién** le das la peli? Wem gibst du den Film?	Vor **¿quién?** als direktem oder indirektem Objekt steht die Präposition **a**.
¿Con **quién** quedas? Mit wem triffst du dich? ¿De **quién** estás hablando? Von wem sprichst du?	Vor **¿quién?** können auch andere Präpositionen stehen.

¿Quién? kann verschiedene Funktionen im Fragesatz haben.
Mehr Informationen dazu findest du auf ▸ S. 259.

3.5.3 *¿cuál?*

Mit dem Fragewort **¿cuál?** (*welcher/welche/welches*) fragt man nach Personen, Sachen und Sachverhalten.
Es wird gebraucht, wenn eine Auswahl aus einer bestimmten Menge von Personen oder Sachen getroffen werden soll. Anders als das Relativpronomen **el cual** steht es ohne bestimmten Artikel.

¿**Cuál** (de los dos chicos) es Pedro? Welcher (von den zwei Jungen) ist Pedro? ¿Y **cuál** de las chicas es Silvia? Und welches der Mädchen ist Silvia?	**¿Cuál?** ist im Geschlecht unveränderlich.
¿**Cuáles** (de los ejercicios) no has hecho? Welche (der Übungen) hast du nicht gemacht?	Man verwendet die Pluralform **¿cuáles?**, wenn man nach mehreren Personen, Gegenständen oder Abstrakta fragt.
Mira, los nuevos cedés. ¿**Cuáles** ya has escuchado? Schau, die neuen CDs. Welche hast du dir schon angehört?	Das Bezugswort von **¿cuál?** muss nicht immer in demselben Satz genannt werden. Es kann auch in einem vorhergehenden Satz stehen bzw. durch den Kontext deutlich werden.

3.5.4 *¿cuánto?*

♂ männlich	♀ weiblich
–Ha donado mucho dinero. –¿**Cuánto**? – Er hat viel Geld gespendet. – Wie viel? –Estos libros están rotos. –¿**Cuántos** son? – Diese Bücher sind beschädigt. – Wie viele sind es?	–Ya ha venido mucha gente. –¿**Cuánta**? – Es sind schon viele Leute gekommen. – Wie viele? –Este director rodó un montón de películas. –¿**Cuántas** rodó? – Dieser Regisseur hat einen Haufen Filme gedreht. – Wie viele hat er gedreht?

Mit dem Fragewort **¿cuánto?** (*wie viel/e*) fragt man nach Personen, Sachen und Abstrakta.
Cuánto stimmt in Geschlecht und Zahl mit dem Substantiv überein, auf das es sich bezieht.

Merke!

	Person	Sache	Abstrakta	veränderbar in
¿qué?	✗	✓	✓	✗
¿quién?	✓	✗	✗	Zahl
¿cuál?	✓	✓	✓	Zahl
¿cuánto?	✓	✓	✓	Zahl und Geschlecht

3.6 Die Indefinitpronomen Los pronombres indefinidos

Indefinitpronomen verweisen auf nicht näher bestimmte Personen oder Sachen.
Einige der folgenden Indefinita können nur als Pronomen (*) verwendet werden, andere sowohl als Pronomen als auch als Begleiter. ▸ S. 32 (Die indefiniten Begleiter)

algo*	etwas	nadie*	niemand
alguien*	jemand	ninguno/-a	keine/r, niemand
alguno/-a	(irgend)eine/r, jemand	otro/-a	andere/r
cualquiera	irgendeine/r	poco/-a	wenig/e
demás	andere, übrige	tanto/-a	so viel/e
demasiado/-a	zu viel/e	todo	alles
mucho/-a	viel/e	uno/-a	man, eine/r
nada*	nichts	varios/-as	mehrere

3.6.1 *algo*

¿Has escuchado **algo**? Hast du etwas gehört?	**Algo** bezieht sich auf Sachen, ist unveränderlich und bedeutet *etwas*. Es steht nur in bejahten Sätzen.

⚠

Ana siempre cuenta **algo**. Pero Laura **nunca** cuenta **nada**. Ana erzählt immer etwas. Aber Laura erzählt nie etwas.	Wenn der Satz eine Verneinung enthält, muss das deutsche *etwas* im Spanischen mit **nada** wiedergegeben werden.

▸ S. 62 (*nada*)

Zusatzwissen:

algo + *Adverb:*	¿Quieres decir **algo más**?	Möchtest du noch etwas sagen?
algo + *Adjektiv:*	El amor es **algo maravilloso.**	Die Liebe ist etwas Wunderbares.
algo + *Verb:*	¿Quieres **algo de comer**?	Möchtest du etwas zu essen?
algo + *Substantiv:*	¿Me prestas **algo de dinero**?	Leihst du mir etwas / ein bisschen Geld?

Algo kann durch Adverbien, Adjektive, Verben und Substantive ergänzt werden.

3.6.2 *alguien*

Alguien ha preguntado por ti.
Jemand hat nach dir gefragt.
¿Has conocido a **alguien**?
Hast du jemanden kennengelernt?

Alguien bezieht sich auf Personen, ist unveränderlich und bedeutet *jemand*. Es steht nur in bejahten Sätzen. In verneinten Sätzen verwendet man **nadie**.

3.6.3 *alguno*

♂ männlich	♀ weiblich
Alguno de estos chicos es el hermano de Ana. (Irgend)einer von diesen Jungen ist der Bruder von Ana. –¿Están todos tus amigos? –**Algunos** sí, otros no. – Sind alle deine Freunde da? – Einige schon, andere nicht.	¿**Alguna** de vosotras sabe hablar polaco? Spricht jemand/eine von euch Polnisch? –¿Todas tus amigas son alemanas? –No, solo **algunas**. – Sind alle deine Freundinnen Deutsche? – Nein, nur einige.

Alguno wird in Geschlecht und Zahl an das Bezugswort angeglichen. Im Singular bedeutet es *jemand* bzw. *(irgend)eine/r*, im Plural *einige, ein paar* oder *manche*.
Die Formen von **alguno** stehen nur in bejahten Sätzen. In verneinten Sätzen verwendet man **ninguno**.

Zusatzwissen:

¿**Alguien/alguno** sabe dónde está Laura?
Weiß jemand, wo Laura ist?
¿Hay **alguna** (de vosotras) que sepa inglés?
Gibt es eine (unter euch), die Englisch kann?

Das deutsche *jemand* wird fast immer mit **alguien** anstelle von **alguno/-a** wiedergegeben. Nur wenn deutlich gemacht werden soll, dass es sich um eine weibliche Person handelt, wird **alguna** gebraucht.

3.6.4 *cualquiera*

–¿Qué falda me pongo? –**Cualquiera.**
– Welchen Rock ziehe ich an? – Irgendeinen. / Jeden x-Beliebigen.
Cualquiera puede cantar.
Jeder kann singen.

Cualquiera kann für Sachen und Personen stehen und bedeutet *irgendein/e* bzw. *jede/r x-Beliebige/r*. Es ist unveränderlich.

3.6.5 *demás*

Los **demás** no le interesan a Javi. Die anderen interessieren Javi nicht. Lo **demás** no importa. Das Übrige interessiert nicht.	**Demás** ist unveränderlich. Es bedeutet *andere, übrige* oder *weitere*. **Demás** wird nur mit den bestimmten Artikeln im Plural (**los/las**) oder mit dem neutralen Artikel **lo** verwendet.

3.6.6 *demasiado/mucho/poco*

♂ männlich	♀ weiblich
Demasiados no tienen acceso al agua potable. Zu viele haben keinen Zugang zu Trinkwasser. **Muchos** ya se han ido. Viele sind schon gegangen. **Pocos** me conocen. Wenige kennen mich.	–¿Le echo más sal a la sopa? –No, ya has echado **demasiada**. – Soll ich noch mehr Salz zur Suppe geben? – Nein, du hast schon zu viel rein getan. **Pocas** hablan alemán, pero **muchas** hablan inglés. Wenige sprechen Deutsch, aber viele sprechen Englisch.

Demasiado, **mucho** und **poco** richten sich in Geschlecht und Zahl nach dem Bezugswort. Als Pronomen vertreten sie meist vorher genannte Personen oder Sachen und werden meist im Plural verwendet. **Demasiados/-as** bedeutet *zu viele*, **muchos/-as** *viele* und **pocos/-as** *wenige*.

3.6.7 *nada*

No entiendo **nada**. Ich verstehe nichts. **Nada** es seguro. Nichts ist sicher.	**Nada** ist unveränderlich und bedeutet *nichts*. Es kann Subjekt oder Objekt eines Satzes sein. Wenn **nada** hinter dem Verb steht, muss vor dem Verb eine Verneinung mit **no** stehen. Wenn **nada** vor dem Verb steht, entfällt das **no**.

⚠ **Nada** kann auch mit *etwas* übersetzt werden, wenn der Satz schon ein Verneinungswort wie **nunca**, **nadie** oder **sin** enthält. Diese doppelte Verneinung gibt es im Deutschen nicht, aber im Spanischen und Französischen.

- 🇪🇸 Roberto **nunca** dice **nada**.
- 🇫🇷 Roberto **ne** dit **jamais rien**.
- 🇩🇪 *Roberto sagt nie etwas.*

▸ S. 294 (Die doppelte Verneinung)

Präge dir folgende Wendungen mit **nada** ein:

–Muchas gracias. –De nada.	– Vielen Dank! – Gern geschehen. / Nichts zu danken.
para nada	auf keinen Fall / überhaupt nicht
antes de nada	vor allem / insbesondere
¡Pues nada!	Also gut!
o todo o nada	alles oder nichts

3.6.8 *nadie*

Nadie lo escuchó. Niemand hörte auf ihn. –¿Ves a alguien? –No, **no** veo a **nadie.** – Siehst du jemanden? – Nein, ich sehe niemanden.	**Nadie** ist unveränderlich und bedeutet *niemand*. Es steht nur für Personen und nur in verneinten Sätzen. Wenn **nadie** hinter dem Verb steht, muss vor dem Verb eine Verneinung mit **no** stehen. Wenn **nadie** vor dem Verb steht, entfällt das **no**.

⚠ **Nadie** kann Subjekt oder Objekt eines Satzes sein. Wenn **nadie** direktes Objekt eines Satzes ist, steht die Präposition **a** davor.

⚠

Rubén **nunca** saluda a **nadie.** Rubén grüßt nie jemanden.	**Nadie** kann im Deutschen auch mit *jemand* übersetzt werden, wenn der Satz schon ein Verneinungswort enthält.

▸ S. 294 (Die doppelte Verneinung)

Zusatzwissen:

Ninguno de vosotros se quejó entonces. Niemand von euch hat sich damals beschwert. **Ninguna** de ellas estaba contenta. Niemand/Keine von ihnen war zufrieden.	Das deutsche *niemand von + Pronomen/Substantiv* wird im Spanischen nicht mit **nadie**, sondern mit **ninguno de** + *Pronomen/Substantiv* wiedergegeben (s. u.).

3.6.9 *ninguno*

♂ männlich	♀ weiblich
Ninguno (de los chicos) quería volver a casa. Keiner wollte zurück nach Hause.	**Ninguna** (de las chicas) quería bailar. Keine wollte tanzen.

Ninguno wird im Geschlecht an das Bezugswort angeglichen und bedeutet *keine/r*. Es wird im Singular verwendet und steht nur in verneinten Sätzen.

No me interesa **ninguno** de estos problemas. Mich interessiert keins dieser Probleme.	Wenn **ninguno** hinter dem Verb steht, muss vor dem Verb eine Verneinung mit **no** stehen.

⚠

Nunca he hablado con **ninguno** de ellos. Ich habe nie mit einem von ihnen gesprochen.	**Ninguno** kann im Deutschen auch mit *ein* übersetzt werden, wenn der Satz schon ein Verneinungswort enthält.

▸ S. 294 (Die doppelte Verneinung)

3.6.10 *otro*

♂ männlich	♀ weiblich
Ya tengo coche, no necesito **otro**. Ich habe schon ein Auto, ich brauche nicht noch eins. Los **otros** no estarán de acuerdo. Die anderen werden nicht einverstanden sein.	Esta quesadilla está mala. Dame **otra**, por favor. Diese Quesadilla ist schlecht. Gib mir bitte eine andere. Podemos aceptar algunas de las propuestas, **otras** no. Einige der Vorschläge können wir akzeptieren, andere nicht.

Otro richtet sich in Geschlecht und Zahl nach dem Bezugswort. Es bedeutet *(ein/e) anderer/e* bzw. *noch ein/e*.

⚠

La bicicleta no le gustaba a Juan. Quería ▪ **otra**.
Das Fahrrad gefiel Juan nicht. Er wollte ein anderes.

Anders als im Deutschen wird im Spanischen **otro** nie von einem unbestimmten Artikel begleitet.

3.6.11 *tanto*

♂ männlich	♀ weiblich
–¿Tienes mucho trabajo? –No, no **tanto**. – Hast du viel Arbeit? – Nein, nicht so viel. ¿Me prestas algún libro? Tienes **tantos**. Leihst du mir irgendein Buch? Du hast so viele.	Marco tiene mucha suerte. Yo no tengo **tanta**. Marco hat viel Glück. Ich habe nicht so viel. ¡Han venido **tantas**! So viele sind gekommen! (*weibliche Personen*)

Tanto wird in Geschlecht und Zahl an das Bezugswort angeglichen und bedeutet *so viel/e*.

3.6.12 *todo*

Eso es **todo**.
Das ist alles.
Todo me parece muy fácil.
Alles erscheint mir sehr leicht.

Todo ist im Singular unveränderlich und bedeutet *alles*.

Para ti **lo** dejaría **todo**.
Für dich würde ich alles aufgeben.
No **lo** entiendo **todo**.
Ich verstehe nicht alles.

Wenn **todo** direktes Objekt ist, steht vor dem Verb zusätzlich der neutrale Artikel **lo**.

♂ männlich	♀ weiblich
Todos (= todos los chicos (y chicas)) estaban tristes. Alle waren traurig.	–¿Qué fotos te gustan? –**Todas**. – Welche Fotos magst du? - Alle.

Im Plural richtet sich **todo** nach dem Geschlecht des Bezugsworts und bedeutet *alle*.

3.6.13 *uno*

♂ männlich	♀ weiblich
Hay que valorar lo que **uno** tiene. Man muss das wertschätzen, was man hat.	Estoy buscando una librería. ¿Hay **una** por aquí cerca? Ich suche eine Buchhandlung. Gibt es eine hier in der Nähe?

Uno wird im Geschlecht an die Person oder Sache angeglichen, für die es steht. Häufig entspricht es dem deutschen *man* oder *eine/r*.

Claro que **una** quiere lo mejor para sus hijos. Natürlich will man das Beste für seine Kinder. (= *Es spricht eine Frau.*)	Im Singular wird **uno** oft anstelle von **yo** oder **mí** verwendet.
A **uno** le gusta el chocolate, a **otro**, el jamón. Der eine mag Schokolade, der andere Schinken. (Las) **Unas** quieren casarse, (las) **otras** quedarse solteras. Die einen wollen heiraten, die anderen single bleiben. El **uno** tiene suerte, el **otro**, no. Der eine hat Glück, der andere nicht.	Die Gegenüberstellung **uno ... otro** bedeutet *der/die eine ... der/die andere* und wird in Geschlecht und Zahl an die Person angeglichen, für die es steht. Der bestimmte Artikel kann vor der Form von **uno** stehen.

3.6.14 *varios*

♂ männlich	♀ weiblich
Los niños bebieron agua del río y **varios** enfermaron. Die Kinder tranken Wasser aus dem Fluss und mehrere wurden krank.	Una casa se cayó y **varias** se inundaron. Ein Haus stürzte ein und mehrere wurden überschwemmt.

Varios richtet sich im Geschlecht nach dem Bezugswort und bedeutet *mehrere*. Es wird nur im Plural verwendet.

Auf einen Blick: Begleiter und Pronomen

Merke!

Begleiter **begleiten** Substantive. Pronomen **ersetzen** Substantive.

	Begleiter	Pronomen	
indefiniter Begleiter	**algún/alguna**	**alguno/-a**	indefinites Pronomen
¿Conoces a **algún** chico argentino?		**Alguno** de estos chicos debe de ser Javier.	
indefiniter Begleiter	**cualquier/a**	**cualquiera**	indefinites Pronomen
Este no es un libro **cualquiera**.		–¿Qué peli quieres ver? –**Cualquiera**.	
indefiniter Begleiter	**demasiado/-a**	**demasiado/-a**	indefinites Pronomen
Demasiadas personas no tienen casa.		–¿No te gusta la sopa? –Sí, pero ¡es **demasiada**!	
bestimmter Artikel	**el**	**él**	Subjektpronomen
El supermercado no está lejos de aquí.		**Él** no sabe hablar alemán, pero ella sí.	
bestimmter Artikel	**los, las**	**los, las**	direktes Objektpronomen
Estos son **los** amigos de Luna.		¿Dónde están Ana y David? ¿**Los** ves?	
Possessivbegleiter	**mi**	**mí**	Objektpronomen nach Präpositionen
David es **mi** amigo.		¿Hablaron mucho de **mí**?	
Possessivbegleiter	**mi, tu, su, nuestro/-a, vuestro/-a, su**	**mío/-a, tuyo/-a, suyo/-a, nuestro/-a, vuestro/-a, suyo/-a**	Possessivpronomen
Nuestro perro se llama Pipo.		Este perro es **nuestro**.	
indefiniter Begleiter	**mucho/-a**	**mucho/-a**	indefinites Pronomen
Muchos alemanes pasan sus vacaciones en España.		–¿Cuántas personas van a venir? –**Muchas**.	
indefiniter Begleiter	**ningún/ninguna**	**ninguno/-a**	indefinites Pronomen
A **ningún** chico de mi clase le gusta hacer un examen.		**Ninguna** de mis amigas sabe hablar chino.	
indefiniter Begleiter	**otro/-a**	**otro/-a**	indefinites Pronomen
¡Póngame **otras** tapas, por favor!		Pablo no es este chico, es el **otro**.	
indefiniter Begleiter	**poco/-a**	**poco/-a**	indefinites Pronomen
A **pocas** personas les gusta el frío.		**Pocos** pasan sus vacaciones en regiones frías.	
indefiniter Begleiter	**tanto/-a**	**tanto/-a**	indefinites Pronomen
Este verano hay **tanta** gente en la playa.		–Dime 100 adjetivos en español. –**Tantos** no sé decirte.	
indefiniter Begleiter	**todo/-a**	**todo, todos/-as**	indefinites Pronomen
Todos mis vecinos son simpáticos.		–¿Cuántos caramelos quieres? –**Todos**.	
unbestimmter Artikel	**un/una**	**uno/-a**	indefinites Pronomen
Esperanza es **una** chica muy tranquila.		**Uno** no puede saberlo todo.	
indefiniter Begleiter	**varios/-as**	**varios/-as**	indefinites Pronomen
Luna tiene **varios** amigos en otros países.		Invitamos a muchos amigos, pero **varios** no han venido.	

Wie vermeide ich Fehler? ¿Cómo evitar errores?

Wann wird das Subjektpronomen genannt?

Das Subjektpronomen wird im Spanischen meist nicht verwendet, da man fast immer an der Verbendung erkennen kann, um welche Person es sich handelt. Nur **usted** und **ustedes** werden gelegentlich verwendet. Diese Höflichkeitsformen werden jeweils mit der Verbform in der 3. Person Singular oder Plural verwendet:

■ Tengo sed.	Ich habe Durst.
¿Quieres tomar algo?	Möchtest du etwas trinken?
¿Quiere **usted** tomar algo?	Möchten Sie etwas trinken?

Subjektpronomen werden nur benutzt, wenn im Satz kein Verb steht, oder wenn eine Person betont oder von einer anderen unterschieden werden soll:

–¿Quién lo sabe? –¡**Yo**!	– Wer weiß es? – Ich!
Yo no he dicho nada.	Ich habe nichts gesagt. (*sondern jemand anders*)
Nosotros somos de Barcelona, pero **él** es de Madrid.	Wir sind aus Barcelona, aber er ist aus Madrid.

Wann wird das Objektpronomen verdoppelt?

Wenn das Objekt zur Hervorhebung vor das Verb gestellt wird, muss es durch ein Objektpronomen wieder aufgenommen werden:

Mis llaves, **las** he dejado en el coche.	Meine Schlüssel habe ich im Auto gelassen.
A tu hermana **le** mandas un mensaje.	Deiner Schwester schickst du eine Nachricht.

Auch wenn das indirekte Objekt erst nach dem Verb genannt wird, steht zusätzlich meist das indirekte Objektpronomen:

Le doy el libro a **mi hermana**.	Ich gebe das Buch meiner Schwester.

Wenn eine Person besonders betont werden soll, muss zusätzlich zu dem Objektpronomen die jeweilige Form **a mí, a ti, a él, a ella** usw. genannt werden:

Quería ver**lo a él** (y no **a ti**).	Ich wollte ihn sehen (und nicht dich).
Me ha regalado el libro **a mí** (y no **a ella**).	Er hat das Buch mir geschenkt (und nicht ihr).

Wie übersetzt man *mir* bzw. *dir*?

Achte auf den Kontext, bevor du Wörter wie *mir* bzw. *dir* übersetzt:

Das Buch gefällt mir/dir gut.	El libro **me/te** gusta mucho.

Nach einer Präposition steht **mí** bzw. **ti**. Achte darauf, dass **mí** mit Akzent und **ti** ohne Akzent geschrieben wird:

Er spricht von mir/dir.	Está hablando de **mí/ti**.

Mit der Präposition **con** steht die jeweilige Sonderform **conmigo**, **contigo** oder **consigo**:

Geht er mit dir oder mit mir?	¿Se va **conmigo** o **contigo**?

Nach den Präpositionen **según, entre, excepto** und **menos** verwendet man **yo** und **tú**:

Alle gehen außer dir und mir.	Van todos menos **tú** y **yo**.

Bei Besitzverhältnissen verwendet man die Possessivpronomen **mío/-a** oder **tuyo/-a**:

Waren das Freunde von dir oder von mir?	¿Eran amigos **tuyos** o **míos**?
Wem gehört der Rucksack? Mir oder dir?	¿De quién es la mochila? ¿Es **mía** o **tuya**?

Wie wird das deutsche *man* ausgedrückt?

Das unpersönliche *man* kann im Spanischen mit **uno** + *3. Person Singular* oder mit dem Reflexivpronomen **se** + *3. Person Singular* oder *Plural* ausgedrückt werden:

bei individuellen Äußerungen:

Manchmal weiß man nicht, was man machen soll.	A veces **uno/una** no sabe qué hacer.
Manchmal ist man verwirrt.	A veces **uno/una** está confundido/-a.

bei allgemeinen Feststellungen und Fragen:

Spricht man dort Spanisch?	¿Allí **se** habla español?
Hier verkauft man belegte Brötchen.	Aquí **se** venden bocadillos.

▸ S. 179 (Das Passiv)

Wann benutzt man *algunos, unos* oder *varios*?

Algunos/-as bedeutet *einige / ein paar / manche*. **Algunos/-as** benutzt man, wenn man sich auf einige (wenige) Personen oder Sachen einer Gruppe bezieht, die vorher oder direkt im Anschluss erwähnt werden:

Einige der Restaurants sind schon geöffnet.	**Algunos** de los restaurantes ya están abiertos.

Unos/-as bedeutet *einige*. Man benutzt **unos/-as**, wenn man von einer unbestimmten Anzahl von Personen oder Sachen spricht, die nicht näher bestimmt werden können oder sollen:

Die einen mögen lieber Fußball, die anderen Volleyball.	A **unos** les gusta más el fútbol, a otros, el voleibol.

Varios/-as bedeutet *mehrere*. **Varios/-as** benutzt man, wenn man sich auf mehrere Personen oder Sachen einer Gruppe oder der gleichen Art bezieht, die vorher oder direkt im Anschluss erwähnt werden:

Unter den ganzen Veränderungen gibt es mehrere, die uns direkt betreffen.	Entre todos los cambios hay **varios** que nos afectan directamente.

Abschlussübung Evaluación

1. **Ordne die Wörter und bilde Sätze. Wenn es zwei Möglichkeiten gibt, schreibe beide Sätze. Ergänze die Akzente, falls erforderlich.**

a. ¿ / vas / la / comprar / me / a / ?
b. lo / me / no / cuentes / .
c. está / los / nos / ya / preparando / .
d. os / los abuelos / dijeron / lo / hace un año / .
e. ¡ / lo / se / diga / !
f. un día / contaré / las / se /.

2. **Le/les, lo/la, los/las oder se. Setze das richtige Objektpronomen ein.**

a. No encuentro **mi estuche**. Creo que me [?] he olvidado en casa.
b. –¿Puedes ayudar **a los abuelos**, por favor? –Sí, [?] ayudo ahora mismo.
c. –¿Vas al **museo** con Laura? –No, no creo que [?] interese mucho.
d. –Dame **mis cedés**, por favor. –Pero yo no [?] tengo.
e. –¿Ves **a la chica de la cazadora negra**? –No, no [?] veo.
f. –¿Por qué no regalas estos vasos **a tus padres**? –No sé ... Creo que no [?] van a gustar.
g. –¿Ya le has dicho **a Javi** que somos novios? –Todavía no [?] lo he dicho.

3. **In welchen dieser Sätze kann das Pronomen nicht an einer anderen Stelle stehen?**

a. **Te** quiero ayudar.
b. **Te** he ayudado.
c. **Te** estoy ayudando.
d. **Te** voy a ayudar.
e. **Te** habría ayudado.
f. ¿Quieres que **te** ayude?

4. **Welche der folgenden Sätze beziehen sich auf Personen/Sachen in der Nähe des Sprechers?**

a. ¿Este es tu amigo Raúl?
b. Quiero tres de aquellos.
c. ¿Estas son las gafas de tu abuelo?
d. No, son esas allí.

5. **Que, quien, cuyos oder los cuales. Setze das richtige Relativpronomen ein.**

a. La chica, [?] padres se presentaron ayer, va a cambiar de colegio.
b. La finca [?] acabo de comprar es muy grande.
c. Tiene tres pisos, [?] quiero alquilar a estudiantes extranjeros.
d. [?] quiera venir a la fiesta, puede hacerlo.

6. **¿Quién/es?, ¿cuál/es?, ¿qué? oder ¿cuántos? Setze das richtige Fragepronomen ein.**

a. ¿Con [?] has quedado?
b. ¿ [?] quieres? ¿Los rojos o los azules?
c. ¿ [?] más quieres?
d. ¿ [?] gramos le pongo?
e. ¿ [?] son tus padres?
f. ¿ [?] de las dos películas todavía no has visto?

7. **Übersetze ins Spanische und achte besonders auf die unterstrichenen Wörter.**

a. Im Sommer isst man mehr Eis.
b. – Welche Früchte magst du gerne? – Alle.
c. Das ist nicht alles.
d. Wo liegt das Hotel, wo du die Ferien verbracht hast?
e. Ich möchte einen Saft. Möchtest du auch einen?

Die Lösungen findest du unter:
www.cornelsen.de/webcodes
Gib dort den Webcode gram-evaluacion03 ein.

4. Das Adjektiv
El adjetivo

Mit Adjektiven beschreibt man Eigenschaften von Personen (z. B. un chico **simpático** – *ein netter Junge*), Sachen (z. B. esta casa es **grande** – *dieses Haus ist groß*) und Abstrakta (z. B. una pregunta **difícil** – *eine schwierige Frage*).

Die meisten Adjektive sind im Spanischen – so wie im Deutschen – veränderlich. Sie richten sich oft im Geschlecht (männlich oder weiblich) und meist in der Zahl (Singular oder Plural) nach dem Bezugswort.

Im folgenden Kapitel findest du:

Außerdem findest du:

→ ¿Cómo evitar errores?, S. 86,
→ eine Evaluación, S. 88, in der du dein Wissen überprüfen kannst.

4.1 Die Formen des Adjektivs Las formas del adjetivo

4.1.1 Adjektive mit unterschiedlicher Endung in der männlichen und weiblichen Form

Adjektive, die in der männlichen Form auf *-o* enden

♂ männlich		♀ weiblich	
un tren rápid**o**	ein schneller Zug	una moto rápid**a**	ein schnelles Motorrad
un hombre alt**o**	ein großer Mann	una mujer alt**a**	eine große Frau

Adjektive, die in der männlichen Form auf **-o** enden, enden in der weiblichen Form auf **-a**.

Adjektive, die in der männlichen Form auf *-án/-ín/-ón, -ete/-ote* oder *-or* enden

♂ männlich		♀ weiblich	
un hombre charlatán	ein geschwätziger Mann	una mujer charlatana	eine geschwätzige Frau
un perro chiquitín	ein ganz kleiner Hund	una perra chiquitina	eine ganz kleine Hündin
un niño llorón	ein weinerlicher Junge	una niña llorona	ein weinerliches Mädchen
un señor regordete	ein molliger Herr	una señora regordeta	eine mollige Frau
un chico grandote	ein sehr großer Junge	una chica grandota	ein sehr großes Mädchen
un joven trabajador	ein fleißiger junger Mann	una joven trabajadora	eine fleißige junge Frau

Adjektive, die in der männlichen Form auf **-án/-ín/-ón, -ete/-ote** oder **-or** enden, bekommen in der weiblichen Form ein **-a** angefügt. Dabei entfällt der Akzent der männlichen Form.

⚠ aber:
Komparative auf **-or** (z. B. **mejor**) oder Adjektive, die im Lateinischen ursprünglich eine vergleichende Bedeutung hatten (z. B. **anterior**), sind unveränderlich.
▸ S. 72 (Komparative auf *-or*)

Nationalitäts- und Herkunftsbezeichnungen

♂ männlich		♀ weiblich	
un chico italiano	ein italienischer Junge	la política italiana	die italienische Politik
un coche español	ein spanisches Auto	la historia española	die spanische Geschichte
un libro francés	ein französisches Buch	una comedia francesa	eine französische Komödie
el plato catalán	das katalanische Gericht	la lengua catalana	die katalanische Sprache
un baile andaluz	ein andalusischer Tanz	una canción andaluza	ein andalusisches Lied
el actor barcelonés	der Schauspieler aus Barcelona	una actriz barcelonesa	eine Schauspielerin aus Barcelona

Adjektive, mit denen eine Herkunft bezeichnet wird (Nationalität, Region, Stadt), erhalten in der weiblichen Form die Endung **-a**. Enden sie in der männlichen Form auf einen Konsonanten, wird in der weiblichen Form das **-a** angehängt. Dabei entfällt der Akzent der männlichen Form.

⚠ aber:

♂ männlich		♀ weiblich	
un pueblo marroquí	ein marokkanisches Dorf	la cocina marroquí	die marokkanische Küche
el gobierno israelí	die israelische Regierung	una ciudad israelí	eine israelische Stadt
un templo hindú	ein hinduistischer Tempel	la religión hindú	die hinduistische Religion
el pueblo **belga**	das belgische Volk	la capital **belga**	die belgische Hauptstadt

Nationalitätsbezeichnungen, die auf **-í** oder **-ú** enden sowie das Adjektiv **belga** haben für beide Geschlechter nur eine Form.

4.1.2 Adjektive mit gleicher Endung in der männlichen und weiblichen Form

♂ männlich		♀ weiblich	
el partido socialista	die sozialistische Partei	la política socialista	die sozialistische Politik
un problema familiar	ein familiäres Problem	una fiesta familiar	ein Familienfest
un país pobre	ein armes Land	una región pobre	eine arme Region
un vestido azul	ein blaues Kleid	una camisa azul	ein blaues Hemd
un poeta joven	ein junger Dichter	una pintora joven	eine junge Malerin
un jersey gris	ein grauer Pullover	una chaqueta gris	ein graues Jackett
un final feliz	ein glückliches Ende	una época feliz	eine glückliche Epoche

Alle anderen Adjektive (sie enden auf **-a, -ar, -e, -l, -en, -s** oder **-z**), haben in der männlichen und weiblichen Form dieselbe Endung.

⚠ aber:
Ausnahmen sind die meisten Nationalitäts- und Herkunftsbezeichnungen.
▶ S. 71 (Nationalitäts- und Herkunftsbezeichnungen)

Komparative und vergleichende Adjektive auf *-or*

♂ männlich		♀ weiblich	
este libro es mej**or**	dieses Buch ist besser	esta paella es mej**or**	diese Paella ist besser
este día es pe**or**	dieser Tag ist schlechter	esta película es pe**or**	dieser Film ist schlechter
mi hermano may**or**	mein älterer Bruder	mi hermana may**or**	meine ältere Schwester
mi hermano men**or**	mein jüngerer Bruder	mi hermana men**or**	meine jüngere Schwester

Die Adjektive **mejor** (*besser*), **peor** (*schlechter*), **mayor** (*größer/älter*) und **menor** (*kleiner/jünger*) sind unregelmäßige Komparativformen und haben für beide Geschlechter dieselbe Endung.

♂ männlich		♀ weiblich	
el día anteri**or**	der vorherige Tag	la semana anteri**or**	die vorige Woche
el año posteri**or**	das folgende Jahr	la obra posteri**or**	das spätere Werk

Adjektive, die in ihrer lateinischen Form eine vergleichende Bedeutung hatten, haben im Spanischen in der männlichen und weiblichen Form die gleiche Endung.

Merke dir die folgenden fest stehenden Begriffe mit Adjektiven auf **-or**:

el labio inferior	die Unterlippe
el labio superior	die Oberlippe
de calidad inferior	von minderer Qualität
de calidad superior	von erstklassiger Qualität
el comercio interior	der Binnenhandel
el comercio exterior	der Außenhandel
la política interior	die Innenpolitik
la política exterior	die Außenpolitik
la ropa interior	die Unterwäsche
el aspecto exterior	das Aussehen

4.2 Die Pluralbildung des Adjektivs
La formación del plural del adjetivo

Für die Pluralbildung des Adjektivs gelten dieselben Regeln wie bei den Substantiven.
▸ S.15 (Singular und Plural der Substantive)

Singular		Plural	
un móvil caro	ein teures Handy	móviles caros	teure Handys
un hombre elegante	ein eleganter Mann	hombres elegantes	elegante Männer
una bicicleta cara	ein teures Fahrrad	bicicletas caras	teure Fahrräder
una mujer elegante	eine elegante Frau	mujeres elegantes	elegante Frauen
Adjektive, die auf einem unbetonten Vokal enden, bilden den Plural mit **-s**.			

Singular		Plural	
un alumno trabajador	ein fleißiger Schüler	alumnos trabajadores	fleißige Schüler
una gorra gris	eine graue Kappe	gorras grises	graue Kappen
un pueblo israelí	ein israelisches Dorf	pueblos israelíes	israelische Dörfer
un ritual hindú	ein hinduistisches Ritual	rituales hindúes	hinduistische Rituale
Adjektive, die auf einem Konsonanten (außer **-z**) oder einem betonten Vokal enden, bilden den Plural durch das Anfügen von **-es**.			

Singular		Plural	
una cura eficaz	eine wirksame Behandlung	curas eficaces	wirksame Behandlungen
un chico feliz	ein glücklicher Junge	chicos felices	glückliche Jungen
Bei den Adjektiven, die auf **-z** enden, wird **-es** angefügt und die Schreibweise im Plural verändert: das **-z** wird zu **-c-**.			

⚠

Singular		Plural	
una tarea fácil	eine leichte Aufgabe	tareas fáciles	leichte Aufgaben
el músico alemán	der deutsche Musiker	músicos alemanes	deutsche Musiker
la muchacha joven	das junge Mädchen	muchachas jóvenes	junge Mädchen
un profesor francés	ein französischer Lehrer	profesores franceses	französische Lehrer
Achte bei der Pluralbildung der Adjektive darauf, dass – wie bei den Substantiven – eventuell ein Akzent entfällt oder gesetzt werden muss.			

▸ S.313 (Die Betonung)

4.2.1 Ein Adjektiv und mehrere Substantive (Bezugswörter)

A Laura le gustan la música y la literatura cubanas. Laura mag die kubanische Musik und Literatur.	Wenn sich das Adjektiv auf mehrere Bezugswörter (**la música, la literatura**) mit der gleichen Eigenschaft (**cubana**) bezieht, steht es im Plural.

Daniel es un chico de una paciencia y una tolerancia **extraordinarias**. Daniel ist ein Junge von außergewöhnlicher Geduld und Toleranz.	Bezieht sich das Adjektiv auf mehrere Substantive gleichen Geschlechts, wird es an das Geschlecht der Substantive angeglichen.
Elena lleva una gorra y unos zapatos **rojos**. Elena trägt eine rote Mütze und rote Schuhe.	Wenn sich das Adjektiv auf mehrere Substantive unterschiedlichen Geschlechts bezieht, steht das Adjektiv im Plural und erhält die männliche Form.

Die Verwendung eines einzigen Adjektivs und die Anpassung bei zwei Bezugswörtern ist genauso wie im Französischen:

Iván lleva una camisa y unos pantalones negros.
Iván porte une chemise et des pantalons noirs.
*Iván trägt ein **schwarzes** Hemd und eine **schwarze** Hose.*

Zusatzwissen:

los pueblos **ruso** y **chino** das russische und das chinesische Volk las lenguas **alemana** e **inglesa** die deutsche und die englische Sprache	Die beiden Adjektive stehen im Singular, weil jeweils nur ein Volk (das russische und das chinesische) bzw. eine Sprache (die deutsche und die englische) gemeint sind.

un sofá	(de color) **café**	ein	kaffeefarbene/s	Sofa
una lámpara	(de color) **marrón**	eine	(kastanien)braune/s	Lampe
teléfonos	(de color) **naranja**		orangene/s	Telefone
sillas	(de color) **rosa**		rosafarbene/s	Stühle
	(de color) **violeta**		veilchenblaue/s	

Außerdem sind einige Farbadjektive in der männlichen und weiblichen Form sowie im Plural unveränderlich. Das liegt daran, dass diese Adjektive ursprünglich Substantive waren:
un móvil **de color** ~~de la~~ **rosa** (= *in der Farbe der Rose*)

jerséis **azul marino** ojos **gris claro**	dunkelblaue Pullover hellgraue Augen	Auch bei näher bestimmten Farben bleiben diese in der Regel unveränderlich.

aber:

unos ojos cafés zapatos marrones	kaffeebraune Augen (kastanien)braune Schuhe	Im heutigen Umgangsspanisch findet man immer öfter Formen, bei denen die Farbadjektive auch im Plural stehen.

4.3 Der attributive Gebrauch des Adjektivs
El uso atributivo del adjetivo

Werden Adjektive attributiv gebraucht, so stehen sie unmittelbar vor oder hinter dem Substantiv, auf das sie sich beziehen.

4.3.1 Nachgestelltes Adjektiv

Andrés vive en un pueblo **pequeño**.	Andrés lebt in einem kleinen Dorf.
José tiene amigos muy **divertidos**.	José hat sehr lustige Freunde.
¿Prefieres música **triste** o **alegre**?	Magst du eher traurige oder fröhliche Musik?
Grizel quiere subir a las montañas más **altas** del mundo.	Grizel möchte die höchsten Berge der Welt besteigen.

Die meisten Adjektive stehen im Spanischen hinter dem Substantiv. Das ist anders als im Deutschen.

4.3.2 Vorangestelltes Adjektiv

Hay **mucha** gente.	Es sind viele Leute da.
En el concierto había **pocos** niños.	Auf dem Konzert waren wenige Kinder.
Antonio ha dicho la **mera** verdad.	Antonio hat die reine Wahrheit gesagt.
Tenemos **demasiados** deberes.	Wir haben zu viele Hausaufgaben.

Einige Adjektive wie **mucho, poco, mero** und **demasiado** stehen immer vor dem Substantiv.

Es un **buen** coche.	Das ist ein gutes Auto.
¡Qué **buena** película!	Was für ein guter Film!
Hace **mal** tiempo.	Es ist schlechtes Wetter.
Alguna gente tiene **malas** costumbres.	Manche Leute haben schlechte Angewohnheiten.

Die Adjektive **bueno** und **malo** stehen meist vor dem Substantiv. **Bueno** und **malo** werden dabei in der männlichen Form Singular zu **buen** und **mal** verkürzt.

▸ S. 77 (Die Verkürzung des Adjektivs)

⚠ aber:

Fue una idea muy **buena**.
Das war eine sehr gute Idee.
Es un resultado bastante **malo**.
Es ist ein ziemlich schlechtes Ergebnis.

Bueno und **malo** stehen nach dem Substantiv, wenn sie durch ein Adverb näher bestimmt werden.

Zusatzwissen:

Ana contaba las **largas** horas en la sala de espera.
Ana zählte die langen Stunden im Wartezimmer.
Las **tristes** letras de este tango me pusieron aún más melancólico.
Der traurige Text dieses Tangos stimmte mich noch melancholischer.
Disfrute del **suave** clima de esa región.
Genießen Sie das sanfte Klima dieser Region!

In manchen Texten, z. B. literarischen oder Werbetexten, werden vorangestellte Adjektive als Stilmittel benutzt. Es werden damit sehr persönliche Empfindungen oder eine Wertung zum Ausdruck gebracht oder auch Emotionen geweckt.

la **blanca** nieve – der weiße Schnee
la **dulce** miel – der süße Honig
el **dulce** hogar – das traute Heim
los **fieros** leones – die wilden Löwen
las **mansas** ovejas – die sanftmütigen Schafe

Adjektive, die Eigenschaften ausdrücken, die man automatisch mit dem betreffenden Substantiv verbindet, stehen vor dem Substantiv.

4.3.3 Die Stellung des Adjektivs in Abhängigkeit von seiner Bedeutung

Einige Adjektive ändern ihre Bedeutung, je nachdem, ob sie vor oder hinter dem Substantiv stehen.

Adjektiv	vorangestellt		nachgestellt	
alto	un **alto** funcionario	ein hoher Beamter	una mujer **alta**	eine große Frau
antiguo	un **antiguo** profesor	ein ehemaliger Lehrer	una plaza **antigua**	ein alter (= *historischer*) Platz
cierto	un **cierto** chico	ein gewisser Junge	un hecho **cierto**	eine sichere Tatsache
grande	una **gran** violinista	eine großartige Geigerin	una casa **grande**	ein großes Haus
mayor	la **mayor** parte	der größte Teil	la hermana **mayor**	die ältere Schwester
mismo	la **misma** canción	dasselbe Lied	el padre **mismo**	der Vater selbst
nuevo	un **nuevo** miembro	ein neues Mitglied	un coche **nuevo**	ein (fabrik-)neues Auto
pobre	¡**Pobre** tío!	Armer (= *bedauernswerter*) Kerl!	una región **pobre**	eine arme Region
puro	**pura** casualidad	reiner Zufall	agua **pura**	sauberes (= *reines*) Wasser
simple	una **simple** pregunta	nur/bloß eine Frage	una tarea **simple**	eine leichte Aufgabe
único	mi **único** amigo	mein einziger Freund	una oportunidad **única**	eine einmalige Gelegenheit
verdadero	un **verdadero** problema	ein echtes Problem	una historia **verdadera**	eine wahre Geschichte
viejo	una **vieja** amiga	eine alte (= *langjährige*) Freundin	una mujer **vieja**	eine alte Frau

Bei den folgenden Adjektiven sind die Bedeutungsunterschiede nur sehr gering:

Adjektiv	vorangestellt		nachgestellt	
bueno	un **buen** actor	ein guter Schauspieler (*meiner Meinung nach*)	un hombre **bueno**	ein guter Mensch (*Eigenschaft*)
malo	un **mal** resultado	ein schlechtes Ergebnis	un perro **malo**	ein schlechter (= *böser*) Hund
largo	una **larga** experiencia	eine lange (= *langjährige*) Erfahrung	mangas **largas**	lange Ärmel

Yago es un perro **malo**.

4.3.4 Zwei Adjektive beim Substantiv

una **buena** amiga **cubana**	eine gute kubanische Freundin	Auch wenn mehrere Adjektive beim Substantiv stehen, richtet sich ihre Stellung meist nach den oben beschriebenen Regeln.
un chico **guapo** y **simpático**	ein gutaussehender und sympathischer Junge	Zwei nachstehende Adjektive werden durch **y** miteinander verbunden.

4.3.5 Die Verkürzung des Adjektivs

Javier Bardem es un **gran** actor. Javier Bardem ist ein großartiger Schauspieler. María Callas fue una **gran** cantante de ópera. María Callas war eine großartige Opernsängerin.	Das Adjektiv **grande** wird verkürzt, wenn es unmittelbar vor einem männlichen oder weiblichen Substantiv im Singular steht.
Ana tiene un **buen** amigo en Alemania. Ana hat einen guten Freund in Deutschland. ¡Qué **mal** autor! Was für ein schlechter Autor!	Die Adjektive **bueno** und **malo** werden nur verkürzt, wenn sie unmittelbar vor einem männlichen Substantiv im Singular stehen.
⚠ Esa es una **buena/mala** respuesta. Das ist eine gute/schlechte Antwort.	Vor einem weiblichen Substantiv im Singular steht die unverkürzte Form **buena/mala**.

Lerntipp:
Zu ähnlichen Verkürzungen kommt es auch beim Zahlwort **uno** (▸ S.106), bei den Indefinitbegleitern **alguno** (▸ S.32) und **ninguno** (▸ S.35) sowie den Ordnungszahlen **primero** und **tercero** (▸ S.108).

Zusatzwissen:

San Isidro es el patrón de Madrid y Santa Teresa, la patrona de Ávila. Der heilige Isidor ist der Schutzpatron von Madrid und die Heilige Teresa die Schutzpatronin von Ávila.	Das Adjektiv **santo** wird in der Regel vor den Namen männlicher Heiliger verkürzt.
⚠ aber: Santo Domingo – der heilige Dominikus Santo Tomás/Tomé – der heilige Thomas el **Santo** Padre – der Heilige Vater (= *Papst*) el **Santo** Espíritu – der Heilige Geist	Vor Namen, die mit **Do-** oder **To-** beginnen, wird **santo** ausgeschrieben, genauso wie in **el Santo Padre** und **el Santo Espíritu**.

4.4 Der prädikative Gebrauch des Adjektivs
El uso predicativo del adjetivo

Prädikativ gebrauchte Adjektive stehen nach einem Verb, wie z. B. **ser, estar** oder **parecer**. Sie sind dann Teil des Prädikats.

♂ männlich	♀ weiblich
Este libro es **bueno**. Dieses Buch ist gut. Estos libros son **buenos**. Diese Bücher sind gut.	Esta canción es **buena**. Dieses Lied ist gut. Estas canciones son **buenas**. Diese Lieder sind gut.

Im Gegensatz zum Deutschen werden die Adjektive im Spanischen auch dann in Geschlecht und Zahl an das Bezugswort angeglichen, wenn sie prädikativ verwendet werden.

Javier y Teresa son muy **guapos**. Javier und Teresa sind sehr hübsch.	Sind die Bezugswörter im Plural männlich und weiblich, erhält das Adjektiv die männliche Pluralform. Das ist wie bei den attributiv gebrauchten Adjektiven.

▸ S. 75 (Der attributive Gebrauch des Adjektivs)

Auch im Französischen werden prädikativ gebrauchte Adjektive an das Bezugswort angeglichen:

🇪🇸	Este jardín es muy **bonito**. Estos niños son muy **listos**.	Esta ciudad es muy **bonita**. Estas chicas son muy **listas**.
🇫🇷	Ce jardin est très **beau**. Ces enfants sont très **malins**.	Cette ville est très **belle**. Ces filles sont très **malines**.
🇩🇪	*Dieser Garten ist sehr schön.* *Diese Kinder sind sehr schlau.*	*Diese Stadt ist sehr schön.* *Diese Mädchen sind sehr schlau.*

Verben, nach denen Adjektive prädikativ verwendet werden können

ser	Ciudad de México es muy **grande.** Mexiko Stadt ist sehr groß.	Zu diesen Verben zählen: – **ser, estar, parecer** und **nacer**
estar	Esta paella está **rica.** Diese Paella schmeckt lecker.	
parecer	El público parece **contento.** Das Publikum scheint zufrieden zu sein.	
nacer	Todos nacen **desnudos.** Alle werden nackt geboren.	
hacerse	Mi vecina se ha hecho **rica.** Meine Nachbarin ist reich geworden.	– sowie Verben, die dem deutschen *werden* entsprechen.
ponerse	Leo, ¿por qué te estás poniendo **rojo**? Leo, warum wirst du rot?	
quedarse	El señor González se quedó **ciego.** Herr González ist erblindet (= *blind geworden*).	
volverse	Esto es para volverse **loco.** Das ist zum Verrücktwerden!	
estar hecho	Elena está hecha **toda** una mujer. Elena ist eine richtige Frau geworden.	

creer	Las creía más **inteligentes.** Ich habe sie für intelligenter gehalten.	Auch wenn sich das Adjektiv auf ein direktes Objektpronomen bezieht, kann es eine prädikative Funktion haben und wird dementsprechend angeglichen.
encontrar	Lo encuentro **aburrido.** Ich finde ihn langweilig.	
hacer	Nos/Nos haces **felices.** Du machst uns glücklich.	

4.5 Der Vergleich mit dem Adjektiv La comparación con el adjetivo

Wenn man Personen, Sachen oder Abstrakta miteinander vergleicht, braucht man die Steigerungsformen der Adjektive:

Komparativ:	*Dein Fahrrad ist (genau)so teuer wie mein Handy.*	(gleich)
	Der ICE ist schneller als die Regionalbahn.	(ungleich)
	Das Auto ist weniger umweltfreundlich als die Bahn.	(ungleich)
Superlativ:	*Das Fahrrad ist am umweltfreundlichsten (von allen).*	(relativ)
	Frau Schmidt ist überaus reich.	(absolut)

4.5.1 Der Komparativ

Gleichheit

Pablo es **tan alto como** Ana. Pablo ist so groß wie Ana. Puri y Javi son **tan simpáticos como** Pili y Tomás. Puri und Javi sind so sympathisch wie Pili und Tomás.	Um Gleichheit auszudrücken, verwendet man die Kostruktion **tan** + *Adjektiv* + **como**. Das Adjektiv wird jeweils an das Bezugswort angeglichen.

Ungleichheit

Juan es **más alto que** Pepe. Juan ist größer als Pepe. Pepe es **menos alto que** Juan. Pepe ist weniger groß als / kleiner als Juan.	Um Ungleichheit auszudrücken, verwendet man die Konstruktion **más/menos** + *Adjektiv* + **que**.
Pepe **no** es **tan alto como** Juan. Pepe ist nicht so groß wie Juan.	Im alltäglichen Sprachgebrauch wird **menos** + *Adjektiv* + **que** häufig durch **no** + *Verb* + **tan** + *Adjektiv* + **como** ersetzt.

Unregelmäßige Steigerungsformen

bueno/-a buenos/-as	gut	→ **mejor** → **mejores**	besser	Die Adjektive **bueno** und **malo** haben unregelmäßige Steigerungsformen. Diese sind im Singular und im Plural für beide Geschlechter gleich. Es entfällt das Steigerungswort **más**.
malo/-a malos/-as	schlecht	→ **peor** → **peores**	schlechter	

Pedro es Pedro ist	**mejor** besser	en Francés **que** Isabel. in Französisch als Isabel.
Teresa es Teresa ist		en Mates **que** Pepe. in Mathe als Pepe.

Isa y Laura son Isa und Laura sind	**peores** schlechter	en Historia **que** Sara y Pablo. in Geschichte als Sara und Pablo.
David y Luna son David und Luna sind		en Física **que** Ruben y Alba. in Physik als Ruben und Alba.

regelmäßig			
grande grandes	groß	→ **más** grande → **más** grandes	größer
pequeño/-a pequeños/-as	klein	→ **más** pequeño/-a → **más** pequeños/-as	kleiner
unregelmäßig			
grande grandes		→ **mayor** → **mayores**	älter, *auch:* größer
pequeño/-a pequeños/-as		→ **menor** → **menores**	jünger, *auch:* kleiner

Auch die Adjektive **grande** und **pequeño** haben – neben regelmäßigen – unregelmäßige Steigerungsformen. Es entfällt bei den unregelmäßigen Formen ebenfalls das Wort **más**.

Tus problemas son **mayores que** los míos. Deine Probleme sind größer als meine. Esta casa es **más grande que** la nuestra. Dieses Haus ist größer als unseres. La demanda ha sido **menor que** en septiembre. Die Nachfrage war geringer / kleiner als im September. Un arbusto es **más pequeño que** un árbol. Ein Strauch ist kleiner als ein Baum.	Beim Vergleich von Sachen oder abstrakten Begriffen können sowohl die regelmäßige als auch die unregelmäßige Form von **grande** bzw. **pequeño** verwendet werden. Oft nimmt man bei Sachen eher die regelmäßige und bei abstrakten Begriffen die unregelmäßige Form.
Ana es **mayor que** Pablo. Ana ist älter als Pablo. Carlos es mi hermano **mayor.** Carlos ist mein älterer/großer Bruder. Pablo es **menor que** Ana. Pablo ist jünger als Ana. Mi hermana **menor** se llama Mari Paz. Meine jüngere/kleine Schwester heißt Mari Paz.	Beim Altersvergleich verwendet man immer die unregelmäßigen Formen. **Mayor** entspricht dem deutschen *älter* und **menor** dem deutschen *jünger*.

4.5.2 Der Superlativ

Der Superlativ ist die höchste Steigerungsform: *das schönste Foto, die größte Stadt.*
Im Spanischen gibt es zwei Arten des Superlativs: den relativen und den absoluten Superlativ.

Der relative Superlativ

Iker es **el** (hijo) **menos ambicioso de** la familia. Iker ist der am wenigsten ehrgeizige Sohn der Familie. Isa y Ana son **las** (chicas) **más listas de** la clase. Isa und Ana sind die schlauesten (Mädchen) der Klasse.	Der relative Superlativ beinhaltet einen Vergleich. Er wird gebildet, indem man vor den Komparativ einen bestimmten Artikel oder einen Possessivbegleiter setzt. Wenn ein Vergleichspunkt angegeben wird, erfolgt der Anschluss mit **de**. Dies gilt auch für die unregelmäßigen Superlative von **bueno** und **malo**.
Sergio es **el peor** jugador **del** equipo. Sergio ist der schlechteste Spieler der Mannschaft. Vosotras sois **mis mejores** amigas. Ihr seid meine besten Freundinnen.	

¿Cuál es **la ciudad más grande de** España? Welche ist die größte Stadt Spaniens? Este no es **el mayor** problema. Das ist nicht das größte Problem.	Auch im relativen Superlativ kommen beide Komparative von **grande** und **pequeño** vor. Man verwendet aber vor allem die regelmäßigen Formen.
Nuestra casa es **la más pequeña en** esta calle. Unser Haus ist das kleinste in dieser Straße. Este es **el menor de** todos los problemas. Das ist das geringste der Probleme. Pablo es **el menor de** mis hermanos. Pablo ist der jüngste meiner Brüder.	

Merke!

Relativer Superlativ:
el/la
los/las + *Komparativ des Adjektivs* (+ **de**)
mi/tu/...

Der absolute Superlativ

Eine genaue Entsprechung für den absoluten Superlativ gibt es im Deutschen nicht. Er dient zur besonders starken Hervorhebung und kann z.B. mit *äußerst, extrem, überaus* oder *total* übersetzt werden.

♂ männlich	♀ weiblich
Este actor es **buenísimo**. Dieser Schauspieler ist total gut. Todos los platos son **buenísimos**. Alle Gerichte sind total lecker.	Esta actriz es **buenísima**. Diese Schauspielerin ist überaus gut. Las últimas canciones de esta cantante son **buenísimas**. Die letzten Songs dieser Sängerin sind total schön.

Im Spanischen wird der absolute Superlativ gebildet, indem die Suffixe **-ísimo/-ísima/-ísimos/-ísimas** an das Adjektiv angehängt werden. Wenn das Adjektiv auf einem Vokal endet, entfällt dieser bei der Bildung des Superlativs: **buen~~o~~** + **ísimo** → **buenísimo**. Auch im Superlativ werden die Adjektive an das Bezugssubstantiv angeglichen.

difícil fácil	Este examen es **dificilísimo**. Diese Prüfung ist extrem schwierig. Estas tareas son **facilísimas**. Diese Aufgaben sind äußerst leicht.	Bei der Bildung des absoluten Superlativs kann sich die Akzentsetzung ändern.
rico feliz amargo	Esta mujer es **riquísima**. Diese Frau ist äußerst reich. Juan es un chico **felicísimo**. Juan ist ein überaus glücklicher Junge. El café es **amarguísimo**. Der Kaffee ist extrem bitter.	Bei manchen Adjektiven ändert sich die Schreibweise, unter anderem um die Aussprache beizubehalten: **-c-** wird zu **-qu-** **-z** wird zu **-c-** **-g-** wird zu **-gu-**

► S. 313 (Die Betonung)
► S. 314 (Besonderheiten)

4.6 Die Substantivierung des Adjektivs
La sustantivación del adjetivo

Lo bueno del curso es que es muy divertido. Das Gute an dem Kurs ist, dass er viel Spaß macht. **Lo malo** es que es muy caro. Das Schlechte ist, dass er sehr teuer ist. Te deseo todo **lo mejor**. Ich wünsche dir (nur) das Beste.	Genauso wie im Deutschen kann man auch spanische Adjektive substantivieren. Aus dem Adjektiv (auch als Superlativ) wird ein Substantiv, indem man ihm den neutralen Artikel **lo** voranstellt. Das Adjektiv steht immer in der männlichen Form im Singular.

Es increíble **lo cara que** es la vida en Nueva York. Es ist unglaublich, wie teuer das Leben in New York ist. ¿No ves **lo tristes que** [nosotros] estamos? Siehst du nicht, wie traurig wir sind?	Die Struktur **lo** + *Adjektiv* + **que** dient zur Hervorhebung eines Substantivs oder Pronomens und wird an dieses angeglichen.

4.7 Der adverbiale Gebrauch des Adjektivs
El uso adverbial del adjetivo

Jorge habla **alto**. Jorge spricht laut. Vero habla **bajo**. Vero spricht leise. Los actores hablan **claro**. Die Schauspieler sprechen deutlich. Las inglesas hablan **distinto**. Die Engländerinnen sprechen anders.	Eine Reihe von Adjektiven wird in bestimmten Ausdrücken wie ein Adverb gebraucht. Dies gilt vor allem für die Umgangssprache. In dem Fall ist das Adjektiv unveränderlich.

Merke dir die folgenden Ausdrücke:

caminar derecho	aufrecht gehen
comprar/vender barato	billig kaufen/verkaufen
comprar/vender caro	teuer kaufen/verkaufen
hablar/ir rápido	schnell sprechen/laufen
hacerlo genial	etwas toll machen
jugar limpio	fair spielen
pasarlo genial/fatal/fenomenal	eine tierisch gute / miserable / tolle Zeit verbringen
pensar igual	genauso denken
trabajar duro	hart arbeiten

4.8 Das Adjektiv und seine Ergänzungen
Los complementos de los adjetivos

Eine Reihe von prädikativ gebrauchten Adjektiven können eine Ergänzung nach sich führen, die häufig mit der Präposition **de**, oft aber auch mit **a** oder anderen Präpositionen kombiniert werden.

Hier werden häufig gebrauchte Adjektive und ihre Ergänzungen aufgelistet.

ser	**agradable**	**a** **con** **de** **para**	la vista alguien trato mí	angenehm anzusehen sein freundlich zu jemandem sein angenehm im Umgang sein angenehm für mich sein
ser	**amable**	**con**	alguien	freundlich zu jemandem sein
ser	**ancho**	**de**	hombros	breitschultrig sein
ser	**apto**	**para**	menores	jugendfrei sein (*Film*)
ser	**bueno**	**de** **con** **en** **para**	leer alguien Mates la digestión	gut zu lesen sein gut zu jemandem sein gut in Mathe sein gut für die Verdauung sein
ser	**capaz**	**de**	todo	zu allem fähig sein
ser	**característico**	**de**	algo/alguien	charakteristisch für etwas/jemanden sein
ser	**comparable**	**a/con**	algo/alguien	mit etwas/jemandem vergleichbar sein
estar	**contento**	**con** **de**	algo/alguien hacer algo	mit etwas/jemandem zufrieden sein zufrieden sein, etwas zu tun
ser	**contrario**	**a**	algo	gegen etwas sein
ser	**cruel**	**con**	alguien	grausam zu jemandem sein
ser	**diferente**	**de**	algo/alguien	unterschiedlich/anders als etwas/jemand sein
ser	**difícil**	**para** **de**	alguien hacer	für jemanden schwierig sein schwer zu tun/machen sein
estar	**dispuesto**	**para** **a**	algo hacer algo	zu etwas bereit sein bereit sein, etwas zu tun
ser	**distinto**	**de**	algo/alguien	anders als etwas/jemand sein
ser	**duro**	**con** **de**	alguien corazón	hart zu jemandem sein hartherzig sein
estar	**enamorado**	**de**	alguien/algo	in jemanden/etwas verliebt sein
ser	**esencial**	**a** **para**	algo sobrevivir	wesentlich für etwas sein notwendig zum Überleben sein
ser	**fácil**	**para** **de**	alguien hacer	für jemanden leicht sein leicht zu tun/machen sein
ser	**fiel**	**a/con**	algo/alguien	etwas/jemandem treu sein
ser estar	**flojo** **flojo**	**de** **en**	carácter Inglés	charakterschwach sein schwach/schlecht in Englisch sein
ser estar	**fuerte** **fuerte**	**de** **en**	voluntad español	willensstark sein stark/gut im Spanischen sein
estar	**harto**	**de**	algo/alguien	etwas/jemandem überdrüssig sein

ser	**igual**	**a**	algo	etwas entsprechen
ser	**indiferente**	**a**	algo/alguien	etwas/jemandem gegenüber gleichgültig sein
ser	**inferior**	**a**	alguien	jemandem unterlegen/untergeben sein
ser estar	**libre** **libre**	**de/para** **de**	hacer algo preocupaciones	frei sein, etwas zu tun sorgenfrei sein
estar	**lleno**	**con**	algo	voll mit etwas sein
ser	**malo**	**con** **de** **para**	alguien hacer algo/alguien	böse zu jemandem sein schlecht zu tun sein schlecht für etwas/jemanden sein
ser	**nocivo**	**para**	algo/alguien	schädlich für etwas/jemanden sein
ser	**parecido**	**a**	algo/alguien	etwas/jemandem ähnlich sein / ähneln
ser	**procedente**	**de**	(Madrid)	aus (Madrid) kommen/stammen
ser	**propio** **propio**	**de** **para**	algo algo	etwas gemäß sein / zu jemandem passen etwas angemessen sein
estar	**satisfecho**	**con** **de**	algo sí mismo	mit etwas zufrieden sein selbstzufrieden sein
estar	**seguro**	**de**	sí mismo	selbstsicher sein
ser	**severo**	**con** **en**	alguien su juicio	streng zu jemandem sein streng urteilen
ser	**superior**	**a** **en**	alguien algo	jemandem überlegen sein in etwas besser/überlegen sein
ser	**típico**	**de**	alguien	für jemanden typisch sein

Informationen zur Verwendung von **ser** und **estar** vor den Adjektiven findest du auf ▸ S. 244.

⚠ aber:

Es **(im)posible** ▪ resolver esta tarea. Es ist (un)möglich, diese Aufgabe zu erledigen. Es **fácil** ▪ comprender estos cuentos. Es ist leicht, diese Erzählungen zu verstehen.	Nach den meisten unpersönlichen Ausdrücken steht eine Infinitivergänzung ohne Präposition, wenn ein direktes Objekt folgt.
Esta tarea es **difícil de** resolver. Diese Aufgabe ist schwer zu lösen. Estos cuentos son **fáciles de** entender. Diese Erzählungen sind leicht zu verstehen.	Wird das Objekt jedoch vorangestellt (und wird somit zum Subjekt), so steht meist die Präposition **de**. Außerdem werden in diesem Fall das Verb und das Adjektiv angeglichen.

Lerntipp:
Lerne wichtige Adjektive genauso wie Verben immer mit ihren Ergänzungen!

Wie vermeide ich Fehler? ¿Cómo evitar errores?

Angleichung

Der häufigste Fehler beim Gebrauch des Adjektivs im Spanischen ist, dass es nicht an sein Bezugswort angeglichen wird:

una chica **simpática** — ein sympathisches Mädchen

Dies passiert vor allem bei prädikativ gebrauchten Adjektiven, weil sie etwas weiter vom Bezugswort entfernt stehen und im Deutschen nicht angeglichen werden:

Las chicas son muy **simpáticas**. — Die Mädchen sind sehr sympathisch.

Denke daran, dass die Adjektive **bueno, malo** und **santo** verkürzt werden, wenn sie im Singular unmittelbar vor einem männlichen Substantiv stehen. **Grande** wird sowohl vor männlichen als auch vor weiblichen Substantiven im Singular verkürzt:

un **buen** actor	ein guter Schauspieler	⚠ una **buena** actora	eine gute Schauspielerin
un **mal** libro	ein schlechtes Buch	⚠ una **mala** idea	eine schlechte Idee
San Pablo	der heilige Paulus	⚠ **Santa** Teresa	die Heilige Teresa
un **gran** autor	ein großartiger Autor	una **gran** autora	eine großartige Autorin

---

Denke auch daran, dass **bueno** und **malo** fast immer, **grande** und **pequeño** manchmal unregelmäßig gesteigert werden:

Este libro es **bueno**.	Dieses Buch ist gut.
Este libro es **mejor** que el último.	Dieses Buch ist besser als das letzte.
Esta canción es **mala**.	Dieses Lied ist schlecht.
Esta canción es **peor** que la anterior.	Dieses Lied ist schlechter als das vorherige.
Madrid es una ciudad **grande**.	Madrid ist eine große Stadt.
Madrid es **más grande** que Toledo.	Madrid ist größer als Toledo.
Mis problemas son **mayores** que los tuyos.	Meine Probleme sind größer als deine.
Tus problemas son **menores** que los míos.	Deine Probleme sind kleiner als meine.

Im Spanischen wird der absolute Superlativ häufig benutzt. Im Deutschen wird er mit Wörtern wie *äußerst, überaus* oder in der Umgangssprache auch mit *super, total* oder *extrem* ausgedrückt. Achte besonders auf die veränderte Akzentsetzung und Rechtschreibung:

difícil → dificilísimo
rico → riquísimo

Adjektive vs. passive Form

Im Spanischen gibt es wie im Deutschen viele Adjektive mit einer „agierenden"/aktiven und einer „reagierenden"/passiven Form. Unterscheide z. B.:

interesante	interessant	interesado	interessiert
dominante	dominierend	dominado	dominiert
apasionante	begeisternd	apasionado	begeistert

„Falsos amigos"

Es gibt spanische Adjektive, die ihrer Form nach deutschen Adjektiven sehr ähnlich sind. Sie haben aber wenigstens eine andere Bedeutung, weshalb man sie „**falsos amigos**" – *falsche Freunde* nennt:

Spanisch	Deutsch	⚠ nicht:	
bravo/-a	tapfer/mutig	brav	bueno, bien educado/-a
colegial	schulisch/Schul-...	kollegial	solidario/-a
cómico/-a	witzig/lustig	komisch/seltsam	raro/-a, extraño/-a
conservativo/-a	erhaltend	konservativ	conservador/a
cultivado/-a *(selten)*	gebildet	kultiviert	culto/-a, educado/-a
curioso/-a	neugierig	kurios	raro/-a
decente	anständig/korrekt	dezent	discreto/-a, fino/-a
delicado/-a	zart/zerbrechlich/kränkelnd	delikat	delicioso/-a, exquisito/-a
fundido/-a	geschmolzen	fundiert	fundado/-a
gracioso/-a	witzig/anmutig	graziös	airoso/-a, con gracia
grueso/-a	dick	groß	grande, alto/-a
harto/-a	satt/überdrüssig	hart	duro/-a, estable, firme
héctico/-a	schwindsüchtig	hektisch	inquieto/-a, nervioso/-a
horrendo/-a	schrecklich	horrend	exagerado/-a, exorbitante
masivo/-a	Massen-.../massenhaft	massiv	macizo/-a
módico/-a	gering/angemessen	modisch	a la moda / en boga
original	original/authentisch	originell	singular, insólito/-a
patente	sichtbar/offenkundig	patent	ingenioso/-a
sólido/-a	stark/stabil	solide	sólido, serio

Adjektive, die im Deutschen auf *-isch* enden, haben im Spanischen oft die Endung auf **-ista** oder **-ico**:

kapitalistisch	capitalista	akustisch	acústico/-a
egoistisch	egoísta	artistisch	artístico/-a
pessimistisch	pesimista	chaotisch	caótico/-a
realistisch	realista	charakteristisch	característico/-a
sozialistisch	socialista	romantisch	romántico/-a

Die Adjektive, die im Deutschen auf **-ant** enden, enden im Spanischen oft auf **-ante**:

arrogant	arrogante	elegant	elegante
dominant	dominante	interessant	interesante

Einige spanische Adjektive ähneln ihren deutschen Entsprechungen, haben aber eine andere Endung:

Würdest du die theoretische Prüfung nochmal bestehen?	¿Aprobarías de nuevo el examen teó**rico**?
Es war ein katastrophales Ergebnis.	Fue un resultado catastró**fico**.
Der Autor benutzt eine sehr provokante Sprache.	El autor utiliza un lenguaje provoca**dor**.

Abschlussübung Evaluación

1. **Wie lautet die weibliche Form, bzw. der Plural der Adjektive?**

a. un coche rápido – una barca [?]
b. un chico español – unas chicas [?]
c. un vestido azul – una blusa [?]
d. un hombre llorón – una mujer [?]
e. un autor joven – unas autoras [?]
f. un niño regordete – una niña [?]
g. un cuento interesante – una novela [?]
h. una artista francesa – unos artistas [?]

2. **Lies die Substantive und die Adjektive. Welche Kombinationen sind möglich?**

	grande	nueva	egoístas	italianas	bonito	inteligentes
unas estudiantes						
un restaurante						
unos chicos						
un coche						
una casa						

3. **Vergleiche!**

a. El español es [?] el inglés. (= importante)
b. El alemán es [?] el inglés. (+ difícil)
c. Vivir en Göttingen [?] vivir en París. (ser – caro (2 posibilidades))
d. Este móvil es [?] que el mío. (+ bueno)

4. **Welche der Adjektive haben unregelmäßige Komparativ- und Superlativformen?**

a. grande
b. malo/-a
c. alto/-a
d. inteligente
e. bueno/-a
f. claro/-a
g. pequeño/-a
h. barato/-a

5. **Ergänze den Satz mit der richtigen Präposition!**

a. La profesora de español es amable [?] sus alumnos.
b. Merce es buena [?] español.
c. Es capaz [?] todo.
d. Esta obra es característica [?] Picasso.
e. ¿Estás contento [?] tu nota en Mates?
f. Sí, y estoy contento [?] ir de vacaciones mañana.
g. Laura está segura [?] sí misma.
h. Juan está enamorado [?] Carmen.
i. Pablo está fuerte [?] Mates.
j. Es fuerte [?] voluntad.
k. ¡Esto es típico [?] ti!
l. La vida en España es diferente [?] la vida en Alemania.

6. **Benutze den absoluten Superlativ!**

a. ¡Este libro es [?]! (bueno/-a)
b. Estas tareas son [?]. (difícil)
c. Paula, ¡eres [?]! (guapa/-a)
d. Estas tapas son [?]. (rico/-a)
e. Todos somos [?].(feliz)
f. El examen fue [?]. (fácil)

Die Lösungen findest du unter:
www.cornelsen.de/webcodes
Gib dort den Webcode gram-evaluacion04 ein.

5. Das Adverb
El adverbio

Es ist wichtig, den Unterschied zwischen Adjektiven und Adverbien zu erkennen.

Adjektive sind veränderlich und beziehen sich immer auf:

– Substantive	Este chico es **guapo**.	*Dieser Junge ist hübsch.*
– oder Pronomen.	(Ella) es **inteligente**.	*Sie ist intelligent.*
	Estos son **caros**.	*Diese sind teuer.* (z. B. *die Handys*)
	Algunas son **buenas**.	*Einige sind gut.* (z. B. *die Tapas*)

▸ S. 70 (Das Adjektiv)

Adverbien sind unveränderlich und beziehen sich auf:

– Verben,	Cocina **bien**.	*Sie/Er kocht gut.*
– Adjektive,	Es un cocinero **bastante** bueno.	*Er ist ein ziemlich guter Koch.*
– andere Adverbien	Cocina **muy** bien.	*Er kocht sehr gut.*
– oder ganze Sätze.	**Normalmente** cocina bien.	*Normalerweise kocht sie/er gut.*

Im Deutschen kann man oft nicht erkennen, ob es sich um ein Adverb oder ein Adjektiv handelt, weil die Formen gleich sind. Im Spanischen haben Adjektive und Adverbien eigene Formen. Das ist wie im Englischen und Französischen:

	Adjektiv	Adverb
🇩🇪	*Sie ist intelligent.*	*Sie argumentiert intelligent.*
🇪🇸	Es **inteligente.**	Argumenta **inteligentemente.**
🇬🇧	She is **intelligent**.	Argues **intelligently.**
🇫🇷	Elle est **intelligente**.	Elle argumente **intelligemment.**

Im Spanischen gibt es, so wie auch im Französischen und Englischen, zwei Sorten von Adverbien:

– ursprüngliche Adverbien	Son **casi** las ocho.	*Es ist fast acht Uhr.*
– und abgeleitete Adverbien.	Actúa **imprudentemente.**	*Er/Sie handelt unvorsichtig.*

Im folgenden Kapitel findest du:

Außerdem findest du:

→ ¿Cómo evitar errores?, S. 102,
→ eine Evaluación, S. 103, in der du dein Wissen überprüfen kannst.

5.1 Ursprüngliche Adverbien   Adverbios primitivos

5.1.1 Adverbien des Ortes

Häufig benutzte Adverbien des Ortes (Lokaladverbien) sind:

donde	wo
¿dónde?	wo?
aquí	hier
ahí	da
allí	dort

abajo	unten	arriba	oben
cerca	nah / in der Nähe	lejos	weit (entfernt)
delante	davor	detrás	dahinter
dentro	drinnen	fuera	draußen
debajo	unten	encima	obendrauf

Mi hermana vive **aquí** en esta casa.
Meine Schwester wohnt hier in diesem Haus.
¿Conoces a ese chico **ahí**?
Kennst du den Jungen da?
Nunca he estado **allí**.
Ich war noch nie dort.

Die Adverbien **aquí, ahí** und **allí** zeigen den Abstand zwischen dem Sprecher und der bezeichneten Person/Sache an:
aquí: →
ahí: → →
allí: → → →

¿**Dónde** vives?
Wo wohnst du?
Nos pregunta **dónde** vivimos.
Er fragt uns, wo wir wohnen.

Das Adverb **donde** erhält als Fragewort einen Akzent sowohl in der direkten als auch in der indirekten Frage.

¿**Adónde** vas?
Wohin gehst du?
No sé **de dónde** viene Carla.
Ich weiß nicht woher Carla kommt.

Auch die Kombinationen bzw. Ableitungen von **donde**, wie **adonde** (auch: **a donde**) und **de donde**, erhalten in der direkten und in der indirekten Frage einen Akzent.

Zusatzwissen:

Carlos vive lejos/cerca.
Carlos wohnt weit entfernt / in der Nähe.
Carlos vive lejos de aquí / cerca de Madrid.
Carlos wohnt weit von hier entfernt / in der Nähe von Madrid.

Unterscheide die Adverbien des Ortes von den präpositionalen Wendungen. Im Anschluss an die präpositionalen Wendungen wird ein Bezugspunkt genannt.

▸ S. 115 (Die Form der Präpositionen)

5.1.2 Adverbien der Zeit

Häufig benutzte Adverbien der Zeit (Temporaladverbien) sind:

cuando	wann	¿cuándo?	wann?
ahora	jetzt	entonces	dann/damals
primero	zuerst	luego	dann/danach
hoy	heute	mañana	morgen
ayer	gestern	anteayer	vorgestern
nunca	nie	siempre	immer
antes	vorher/früher	después	danach/später
tarde	spät	temprano	früh
ya	schon	aún/todavía	noch

Lerntipp:
Oft sind Adverbien der Zeit Signalwörter dafür, welche Zeitform des Verbs benutzt werden muss, z. B.: **ayer, primero → pretérito indefinido; antes, siempre → pretérito imperfecto; hoy, nunca → pretérito perfecto.**

¿No puedes venir antes? Kannst du nicht früher kommen? Hugo llegó el día antes/después. Hugo kam am Tag davor/danach an.	**Antes** und **después** können nicht nur Adverbien, sondern auch Adjektive sein. Dann ist das Bezugswort ein Substantiv, aber sie bleiben unveränderlich.
Hugo llegó **antes de / después de** las ocho. Hugo kam vor/nach acht Uhr an. **Después de** levantarse prepara el café. Nach dem Aufstehen macht er Kaffee.	**Antes de** und **después de** sind präpositionale Wendungen. Auf sie folgt eine Zeitangabe oder ein Verb im Infinitiv.
Vete a casa antes de que empiece a llover. Geh nach Hause, bevor es anfängt zu regnen. **Después de que** Lucía había aprobado el examen, sus padres le regalaron un ordenador. Nachdem Lucía die Prüfung bestanden hatte, schenkten ihre Eltern ihr einen Computer. **Después de que** se vayan, iré a dormir. Sobald sie gegangen sind, werde ich schlafen gehen.	**Antes (de) que** und **después (de) que** sind Konjunktionen. Auf **antes (de) que** folgt immer ein Verb im **subjuntivo**. Auf **después (de) que** kann ein Verb im **subjuntivo** oder im **Indikativ** folgen. Dabei ändert sich die Bedeutung.

▸ S. 119 (Präpositionen zur Angabe eines Zeitpunkts)
▸ S. 133 (Konjunktionen mit Indikativ oder *subjuntivo*)

5.1.3 Adverbien der Art und Weise

Häufig benutzte Adverbien der Art und Weise (Modaladverbien) sind:

como	wie	¿cómo?	wie
bien	gut	mal	schlecht
según	wie	así	so
pronto	schnell/bald	despacio	langsam

Álvaro es **como** su abuelo. Álvaro ist wie sein Großvater. Trabaja **como** ingeniero. Er arbeitet als Ingenieur. **Como** no tengo ganas, no voy al cine. Da ich keine Lust habe, gehe ich nicht ins Kino.	**Como** kann nicht nur: – ein Adverb, – sondern auch eine Präposition – oder eine Konjunktion sein.
Así está mejor. So ist es besser. **Así que** salió el sol, dimos un paseo. Sobald die Sonne hervor kam, machten wir einen Spaziergang.	**Así** (*so*) ist ein Adverb, **así que** (*so dass*) eine Konjunktion.

Zusatzwissen:

Vuelve **rápido**. Komm schnell zurück! La profesora habla **rápido**. Die Lehrerin spricht schnell.	Vor allem in der Umgangssprache werden einige Adjektive als Adverbien gebraucht und sind damit unveränderlich.

▸ S. 83 (Der adverbiale Gebrauch des Adjektivs)

5.1.4 Adverbien der Mengenangaben

Häufig benutzte Adverbien der Mengenangaben (Quantitätsadverbien) sind:

algo	ein bisschen / ein wenig	nada	nichts
apenas	kaum/sobald	menos	weniger
bastante	genug	casi	fast
demasiado	zu viel	tan	so
mucho	viel	tanto	so / so viel / so sehr
muy	sehr	cuanto (... tanto)	je ...(, desto ...)
poco	wenig	¿cuánto?	wie viel?
más	mehr	aun	sogar/selbst

Belén es **muy** simpática. Belén ist sehr sympathisch. Jesús actúa **muy** bien. Jesús spielt sehr gut. Rocío falta **muy** raras veces. Rocío fehlt sehr selten.	**Muy** bedeutet *sehr* und steht vor: – Adjektiven, – Adverbien – und adverbialen Ausdrücken.
Ramón habla **mucho**. Ramón spricht viel. Esta canción me gusta **mucho**. Dieses Lied gefällt mir sehr.	**Mucho** bedeutet *viel* oder *sehr* und steht hinter: – Verben

Antes Inés ganaba **mucho** más. Früher verdiente Inés viel mehr.	– und vor den Adverbien **más,**
Hoy gana **mucho** menos. Heute verdient sie viel weniger.	**menos,**
Esta película es **mucho** mejor. Dieser Film ist viel besser.	**mejor,**
Este libro es **mucho** peor. Dieses Buch ist viel schlechter.	**peor,**
Estefanía llegó **mucho** antes. Estefanía kam viel früher an.	**antes**
Volvieron a verse **mucho** después. Sie sahen sich (erst) viel später wieder.	und **después**.

Mucho und **muy** können beide *sehr* bedeuten. Dass nach Verben und vor Adjektiven und/oder Adverbien unterschiedliche Adverbien für das deutsche *sehr* gebraucht werden, ist im Englischen und Französischen genauso:

La peli me gusta **mucho**.	Este libro es **muy** interesante.
J'aime **beaucoup** ce film.	Ce livre est **très** intéressant.
I like the movie **a lot**.	This book is **very** interesting.
Der Film gefällt mir sehr.	Dieses Buch ist sehr interessant.

Merke!

Muy kann nie vor **mucho** stehen! *Sehr viel* wird deshalb mit **muchísimo** übersetzt.
z. B. *Das Buch kostet sehr viel.* → El libro cuesta **muchísimo**.

¡Es **tan** guapa! Sie ist so hübsch!	**Tan** bedeutet *so* und steht vor: – Adjektiven,
Juega **tan** bien. Er spielt so gut.	– Adverbien
Lo hace **tan** de prisa. Sie macht es so schnell.	– und adverbialen Ausdrücken.
Ramón habla **tanto**. Ramón spricht so viel.	**Tanto** bedeutet *so viel* oder *so gut* und steht: – hinter Verben,
El uno me gusta **tanto** como el otro. Der eine gefällt mir so gut wie der andere.	
Paca es **tanto** más tranquila que Conchi. Paca ist so viel ruhiger als Conchi.	– vor den Adverbien **más,**
Ana es **tanto** menos lista que Adolfo. Ana ist so viel weniger schlau als Adolfo.	**menos,**
¡**Tanto** mejor! *(= ¡Mejor todavía!)* Umso besser!	**mejor**
¡**Tanto** peor! *(= ¡Peor todavía!)* Umso schlimmer!	und **peor**
No es para **tanto**. So schlimm ist es auch wieder nicht.	– sowie in einigen adverbialen Ausdrücken.

⚠

Begleiter	Pronomen	Adverb
Tengo **mucha** hambre. Ich habe viel/großen Hunger. Ana tiene **pocas** amigas. Ana hat wenige Freundinnen. ¡Tienes **tantos** libros! Du hast viele (= *so viele*) Bücher! Piensa en **demasiadas** cosas. Er denkt an zu viele Sachen. Tengo **bastante** dinero. Ich habe genug Geld.	**Muchos** me conocen. Viele kennen mich. **Pocos** lo saben. Wenige wissen es. Coge **tantos** como quieras. Nimm so viele, wie du willst. Has traído **demasiadas**. Du hast zu viele mitgebracht.	Trabaja **mucho.** Er arbeitet viel. Trabaja **poco.** Er arbeitet wenig. ¡No hables **tanto!** Sprich nicht so viel! Trabajáis **demasiado.** Ihr arbeitet zu viel. Este libro es **bastante** interesante. Dieses Buch ist ziemlich interessant.

Einige Wörter können als Begleiter, Pronomen oder Adverb verwendet werden. Die Begleiter und Pronomen werden in Geschlecht und Zahl an das Bezugswort angepasst, die Adverbien sind unveränderlich.

▸ S. 32 (Die indefiniten Begleiter)
▸ S. 60 (Die Indefinitpronomen

5.1.5 Adverbien der Bestätigung und Verneinung

Häufig benutzte Adverbien der Bestätigung und Verneinung sind:

sí	ja	no	nein/nicht
también	auch	tampoco	auch nicht

Laura habla español. Sara **también.**

Luis **no** habla italiano. Jorge **tampoco.**

Sí, es cierto. Ja, das stimmt. **No,** no es cierto. Nein, das stimmt nicht.	**Sí** (*ja*) und **no** (*nein*) werden mit einem Komma vom Rest des Satzes abgetrennt.
No puedo dormir. Ich kann nicht schlafen. ¡**No** se lo digas! Sag es ihm nicht!	**No** (*nicht*) steht meist direkt vor dem gebeugten Verb. Es kann aber auch ein Objekt- oder Reflexivpronomen zwischen **no** und dem Verb stehen.
⚠ **Tampoco** lo conozco. Ich kenne ihn auch nicht. **No** lo conozco **tampoco.** Ich kenne ihn auch nicht.	**Tampoco** (*auch nicht*) kann vor oder hinter dem Verb stehen. Wenn es hinter dem Verb steht, muss vor dem Verb **no** benutzt werden.

▸ S. 291 (Die Verneinung im Satz)

Zusatzwissen:

Tú **sí** que eres un buen amigo. Du bist wirklich ein guter Freund. Esto **sí** es amistad. Das ist wahre Freundschaft!	Mit **sí** kann auch etwas besonders hervorgehoben werden.

5.1.6 Adverbien des Zweifels

Häufig benutzte Adverbien des Zweifels sind:

acaso	quizá(s)	vielleicht
tal vez	a lo mejor	

Quizás conoces a ese chico. Vielleicht kennst du diesen Jungen. (= *wahrscheinlich*) **Tal vez** conozcas a ese chico. Vielleicht kennst du den Jungen. (= *wahrscheinlich nicht*) A **lo mejor** Marta está en casa. Vielleicht ist Marta zuhause. ¿Marilú **acaso** está enferma? Ist Marilú etwa krank?	Nach **tal vez** und **quizá(s)** kann das Verb in **Indikativ** oder im **subjuntivo** stehen, je nachdem, was der Sprecher ausdrücken will. Wenn der **Indikativ** steht, ist er sich relativ sicher. Wenn der **subjuntivo** steht, ist er sich eher unsicher. Nach **a lo mejor** und **acaso** steht immer der Indikativ.

▸ S. 211 (Der *subjuntivo*)

5.2 Abgeleitete Adverbien Adverbios derivados

Adjektiv		Adverb		
männlich	weiblich			
claro lento	clara lenta	claramente lentamente	klar ruhig	Viele Adverbien werden von Adjektiven abgeleitet. Sie werden gebildet, indem man an die weibliche Form des Adjektivs im Singular die Endung **-mente** anhängt.
global interior alegre		global**mente** interior**mente** alegre**mente**	insgesamt innerlich froh	Bei Adjektiven, die für beide Geschlechter nur eine Singularform haben, wird die Endung **-mente** direkt an das Adjektiv angehängt.
difícil **lógico**		difícil**mente** lógica**mente**	schwerlich logischerweise	Hat das Adjektiv bereits einen Akzent, so bleibt dieser beim Adverb erhalten.

⚠

El tema nos afecta **económica** y **personalmente.** Das Thema betrifft uns wirtschaftlich und persönlich.	Folgen in einem Satz mehrere abgeleitete Adverbien aufeinander, so wird nur das letzte in seiner vollen Form (**-mente**) benutzt. Im Beispielsatz wird **personalmente** verkürzt.

Zusatzwissen:

anstatt:	*eher:*	
anteriormente	→ antes	vorher
lentamente	→ despacio	langsam
posteriormente	→ después	nachher
repentinamente	→ de repente	plötzlich
generalmente	→ en general	im Allgemeinen

Im heutigen Spanisch werden vor allem in der gesprochenen Sprache abgeleitete Adverbien oft vermieden, wenn es ein ursprüngliches Adverb oder einen adverbialen Ausdruck mit der gleichen Bedeutung gibt.

		con + *Substantiv*	
anstatt:	cortésmente	→ con cortesía	höflich
	frecuentemente	→ con frecuencia	häufig/oft
		de manera + *Adjektiv* / **de modo** + *Adjektiv*	
anstatt:	cortésmente	→ de manera cortés	höflich
	milagrosamente	→ de modo milagroso	auf wundersame Weise
	interesantemente	→ de manera interesante	interessant

Vor allem für abgeleitete Modaladverbien werden oft Ersatzkonstruktionen benutzt.

Recientemente (= hace poco) se casaron Ana y Jorge.
Vor kurzem haben Ana und Jorge geheiratet.

Das Adverb **recientemente** bedeutet *vor kurzem* und bezieht sich meist auf einen ganzen Satz.

recién nacido/-a	neugeboren
recién casado/-a	frisch verheiratet
recién llegado/-a	soeben angekommen

Mit dem verkürzten Adverb **recién** (vom Adjektiv **reciente**) werden Partizipien näher bestimmt. Es bedeutet *soeben/neu/frisch*.

5.3 Adverbiale Ausdrücke Locuciones adverbiales

Wie im Deutschen gibt es auch im Spanischen Ausdrücke, die aus zwei oder mehr Wörtern bestehen und wie ein Adverb verwendet werden, also eine adverbiale Funktion haben.
Häufig benutzte adverbiale Ausdrücke im Spanischen sind:

a gusto	wohl / nach Belieben	de repente	plötzlich
a menudo	oft	de verdad	wirklich
a tiempo	rechtzeitig	de vez en cuando	von Zeit zu Zeit
a tope	voll / sehr laut (*Musik*)	en seguida	sofort
a veces	manchmal	en general	im Allgemeinen
con cortesía	höflich	muchas veces	oft
con cuidado	vorsichtig	nada de nada	überhaupt nichts
con frecuencia	häufig/oft	no ... en absoluto	keineswegs
con (mucho) gusto	(sehr) gern	por cierto	gewiss/bestimmt/übrigens
cosa de	ungefähr	por poco	fast/beinahe
de cerca	von nahem	por supuesto	selbstverständlich
de lejos	von weitem	raras veces	selten

No saldré **hasta** las tres. Ich werde erst um drei Uhr abreisen. **Hasta** las tres **no** saldré. Vor drei Uhr werde ich nicht abreisen.	Je nachdem, ob **hasta** vor oder hinter dem Verb steht, ändert sich die Bedeutung.

5.4 Der Vergleich mit dem Adverb La comparación con el adverbio

Wenn man Handlungen oder Tätigkeiten miteinander vergleichen will, braucht man die Steigerungsform der Adverbien:

Komparativ:	*Luisa arbeitet so schnell wie Tim.*	(gleich)
	Lukas arbeitet schneller als Felix.	(ungleich)
Superlativ:	*Finn arbeitet am schnellsten (von allen).*	(relativ)
	Leonie arbeitet überaus schnell.	(absolut)

5.4.1 Der Komparativ

Gleichheit

Juan habla **tan claramente como** Pilar. Juan spricht so deutlich wie Pilar. Puri y Ana leen **tan despacio como** Merce y Pili. Puri und Ana lesen so langsam wie Merce und Pili.	Um Gleichheit auszudrücken, verwendet man die Konstruktion **tan** + *Adverb* + **como.**

Ungleichheit

Pepe se va **más temprano que** los demás. Pepe geht früher als die anderen. Pepe trabaja **menos rápidamente que** Juan. Pepe arbeitet langsamer als Juan.	Um Ungleichheit auszudrücken, verwendet man die Konstruktion **más** + *Adverb* + **que** bzw. **menos** + Adverb + **que.**
Pepe **no** trabaja **tan rápidamente como** Juan. Pepe arbeitet nicht so schnell wie Juan. Pepe trabaja **más lentamente que** Juan. Pepe arbeitet langsamer als Juan.	Statt **menos ... que** wird häufiger **no ... tan ... como** oder das Adverb mit gegensätzlicher Bedeutung verwendet.

Merke!

Der Komparativ	
más / **menos** + *Adverb* + **que**	**(no) tan** + *Adverb* + **como**

El concierto terminó **más tarde de lo que** habíamos pensado. Das Konzert hörte später auf, als wir gedacht hatten.	Wenn der zweite Teil des Vergleichs eine konjugierte Verbform beinhaltet, so steht statt **que** → **de lo que.**

5.4.2 Der Superlativ

Der relative Superlativ

Komparativ	
Carlos estudia **más intensamente que** Iciar. Carlos lernt intensiver als Iciar.	Die Formen des Adverbs sind im Komparativ und im relativen Superlativ identisch. Aus dem Zusammenhang muss klar werden, ob es sich um einen Komparativ oder einen Superlativ handelt. Der relative Superlativ wird mithilfe eines Relativsatzes gebildet.
relativer Superlativ	
Carlos es el que estudia **más intensamente (de** todos). Carlos lernt am intensivsten (von allen). (= *Carlos ist derjenige, der am intensivsten (von allen) lernt.*)	

Der absolute Superlativ

Eine genaue Entsprechung für den absoluten Superlativ im Spanischen gibt es im Deutschen nicht. Er dient zur besonders starken Hervorhebung und kann z. B. mit *äußerst* oder *überaus* übersetzt werden.

El superlativo absoluto del adverbio se usa **rarísimamente.** Den absoluten Superlativ des Adverbs benutzt man äußerst selten.	Man bildet den absoluten Superlativ des Adverbs, indem man an die weibliche Form des absoluten Superlativs des Adjektivs **-mente** anfügt: raro → rarísima → rarísima**mente**

Zusatzwissen:

Im gesprochenen Spanisch kommt diese Form eher selten vor. Stattdessen werden oft Ersatzkonstruktionen verwendet:

El superlativo absoluto del adverbio se usa **muy pocas veces / poquísimas veces.**
muy raras veces / rarísimas veces.

Unregelmäßige Steigerungsformen

Adverb	Komparativ	Superlativ
bien – gut mal – schlecht	mejor – besser peor – schlechter	mejor – am besten peor – am schlechtesten
Ana canta **bien.** Ana singt gut. Jaime canta **mal.** Jaime singt schlecht.	Ana canta **mejor (que** Jaime). Ana singt besser (als Jaime). Jaime canta **peor (que** Ana). Jaime singt schlechter (als Ana).	La que **mejor** canta es Ana. Ana singt am besten. (= *Ana ist diejenige, die am besten singt.*) El que **peor** canta es Jaime. Jaime singt am schlechtesten. (= *Jaime ist derjenige, der am schlechtesten singt.*)

Die Adverbien **bien** und **mal** haben – wie die entsprechenden Adjektive **bueno** und **malo** – eine unregelmäßige Steigerungsform, die mit der Form der Adjektive identisch ist: **mejor** und **peor**.

Adverb		Komparativ		Superlativ	
poco	wenig	menos	weniger	menos	am wenigsten
mucho	viel	más	mehr	más	am meisten
muy	sehr	más	mehr	más	am meisten

Jorge trabaja **poco.** Jorge arbeitet wenig.	Jorge trabaja **menos** que Pepe. Jorge arbeitet weniger als Pepe.	Jorge es el que **menos** trabaja. Jorge arbeitet am wenigsten.
Trabajo **mucho.** Ich arbeite viel.	Yo trabajo **más** que tú. Ich arbeite mehr als du.	Soy el/la que **más** trabaja. Ich arbeite am meisten.
La tarea es **muy** difícil. Die Aufgabe ist sehr schwer.	Esta tarea es **más** difícil. Diese Aufgabe ist schwieriger.	Esta es la tarea **más** difícil. Das ist die schwierigste Aufgabe.

⚠ Auch die Adverbien **poco, mucho** und **muy** werden unregelmäßig gesteigert. **Mucho** und **muy** haben dieselben Steigerungsformen.

⚠

Mengenangabe	Vergleich
Pedro trabaja **más de** diez horas al día. Pedro arbeitet mehr als zehn Stunden am Tag.	Pedro trabaja **más que** yo. Pedro arbeitet mehr als ich.
Sin embargo gana **menos de** 1.500 euros al mes. Trotzdem verdient er weniger als 1.500 Euro im Monat.	Pedro gana **menos que** yo. Pedro verdient weniger als ich.

Verwechsle nicht Mengenangaben und Vergleich. Vor Zahlen und Mengenangaben steht **más/menos de**, beim Vergleich **más/menos que**.

5.5 Die Stellung des Adverbs La posición del adverbio

Die Stellung des Adverbs ist im Spanischen meist so wie im Deutschen.

Estoy leyendo un libro **bastante** bueno.
Ich lese gerade ein ziemlich gutes Buch.
Toca **muy** bien el piano.
Er spielt sehr gut Klavier.
Por desgracia tenemos muchos deberes.
Leider haben wir viele Hausaufgaben.

Im Spanischen stehen die Adverbien vor:
- dem Adjektiv,
- dem Adverb
- oder dem Satz, auf den sie sich beziehen.

Das ist so wie im Deutschen.

Trabaja **mucho.**
Sie arbeitet viel.
Ha trabajado **mucho.**
Sie hat viel gearbeitet.

Bezieht sich ein Adverb jedoch auf ein Verb, so steht es immer dahinter. Anders als im Deutschen gilt das auch für die zusammengesetzten Verbformen.

Zusatzwissen:

Su casa está calle **arriba/abajo.**
Ihr Haus steht die Straße hinauf / hinunter.
El barco va río **arriba/abajo.**
Das Schiff fährt stromaufwärts / -abwärts.
Cayó escalera **abajo.**
Er fiel die Treppe hinunter.

In bestimmten Ausdrücken stehen die Adverbien **arriba** und **abajo** unmittelbar hinter dem Substantiv.

5.6 Die Wiedergabe deutscher Adverbien
Adverbios alemanes en español

Zahlreiche deutsche Adverbien werden im Spanischen durch Verbalkonstruktionen wiedergegeben.
▸ S. 226 (Das Verb und seine Ergänzungen)

anscheinend	parece que + *Verb*	**Parece que** está enamorado. Er ist anscheinend verliebt.
gerade	estar + *gerundio*	¿Qué **estás** haciendo? Was machst du gerade?
gerade/soeben	acabar de + *Infinitiv*	**Acabo de** tomar un café. Ich habe gerade einen Kaffee getrunken.
gerne	gustar	Me **gusta** bailar. Ich tanze gerne.
gewöhnlich	soler + *Infinitiv*	**Suele** volver temprano. Gewöhnlich kommt er früh zurück.
gleich	no tardar en + *Infinitiv*	**No tardarán en** llamar. Sie werden gleich anrufen.
hoffentlich	esperar que + *subjuntivo*	**Espero que** me escriba. Hoffentlich schreibt sie mir.
lieber	preferir + *Infinitiv*	**Prefiero** ir al teatro. Ich gehe lieber ins Theater.
schließlich/letztendlich	acabar por + *Infinitiv*	**Acabará por** aceptar. Sie wird es schließlich akzeptieren.
so/zu spät	tardar en + *Infinitiv*	Ayer **tardó en** volver. Gestern kam er so/zu spät zurück.
spätestens	a más tardar	Te llamará mañana **a más tardar.** Sie wird dich spätestens morgen anrufen.
weiter	seguir + *gerundio*	**Sigue** hablando. Er spricht weiter.
(nicht) wieder / (nicht)noch einmal	(no) volver a + *Infinitiv*	**Volverá a** mentir. Sie wird wieder lügen. ¡**No vuelvas a** mentirme! Lüg mich nicht noch einmal an!

Für einige deutsche Adverbien wird im Spanischen die Konstruktion mit dem bestimmten Artikel und dem Substantiv benutzt:

abends/nachts	por la noche	Sale **por la noche.** Sie geht abends aus.
morgens/früh	por la mañana	Toma el tren mañana **por la mañana.** Sie nimmt morgen früh den Zug.
montags	los lunes	**Los lunes** tengo ensayo. Montags habe ich Probe.

am Montag *montags / jeden Montag*

Außerdem gibt es einige Adverbien im Deutschen, die im Spanischen mit einer Präposition und dem Substantiv wiedergegeben werden.

auswendig	de memoria	¡Apréndelo **de memoria!** Lerne es auswendig!
erfolglos	sin éxito	Lo ha intentado **sin éxito.** Er hat es erfolglos versucht.
erfolgreich	con éxito	Sara aprobó el examen **con éxito.** Sara hat die Prüfung erfolgreich bestanden.
extrem schnell	a toda velocidad	José va **a toda velocidad.** José fährt extrem schnell.
hastig	a toda prisa	Inés terminó el trabajo **a toda prisa.** Inés hat die Arbeit hastig beendet.
mühelos	con facilidad	He resuelto la tarea **con facilidad.** Ich habe die Aufgabe mühelos gelöst.
neugierig	con curiosidad	Andrés siempre nos mira **con curiosidad.** Andrés schaut uns immer neugierig an.
rechtzeitig	a tiempo	¡Uf! He llegado **a tiempo.** Uff! Ich bin (noch) rechtzeitig angekommen.

Wie vermeide ich Fehler? ¿Cómo evitar errores?

Adjektiv vs. Adverb

Wenn ein Substantiv näher bestimmt wird, so benutzt man ein Adjektiv:

Sie ist eine gute Fußballspielerin.	Es una **buena** futbolista.
Das ist ein tolles Handy.	Es un móvil **fantástico.**

Wenn Handlungen (→ Verben) näher bestimmt werden, so benutzt man ein Adverb:

Sie spielt gut.	Juega **bien.**
Es funktioniert fabelhaft.	Funciona **fantásticamente.**

Akzent bei Frageadverbien

Einige ursprüngliche Adverbien können als Frageadverbien verwendet werden und erhalten dann einen Akzent sowohl in der direkten als auch in der indirekten Frage:

¿**Cómo** te llamas?	Wie heißt du?	No sabemos **cómo** se llama.	Wir wissen nicht, wie sie heißt.
¿**Cuándo** vienes?	Wann kommst du?	Ana pregunta **cuándo** vienes.	Ana fragt, wann du kommst.
¿**Cuánto** cuesta?	Wie viel kostet das?	Quiere saber **cuánto** cuesta.	Er will wissen, wie viel es kostet.
¿**Dónde** vives?	Wo wohnst du?	No sé **dónde** vive.	Ich weiß nicht, wo er wohnt.

Mengenangaben und Vergleiche

Im Spanischen steht vor Zahlen und Mengenangaben **más/menos de**, beim Vergleich jedoch **más/menos que**. Im Deutschen wird dabei nicht unterschieden, es heißt immer *mehr/weniger als*:

Ana gana **más/menos de** 2.000 euros.	Ana verdient mehr/weniger als 2.000 Euro.
Ana gana **más/menos que** Jorge.	Ana verdient mehr/weniger als Jorge.

Was entspricht im Spanischen dem deutschen *so*?

Er ist so arm (wie ich).	Es **tan** pobre (como yo).
Wir haben uns so amüsiert!	¡Nos divertimos **tanto**!
Er hat so viel Arbeit.	Tiene **tanto** trabajo.
Vielleicht ist es besser so.	Quizás es mejor **así**.
Das musst du so machen.	Tienes que hacerlo **así**.

muy und *mucho*

Muy steht vor Adjektiven und Adverbien, **mucho** steht immer hinter dem Verb oder vor **más, menos, mejor, peor, antes** und **después**:

Es **muy** inteligente.	Er ist sehr intelligent.
Juega **muy** bien.	Er spielt sehr gut.
Mi hermana habla **mucho.**	Meine Schwester spricht viel.
Hoy Paula está **mucho** mejor.	Heute geht es Paula viel besser.

Abschlussübung Evaluación

1. Adjektiv oder Adverb? Ordne die Adjektive und Adverbien.

a. normalmente
b. bien
c. gigante
d. interesante
e. prácticamente
f. muy
g. malo/-a
h. bueno/-a
i. bonito/-a
j. tranquilamente
k. delante
l. urgente
m. fácil
n. bastante
o. arrogante
p. mal
q. curioso/-a
r. siempre

Adjektive	Adverbien

2. Bilde die Adverbien der folgenden Adjektive.

a. tranquilo/-a
b. serio/-a
c. rápido/-a
d. lento/-a
e. tradicional
f. independiente
g. difícil
h. fácil

3. Adjektiv oder Adverb? Übersetze die folgenden Sätze.

a. Laura kocht <u>gut</u>.
b. Jorge ist ein <u>guter</u> Koch.
c. Die Aufgabe ist <u>leicht</u>.
d. Dieses Problem kann man <u>leicht</u> lösen.
e. Gestern haben wir einen sehr <u>schlechten</u> Film gesehen.
f. Ich fühle mich <u>schlecht</u>.

4. Vervollständige die folgenden Vergleiche mit intensamente.

a. Jorge / estudia / Carlos. (=)
b. Carlos / estudia / Luisa. (+)
c. Luisa / estudia / Jorge. (–) (2 Möglichkeiten)
d. Penélope / estudia / todos los estudiantes. (++)

5. Setze das Adverb an die richtige Stelle!

a. Pablo [?] habla [?] bien de ti. (muy)
b. Creo que te [?] quiere [?]. (mucho)
c. Esta semana [?] he [?] trabajado [?]. (mucho)
d. [?] vuelve [?] a las ocho [?]. (generalmente)
e. [?] va a [?] salir [?] de casa [?]. (ahora)
f. [?] no [?] ha [?] llegado [?]. (todavía)

Die Lösungen findest du unter:
www.cornelsen.de/webcodes
Gib dort den Webcode gram-evaluacion05 ein.

6. Die Zahlwörter
Los numerales

In diesem Kapitel findest du:

Außerdem findest du:

→ ¿Cómo evitar errores?, S. 112,
→ eine Evaluación, S. 114, in der du dein Wissen überprüfen kannst.

6.1 Die Grundzahlen Los números cardinales

0 cero	10 diez	20 veinte	30 treinta
1 uno/una/un	11 once	21 veintiuno/-una/-ún	31 teinta y uno/una/un
2 dos	12 doce	22 veintidós	32 treinta y dos
3 tres	13 trece	23 veintitrés	33 treinta y tres
4 cuatro	14 catorce	24 veinticuatro	40 cuarenta
5 cinco	15 quince	25 veinticinco	50 cincuenta
6 seis	16 dieciséis	26 veintiséis	60 sesenta
7 siete	17 diecisiete	27 veintisiete	70 setenta
8 ocho	18 dieciocho	28 veintiocho	80 ochenta
9 nueve	19 diecinueve	29 veintinueve	90 noventa

100 ciento/cien	1.000 mil
101 ciento uno/una/un	1.492 mil cuatrocientos noventa y dos
200 doscientos/-as	10.000 diez mil
300 trescientos/-as	100.000 cien mil
400 cuatrocientos/-as	200.000 doscientos mil
500 **quinientos**/-as	1.000.000 **un** millón
600 seiscientos/-as	1.000.000.000 mil millones
700 **setecientos**/-as	1.000.000.000.000 **un** billón
800 ochocientos/-as	
900 **novecientos**/-as	

Ab der Zahl 16 werden im Spanischen nur die Zehner und Einer mit **y** bzw. **i** (*und*) zusammengefügt.

Merke!

Dieciséis, **veintiún**, **veintidós**, **veintitrés** und **veintiséis** werden mit Akzent geschrieben.

⚠ Anders als im Deutschen werden im Spanischen zuerst die Zehner und dann die Einer genannt. Das ist genauso wie im Englischen und im Französischen:

- treinta y dos
- trente-deux
- thirty-one
- *zweiunddreißig*

Dame **cien** gramos de jamón. Gib mir (ein)hundert Gramm Schinken. La casa costó **cien** mil euros. Das Haus hat (ein)hunderttausend Euro gekostet. Ya hay **cien** millones de usuarios. Es gibt schon (ein)hundert Millionen Nutzer.	Das Zahlwort **ciento** *(ein)hundert* wird zu **cien** verkürzt vor: – einem Substantiv, – vor **mil** – und vor **millones**.
¿Cuántos gramos quieres? –**Cien.** Wie viel Gramm möchtest du? –(Ein)hundert.	Auch wenn die Zahl allein steht, wird **cien** benutzt.
Invité a **ciento veinte** personas. Ich habe einhundertzwanzig Personen eingeladen.	Bei den Zahlen 101–199 wird **ciento** benutzt.
El ochenta por **ciento** de los niños no saben leer un mapa. Achtzig Prozent der Kinder können keine Karte lesen.	Auch in Prozentangaben wird **ciento** benutzt.
⚠ Estoy seguro al cien por **cien/ciento.** Ich bin mir hundertprozentig sicher. Todo tiene que ser correcto al **ciento por ciento.** Alles muss hundertprozentig korrekt sein.	Nur in der Prozentangabe 100 % kann beides benutzt werden. In Lateinamerika ist auch der Ausdruck **ciento por ciento** üblich.

un millón un billón	eine Million eine Billion	**Millón** und **billón** sind wie im Deutschen Substantive. Deshalb werden sie vom unbestimmten Artikel **un** begleitet.

Merke!

Vor **ciento**, **cien** und **mil** steht nie **un/o**, aber es heißt **un millón** und **un billón**.

Zusatzwissen:

mil millones medio **millar** varios **millares**	eine Milliarde ein halbes Tausend mehrere Tausend	*Eine Milliarde* wird im Spanischen als **mil millones** (=„*tausend Millionen*") angegeben. Das spanische **millar** bedeutet *(etwa) Tausend.*

6.1.1 Das Geschlecht der Grundzahlen

Mira allí, ¿es un seis o un ocho? Schau mal dort, ist das eine Sechs oder eine Acht?	Anders als im Deutschen sind die spanischen Zahlen männlich.

♂ männlich		♀ weiblich	
un chico	ein Junge	una chica	ein Mädchen
veintiún años	einundzwanzig Jahre	veintiuna horas	einundzwanzig Stunden
treinta y un chicos	einunddreißig Jungen	treinta y una chicas	einunddreißig Mädchen
ciento un euros	einhundertundein Euro	ciento una pesetas	einhundertundein Peseten

Für die Zahl *eins* gibt es eine männliche und weibliche Form. Vor einem männlichen Substantiv im Singular oder Plural wird uno zu un verkürzt, vor einem weiblichen Substantiv im Singular oder Plural steht una. Das gilt auch für zusammengesetzte Zahlen.

⚠ **un** arma **setenta y un** águilas	eine Waffe einundsiebzig Adler	Vor weiblichen Substantiven, die mit einem betonten **a-** beginnen (z. B. **el arma**), wird **una** zu **un** verkürzt.

♂ männlich		♀ weiblich	
doscientos gramos	zweihundert Gramm	**doscientas** unidades	zweihundert Stück
trescientos mil euros	300.000 Euro	**trescientas mil** personas	300.000 Personen

Ciento bildet die Pluralform durch das Anfügen eines **-s**. Die Hunderter (200–900) richten sich in Geschlecht und Zahl nach dem nachfolgenden Substantiv, auch wenn dazwischen eine weitere Zahl steht.

Merke!

Nur un/una und Zahlen mit -cientos/-cientas passen ihr Geschlecht an das Substantiv an.

6.1.2 Der Plural der Grundzahlen

cinco chicos	fünf Jungen	In der Regel sind die Grundzahlen in der Zahl unveränderlich.
Tres **cincos** seguidos.	Drei Fünfen hintereinander.	Nur wenn Zahlen als Substantive verwendet werden, können sie im Plural stehen.
Había **cientos de** espectadores.	Es waren hunderte Zuschauer da.	Bei ungefähren Mengenangaben folgt auf **cientos** die Präposition **de**.

mil euros dos **mil** dólares	(ein)tausend Euro zweitausend Dollar	**Mil** ist als Zahlwort unveränderlich.
⚠ aber: **miles de** personas	tausende Menschen	Bei ungefähren Mengenangaben erhält **mil** die Pluralendung **-es** und ihr folgt die Präposition **de**: **miles de** + *Substantiv* (*tausende* + *Substantiv*).

un **millón** dos **millones**	eine Million zwei Millionen	Die Pluralform von **millón** ist **millones**. Achte darauf, dass sie ohne Akzent geschrieben wird.
un **millón de** víctimas cinco **millones de** niños once **millones de** ellos	eine Million Opfer fünf Millionen Kinder elf Millionen von ihnen	Wenn auf **millón/millones** ein Substantiv oder ein Personalpronomen folgt, wird es mit der Präposition **de** angeschlossen.
⚠ aber: **siete millones quinientos mil** habitantes sieben Millionen fünfhunderttausend Einwohner		Wenn auf **millón/millones** eine weitere Zahl folgt, dann entfällt die Präposition **de**.

un **billón** tres **billones de** libros	eine Billion drei Billionen Bücher	Die Pluralform von **billón** ist **billones**. Auch hier entfällt der Akzent. Für den Anschluss gelten die gleichen Regeln wie für **millón**.

6.2 Die Ordnungszahlen Los números ordinales

♂ männlich		♀ weiblich	
el 1°	el primero	la 1ª	la primera
el 2°	el segundo	la 2ª	la segunda
el 3°	el tercero	la 3ª	la tercera
el 4°	el cuarto	la 4ª	la cuarta
el 5°	el quinto	la 5ª	la quinta
el 6°	el sexto	la 6ª	la sexta
el 7°	el séptimo	la 7ª	la séptima
el 8°	el octavo	la 8ª	la octava
el 9°	el noveno	la 9ª	la novena
el 10°	el décimo	la 10ª	la décima
el 11°	el undécimo	la 11ª	la undécima
el 12°	el duodécimo	la 12ª	la duodécima
el 13°	el decimotercero	la 13ª	la decimotercera

Die Ordnungszahlen haben im Spanischen eigene Formen. Man verwendet die Ordnungszahlen in der Regel nur von 1. (**primero/-a**) bis 10. (**décimo/-a**). Ab 11. werden die Ordnungszahlen meist durch die entsprechenden Grundzahlen in Kombination mit einem Substantiv ersetzt. Für *das elfte Mal* benutzt man also statt **la undécima vez** eher **la once vez**.

Merke!

Wird die Ordnungszahl als Ziffer geschrieben, steht nach der Ziffer anders als im Deutschen kein Punkt, sondern ein hochgestelltes ° für die männliche Form bzw. ein hochgestelltes ª für die weibliche Form.

el 2° día (*lies:* el segundo día)	la 2ª semana (*lies:* la segunda semana)
der 2. Tag	*die 2. Woche*

♂ männlich		♀ weiblich	
el **primer** piso	der erste Stock	la **primera** vez	das erste Mal
el **segundo** piso	der zweite Stock	la **segunda** vez	das zweite Mal
el **tercer** piso	der dritte Stock	la **tercera** vez	das dritte Mal
los **primeros** días	die ersten Tage	las **primeras** semanas	die ersten Wochen
mi **primer** gran amor	meine erste große Liebe	tu **primera** bici	dein erstes Fahrrad

Ordnungszahlen werden wie Adjektive in Geschlecht und Zahl an das nachfolgende Substantiv angeglichen. Meist wird aber nur **primero/-a** im Plural benutzt.
Primero und **tercero** werden vor einem männlichen Substantiv im Singular zu **primer** bzw. **tercer** verkürzt. Das gilt auch, wenn zwischen der Ordnungszahl und dem Substantiv noch ein Adjektiv steht.

Zusatzwissen:

Juan Carlos ■ **I** *lies:* Juan Carlos **Primero**
Juan Carlos der Erste
Alfonso ■ **XIII** *lies:* Alfonso **Trece**
Alfons der Dreizehnte
el capítulo **III** *lies:* el capítulo **tercero**
das dritte Kapitel
el siglo **XXI** *lies:* el siglo **veintiuno**
das einundzwanzigste Jahrhundert

Im Spanischen werden bei Titeln sowie Wörtern wie **capítulo, siglo** usw. meist römische Ziffern ohne Punkt verwendet, die bis **X** (10) als Ordnungszahl und ab **XI** (11) als Grundzahl zu lesen sind. Zwischen Namen und Zahlwort steht kein Artikel.

6.3 Der Gebrauch der Grund- und Ordnungszahlen
El uso de los numerales

6.3.1 Das Datum

Nací **el dos de enero de 1999.**
Ich wurde am 2. Januar 1999 geboren.
Mi avión sale **el quince de febrero.**
Mein Flugzeug geht am 15. Februar.

Zur Angabe des Datums werden im Spanischen die Grundzahlen verwendet. Der Monatsname wird dabei ausgeschrieben. Vor der Zahl steht der männliche Artikel **el**. Der Monatsname und die Jahreszahl werden beide mit **de** angeschlossen.

Llegaré el **1** de mayo. (*lies:* el **uno** de mayo)
el **1°** de mayo. (*lies:* el **primero** de mayo)
Ich werde am ersten Mai ankommen.

Nur für den ersten Tag des Monats kann man auch die Ordnungszahl **primero** verwenden.

Iré a Sevilla **el día quince.**
Ich fahre am 15. nach Sevilla.

Wenn ein Tag ohne Monatsangabe angegeben wird, wird **el día** vor der Zahl hinzugefügt.

Zusatzwissen:

Hoy es **domingo, 25 de noviembre de 2012.** Heute ist Sonntag, der 25. November 2012.	Der Artikel **el** entfällt, wenn vor der Zahl ein Wochentag steht.
Madrid, **8 de diciembre de 2013** Madrid, **ocho de diciembre de 2013** Madrid, **08/12/2013** Madrid, den 8. Dezember 2013	Das Datum kann ausgeschrieben oder mit Schrägstrichen angegeben werden.
El 2012 fue un año muy difícil. 2012 war ein sehr schwieriges Jahr. Su primera novela salió en verano **del 2013.** Sein erster Roman erschien im Sommer 2013. **en 1990** (*lies:* en **mil** novecientos noventa) neunzehnhundertneunzig	Jahreszahlen sind im Spanischen männlich. Anders als im Deutschen muss im Spanischen das Wort **mil** beim Aussprechen der Jahreszahlen immer gebraucht werden.

6.3.2 Die Uhrzeit

Es la **una.**
Es ist ein Uhr.

Son las **dos.**
Es ist zwei Uhr.

Son las tres **y cuarto.**
Es ist Viertel nach drei.

Son las cuatro **y veinte.**
Es ist zwanzig nach vier.

Son las cinco **y media.**
Es ist halb sechs.

Son las seis **menos cuarto.**
Es ist Viertel vor sechs.

Son las siete **menos diez.**
Es ist zehn vor sieben.

Die Uhrzeit wird mit **ser**, dem bestimmten weiblichen Artikel **la/s** und den Grundzahlen angegeben. **Ser** und der Artikel stehen dabei im Plural (**son las...**), nur bei **la una** wird der Singular verwendet (**es la una...**).

Anders als im Deutschen zählt man im Spanischen die halbe Stunde zu der vergangenen Stunde hinzu. Das ist genauso wie im Englischen oder Französischen:

las **once** y media
onze heures et demie
half past **eleven**
halb zwölf

Son las **dieciocho horas y cuarenta** (minutos). Es ist 18:40 Uhr.	Im Radio, im Fernsehen, auf Bahnhöfen und Flughäfen werden die Stunden wie im Deutschen und Französischen von 0 bis 23 gezählt und die Minuten von 1 bis 59 hinzugefügt.

6.3.3 Die Telefonnummer

Mi número de teléfono es **el 65 38 29 33.** (*lies:* el sesenta y cinco, treinta y ocho, veintinueve, treinta y tres) Meine Telefonnummer ist <u>die 65382933</u>.	Telefonnummern werden im Spanischen meist als zweistellige Zahlen angegeben.
Llámame **al 7 19 23 87.** (*lies:* siete, diecinueve, veintitrés, ochenta y siete) Ruf mich <u>unter der 7192387</u> an.	Besteht die Telefonnummer aus einer ungeraden Anzahl von Zahlen, wird die erste Zahl einzeln angesagt.

6.4 Die Bruchzahlen Los números quebrados

¼ un cuarto ⅕ un quinto ⅒ un décimo ½ medio, media ⚠ aber: ⅓ un **tercio**	ein Viertel ein Fünftel ein Zehntel (ein/e) halbe/r, halbes ein Drittel	Bei Brüchen ist der Zähler eine Grundzahl (**uno, dos, tres...**), der Nenner eine Ordnungszahl (**cuarto, quinto, décimo...**). **Medio/-a** (ohne unbestimmten Artikel) und **un tercio** sind Sonderformen.
⅔ dos tercios ¾ tres cuartos ⅘ cuatro quintos	zwei Drittel drei Viertel vier Fünftel	Wenn der Zähler größer als 1 ist, steht der Nenner im Plural.

Merke!

$$\frac{3\ (\text{Zähler})}{7\ (\text{Nenner})} = \frac{\text{tres}}{\text{séptimos}} = \frac{\text{Grundzahl}}{\text{Ordnungszahl}}$$

⚠

En el camión solo cabe **un tercio / la tercera parte** de nuestros muebles. In den Lastwagen passt nur <u>ein Drittel</u> unserer Möbel.	Anstelle von **un tercio** und **un cuarto** kann die Wendung **la tercera/cuarta parte** verwendet werden.

1½ uno y medio una y media 1¾ uno y tres cuartos 2¼ dos y un cuarto	eineinhalb/anderthalb ein drei viertel zwei ein viertel	Bei gemischten Zahlen werden die ganze Zahl und der Bruch immer durch die Konjunktion **y** (*und*) verbunden.

⚠

un kilo y medio **dos horas y media** El vuelo duró **cuatro** horas **y media.** Der Flug dauerte <u>viereinhalb</u> Stunden.	<u>eineinhalb</u> Kilo <u>zweieinhalb</u> Sunden	Während das Substantiv im Deutschen <u>nach</u> der Zahl steht, steht es im Spanischen <u>zwischen</u> der ganzen Zahl und dem Bruch.

Zusatzwissen:

$^1/_{20}$	un veinte**avo**	ein Zwanzigstel
$^1/_{30}$	un trein**tavo**	ein Dreißigstel
⚠ $^1/_{100}$	un **centavo**	ein Hundertstel
$^1/_{1000}$	un **milésimo**	ein Tausendstel

Ab $^1/_{11}$ wird der Nenner einer Bruchzahl gebildet, indem an die entsprechende Grundzahl die Endung **-avo** gehängt wird.

6.5 Die Prozentzahlen   Los números porcentuales

Die Prozentangaben benötigt man zum Beispiel zum Auswerten von Statistiken.

El 93,7 % (**noventa y tres coma siete por ciento**) de los alumnos europeos aprenden inglés.
93,7 % der europäischen Schüler lernen Englisch.
El 32,7 % (**treinta y dos coma siete por ciento**) de los alumnos europeos aprenden francés.
32,7 % der europäischen Schüler lernen Französisch.
El 11,4 % (**once coma cuatro por ciento**) de los alumnos europeos aprenden español.
11,4 % der europäischen Schüler lernen Spanisch.
Se estima que un 16 % (**dieciséis por ciento**) de los alumnos saben hablar alemán.
Es wird geschätzt, dass 16 % der Schüler Deutsch sprechen können.

Prozente gibt man im Spanischen mit **por ciento** an. Das Verb steht meist im Plural.
Anders als im Deutschen steht vor der Prozentzahl ein Artikel: entweder der bestimmte Artikel **el** oder der unbestimmte Artikel **un**.

6.6 Die Sammelzahlen   Los números colectivos

Sammelzahlen bezeichnen eine genaue oder eine ungefähre Anzahl gleicher Dinge.

una dec**ena** de chicas	(ungefähr) zehn Mädchen	Die Formen der spanischen Sammelzahlen werden gebildet, indem man **-ena** an die Grundzahl anhängt: **doc~~e~~** + **ena** → **docena**. Vor der Zahl wird der weibliche Artikel **una** benutzt.
una veint**ena** de huevos	(ungefähr) zwanzig Eier	
una cuarent**ena** de libros	(ungefähr) vierzig Bücher	

una docena de huevos	ein Dutzend (12) Eier	Die Sammelzahlen **una docena** bzw. **media docena** bezeichnen eine genaue Anzahl. Der Plural **docenas** bestimmt nur eine ungefähre Anzahl.
media docena de huevos	ein halbes Dutzend (6) Eier	
docenas de chicas	dutzende Mädchen	
⚠ **un par** de manzanas	zwei Äpfel	**Un par** bedeutet *zwei* bzw. *ein Paar*.
un par de zapatos	ein Paar Schuhe	

Merke dir diese Sonderformen:

una **decena**	(ungefähr) zehn
una **quincena**	vierzehn Tage
decenas de miles de alumnos	Zehntausende Schüler
un **centenar** / una **centena** de litros	(ungefähr) 100 Liter
millares de euros	(ungefähr) 1000 Euro, Tausende von Euro

Wie vermeide ich Fehler? ¿Cómo evitar errores?

Häufige Zahlenangaben

Er ist fünfzehn/einunddreißig Jahre alt.	**Tiene** quince / treinta y un años.
Sie ist 1,80 m groß.	**Mide** ciento ochenta centímetros (de altura).
Sie trägt (Kleider-)Größe 40.	**Lleva** la talla 40.
Er hat Schuhgröße 44.	**Calza** el 44.
Das Gebäude ist 20 m lang, 10 m breit und 5 m hoch.	El edificio **mide** 20 metros **de largo**, 10 m **de ancho** y 5 m **de alto**.
Das Stadion liegt 3 km von der Schule entfernt.	El estadio **está a** 3 kilómetros del colegio.
Er fährt 120 km/h.	**Va** a 120 kilómetros por hora.
Das kostet/sind 50 Euro.	**Cuesta/Son** cincuenta euros.
Das sage ich zum hundertsten Mal.	Lo digo por **enésima** vez.
Es sind 14 Grad/–2 Grad.	**Estamos a** catorce grados / dos grados bajo cero.

Besondere Zahlwörter

Im Spanischen gibt es zwei Wörter für die Zahl 100:

Er gab mir 100 Euro.	Me dio **cien** euros.
Die Fahrkarte kostete 130 Euro.	El billete costó **ciento treinta** euros.
Alles funktioniert 100 %ig.	Todo funciona al **cien por cien/ciento**.

Für die Zahl 500 gibt es ein eigenes Zahlwort – **quinientos**:

Die Miete beträgt 500 Euro monatlich.	El alquiler es de **quinientos** euros al mes.

Für die Zahl *Milliarde* gibt es im Spanischen kein eigenes Zahlwort:

Das Projekt wird eine Milliarde Euro kosten.	El proyecto va a costar **mil millones** de euros.

Andere Zeitangaben im Spanischen als im Deutschen

eine Viertelstunde	un cuarto de hora
eine halbe Stunde	■ media hora
eine Dreiviertelstunde	■ tres cuartos de hora
anderthalb Stunden	(una) hora y media
14 Tage (2 Wochen)	una quincena
¼ Jahr, ¾ Jahr, 1½ Jahre	tres meses, nueve meses, (un) año y medio

⚠ Gleiche **medio/-a** immer an das Bezugswort an, auch wenn es in Verbindung **y medio/-a** erst nach dem Substantiv steht.

Im Deutschen steht eine Ordnungszahl, im Spanischen eine Grundzahl

jeder vierte Spanier	un español de cada **cuatro**
jeden zweiten oder dritten Tag	cada **dos** o **tres** días
am 12. Oktober	el **doce** de octubre
das 21. Jahrhundert	el siglo **XXI** (el siglo **veintiuno**)
Alfons der XII. (der Zwölfte)	Alfonso ■ **XII (Doce)**
⚠ aber: Juan Carlos der I. (der Erste)	Juan Carlos ■ **I (Primero)**

„Die ersten zwei...“: Grundzahl und Ordnungszahl

Im Spanischen stehen anders als im Deutschen zuerst die Grundzahlen und dann die Ordnungszahlen. Das ist genauso wie im Französischen:

DE	*die ersten drei Tage*	*die letzten zwei Wochen*
ES	los tres primeros días	las dos últimas semanas
FR	les trois premiers jours	les deux dernières semaines

Angaben aus Statistiken versprachlichen

Mit Bruchzahlen:

Das Verb steht im Singular, wenn der Zähler *eins* ist. Sonst steht es im Plural.

Ein Viertel der Jugendlichen gibt die weiterführende Schule auf.
Un cuarto de los jóvenes deja los estudios secundarios.

Ein Drittel der Europäer atmet verseuchte Luft ein.
Un tercio de los europeos respira aire contaminado.

Mehr als zwei Drittel aller Internetnutzer bezahlen nicht für digitale Inhalte.
Más de dos tercios de los internautas no pagan por contenidos digitales.

Fast drei Viertel der Studenten haben Alkohol getrunken.
Casi tres cuartos de los estudiantes han consumido alcohol.

Ein Fünftel der Europäer ist älter als 60 Jahre.
Un quinto de los europeos es mayor de 60 años.

Mit Prozentzahlen:

Das Verb steht meist im Plural.

45,5 % der Schüler in der Sekundarstufe I haben einen Fernseher in ihrem Zimmer.
El cuarenta y cinco coma cinco por ciento de los alumnos de ESO tienen televisión en su habitación.

Nur heute! Mehr als 70 % Rabatt auf alle Preise.
¡Solo hoy! Más de **un setenta por ciento** de descuento en todos los precios.

Mit Mengenangaben:

Das Verb steht meist im Plural.

Die Mehrheit der Jugendlichen liest täglich.
La mayoría de los jóvenes leen diariamente.

Heutzutage arbeitet der größte Teil der Frauen.
Hoy en día la **mayor parte** de las mujeres trabaja.

Nur eine Minderheit der Eltern spricht Deutsch.
Solo **una minoría** de los padres hablan alemán.

Ungefähre Angaben:

Ungefähr ein Viertel der Jugendlichen treibt niemals Sport.
Alrededor de / Aproximadamente un cuarto de los jóvenes nunca practica deporte.

Mehr als ein Drittel der Deutschen denkt, dass ...
Más de un tercio de los alemanes piensa que...

Die Arbeitslosigkeit betrifft fast 20 % der arbeitenden Bevölkerung.
El desempleo afecta a **casi el veinte por ciento** de la población activa.

Abschlussübung Evaluación

1. **Schreibe folgende Zahlen als Ziffern.**

a. tres
b. trece
c. cinco
d. quince
e. cincuenta
f. sesenta y seis
g. setenta y siete
h. cien
i. quinientos
j. ciento noventa y seis

2. **Schreibe die Zahlen aus.**

a. 100 euros
b. 200 días
c. 300 personas
d. 21 años
e. 67 fotos
f. 76 kilos
g. 579 días
h. 141 palabras

3. **Schreibe in Bruchzahlen.**

a. medio
b. dos tercios
c. tres cuartos
d. cuatro quintos
e. dos y medio
f. nueve y nueve décimos

4. **Schreibe die Ordnungszahl aus.**

a. el 5° piso
b. la 7° parte
c. la 3ª puerta
d. el 3° de ESO
e. el 10° aniversario
f. la 4ª planta

5. **Übersetze die Sätze und achte auf die Uhrzeiten.**

a. Es ist Viertel nach eins.
b. Der Film beginnt um halb acht.
c. Der Zug fährt um zwanzig vor neun ab.
d. Ich habe heute von acht Uhr morgens bis zehn vor drei Uhr nachmittags Unterricht.
e. Heute Abend essen wir um halb acht.

6. **Beantworte die Fragen.**

a. ¿Cuándo naciste? (28/02/1999)
b. ¿Cuándo entraste en el colegio? (12/09/2005)
c. ¿En qué año Cristóbal Colón descubrió América? (1492)
d. ¿De qué siglo data el cuadro? (siglo XX)

7. **Übersetze und achte auf die Zahlenangaben.**

a. Ich bin vierzehn Jahre alt.
b. Sie hat am 12. Oktober Geburtstag.
c. Er ist 1,63 m groß.
d. Der Fluss ist 200 m breit.

8. **Übersetze die Sätze mit den Angaben von Bruchteilen.**

a. 20 % der Spanier haben dafür gestimmt.
b. Die Hälfte der Schüler ist dagegen.
c. Die Mehrheit der Schüler macht Hausaufgaben.
d. 83,7 % der Frauen arbeiten.
e. Für ⅔ der Mädchen ist das wichtig.
f. Mehr als ¼ der Kinder isst in der Schulkantine.

Die Lösungen findest du unter:
www.cornelsen.de/webcodes
Gib dort den Webcode gram-evaluacion06 ein.

7. Die Präpositionen
Las preposiciones

Präpositionen verknüpfen Wörter oder Wortgruppen miteinander und bestimmen deren Verhältnis. Man nennt sie auf Deutsch deswegen auch „Verhältniswörter“:

Vivo **en** Granada.	*Ich wohne in Granada.*
Tu mochila está **debajo de** la silla.	*Dein Rucksack ist unter dem Stuhl.*
Hasta ahora no ha dicho nada.	*Bis jetzt hat er nichts gesagt.*

Präpositionen können vor Infinitiven stehen. Sie verknüpfen dann das vorangehende Wort mit dem Infinitiv:

Tengo ganas **de** ir al cine.	*Ich habe Lust, ins Kino zu gehen.*
Pidió una hamburguesa **para** llevar.	*Er bestellte einen Hamburger zum Mitnehmen.*
Este poema es fácil **de** entender.	*Dieses Gedicht ist leicht zu verstehen.*

Das folgende Kapitel enthält:

Außerdem findest du:

→ ¿Cómo evitar errores?, S. 126 (Übersetzung deutscher Präpositionen ins Spanische, Unterscheidung von por und para)
→ eine Evaluación, S. 128, in der du dein Wissen überprüfen kannst.

7.1 Die Form der Präpositionen La forma de las preposiciones

a	nach/um	entre	zwischen
ante	vor/angesichts	hacia	nach
bajo	unter	hasta	bis
con	mit	para	für
contra	gegen	por	wegen
de	von/aus	según	laut
desde	seit	sin	ohne
durante	während	sobre	auf
en	in/an	tras	hinter

Es gibt Präpositionen, die aus nur einem Wort bestehen.

a causa de	wegen	delante de	vor (*örtlich*)
a/en favor de	(da)für / zugunsten von	dentro de	innerhalb
a la derecha de	rechts von	después de	nach (*zeitlich*)
a la izquierda de	links von	detrás de	hinter
al lado de	neben	en casa de	bei ... (zuhause)
antes de	vor (*zeitlich*)	encima de	über/auf
a partir de	von ... an	en contra de	gegen
a pesar de	trotz	enfrente de	gegenüber (von)
a través de	(quer) durch	en medio de	mitten in
cerca de	in der Nähe von	fuera de	außerhalb
debajo de	unter	lejos de	weit (weg) von

Außerdem gibt es präpositionale Wendungen, die aus mehreren Wörtern bestehen. Diese haben meist die Präposition **de** als letzten Bestandteil.

Merke!

Präpositionen sind unveränderlich.

⚠

David va **al** cine. David geht ins Kino. El banco está **al** lado **del** hotel. Die Bank ist neben dem Hotel.	Beachte, dass die Präpositionen **a** und **de** mit dem bestimmten Artikel **el** zu **al** bzw. **del** verschmelzen: **a** + **el** → **al** **de** + **el** → **del**
¿Hablas **conmigo**? Sprichst du mit mir? Quiero estar **contigo**. Ich möchte mit dir zusammen sein. Ana lleva **consigo** un osito de peluche. Ana trägt einen Teddybär mit sich herum.	Die Präposition **con** bildet mit den Pronomen **mí** (*mir*), **ti** (*dir*) oder **sí** (*sich*) besondere Formen: **con** + **mí** → **conmigo** **con** + **ti** → **contigo** **con** + **sí** → **consigo**

7.2 Der Gebrauch der Präpositionen El uso de las preposiciones

¿Ves **a** Mario hoy? Siehst du Mario heute?	Präpositionen werden verwendet mit: – einem direkten Personenobjekt,
Se lo mando **a** ella. Ich schicke es ihr.	– einem indirekten Objekt,
Vivo **en** Sevilla. Ich lebe in Sevilla.	– einem Ort,
Voy **a** Madrid. Ich fahre nach Madrid.	– einer Richtung,
Viene **de** Cádiz. Er kommt aus Cádiz.	– eine Herkunft,
Quedamos **a** las cinco. Wir treffen uns um fünf Uhr.	– einem Zeitpunkt,

Trabajamos **de** diez **a** dos. Wir arbeiten von zehn bis zwei.	– einem Zeitraum,
Escribo la carta **a** mano. Ich schreibe den Brief mit der Hand.	– einem Mittel,
¿Los pendientes son **de** oro? Sind die Ohrringe aus Gold?	– dem Material eines Gegenstands,
Solo lo hago **por** mi madre. Ich mache es nur für meine Mutter.	– einem Grund
Me quedé **para** ayudarte. Ich bin geblieben, um dir zu helfen.	– oder einem Zweck.

Juego **al** fútbol. Ich spiele ■ Fußball. Marcelo empieza **a** llorar. Marcelo fängt an zu weinen. las gafas **de** sol die Sonnenbrille	Häufig haben die Präpositionen **a** und **de** im Deutschen keine direkte Übersetzung.

Lerntipp:
Lerne eine Präposition mit z. B. dem Verb, auf das sie folgt: **empezar a**, **jugar a** usw.!

► S. 230/232 (Verben mit Präpositionen)

7.2.1 Die Präposition *a* bei einem Objekt

a bei einem direkten Objekt (Frage: *Wen?*)

Todavía no he visto **a** Pablo. Ich habe Pablo noch nicht gesehen. ¿Dejas **a** Rufus subir a tu cama? Lässt du Rufus auf dein Bett springen?	Die Präposition **a** steht vor dem direkten Objekt, wenn dieses: – ein Eigenname von Personen oder Tieren ist,
Quiero **a** mi madre/familia. Ich liebe meine Mutter/Familie. Aquí no conozco **a** nadie. Ich kenne hier niemanden.	– ein Substantiv (auch Sammelbegriff) oder Pronomen ist, das eine Person bezeichnet
Amo **a** mi tierra. Ich liebe meine Heimat.	– oder eine Personifizierungen ist.

aber:

Buscamos ■ un guía que hable alemán. Wir suchen einen Reiseführer, der Deutsch spricht. Tengo ■ un amigo vietnamita. Ich habe einen vietnamesischen Freund.	Die Präposition **a** entfällt in diesen Fällen, wenn das Substantiv keine bestimmte Person bezeichnet. Das ist vor allem oft nach Verben wie **buscar, traer** oder **tener** der Fall.

a bei einem indirekten Objekt (Frage: *Wem?*)

Le doy el regalo **a** María. Ich gebe Maria das Geschenk. Mi nuevo corte de pelo no le gusta **a** mi madre. Mein neuer Haarschnitt gefällt meiner Mutter nicht. Eso puede hacer daño **al** motor. Das kann dem Motor schaden.	Die Präposition **a** steht immer vor dem indirekten Objekt, egal ob es: – Personen oder – Sachen sind.

7.2.2 Präpositionen zur Angabe des Ortes (Frage: *Wo?*)

a	la mesa	am Tisch
a la derecha de / **a la izquierda de**	la farmacia	rechts von / links von der Apotheke
a través de	la plaza	quer über den Platz
al	sol	in der Sonne
al lado de	la iglesia	neben der Kirche
cerca de / **lejos de**	la playa	in der Nähe des Strands / weit (weg) vom Strand
debajo de / encima de	la estantería	unter/über dem Regal
delante de / detrás de	la cama	vor/hinter dem Bett
dentro de / fuera de	la ciudad	innerhalb/außerhalb der Stadt
en	casa	zu Hause
en	la calle	auf der Straße
en	España/Madrid	in Spanien/Madrid
en medio de	la gente	mitten unter den Leuten
enfrente de	la tienda de recuerdos	dem Souvenirladen gegenüber
entre	la catedral y el mercado	zwischen der Kathedrale und dem Markt
por aquí	cerca	hier in der Nähe
sobre	la silla	auf dem Stuhl

⚠ Bei Ortsangaben benutzt man im Spanischen fast immer **en**, während man im Französischen oft **à** verwendet:

Vivo **en** Granada.	Estoy **en** casa.
J'habite **à** Granada.	Je suis **à** la maison.
Ich wohne in Granada.	*Ich bin zu Hause.*

7.2.3 Präpositionen zur Angabe der Richtung (Frage: *Wohin?*)

a	casa	nach Hause
a	Alemania/Berlín	nach Deutschland/Berlin
a	la estación de metro	zur U-Bahnstation
a casa de	Laura	zu Laura (nach Hause)
al	campo	aufs Land
al	colegio	in die Schule
de Murcia **a**	Marbella	von Murcia bis Marbella
desde Santiago **hasta**	Bilbao	von Santiago bis Bilbao
en dirección a	Cádiz	in Richtung / nach Cádiz
hasta	el semáforo	bis zur Ampel
hacia	el norte	nach Norden
para	Toledo	nach Toledo

Informationen zur unterschiedlichen Verwendung von **por** und **para** bei der Richtungsangabe findest du auf ▸ S.123.

7.2.4 Präpositionen zur Angabe eines Zeitpunkts (Frage: *Wann?*)

a	las ocho	um acht Uhr
a	los quince años	mit fünfzehn Jahren
a partir de	las dos	ab zwei Uhr
antes de **después de**	la una	vor nach ein Uhr
de	día/noche	tagsüber/nachts
de	niño	als Kind
dentro de	media hora	in einer halben Stunde
desde	las cinco	seit fünf Uhr
en	este momento	in diesem Moment
en	verano	im Sommer
en	febrero	im Februar
hace	quince días	vor zwei Wochen
hasta	la semana pasada	bis letzte Woche
para	mañana	für morgen
por	la mañana / la tarde / la noche	am Morgen / am Nachmittag bzw. Abend / in der Nacht
por	Navidad	um Weihnachten herum
sobre	las siete	gegen sieben Uhr

Merke!

hace = vor + *Zeitpunkt*: Ana y Marcos se casaron **hace** un año.
desde = seit + *Zeitpunkt*: María vive en Alicante **desde** el año 2013.
desde hace = seit + *Zeitraum*: Estoy aquí **desde hace** una hora.

7.2.5 Präpositionen zur Angabe einer Zeitdauer (Frage: *Wie lange?*)

de	3 a 7	von drei bis sieben
dentro de	media hora	innerhalb einer halben Stunde
desde hace	tres años	seit drei Jahren
durante	dos horas	zwei Stunden lang
en	las vacaciones	in den Ferien
entre	dos y tres días	zwischen zwei und drei Tagen
entre	la una y las cuatro	zwischen ein und vier Uhr
hace	mucho tiempo **que**	seit Langem
para	siempre	für immer
por	unos días	für einige Tage

7.2.6 Präpositionen zur Angabe eines Mittels (Frage: *Womit?/Wie?*)

a	pie/caballo	zu Fuß/Pferde
a	mano/máquina	mit der Hand/Maschine
con	el ordenador	mit dem Computer
en	autobús/avión/barco/ bici/coche/tren	mit dem Bus/Flugzeug/Schiff/ Fahrrad/Auto/Zug
por	correo	mit der Post
por	avión	per Luftpost

7.2.7 Präpositionen zur Angabe eines Materials (Frage: *Woraus?*)

de	algodón/lana/madera/metal/ oro/plástico/plata/vidrio	aus Baumwolle/Wolle/Holz/Metall/ Gold/Plastik/Silber/Glas

7.2.8 Präpositionen zur Angabe eines Grunds / einer Ursache (Frage: *Weswegen?/Warum?*)

a causa de	las manifestaciones	aufgrund der Demonstrationen
a pesar de	la nieve / todo	trotz des Schneefalls / trotz allem
de	hambre/sed	vor Hunger/Durst
gracias a	mi padre / Dios	dank meines Vaters / Gott sei Dank
por	amor / experiencia / falta de tiempo	aus Liebe/Erfahrung/ Zeitmangel
por	eso	deswegen
por	la lluvia	wegen des Regens
por	mí/ti	meinetwegen/deinetwegen

7.2.9 Präpositionale Wendungen zur Angabe einer Menge (*Frage: Wie viel?*)

Nach Mengenangaben steht im Spanischen die Präposition **de**:

un kilo	**de**	manzanas	ein Kilo ■ Äpfel
un litro / una botella		agua	ein Liter / eine Flasche ■ Wasser
un poco		sal	ein bisschen ■ Salz
un vaso		vino	ein Glas ■ Wein

Das ist ähnlich wie im Englischen und Französischen:

una botella	**de**	zumo
une bouteille	**de**	jus
a bottle	**of**	juice
eine Flasche	■	*Saft*

Auch nach den folgenden Mengenangaben steht die Präposition **de**:

una mayoría/minoría	**de**	los españoles	eine Mehrheit/Minderheit der Spanier
la mayor parte		la población	der größte Teil der Bevölkerung
la mitad / un cuarto		los alumnos	die Hälfte / ein Viertel der Schüler
más/menos		un kilo	mehr/weniger als ein Kilo

⚠ aber:

Tengo **mucho** trabajo. Ich habe viel Arbeit. Tengo **poco** trabajo. Ich habe wenig Arbeit.	Nach einem Begleiter wie **poco, bastante, mucho** oder **demasiado** steht jedoch im Spanischen keine Präposition. Das ist genauso wie im Deutschen.

7.2.10 Der Gebrauch von *por* und *para*

Die Präpositionen **por** und **para** werden in unterschiedlichen Zusammenhängen verwendet und haben unterschiedliche Bedeutungen, auch wenn sie beide im Deutschen oft mit *für* übersetzt werden.

por

Lo hago **por** ti. Ich tue es für dich (= deinetwegen). Llamo **por** su hijo. Ich rufe wegen Ihres Sohnes an. Lo dice **por** amor. Er sagt das aus Liebe. Barcelona es famosa **por** Las Ramblas. Barcelona ist wegen der / für die Rambla bekannt.	Mit **por** gibt man Folgendes an: – einen Grund,
Lámame **por** teléfono. Ruf mich an. (= *mit dem Telefon*) Manda la ropa **por** correo. Schicke die Kleidung mit der / per Post.	– ein Mittel,

Lo compré **por** tres euros. Ich habe es für drei Euro gekauft. Cambió el videojuego **por** un DVD. Er tauschte das Videospiel gegen eine DVD.	– einen Preis oder ein Tauschobjekt,
¿Puedes firmar **por** tu vecino? Kannst du anstelle deines Nachbars / für deinen Nachbarn unterschreiben?	– eine Stellvertretung,
El castillo fue construido **por** los árabes. Das Schloss wurde von den Arabern gebaut.	– den Urheber einer Handlung in Passivsätzen
El estado ha adquirido el veinte **por** ciento de la empresa. Der Staat hat zwanzig Prozent der Firma gekauft.	– und eine Prozentzahl.

▸ S. 179 (Das Passiv)

para

Dame algo **para** comer o beber. Gib mir etwas zu essen oder zu trinken. ¿También tiene pizza **para** llevar? Haben Sie auch Pizza zum Mitnehmen? ¿**Para** qué necesitas el dinero? Wozu brauchst du das Geld?	Mit **para** gibt man Folgendes an: – einen Zweck,
Los regalos son **para** los niños. Die Geschenke sind für die Kinder. Es una residencia **para** mayores. Es ist ein Wohnheim für Senioren.	– eine Bestimmung,
Para mí no siempre es fácil cuidar a sus padres. Meiner Ansicht nach ist es nicht immer leicht, sich um seine Eltern zu kümmern.	– eine Meinung
Llegó al aeropuerto cuando el avión estaba **para** salir. Er kam kurz vor Abflug am Flughafen an.	– und eine Handlung, die unmittelbar bevorsteht (in Verbindung mit **estar**).

⚠ Unterscheide:

Por mí, puede hacer lo que quiera.
Meinetwegen kann er machen, was er will.
(= *Es ist mir egal.*)

Para mí, Granada es la ciudad más bonita del mundo.
Meiner Ansicht nach ist Granada die schönste Stadt der Welt.
(= *Das ist meine Meinung.*)

Por und *para* bei Ortsangaben

¿Hay un parque **por** aquí? Gibt es hier (irgendwo) einen Park? ¿Pablo? Creo que vive **por** la catedral. Pablo? Ich glaube, er wohnt in der Nähe des Doms.	Die Präposition **por** wird verwendet: – für ungefähre Ortsangaben
Dimos un paseo **por** el parque / el centro. Wir gingen im Park/Zentrum spazieren. El autobús pasa **por** la calle de Alcalá. Der Bus fährt durch die calle de Alcalá.	– und zur Angabe von Durchgangsorten.

¿Cuándo sale el autobús **para** Gerona? Wann fährt der Bus nach Gerona ab? Miguel va **para** Colonia. Miguel fährt in die Gegend von Köln.	Die Präposition **para** bezeichnet ein Ziel oder eine Richtung.
⚠ aber: ¿Vamos **a** la playa? Gehen wir zum Strand?	Meist verwendet man jedoch die Präposition **a**, um ein Ziel anzugeben. Sie gibt das Ziel genauer an als **para**.

Por und *para* bei Zeitangaben

¿Trabajas **por** la mañana, **por** la tarde o **por** la noche? Arbeitest du morgens, nachmittags oder abends/nachts? Terminaré **por** Navidad. Ich werde um Weihnachten herum fertig sein.	Die Präposition **por** bezeichnet einen ungenauen Zeitpunkt. Dazu zählt auch die vage Angabe von Tageszeiten (**por la mañana**, usw.)

Los deberes son **para** mañana. Die Hausaufgaben sind für/zu morgen. Regresaré **para** Navidad. Ich werde (spätestens) zu Weihnachten zurückkommen.	Die Präposition **para** bezeichnet eine Frist oder einen genaueren Zeitpunkt in der Zukunft, an dem oder bis zu dem etwas geschehen soll.

Merke dir außerdem die folgenden feststehenden Wendungen mit der Präposition **por**:

por ejemplo	zum Beispiel	por lo visto	anscheinend
por el momento	im Moment/Augenblick	por mucho que + *subj.*	wie sehr auch
por (aquel) entonces	damals	estar loco/-a por algo/ alguien	verrückt nach etwas/ jemandem sein
por un lado	einerseits		
por otro lado	andererseits	preguntar por algo/ alguien	nach etwas/jemandem fragen
por fin	endlich/schließlich		
por lo menos	wenigstens	votar por un partido	eine Partei wählen
por (lo) tanto	deshalb	optar por algo	sich für etwas entscheiden
por si acaso	für den Fall, dass	pasar por rico	als reich gelten
por poco	beinahe	Gracias por todo.	Danke für alles.

7.2.11 Präposition und Infinitiv

¡Termina los deberes **antes de mirar** la tele! Mach deine Hausaufgaben fertig, bevor du fernsiehst! **Después de comer** se fue a casa. Nachdem er gegessen hatte, ging er nach Hause. **Al llegar** a casa se cambió. Als er nach Hause kam, zog er sich um. Lo hago **para ayudarlo.** Ich tue es, um ihm zu helfen.	Manche Präpositionen bzw. präpositionalen Ausdrücke können auch zusammen mit einem Infinitiv verwendet werden. Solche Wendungen gibt man im Deutschen häufig durch einen Nebensatz wieder.

Zusatzwissen:

Weitere Beispiele für Präpositionen und Infinitiv, mit denen der spanische Nebensatz verkürzt wird, sind:

hasta + *Infinitiv*	Leyó una novela **hasta dormirse.** Er las einen Roman, bis er einschlief.
por + *Infinitiv*	Te envidio **por hablar** tantos idiomas. Ich beneide dich darum, dass du so viele Sprachen sprichst. Queda mucho **por hacer.** Es bleibt viel zu tun.
sin + *Infinitiv*	Hice un gran esfuerzo **sin conseguir** nada. Ich strengte mich sehr an, ohne etwas zu erreichen.

▸ S. 186 (Präposition und Infinitiv zur Verkürzung des Nebensatzes)

7.3 Der Unterschied zwischen Präpositionen und Konjunktionen
Diferenciar preposiciones y conjunciones

Manche Präpositionen werden auch als Teil einer Konjunktion verwendet. Sie erfüllen dann jedoch eine andere Funktion: Präpositionen verbinden Wörter oder Wortgruppen miteinander, Konjunktionen verknüpfen Satzteile oder Sätze.

Präposition	Konjunktion
Creo que este e-mail es **para** ti. Ich glaube, diese E-Mail ist für dich.	Lo hace **para que** yo sepa la verdad. Er tut es, damit ich die Wahrheit kenne.
Desde el primer beso Pablo ya no pudo dejar de pensar en Amanda. Seit dem ersten Kuss konnte Pablo nicht aufhören, an Amanda zu denken.	**Desde que** le había besado, Amanda ya no estaba triste. Seit er sie geküsst hatte, war Amanda nicht mehr traurig.
Wenn diese Präpositionen als Teil einer Konjunktion verwendet werden, stehen sie immer mit **que**.	

Merke!

Präpositionen verbinden Wörter und Wortgruppen, Konjunktionen verknüpfen Satzteile oder Sätze.

⚠

Präposition	Konjunktion	
a pesar de la lluvia trotz des Regens	**a pesar de que** llovía a cántaros obwohl es in Strömen regnete **a pesar de que** llueva a cántaros selbst wenn es in Strömen regnet (= *regnen sollte*)	indicativo subjuntivo
antes de las cinco vor um fünf	**antes de que** se vaya bevor er geht (= *gehen wird*)	subjuntivo
con el tiempo mit der Zeit	**con tal (de) que** pida perdón vorausgesetzt, dass er um Entschuldigung bittet	subjuntivo
desde febrero seit Februar	**desde que** se casó seitdem er geheiratet hat	indicativo
después de la prueba nach dem Test	**después de que** hicieron la prueba nachdem sie den Test gemacht hatten **después de que** apruebe el examen nachdem ich die Prüfung bestanden habe (= *bestanden haben werde*)	indicativo subjuntivo
hasta las nueve bis neun Uhr	**hasta que** sonó el despertador bis der Wecker klingelte **hasta que** sonara el despertador bis der Wecker klingelt / klingeln würde	indicativo subjuntivo
para encontrar una solución um eine Lösung zu finden	**para que** encuentre una solución damit sie eine Lösung findet	subjuntivo
sin dormir ohne zu schlafen	**sin que** duerma ohne dass er schläft	subjuntivo

Nach einigen Konjunktionen muss das Verb im darauf folgenden Nebensatz im **indicativo** stehen, nach anderen im **subjuntivo**. Nach manchen Konjunktionen kann je nach Bedeutung ein Verb im **indicativo** oder im **subjuntivo** folgen.

▸ S.133 (Konjunktionen mit Indikativ oder *subjuntivo*)
▸ S.135 (Auf einen Blick: Konjunktionen, Präpositionen und Adverbien)

Wie vermeide ich Fehler? ¿Cómo evitar errores?

Die Auswahl der richtigen Präposition ist eine häufige Fehlerquelle, weil die spanischen Präpositionen oft keine Entsprechung im Deutschen haben oder anders verwendet werden.

Einige deutsche Präpositionen werden sehr unterschiedlich ins Spanische übersetzt. Präge dir deshalb die folgenden Wendungen am besten ein. Im Zweifelsfall hilft ein Wörterbuch weiter.

an

an der Universität	**en** la universidad
am Strand	**en** la playa
am Tag	**de** día
am Abend	**por** la tarde/noche
am Wochenende/Montag/Dienstag ...	■ el fin de semana/lunes/martes...

auf

auf der Straße	**en** la calle
auf dem Tisch	**en/sobre** la mesa
auf dieser Seite (der Straße)	**por** este lado (de la calle)
auf der Welt	**en** el mundo
auf diese Art	**de** esta manera
auf der Schule	**en** el colegio/instituto

aus

aus Berlin/Deutschland	**de** Berlín/Alemania
aus Berlin anrufen	llamar **desde** Berlín
aus dem Fenster	**por** la ventana
aus Holz	**de** madera
aus Angst/Erfahrung/Versehen	**por** miedo/experiencia/descuido
aus Wut	**de** rabia
aus diesem Grund	**por** eso / **por** esta razón

bei

bei der Apotheke	**cerca de** la farmacia
bei Vega (zu Hause)	**en casa de** Vega
bei dieser Gelegenheit	**en** esta ocasión
bei sich tragen	llevar **consigo**

in

in Madrid/Spanien	**en** Madrid/España
in die Schule gehen	ir **al** colegio
in der Schule sein	estar **en** el colegio
in einem Jahr	**dentro de** un año
in der Nacht	**por** la noche / **de** noche
in dieser Woche	■ esta semana

in der nächsten Woche	■ la semana que viene
im 21. Jahrhundert	**en** el siglo XXI

mit

mit Carmen	**con** Carmen
mit mir/dir/sich	**conmigo/contigo/consigo**
mit der Post/Luftpost	**por** correo/avión
mit dem Auto/Zug	**en** coche/tren
mit 16 Jahren	**a** los 16 años

nach

nach Barcelona/Spanien fahren	ir **a** Barcelona/España
eine Fahrkarte nach Alicante	un billete **para** Alicante
nach Norden	**hacia** el norte
der Flug nach Málaga	el vuelo **con destino a** Málaga
nach den Ferien	**después de** las vacaciones

seit

seit fünf Uhr (*Zeitpunkt*)	**desde** las cinco
seit zwei Jahren (*Zeitspanne*)	**desde hace** dos años

von

von hier	**de** aquí
von heute an	**a partir de** hoy
von mir aus (= *meinetwegen*)	**por** mí
von Anfang an	**desde** un/el principio

vor

vor dem Haus (*räumlich*)	**delante de** la casa
vor der Abreise (*zeitlich*)	**antes de** partir
vor zwei Tagen	**hace** dos días
vor allem	**sobre** todo

zu

zu Hause	**en** casa
zum Markt gehen	ir **al** mercado
zu Carlos gehen	ir **a** casa de Carlos
zum ersten/letzten Mal	**por** primera/última vez
zu Anfang	**al** principio
zu Fuß	**a** pie
zum Beispiel	**por** ejemplo
zum Teil	**en** parte

Abschlussübung Evaluación

1. **¡Parejas! – Ergänze mit der gegenteiligen Präposition.**

a. –Pon el pastel **a la izquierda**. –No, mejor lo pongo [?].
b. –La tele está demasiado **cerca del** sofá. –No, para mí está demasiado [?] sofá.
c. –El perrito puede quedarse **dentro de** la casa, ¿no? –¡Qué va! ¡Qué se quede [?] la casa!
d. –¿Comemos **antes de** las ocho? –No, yo prefiero comer [?] las ocho.

2. **Ergänze die Texte mit den Präpositionen a, en und de.**

a. –¿Vais [?] la escuela [?] pie? –No, yo voy [?] metro. –Y yo voy [?] bici.
b. –¿Eres [?] Madrid? –No, nací [?] Salamanca, pero siempre he vivido [?] el sur. Solo hace dos semanas que me mudé [?] allí [?] Madrid. –¿Y ahora vas a vivir [?] casa [?] tu abuela? –¡Qué va! [?] partir [?] la semana que viene comparto piso con unos amigos [?] Chueca.

3. **Ergänze die Sätze mit den Zeitangaben in Klammern.**

(Mit fünf Jahren), Lionel Messi empezó a jugar al fútbol en el club Grandoli en Argentina. (Sieben Jahre später, im Jahr 2000), se trasladó junto con sus padres a España. (Zwischen 2000 und 2004), jugó en un equipo juvenil del Fútbol Club Barcelona. Realizó su debut en el primer equipo del Barça (am 16. November 2003) en un partido amistoso. (Seit 2004) forma parte integrante del primer equipo del Barça. El jugador se muestra muy agradecido al Barça y quiere quedarse allí (für immer).

4. **¿Por oder para? Übersetze die Sätze und verwende por oder para.**

a. Danke für deine SMS.
b. Ich habe dieses Handy für dreißig Euro gekauft.
c. Julio erledigt die Einkäufe für heute Abend.
d. Gehst du morgens oder nachmittags ins Schwimmbad?
e. Für wen ist der Kaffee?
f. Der Bus nach Málaga fährt über Marbella.
g. Warum schickst du das Geschenk nicht mit der Post?

5. **Ersetze die deutschen Nebensätze und die Infinitive mit *zu* durch eine spanische Infinitivkonstruktion (antes de + *Inf.*, después de + *Inf.*, al + *Inf.* und para + *Inf.*).**

a. (Als er die Schule beendet hatte) Lukas primero no tenía muy claro qué hacer.
b. (Bevor er mit dem Studium beginnt) Lukas quería pasar un año en España (um sein Spanisch zu verbessern[1]).
c. (Nachdem er sich für Andalusien entschieden hatte) pasó horas y horas en Internet (um eine Arbeit zu finden).
d. (Nachdem er es drei Wochen versucht hatte) cambió su estrategia y empezó a buscar con ayuda de sus amigos en Facebook.
e. (Als er seine Pläne postete[2]) no tenía muchas esperanzas. Pero después de solo una hora ya tenía tres ofertas.

[1] verbessern: mejorar [2] posten: publicar

Die Lösungen findest du unter:
www.cornelsen.de/webcodes
Gib dort den Webcode gram-evaluacion07 ein.

8. Die Konjunktionen
Las conjunciones

Konjunktionen sind unveränderliche Wörter, die Wörter (auch Wortteile und Wortgruppen), Satzteile oder Sätze miteinander verbinden.

Wörter: Flor es una chica alegre **y** simpática.
(Flor ist ein fröhliches und nettes Mädchen.)

Wortteile: La situación es política **y** económicamente crítica.
(*Die Situation ist politisch und wirtschaftlich kritisch.*)

Wortgruppen: ¿Queréis un cruasán y un café **o** una tostada y zumo?
(*Möchtet ihr ein Croissant und einen Kaffee oder einen Toast und Saft?*)

Satzteile: Le gustaría trabajar de camarera **o** en una oficina.
(*Sie würde gern als Kellnerin oder im Büro arbeiten.*)

Sätze: **O** tomamos el bus **o** vamos en bicicleta.
(*Wir nehmen entweder den Bus oder fahren mit dem Fahrrad.*)

Es gibt zwei Arten von Konjunktionen:
– nebenordnende/beiordnende (= koordinierende) Konjunktionen (siehe Kapitel 8.1)
– unterordnende (= subordinierende) Konjunktionen (siehe Kapitel 8.2).

Dieses Kapitel beinhaltet:
8.1 Nebenordnende Konjunktionen
8.2 Unterordnende Konjunktionen

Außerdem findest du:
→ Auf einen Blick: Konjunktionen, Präpositionen und Adverbien, S. 135,
→ ¿Cómo evitar errores?, S. 136,
→ eine Evaluación, S. 137, in der du dein Wissen überprüfen kannst.

8.1 Nebenordnende Konjunktionen Conjunciones coordinantes

Nebenordnende Konjunktionen verbinden gleichrangige Wörter, Satzteile und Sätze miteinander. Sie werden im Wesentlichen wie im Deutschen verwendet.

Reihung, Verbindung

Los niños juegan en la calle **y** Carlos trabaja en el jardín. Die Kinder spielen auf der Straße und Carlos arbeitet im Garten.	**y** und
⚠ Sol habla chino **e** inglés. Sol spricht Chinesisch und Englisch. Es un programa para padres **e** hijos. Es ist ein Programm für Eltern und Kinder.	Denke daran, dass vor Wörtern, die mit **i-** oder **hi-** beginnen, das **y** zu **e** wird.

No tengo dinero **ni** tiempo para eso. Ich habe dafür kein Geld und keine Zeit.	**ni** und nicht / und keine
Mi hermano **ni** trabaja **ni** estudia. Weder arbeitet mein Bruder, noch studiert er.	**ni … ni** weder … noch

⚠ Wie bei allen Verneinungen muss vor dem Verb ein Negationswort (**no, ni**) stehen.
(▸ S. 291, Die Verneinung im Satz)

Carlos **no solo** habla inglés **sino también** alemán. Carlos spricht nicht nur Englisch, sondern auch Deutsch.	**no solo … sino también** nicht nur … sondern auch
Tanto Carmen **como** Mari juegan muy bien al fútbol. Sowohl Carmen als auch Mari spielen sehr gut Fußball.	**tanto … como** so … wie / sowohl … als auch
En el proyecto pueden participar **al igual** españoles **que** alemanes. An diesem Projekt können Spanier genauso wie Deutsche teilnehmen.	**al igual … que** genauso wie
Lo mismo Alba **que** Pili viven en Buenos Aires. Sowohl Alba als auch Pili wohnen in Buenos Aires.	**lo mismo … que** sowohl … als auch

Ausschluss

Van a venir hoy **o** mañana. Sie werden heute oder morgen kommen.	**o** oder
O me llamas hoy, **o** te llamo mañana. Entweder rufst du mich heute an, oder ich rufe dich morgen an.	**o … o** entweder … oder
⚠ Participarán diez **u** once jóvenes. Es werden zehn oder elf Jugendliche teilnehmen. Puedes estudiar francés **u** holandés. Du kannst Französisch oder Holländisch studieren.	Denke daran, dass vor Wörtern, die mit **o-** oder **ho-** beginnen, das **o** zu **u** wird.

Nos veremos, **sea** hoy, **sea** mañana. Wir sehen uns entweder heute oder morgen.	**sea … sea** entweder … oder

Gegensatz

Dicen que la peli es buena, **pero** no me interesa. Man sagt, dass der Film gut sei, aber er interessiert mich nicht.	**pero** aber
No vamos a España, **sino** a Argentina. Wir fahren nicht nach Spanien, sondern nach Argentinien.	**sino (que)** sondern
Paco no estudia mucho, **sin embargo** saca buenas notas. Paco lernt nicht viel, trotzdem bekommt er gute Noten.	**sin embargo** trotzdem
No tengo mucho tiempo, **no obstante** te ayudaré. Ich habe nicht viel Zeit, trotzdem werde ich dir helfen.	**no obstante** trotzdem
El primer libro de este autor me ha gustado mucho, el segundo, **en cambio**, no me gusta nada. Das erste Buch dieses Autors hat mir sehr gut gefallen, das zweite dagegen gefällt mir überhaupt nicht.	**en cambio** dagegen

Folge

Gonzalo está enfermo, **por eso** no puede venir. Gonzalo ist krank, deshalb kann er nicht kommen.	**por eso/esto** deshalb
Aún no he visto la peli, **por lo tanto** no te puedo decir de qué trata. Ich habe den Film noch nicht gesehen, daher kann ich dir nicht sagen, worum es darin geht.	**por lo tanto** deshalb/daher

Zusatzwissen:

Ahora ríe, **ahora** llora.
Bald lacht er, bald weint er.
Rosario intentó huir, **mas** nadie le ayudó.
Rosario versuchte zu fliehen, aber niemand half ihr.

Einige Konjunktionen werden vor allem in der Schriftsprache verwendet.

8.2 Unterordnende Konjunktionen Conjunciones subordinantes

Unterordnende Konjunktionen leiten einen Nebensatz ein.

8.2.1 Die Konjunktion *que*

Creo **que** Jorge dice la verdad. Ich glaube, dass Jorge die Wahrheit sagt. Es importante **que** me digas la verdad. Es ist wichtig, dass du mir die Wahrheit sagst.	Die am häufigsten vorkommende Konjunktion ist **que** (*dass*). Sie kann einen Nebensatz einleiten, dessen Verb im **Indikativ** oder im **subjuntivo** steht.

► S. 212 (Der *subjuntivo* im Nebensatz)

8.2.2 Die Konjunktion *si*

Si tuviera tiempo, iría de vacaciones. Wenn ich Zeit hätte, würde ich in den Urlaub fahren.	**Si** (*wenn/falls*) leitet einen Konditionalsatz ein.
Me pregunta **si** puedes venir. Sie fragt mich, ob du kommen kannst.	**Si** (*ob*) leitet eine indirekte Frage ein.

▸ S. 268 (Der Konditionalsatz); ▸ S. 281 (Die indirekte Rede)

Elena pregunta **si** tenemos ganas de ir al cine.

Claro. Pero **si** vamos al cine, tengo que sacar dinero.

indirekte Rede

Konditionalsatz

8.2.3 Konjunktionen mit Indikativ

Nach einigen unterordnenden Konjunktionen steht das Verb des Nebensatzes immer im Indikativ.

Folge

No había sitio, **así que** nos fuimos. Es war kein Platz frei, so dass wir gingen.	**así que** + *Indikativ* so dass
Yo tampoco sé como funciona, **de manera que** no te puedo ayudar. Ich weiß auch nicht, wie es funktioniert, so dass ich dir nicht helfen kann.	**de manera que** + *Indikativ* so dass
Perdimos el autobús, **de modo que** tuvimos que caminar. Wir verpassten den Bus, so dass wir laufen mussten.	**de modo que** + *Indikativ* so dass
Pienso, **luego** existo. Ich denke, also bin ich.	**luego** + *Indikativ* also

Grund

No fui al cine **porque** no tenía tiempo. Ich bin nicht ins Kino gegangen, weil ich keine Zeit hatte.	**porque** + *Indikativ* weil
Invítalo tú, **pues** lo conoces mejor. Lade du ihn ein, denn du kennst ihn besser.	**pues** + *Indikativ* denn/da
Como no tenía tiempo, no fui al teatro. Da ich keine Zeit hatte, bin ich nicht ins Theater gegangen.	**como** + *Indikativ* da
Recomendamos este programa **puesto que** es muy fácil de manejar. Wir empfehlen dieses Programm, da es sehr leicht zu bedienen ist.	**puesto que** + *Indikativ* da (ja)
Yo en tu lugar esperaría **ya que** tienes tiempo. Ich an deiner Stelle würde warten, da du ja Zeit hast.	**ya que** + *Indikativ* da (ja)

8.2.4 Konjunktionen mit Indikativ oder *subjuntivo*

Bei den folgenden Konjunktionen ist es abhängig vom Inhalt des Satzes, ob das Verb des Nebensatzes im **Indikativ** oder im **subjuntivo** steht.
Siehe dazu auch ► S. 218 (Indikativ oder *subjuntivo*?).

Merke!

Wenn sich der Satz auf die Zukunft oder etwas Ungewisses bezieht, so steht das Verb des Nebensatzes im **subjuntivo**.
Wenn sich der Satz auf etwas Reales in der Gegenwart oder Vergangenheit bezieht, so steht das Verb im **Indikativ**.

Zeitliche Beziehungen

Después de que me habían llamado, fui a verlos. Nachdem sie mich angerufen hatten, ging ich, um sie zu treffen. Te ayudaré **después de que** tú hagas un esfuerzo. Ich werde dir helfen, sobald du dich selbst anstrengst.	**después (de) que** + *Indikativ* nachdem **después (de) que** + *subjuntivo* nachdem/sobald

⚠

Termina esto **antes de que Pablo** llegue. Bring das zu Ende, bevor Pablo kommt.	**antes (de) que** + *subjuntivo* bevor

Apenas se fue, llamé a mi amiga. Sobald/Nachdem er gegangen war, rief ich meine Freundin an. **Apenas** lleguen los últimos alumnos, el profe puede empezar. Sobald die letzten Schüler da sind (= *sein werden*), kann der Lehrer beginnen.	**apenas** + *Indikativ* sobald/nachdem **apenas** + *subjuntivo* sobald
Cuando llego a casa, salgo con el perro. (Immer) Wenn ich nach Hause komme, gehe ich mit dem Hund raus. **Cuando** hablaba en clase, se ponía roja. Wenn (= *jedesmal wenn*) sie in der Klasse sprach, wurde sie rot. **Cuando** llegué al cine, la peli ya había empezado. Als ich am Kino ankam, hatte der Film schon begonnen. Hazlo **cuando** tengas tiempo. Tue es, sobald du Zeit hast.	**cuando** + *Indikativ (presente)* (immer) wenn **cuando** + *Indikativ (imperfecto)* (jedesmal) wenn **cuando** + *Indikativ (indefinido)* als **cuando** + *subjuntivo* sobald
En cuanto tuvo oportunidad, viajó a Italia. Sobald er die Möglichkeit hatte, reiste er nach Italien. **En cuanto** sepa algo, te llamaré. Sobald ich etwas weiß, rufe ich dich an.	**en cuanto** + *Indikativ* sobald **en cuanto** + *subjuntivo* sobald
No encontró trabajo **hasta que** cumplió los 30 años. Sie fand keine Arbeit, bis sie 30 Jahre alt wurde (= *Erst als sie 30 wurde, fand sie Arbeit.*) Muchos jóvenes no encontrarán trabajo **hasta que** cambie la situación sociopolítica. Viele Jugendliche werden keine Arbeit finden, bis sich die soziopolitische Situation ändert.	**hasta que** + *Indikativ* bis **hasta que** + *subjuntivo* bis

Mientras estábamos viendo la tele, llamó Juan. Während wir fernsahen, rief Juan an. **Mientras** duerma, tenemos que guardar silencio. Solange er schläft, müssen wir ruhig sein.	**mientras (que)** + *Indikativ* während **mientras (que)** + *subjuntivo* solange (wie)
Tan pronto como habían publicado el libro, me lo compré. Sobald das Buch veröffentlicht worden war, habe ich es mir gekauft. Por favor, llámame **tan pronto como** te escriban. Bitte ruf mich an, sobald sie dir schreiben.	**tan pronto como** + *Indikativ* sobald **tan pronto como** + *subjuntivo* sobald

Einräumung

Aunque llueve, quiere salir. Obwohl es regnet, möchte er rausgehen. **Aunque** haga sol mañana, Ana irá al cine. Selbst wenn morgen die Sonne scheint, wird Ana ins Kino gehen.	**aunque** + *Indikativ* obwohl **aunque** + *subjuntivo* selbst wenn
A pesar de que hace sol, siento mucho frío. Obwohl die Sonne scheint, ist mir sehr kalt. **A pesar de que** llueva mañana, iremos de excursión. Selbst wenn es morgen regnet, werden wir einen Ausflug machen.	**a pesar de que** + *Indikativ* obwohl **a pesar de que** + *subjuntivo* selbst wenn

8.2.5 Konjunktionen mit *subjuntivo*

Bei den folgenden Konjunktionen steht das Verb des Nebensatzes immer im **subjuntivo**.

Bedingung

Te lo daré **a condición de que** me dejes en paz. Ich gebe es dir (nur) unter der Bedingung, dass du mich in Ruhe lässt.	**a condición de que** + *subjuntivo* unter der Bedingung, dass
Suspenderás, **a no ser que** estudies más. Du wirst durchfallen, außer du lernst besser.	**a no ser que** + *subjuntivo* es sei denn, dass / außer
Puedes tocar la guitarra aquí, **con tal (de) que** no hagas mucho ruido. Du kannst hier Gitarre spielen, vorausgesetzt, dass du nicht viel Lärm machst.	**con tal (de) que** + *subjuntivo* vorausgesetzt, dass
En caso (de) que no encuentre trabajo, no podrá pagar el alquiler. Falls er keine Arbeit findet, wird er die Miete nicht bezahlen können.	**en caso (de) que** + *subjuntivo* falls / für den Fall, dass
Mañana iremos a la playa, **salvo que** llueva. Morgen gehen wir an den Strand, es sei denn, es regnet.	**salvo que** + *subjuntivo* es sei denn, (dass)
Te ayudaré con los deberes de Inglés, **siempre que** tú me ayudes con los de Física. Ich helfe dir bei den Hausaufgaben für Englisch, vorausgesetzt, dass du mir bei Physik hilfst.	**siempre que** + *subjuntivo* vorausgesetzt, dass
Alberto se fue de casa **sin que** sus padres lo quisieran. Alberto ging von Zuhause fort, ohne dass seine Eltern es wollten.	**sin que** + *subjuntivo* ohne dass

Zweck, Ziel

Hay becas **a fin de que** todos tengan la oportunidad de participar en el programa de intercambio. Es gibt Stipendien, damit alle die Möglichkeit haben, an dem Austauschprogramm teilzunehmen.	**a fin de que** + *ssubjuntivo* damit
José habló con el profe **con el fin de que** le ayudara con la tesina. José sprach mit dem Lehrer, damit er ihm bei der Abschlussarbeit hilft.	**con el fin de que** + *subjuntivo* damit
Date prisa **para que** los otros no tengan que esperar. Beeil dich, damit die anderen nicht warten müssen.	**para que** + *subjuntivo* damit

Auf einen Blick: Konjunktionen, Präpositionen und Adverbien

Konjunktionen und Präpositionen bzw. Adverbien sind manchmal sehr ähnlich. Unterscheide:

Konjunktion		Präposition		Adverb	
antes (de) que	bevor	antes de	vor	antes	vorher
como	wenn/falls da sobald			como	wie
después (de) que	nachdem	después de	hinter/nach	después	danach
hasta que	bis dass	hasta	bis		
mientras (que)	während/solange			mientras	währenddessen
para que	damit	para	für		
siempre que	vorausgesetzt, dass			siempre	immer
sin que	ohne dass	sin	ohne		
ya que	da (ja)			ya	schon
Konjunktionen verknüpfen Wörter, Wortteile, Wortgruppen, Satzglieder und Sätze.		Präpositionen verknüpfen Wörter oder Wortgruppen. Sie bestimmen das Verhältnis von Personen und Sachen zueinander.		Adverbien bestimmten Verben, Adjektive, andere Adverbien oder ganze Sätze näher.	

Wie vermeide ich Fehler? ¿Cómo evitar errores?

Wann benutzt man *si* und wann *cuando* für das deutsche *wenn*?

Kannst du *wenn* durch *falls* ersetzen, handelt es sich um eine Bedingung.
Verwende dann im Spanischen **si**.
Ansonsten verwendet man **cuando** für *(immer) wenn*.

Wenn (= *falls*) er Zeit hat, ruft er dich an.	**Si** tiene tiempo, te llamará.
(Immer) Wenn sie mich anruft, werde ich nervös.	**Cuando** me llama, me pongo nervioso.
Wenn du fertig bist, ruf mich an.	**Cuando** termines, llámame.

Alternativen zur Benutzung von Konjunktionen

Manche Nebensätze, die mit einer Konjunktion eingeleitet werden, können durch andere Konstruktionen ersetzt werden. So kann man manchmal der Entscheidung aus dem Weg gehen, ob der **Indikativ** oder der **subjuntivo** gebraucht werden muss:

Ana se despide Ana verabschiedet sich,	**antes de que** Juan se vaya. bevor Juan geht.	Konjunktion + *subjuntivo*
	antes de la salida de Juan. vor Juans Abfahrt.	Präposition + *Substantiv*
Aquí tomaremos algo Hier werden wir etwas trinken,	**hasta que** se ponga el sol. bis die Sonne untergeht.	Konjunktion + *subjuntivo*
	hasta la puesta del sol. bis zum Sonnenuntergang.	Präposition + *Substantiv*
He venido Ich bin gekommen,	**para que** hablemos. damit wir reden.	Konjunktion + *subjuntivo*
	para hablar contigo. um mit dir zu reden.	Präposition + *Infinitivkonstruktion*
Carla está triste Carla ist traurig (,)	**después de que** Pablo se ha ido. seit Pablo weggegangen ist.	Konjunktion + *Indikativ*
	después de la salida de Pablo. seit Pablos Abfahrt.	Präposition + *Substantiv*
Juan duerme en el sofá Juan schläft auf dem Sofa,	**mientras** Carmen está aquí. während Carmen hier ist.	Konjunktion + *Indikativ*
	durante la estancia de Carmen aquí. während Carmens Aufenthalts hier.	Präposition + *Substantiv*

Abschlussübung Evaluación

1. Ergänze die Sätze mit den angegebenen Konjunktionen!

a. No puedo llamarte [?] he perdido el móvil. (weil)
b. [?] no tengo dinero, no puedo comprarme otro. (da)
c. El año que viene vamos [?] a Cuba [?] a México. (entweder ... oder)
d. Daniel está mirando la tele [?] Marco está trabajando en la cocina. (während)
e. No me gusta ir [?] a la ópera [?] al teatro, ¡quiero ir a la discoteca con Manu! (weder ... noch)
f. ¡[?] quiere sacarse el carné de conducir [?] quiere que sus padres le compren un coche nuevo! (nicht nur ...) (sondern auch)

2. ¿Cuando oder si? Vervollständige die Sätze mit der entsprechenden Konjunktion!

a. [?] estudias mucho, vas a aprobar el examen.
b. Los padres de Puri prefieren salir [?] su hija toca la batería.
c. [?] tú llegues, yo ya habré salido.
d. [?] hace buen tiempo, dan un paseo.
e. Nos quedaremos en casa [?] llueve mañana.
f. [?] tuviera más tiempo, saldría contigo.

3. Konjunktion oder Präposition? Ergänze die Sätze!

a. (después de / después de que):
Manu quiere que Pablo lo llame [?] haya cenado porque [?] la cena quiere ir con él al cine.
b. (hasta / hasta que):
Pedro no quiere volver a casa [?] termine la fiesta. Por eso, sus padres van a esperarlo [?] las cuatro de la mañana.
c. (para / para que):
–¿Qué es esto? –Es el regalo de cumpleaños [?] Francisco. ¿Qué más podemos hacer [?] tenga un día maravilloso?
d. (sin / sin que):
¿No puedes decírmelo [?] Paula lo sepa? Es que ella se lo contaría a todos los demás [?] escrúpulos.

4. Indikativ oder subjuntivo? Wähle die richtige Verbform aus!

a. Cuandó **está/esté** en Madrid nos va a visitar.
b. Mientras **trabajo/trabaje** no puedo hablar por teléfono.
c. No voy a la fiesta aunque **tengo/tenga** tiempo.
d. No salí hasta que **llegó/llegue** María José.
e. Llámame antes de que **sales/salgas** de casa.
f. Carlos volverá a las seis, siempre que **no tiene / no tenga** demasiados clientes.

Die Lösungen findest du unter:
www.cornelsen.de/webcodes
Gib dort den Webcode gram-evaluacion08 ein.

9. Das Verb
El verbo

In diesem Kapitel findest du alle Informationen zum Verb und seine Formen. Du erfährst, in welche Verbarten und -formen spanische Verben eingeteilt werden und was der Unterschied zwischen Zeit (Tempus) und Modus ist.

Dieses Kapitel enthält:

Außerdem findest du:
→ ¿Cómo evitar errores?, S. 144,
→ eine Evaluación, S. 145, in der du dein Wissen überprüfen kannst.

Die Bildung und den Gebrauch der Verbformen findest du in den Kapiteln 10 und 14.

9.1 Die Verbarten Los tipos de verbos

Verben nennt man im Deutschen auch „Tätigkeitswörter". Neben den Vollverben gibt es noch Hilfsverben und Modalverben.

9.1.1 Vollverben

hablar	Pedro **habla** español. Pedro spricht Spanisch.	Vollverben bezeichnen Handlungen (z. B. **hablar**), Ereignisse (z. B. **pasar**) oder Zustände (z. B. **vivir**).
pasar	¿Qué **pasa** aquí? Was passiert hier?	
vivir	Mercedes **vive** en Madrid. Mercedes wohnt in Madrid.	

Reflexive Verben

acordarse	¿**Te acuerdas**? Erinnerst du dich? No, no **me acuerdo**. Nein, ich erinnnere mich nicht.	Reflexive Verben sind eine besondere Gruppe der Vollverben. Man erkennt sie an dem Reflexivpronomen, das sie begleitet. Das Reflexivpronomen bezieht sich immer auf das Subjekt (Frage: *Wer?*) des Satzes. Viele spanische reflexive Verben sind im Deutschen nicht reflexiv, z. B. **llamarse** *(heißen)*, **levantarse** *(aufstehen)*, **enfadarse** *(böse werden)*.
llamarse	**Me llamo** Laura. Ich heiße Laura [Él] **se llama** Pablo. Er heißt Pablo.	

► S. 46 (Die Reflexivpronomen); ► S. 173 (Die reflexiven Verben)

Unpersönliche Verben

llover	**Llueve.** Es regnet.	Einige Vollverben werden nur in der 3. Person Singular verwendet, z. B. Verben, die das Wetter beschreiben. Man nennt diese Verben unpersönliche Verben.
nevar	Ayer **nevó** todo el día. Gestern schneite es den ganzen Tag.	

⚠

hay	En la habitación **hay** solo una cama. In dem Zimmer gibt es nur ein Bett.	Das Verb **haber** kann in der 3. Person Singular auch als unpersönliches Vollverb verwendet werden.

9.1.2 Hilfsverben

haber	**He** estudiado en la universidad. Ich habe an der Universität studiert.	Im Spanischen gibt es drei Hilfsverben: **haber, ser** und **estar**. Sie werden zur Bildung der zusammengesetzten Verbformen verwendet. **haber**: zusammengesetzte Zeitformen (z. B. pretérito perfecto) **ser**: Vorgangspassiv **estar**: Verlaufsform, Zustandspassiv
ser	El asesino **fue** detenido. Der Mörder wurde festgenommen.	
estar	**Estoy** comiendo. Ich esse gerade. ¿El baño **está** ocupado? Ist das Bad besetzt?	

► S. 179 (Das Passiv); ► S. 188 (Die Verlaufsform)

⚠

ser	David **es** camarero. David ist Kellner.	Die Verben **ser** und **estar** werden vor allem aber auch als Vollverben benutzt.
estar	Jaime **está** en Salamanca. Jaime ist in Salamanca.	

9.1.3 Modalverben

deber	Susana **debe** estudiar más. Susana muss mehr lernen.	Modalverben stehen vor dem Infinitiv eines Vollverbs. Sie drücken aus, ob eine Handlung möglich, gewollt, notwendig, wichtig usw. ist.
poder	No **puedo** llamar. Ich kann nicht anrufen.	
preferir	Silvia **prefiere** ir al cine. Silvia geht lieber ins Kino.	
querer	**Quiero** verte. Ich will dich sehen.	
saber	Héctor **sabe** patinar. Héctor kann skaten.	
tener que	Valeria **tiene que** trabajar. Valeria muss arbeiten.	

Merke!

Das Vollverb folgt immer direkt auf das Modalverb – das ist anders als im Deutschen.

querer	¿Qué blusa **quieres**? Welche Bluse möchtest du?	Einige dieser Verben werden auch als Vollverben benutzt.
saber	¿**Sabes** a qué hora empieza la peli? Weißt du, wann der Film beginnt?	

hay que	**Hay que** tener cuidado. Man muss vorsichtig sein. **No hay que** tomarlo en serio. Das darf man nicht ernst nehmen.	**Hay que** (*man muss*) bzw. **no hay que** (*man darf nicht*) kommt nur in der 3. Person Singular vor.

9.2 Die Verbformen Las formas verbales

9.2.1 Konjugierte Verbformen

Jedes Verb kommt in verschiedenen Formen vor: Es wird konjugiert (gebeugt).
Konjugierte Verbformen werden in einfache und zusammengesetzte Verbformen unterteilt.

hablo	(presente)	Einfache Verbformen bestehen nur aus einem Wort.
hablaba	(pretérito imperfecto)	
hablaría	(condicional)	
habló	(pretérito indefinido)	

Hilfsverb	Vollverb		
estoy	**hablando**	(Verlaufsform)	Zusammengesetzte Verbformen bestehen aus zwei oder mehr Wörtern. Sie werden aus einer Form des konjugierten Hilfsverbs und dem **gerundio** oder einem **Partizip** des Vollverbs gebildet.
he	**hablado**	(pretérito perfecto)	

Einfache Verbformen: Stamm und Endung

Die konjugierten Verbformen werden in Stamm und Endung unterteilt. Der Stamm entspricht dem Infinitiv des Verbs ohne die Endung **-ar**, **-er** oder **-ir**. Er beinhaltet die Wortbedeutung. Die Endung der konjugierten Verbform zeigt die Person, die Zahl (Numerus), die Zeit (Tempus) und den Modus des Verbs an.

hablar	Stamm	Endung	zeigt an:
[yo] [ellos/-as]	habl-	o aron	1. Person Singular **Präsens** Indikativ 3. Person Plural **pretérito indefinido**

Manche Verben haben auch mehrere Stämme:

querer	Stamm	Endung	zeigt an:
[yo]	**quier-**	o	1. Person Singular **Präsens** Indikativ
[nosotros/-as]	**quer-**	emos	1. Person Plural **Präsens** Indikativ
[tú]	**querr-**	ías	2. Person Singular **condicional**
[él/ella]	**quis-**	o	3. Person Singular **pretérito indefinido**

Im Präsens des **Indikativs** und des **subjuntivo** gibt es vier stammbetonte und zwei endungsbetonte Verbformen. Erstere werden auf dem Stamm, letztere auf (einem Teil) der Endung betont. Das gilt für alle regelmäßigen und unregelmäßigen Verbformen:

hablar	stammbetont		endungsbetont	
	Indikativ	subjuntivo	Indikativ	subjuntivo
[yo]	hablo	hable		
[tú]	hablas	hables		
[él/ella/usted]	habla	hable		
[nosotros/-as]			hablamos	hablemos
[vosotros/-as]			habláis	habléis
[ellos/-as / ustedes]	hablan	hablen		

Das ist genauso wie im Französischen:

je parle, tu parles, il parle, nous parlons, vous parlez, ils parlent.

9.2.2 Unpersönliche Verbformen

Die drei unpersönlichen Verbformen sind der **Infinitiv**, das **Partizip** und das **gerundio**.

Infinitiv		Partizip		gerundio	
hablar	sprechen	habl**ado**	gesprochen	habl**ando**	gerade sprechen/ sprechend
comer	essen	com**ido**	gegessen	com**iendo**	gerade essen/ essend
vivir	leben	viv**ido**	gelebt	viv**iendo**	gerade leben/ lebend

Der **Infinitiv** ist die Grundform des Verbs, unter der man ein Verb im Wörterbuch findet.
Das **Partizip** wird in zusammengesetzten Zeiten und Modi, beim Passiv sowie als Adjektiv verwendet.
Das **gerundio** beschreibt meist eine Handlung in ihrem Verlauf.

▸ S. 184 (Die unpersönliche Verbformen)

9.3 Der Unterschied zwischen Tempus und Modus
La diferencia entre tiempo y modo

Das Tempus (Plural: Tempora) sagt etwas über den Zeitpunkt einer Handlung aus: Gegenwart (**presente**), Vergangenheit (z. B. **pretérito indefinido**, **pretérito imperfecto** ...) oder Zukunft (**futuro**).

Der Modus (Plural: Modi) sagt etwas darüber aus, wie eine Aussage gemeint ist. Er stellt eine Aussage als tatsächlich, möglich oder erwünscht dar. Das Spanische hat vier Modi: Indikativ, **subjuntivo**, **condicional** und Imperativ.
Außer dem Imperativ können sich die Modi auf verschiedene Zeiten beziehen, z. B. **subjuntivo presente**, **subjuntivo imperfecto**, usw.

modo indicativo						
presente	pretérito perfecto	pretérito imperfecto	pretérito indefinido	pretérito pluscuam-perfecto	futuro simple	futuro compuesto

modo subjuntivo					
presente	pretérito perfecto	pretérito imperfecto	pretérito pluscuam-perfecto	futuro simple	futuro compuesto

modo condicional	
condicional simple	condicional compuesto

modo imperativo

presente de indicativo

presente de subjuntivo

9.3.1 Der Indikativ

Lo **llamo** ahora mismo. Ich rufe ihn jetzt gleich an. Lo **llamaré** mañana. Ich werde ihn morgen anrufen. Lo **llamé** ayer. Ich rief ihn gestern an.	Der **Indikativ** drückt aus, dass ein Ereignis tatsächlich stattfindet, stattfinden wird oder stattgefunden hat.

9.3.2 Der *subjuntivo*

Vicente quiere que lo **llame**. Vicente will, dass ich ihn anrufe. Es importante que lo **llame**. Es ist wichtig, dass ich ihn anrufe.	Der **subjuntivo** ist ein Modus, den es im Deutschen nicht gibt. Er wird verwendet, um Wünsche, Erwartungen, Gefühle, Vorlieben oder Bewertungen auszudrücken.

► S.166 (Die Bildung des *subjuntivo*)
► S.211 (Der Gebrauch des *subjuntivo*)

Der **subjuntivo** wird ganz ähnlich wie im Französischen der *subjonctif* verwendet.

9.3.3 Der *condicional*

¿**Podrías** llamarlo? Könntest du ihn anrufen? Lo **habría llamado** pero no tenía su número. Ich hätte ihn angerufen, aber ich hatte seine Nummer nicht. ¿Lo **llamaría** si tuviera su número? Würde ich ihn anrufen, wenn ich seine Nummer hätte?	Der **condicional** verwendet man in höflichen Bitten und Fragen, zum Ausdruck von Vermutungen sowie zur Bildung von Konditionalsätzen.

► S.164 (Die Bildung des *condicional*)
► S.208 (Der Gebrauch des *condicional*)

Der **condicional** wird genauso wie im Französischen das *conditionnel* verwendet.

9.3.4 Der Imperativ

Llámalo. Ruf ihn an. No **se vayan**, por favor. Bitte gehen Sie nicht.	Mit dem Imperativ fordert man jemanden auf, etwas (nicht) zu tun.

► S.161 (Die Bildung des Imperativs)
► S.207 (Der Gebrauch des Imperativs)

Wie vermeide ich Fehler? ¿Cómo evitar errores?

Die Verwendung von Voll- und Modalverb

Stehen in einem Satz ein Voll- und ein Modalverb, wird nur das Modalverb konjugiert. Das Vollverb steht im Infinitiv. Das ist wie im Deutschen:

Ich kann Ignacio nicht helfen.	No puedo ayudar a Ignacio.
Willst du mit uns mitkommen?	¿Quieres venir con nosotros?

Die Verwendung von Hilfsverben

Bei der Bildung der zusammengesetzten Zeitformen wird im Spanischen, anders als im Deutschen, nur das Hilfsverb **haber** verwendet. Das Vollverb steht im Partizip:

Heute bin ich um 9 aufgestanden.	Hoy **me he levantado** a las nueve.
Ich habe mit Diego gefrühstückt.	**He desayunado** con Diego.
Als ich ankam, waren meine Eltern schon gegangen.	Cuando llegué, mis padres ya **se habían ido**.
Ich hätte dir geholfen, wenn du mich gefragt hättest.	Te **habría ayudado**, si me **hubieras preguntado**.

Bei der Bildung des **Passivs** werden die Hilfsverben **ser** und **estar** verwendet. Bei der Bildung der Verlaufsform wird das Hilfsverb **estar** verwendet:

Der Artikel wurde gestern veröffentlicht.	El artículo **fue publicado** ayer.
Das Bad war besetzt.	El baño **estaba ocupado**.
Marta schläft gerade.	Marta **está durmiendo**.

Reflexive Verben im Deutschen und Spanischen

Nicht alle Verben, die im Spanischen reflexiv sind, sind auch im Deutschen reflexiv und umgekehrt:

despertarse	aufwachen	sich erinnern	recordar
dormirse	einschlafen	sich mit jdm. verabreden	quedar con alguien
irse	weggehen	sich verabreden	quedar
levantarse	aufstehen	sich verändern	cambiar
llamarse	heißen	sich verbessern	mejorar

Stammbetonte Verbformen der Gruppenverben

Bei der Konjugationen von Gruppenverben lassen sich Unregelmäßigkeiten besser lernen, wenn man daran denkt, dass sie ihren Stamm nur in den stammbetonten Verbformen ändern, also in der 1., 2. und 3. Person Singular und in der 3. Person Plural des Präsens **Indikativ** und **subjuntivo**:

	poder (o → ue)		**querer (e → ie)**	
	Indikativ	subjuntivo	Indikativ	subjuntivo
[yo]	puedo	pueda	quiero	quiera
[tú]	puedes	puedas	quieres	quieras
[él/ella/usted]	puede	pueda	quiere	quiera
[nosotros/-as]	podemos	podamos	queremos	queramos
[vosotros/-as]	podéis	podáis	queréis	queráis
[ellos/-as / ustedes]	pueden	puedan	quieren	quieran

Abschlussübung Evaluación

1. **Welche der folgenden Verben können sowohl Hilfs- als auch Vollverben sein?**

a. querer
b. tener
c. hablar
d. ser
e. pasar
f. ver
g. estar
h. poder
i. haber
j. llamarse

2. **Welche der Verben ändern ihre Form?**

a. ¿Por qué Marina no **(querer) (hablar)** conmigo?
b. Yo nunca **(haber) (estar)** en Argentina pero Ana, sí.
c. Nacho **(tener que) (estudiar)** para el examen.
d. Mis padres **(estar) (ver)** la tele.
e. La catedral **(ser) (restaurar)** hace diez años.
f. El supermercado **(estar) (cerrar)**.
g. Jaime no **(poder) (ir)** a la fiesta.
h. Esperanza **(preferir) (salir)** contigo.

3. **Welche Verbform passt nicht zum System der Reihe?**

a. llegar – tomar – aprender – costar – encontrar
b. coger – recibir – entender – escribe – probar
c. hablar – haber – pasar – tener – vivir
d. esconde – ha estado – sabíamos – pensaron

4. **Zerlege die Verbformen in Verbstamm und Endung.**

Verbstamm	Endung
habl	amos

a. comen
b. lleváis
c. espero
d. juego
e. metemos
f. bajaba
g. probado
h. pedimos
i. coges
j. encontrado
k. salimos
l. venís
m. viene
n. necesita
o. contaron
p. viviendo
q. recibía
r. jugad
s. duermen
t. dormimos

5. **Welche Zeitform gibt es im Modus subjuntivo nicht?**

a. presente
b. pretérito perfecto
c. pretérito imperfecto
d. pretérito indefinido
e. pretérito pluscuamperfecto
f. futuro compuesto

6. **Welche der folgenden Verben sind im Deutschen nicht reflexiv?**

a. llamarse
b. levantarse
c. cambiarse
d. vestirse
e. romperse
f. irse
g. divertirse
h. encontrarse

Die Lösungen findest du unter:
www.cornelsen.de/webcodes
Gib dort den Webcode gram-evaluacion09 ein.

10. Die Bildung der Verbformen
La formación de los verbos

Die spanischen Verben werden nach der Endung ihres Infinitivs in drei Konjugationen eingeteilt:

- Verben auf -ar (z.B. hablar)
- Verben auf -er (z.B. comer)
- Verben auf -ir (z.B. vivir)

Man unterscheidet außerdem:

- regelmäßige Verben: z.B. trabajar, aprender, escribir
  Diese Verben haben in allen konjugierten Formen den Stamm des Infinitivs.
- Gruppenverben: z.B. pensar (e → ie), dormir (o → ue), pedir (e → i), conocer (c → zc)
  Wenn sie konjugiert werden, ändern diese Verben ihren Stamm nach einem bestimmten Muster.
- unregelmäßige Verben: z.B. ser, estar, hacer, dar, ir
  Diese Verben haben sowohl im Stamm als auch in der Endung teilweise unregelmäßige Formen.

In diesem Kapitel findest du die Bildung der einfachen und zusammengesetzten Zeiten im Indikativ sowie die Bildung der anderen drei Modi (Imperativ, condicional, subjuntivo).

Den Gebrauch der Verbformen findest du auf ▸ S. 195.

Außerdem findest du:

→ Auf einen Blick: Die Bildung der regelmäßigen Verbformen im Indikativ, S. 160,
→ Auf einen Blick: Der Imperativ der regelmäßigen Verbformen, S. 164,
→ Auf einen Blick: Von welchen Verbformen können andere abgeleitet werden?, S. 171,
→ eine Evaluación, S. 172, in der du dein Wissen überprüfen kannst.

10.1 Das Präsens (Indikativ) El presente

Den Gebrauch des Präsens findest du auf ▸ S.195.

10.1.1 Regelmäßige Verben auf *-ar, -er* und *-ir*

	hablar sprechen	**comer** essen	**vivir** leben/wohnen
[yo]	habl**o**	com**o**	viv**o**
[tú]	habl**as**	com**es**	viv**es**
[él, ella, usted]	habl**a**	com**e**	viv**e**
[nosotros/-as]	habl**amos**	com**emos**	viv**imos**
[vosotros/-as]	habl**áis**	com**éis**	viv**ís**
[ellos/-as, ustedes]	habl**an**	com**en**	viv**en**

Man bildet das Präsens (Gegenwart), indem man die jeweiligen oben fett gedruckten Endungen an den Verbstamm hängt.
Die Endungen der Verben auf **-er** und **-ir** unterscheiden sich nur in der 1. und 2. Person Plural (endungsbetonte Formen). Die 2. Person Plural trägt bei allen mehrsilbigen Formen einen Akzent.

▸ S.140 (Einfache Verbformen: Stamm und Endung)

¿Vive **usted** aquí? Leben Sie hier?
(= Es wird eine Person angesprochen.)

¿Viven **ustedes** aquí? Leben Sie hier?
(*= Es werden mehrere Personen angesprochen.*)

Die Höflichkeitsformen **usted** bzw. **ustedes** werden mit der 3. Person Singular bzw. Plural kombiniert.

Zusatzwissen:

Spanien	Lateinamerika
[tú] hablas	**[vos]** habl**ás**
[tú] comes	**[vos]** com**és**
[tú] vives	**[vos]** viv**ís**

In den Regionen Lateinamerikas mit **voseo** (z. B. Argentinien, Costa Rica) existiert eine spezielle Form für die 2. Person Singular.

Merke!

Alle spanischen Verben enden in der 1. Person Singular des Präsens Indikativ auf **-o**.

aber:

ser (*sein*) → **soy**
estar (*sein*) → **estoy**
ir (*gehen/fahren*) → **voy**
saber (*wissen*) → **sé**
dar (*geben*) → **doy**
haber (*haben*) → **he**

10.1.2 Gruppenverben

Im Spanischen gibt es viele Verben, die ihren Stammvokal, d.h. den betonten Vokal im Verbstamm, ändern. Man nennt sie Gruppenverben. Die Endungen dieser Verben sind regelmäßig.

Verben mit Stammvokalwechsel *-e-* → *-ie-*

pensar	denken	**querer**	wollen/lieben	**preferir**	vorziehen
pienso		**quiero**		**prefiero**	
piensas		**quieres**		**prefieres**	
piensa		**quiere**		**prefiere**	
pensamos		queremos		preferimos	
pensáis		queréis		preferís	
piensan		**quieren**		**prefieren**	
ebenso:		*ebenso:*		*ebenso:*	
cerrar	schließen	defender(se)	(sich) verteidigen	convertir(se)	(sich) verwandeln
comenzar	beginnen	encender	anschalten	divertir(se)	(sich) vergnügen
despertarse	aufwachen	entender	verstehen	herir(se)	(sich) verletzen
empezar	anfangen	extender(se)	(sich) ausbreiten	mentir	lügen
nevar	schneien	perder(se)	(sich) verlieren	referirse	sich beziehen
recomendar	empfehlen	tener (⚠tengo)	haben	sentir(se)	(sich) fühlen
sentarse	sich setzen	verter	eingießen	sugerir	vorschlagen

Bei einer Reihe von Verben wird der Stammvokal **-e-** in den Diphthong (Doppellaut) **-ie-** umgewandelt. Dies gilt für alle Formen des Singulars sowie für die 3. Person Plural. In der 1. und 2. Person Plural wird der Stammvokal **-e-** des Infinitivs beibehalten.

Verben mit Stammvokalwechsel *-o-* → *-ue-*

contar	(er)zählen	**poder**	können	**dormir**	schlafen
cuento		**puedo**		**duermo**	
cuentas		**puedes**		**duermes**	
cuenta		**puede**		**duerme**	
contamos		podemos		dormimos	
contáis		podéis		dormís	
cuentan		**pueden**		**duermen**	
ebenso:		*ebenso:*		*ebenso:*	
acordarse	sich erinnern	devolver	zurückgeben	morir(se)	sterben
costar	kosten	doler	schmerzen		
encontrar(se)	(sich) treffen	llover	regnen		
mostrar	zeigen	morder	beißen		
probar	probieren	mover(se)	(sich) bewegen		
recordar	erinnern	resolver	lösen		
sonar	klingeln/klingen	soler	zu tun pflegen		
volar	fliegen	volver	zurückkehren		

Der Stammvokal **-o-** wird bei einigen Verben in den Diphthong (Doppellaut) **-ue-** umgewandelt. Dies gilt für den gesamten Singular sowie die 3. Person Plural. In der 1. und 2. Person Plural wird der Stammvokal **-o-** des Infinitivs beibehalten.

⚠ juego, juegas, juega, jugamos, jugáis, juegan	Bei dem Verb **jugar** (*spielen*) wird das **-u-** des Stamms zu **-ue-**.

Verben mit Stammvokalwechsel *-e-* → *-i-*

pedir	bitten, bestellen	*ebenso:*				
pido		despedir(se)	(sich) verabschieden	corregir (⚠corrijo)	korrigieren
pides		impedir	verhindern	conseguir (⚠consigo)	erreichen
pide		medir	messen	decir (⚠digo)	sagen
pedimos		repetir	wiederholen	elegir (⚠elijo)	auswählen
pedís		servir	servieren	seguir (⚠sigo)	folgen
piden		vestir(se)	(sich) anziehen		

Bei einigen Verben auf **-ir** wird der Stammvokal **-e-** zu **-i-** umgewandelt. Dies gilt für den gesamten Singular sowie die 3. Person Plural. In der 1. und 2. Person Plural wird der Stammvokal **-e-** des Infinitivs beibehalten.

⚠ **reír**: río, ríes...	lachen	Diese Verben folgen zwar demselben Muster, werden aber in allen Formen mit Akzent geschrieben.
sonreír: sonrío, sonríes...	lächeln	
freír: frío, fríes...	braten	

Verben, bei denen *y* an den Stamm angefügt wird

construir	bauen	*ebenso:*			
construyo		destruir	zerstören	incluir	einschließen
construyes		distribuir	verteilen	influir	beeinflussen
construye		excluir	ausschließen	restituir	wiederherstellen
construimos		huir	flüchten	sustituir	ersetzen
construís					
construyen					

Bei Verben auf **-ir**, deren Stamm auf **-u** endet, wird ein **-y-** zwischen dem Verbstamm und der Endung eingefügt. Dies gilt für den gesamten Singular sowie die 3. Person Plural. In der 1. und 2. Person Plural bleibt der Stamm unverändert.

Verben mit Stammvokal *-i-* → *-í-*

enviar	schicken	*ebenso:*			
envío		ampliar	ausbreiten	fiar(se)	vertrauen
envías		confiar	vertrauen	fotografiar	fotografieren
envía		criar	aufziehen	guiar	leiten/führen
enviamos		desafiar	herausfordern	resfriarse	sich erkälten
enviáis		espiar	spionieren	vaciar	leeren
envían		esquiar	Ski fahren	variar	sich ändern

Bei vielen Verben auf **-ar**, deren Stamm auf **-i** endet, erhält dieses **-i** einen Akzent. Dies gilt für den gesamten Singular sowie die 3. Person Plural. In der 1. und 2. Person Plural bleibt der Stamm unverändert.

Verben mit Stammvokal *-u-* → *-ú-*

continuar	weitermachen	*ebenso:*			
continúo		acentuar	betonen	insinuar	andeuten
continúas		actuar	schauspielern/handeln	situar	platzieren
continúa		efectuar	durchführen	tatuar	tätowieren
continuamos		evaluar	bewerten		
continuáis					
continúan					

Bei den meisten Verben auf **-ar**, deren Stamm auf **-u** endet, erhält dieses **-u-** einen Akzent. Dies gilt für den gesamten Singular sowie die 3. Person Plural. In der 1. und 2. Person Plural bleibt der Stamm unverändert.

10.1.3 Verben mit Besonderheiten in der 1. Person Singular

Lerntipp:
Viele häufig verwendete Verben haben eine unregelmäßige 1. Person Singular. Präge dir diese Verben gut ein! Diese Form ist sehr wichtig, weil ihr Stamm auch der Stamm des **presente de subjuntivo** ist.

Verben mit unregelmäßiger 1. Person Singular

Infinitiv		1. Ps. Singular [yo]	2., 3. Ps. Singular ...
caer	fallen	**caigo**	caes, cae...
dar	geben	**doy**	das, da...
decir	sagen	**digo**	⚠ dices, dice...
hacer	machen	**hago**	haces, hace...
poner	stellen/legen	**pongo**	pones, pone...
saber	wissen/können	**sé**	sabes, sabe...
salir	hinausgehen	**salgo**	sales, sale...
tener	haben	**tengo**	⚠ tienes, tiene...
traer	bringen	**traigo**	traes, trae...
venir	kommen	**vengo**	⚠ vienes, viene...

Zusatzwissen:

-hacer	deshacer	auflösen / rückgängig machen
-poner	suponer	vermuten
	proponer	vorschlagen
	disponer	verfügen
	oponerse	dagegen sein
-tener	mantener	bewahren
	contener	beinhalten
	detenerse	stoppen
-traer	contraer	zusammenziehen
	atraer	anziehen/anlocken
-venir	convenir	vereinbaren / angebracht sein

Verben, die sich von den oben aufgeführten Verben ableiten, sind ebenfalls in der 1. Person Singular unregelmäßig:
hacer → **hago**
deshacer → des**hago**

Verben mit Veränderungen eines Stammkonsonanten

-c- → **-z-** vor **-o**		**-g-** → **-j-** vor **-o**		**-gu-** → **-g-** vor **-o**	
convencer	überzeugen	**coger**	nehmen	**distinguir**	unterscheiden
conven**z**o		co**j**o		distin**g**o	
convences		coges		distingues	
convence…		coge…		distingue…	
ebenso:		*ebenso:*		*ebenso:*	
cocer (⚠ cuezo)	kochen/sieden	escoger	auswählen	conseguir (⚠ consigo)	schaffen
ejercer	ausüben	proteger	beschützen	extinguir	auslöschen
torcer (⚠ tuerzo)	biegen	recoger	abholen	seguir (⚠ sigo)	folgen
vencer	besiegen				

Einige Verben ändern die Schreibung des letzten Stammkonsonanten in der 1. Person Singular, um die Aussprache des Infinitvs beizubehalten. Die Endungen sind regelmäßig.

-c- → **-zc-** vor **-o**			
conocer	kennen (lernen)	**traducir**	übersetzen
cono**zc**o		tradu**zc**o	
conoces		traduces	
conoce…		traduce…	
ebenso:		*ebenso:*	
agradecer	danken	conducir	fahren
crecer	wachsen	introducir	einführen
nacer	geboren werden	producir	produzieren
ofrecer	anbieten	reducir	vermindern
parecer	scheinen	reproducir	fortpflanzen
reconocer	wiedererkennen	seducir	verführen

Bei einigen Verben ändert sich das **-c-** vor **-o-** zu **-zc-** in der 1. Person Singular.

10.1.4 Unregelmäßige Verben

ser sein	**estar** sein	**ir** gehen	**ver** sehen	**haber** haben	**oír** hören
soy	estoy	voy	veo	he	oigo
eres	estás	vas	ves	has	oyes
es	está	va	ve	ha	oye
somos	estamos	vamos	vemos	hemos	oímos
sois	estáis	vais	veis	habéis	oís
son	están	van	ven	han	oyen

Diese Verben sind in vielen Personen des Präsens unregelmäßig.
⚠ Die einsilbigen Formen **sois** (*ihr seid*), **vais** (*ihr geht*) und **veis** (*ihr seht*) schreibt man außerdem ohne Akzent.

10.2 Das *pretérito indefinido* El pretérito indefinido

Den Gebrauch des **pretérito indefinido** findest du auf ▸ S.196.

10.2.1 Regelmäßige Verben auf *-ar, -er* und *-ir*

	hablar sprechen	**comer** essen	**vivir** leben/wohnen
[yo]	habl**é**	com**í**	viv**í**
[tú]	habl**aste**	com**iste**	viv**iste**
[él, ella, usted]	habl**ó**	com**ió**	viv**ió**
[nosotros/-as]	habl**amos**	com**imos**	viv**imos**
[vosotros/-as]	habl**asteis**	com**isteis**	viv**isteis**
[ellos/-as, ustedes]	habl**aron**	com**ieron**	viv**ieron**

Man bildet das **pretérito indefinido**, indem man die jeweiligen oben fett gedruckten Endungen an den Verbstamm hängt. Die Verben auf **-er** und **-ir** haben dieselben Endungen. Die Betonung liegt bei den regelmäßigen Verben stets auf der Endung.

Infinitiv	**presente**		**pretérito indefinido**	
hablar	[nosotros] habl**amos**	wir sprechen	[nosotros] habl**amos**	wir sprachen
vivir	[nosotros] viv**imos**	wir wohnen	[nosotros] viv**imos**	wir wohnten

⚠ Die Formen der 1. Person Plural des **pretérito indefinido** auf **-ar** und **-ir** sind identisch mit den entsprechenden Präsensformen. Man kann die Zeit nur aus dem Zusammenhang erschließen.

Infinitiv	**1. Person Singular presente**		**3. Person Singular indefinido**	
hablar	[yo] hablo	ich spreche	[él] habló	er sprach

⚠ Unterscheide bei den Verben auf **-ar** die Formen der 1. Ps. Singular im **Präsens** und der 3. Ps. Singular im **pretérito indefinido**. Der Akzent zeigt die unterschiedliche Aussprache sowie den Unterschied in Person und Zeit an.

10.2.2 Gruppenverben

Verben mit Stammwechsel *-e-* → *-i-*

pedir bitten/bestellen	*ebenso:*			
pedí	conseguir	erreichen	reír	lachen
pediste	despedir(se)	(sich) verabschieden	repetir	wiederholen
pidió	divertirse	sich vergnügen	seguir	folgen
pedimos	elegir	auswählen	sentir(se)	(sich) fühlen
pedisteis	mentir	lügen	servir	servieren
pidieron	preferir	bevorzugen	sonreír	lächeln
	referirse	sich beziehen	vestirse	sich anziehen

Die Gruppenverben auf **-ir**, deren Stammvokal im Präsens von **-e-** zu **-ie-** diphthongiert oder sich zu **-i-** ändert, verändern ihren Stammvokal in der 3. Person Singular und Plural des **pretérito indefinido** von **-e-** zu **-i-**.

Verben mit Stammwechsel *-o-* → *-u-*

dormir	schlafen	*ebenso:*	
dormí		morir	sterben
dormiste			
durmió			
dormimos			
dormisteis			
durmieron			

Die Gruppenverben auf **-ir**, deren Stammvokal im Präsens diphtongiert (-o- → -ue-), verändern ihren Stammvokal in der 3. Person Singular und Plural des **pretérito indefinido** von **-o-** zu **-u-**.

10.2.3 Verben mit orthographischen Besonderheiten

Verben mit Veränderungen eines Stammkonsonanten

-c- → **qu-** vor **-é**		**-g-** → **-gu-** vor **-é**		**-z-** → **-c-** vor **-é**	
buscar	suchen	**jugar**	spielen	**comenzar**	anfangen
bus**qu**é		ju**gu**é		comen**c**é	
buscaste		jugaste		comenzaste	
buscó...		jugó...		comenzó...	
ebenso:		*ebenso:*		*ebenso:*	
aparcar	parken	apagar	ausmachen	analizar	analysieren
explicar	erklären	castigar	bestrafen	cruzar	kreuzen
indicar	angeben	investigar	erforschen	empezar	beginnen
marcar	markieren	juzgar	(be-)urteilen	garantizar	garantieren
practicar	üben	llegar	ankommen	organizar	organisieren
sacar	(heraus)nehmen	negar	abstreiten	realizar	ausführen
tocar	berühren	pegar	schlagen	tranquilizar	beruhigen

Manche Verben auf **-ar** ändern die Schreibung des letzten Stammkonsonanten in der 1. Person Singular, um die Aussprache zu erhalten. Die Endungen sind regelmäßig.

Verben mit Änderung des Endungsvokals *-i-* → *-y-*

leer	lesen	**construir**	bauen
leí		construí	
leíste		construiste	
leyó		construyó	
leímos		construimos	
leísteis		construisteis	
leyeron		construyeron	
ebenso:		*ebenso:*	
caer	fallen	contribuir	beitragen
creer	glauben	destruir	zerstören
oír	hören	incluir	einschließen

Bei Verben auf **-er** und **-ir**, deren Stamm auf einen Vokal endet (z. B. **le-er**, **constru-ir**), ändert sich in der 3. Person Singular und Plural das **-i-** der Endung zu einem **-y-**.

10.2.4 Unregelmäßige Verben

ir gehen	**ser** sein	**dar** geben	**ver** sehen
fui		**di**	vi
fuiste		**diste**	viste
fue		**dio**	vio
fuimos		**dimos**	vimos
fuisteis		**disteis**	visteis
fueron		**dieron**	vieron

Merke!

Die Verben **ser** und **ir** haben im **pretérito indefinido** identische Formen.

tener	tuv**e**	tuv**imos**
haben	tuv**iste**	tuv**isteis**
	tuv**o**	tuv**ieron**

Viele häufig gebrauchte Verben haben im **pretérito indefinido** einen neuen Verbstamm. Anders als bei den regelmäßigen Verben liegt hier die Betonung in der 1. und 3. Person Singular auf dem Verbstamm, weshalb die Endungen keinen Akzent tragen.

Alle diese Verben haben dieselben Endungen:

Infinitiv		**pretérito indefinido**	
andar	gehen	**anduv-**	anduve, anduviste, anduvo...
decir	sagen	**dij-**	dije, dijiste, dijo...
estar	sein	**estuv-**	estuve, estuviste, estuvo...
haber	haben (*Hilfsverb*)	**hub-**	hube, hubiste, hubo...
⚠ hay	es gibt	**hubo**	
hacer	machen	**hic-**	hice, hiciste, ⚠ hizo...
poder	können	**pud-**	pude, pudiste, pudo...
poner	stellen/legen	**pus-**	puse, pusiste, puso...
querer	wollen/lieben	**quis-**	quise, quisiste, quiso...
saber	wissen/können	**sup-**	supe, supiste, supo...
traer	bringen	**traj-**	traje, trajiste, trajo...
venir	kommen	**vin-**	vine, viniste, vino...

Merke!

Alle Formen der Verben mit einem neuen Stamm im **pretérito indefinido** schreibt man ohne Akzent in der Endung.

⚠

decir → [ellos] **dijeron**
traer → [ellos] **trajeron**

Bei Verben wie **decir** oder **traer**, die im neuen Stamm ein **-j-** haben, fällt in der 3. Person Plural das **-i-** der Endung weg.

Infinitiv		pretérito indefinido
conducir	fahren	conduje, condujiste...
introducir	einführen	introduje, introdujiste...
producir	herstellen	produje, produjiste...
reducir	verringern	reduje, redujiste...
seducir	verführen	seduje, sedujiste...
traducir	übersetzen	traduje, tradujiste...

Genauso wie **decir** werden auch weitere Verben mit der Endung **-cir** im **pretérito indefinido** konjugiert. Der Stammkonsonant **-c-** verwandelt sich in ein **-j-**. Auch hier hat die 3. Person Plural die Endung **-eron**.

Zusatzwissen:

contra**decir** → contra**dije**, contra**dijiste** ... wiedersprechen		Verben, die sich von Verben mit unregelmäßigem **indefinido**-Stamm ableiten, haben ebenfalls einen unregelmäßigen Verbstamm.
pro**poner** → pro**puse**, pro**pusiste** ... vorschlagen		
man**tener** → man**tuve**, man**tuviste** ... halten		
pre**venir** → pre**vine**, pre**viniste** ... vorbeugen		

Zwei weitere Unregelmäßigkeiten sind:

averiguar → averigüé, averiguaste ... herausfinden	**-u-** → **-ü-** vor **-e-** in der 1. Person Singular *ebenso:* **aguar** *(verdünnen)*, **atestiguar** *(bezeugen)*
bullir → bullí, bulliste, bull**ó**, bullimos, bullisteis, bull**eron** sieden	kein betontes **-i-** in der 3. Ps. Singular und Plural *ebenso:* **tañer** *(läuten)*, **teñir** *(färben)*

10.3 Das *pretérito imperfecto* (Indikativ) El pretérito imperfecto

Den Gebrauch des **pretérito imperfecto** findest du auf ▸ S. 197.

	hablar sprechen	**comer** essen	**vivir** leben/wohnen
[yo]	habl**aba**	com**ía**	viv**ía**
[tú]	habl**abas**	com**ías**	viv**ías**
[él, ella, usted]	habl**aba**	com**ía**	viv**ía**
[nosotros/-as]	habl**ábamos**	com**íamos**	viv**íamos**
[vosotros/-as]	habl**abais**	com**íais**	viv**íais**
[ellos/-as, ustedes]	habl**aban**	com**ían**	viv**ían**

Man bildet das **pretérito imperfecto**, indem man die jeweiligen oben fett gedruckten Endungen an den Verbstamm hängt. Die Verben auf **-er** und auf **-ir** haben dieselben Endungen und tragen in allen Personen einen Akzent.

Die 1. und die 3. Person Singular haben dieselbe Form. Man kann die Person nur aus dem Zusammenhang erschließen.

Bei den Verben auf **-ar** trägt nur die 1. Person Plural einen Akzent.

Unregelmäßige Verben

	ser sein	**ir** gehen	**ver** sehen
[yo]	**era**	**iba**	**veía**
[tú]	**eras**	**ibas**	**veías**
[él, ella, usted]	**era**	**iba**	**veía**
[nosotros/-as]	**éramos**	**íbamos**	**veíamos**
[vosotros/-as]	**erais**	**ibais**	**veíais**
[ellos/-as, ustedes]	**eran**	**iban**	**veían**

Merke!

Im **pretérito imperfecto** gibt es nur drei Verben, die unregelmäßige Formen haben: **ser, ir** und **ver.**

10.4 Das *pretérito perfecto* (Indikativ) El pretérito perfecto

Den Gebrauch des **pretérito perfecto** findest du auf ▸ S. 199.

	Hilfsverb **haber**	**hablar** sprechen	**comer** essen	**vivir** leben/wohnen
[yo]	**he**			
[tú]	**has**			
[él, ella, usted]	**ha**	habl**ado**	com**ido**	viv**ido**
[nosotros/-as]	**hemos**			
[vosotros/-as]	**habéis**			
[ellos/-as, ustedes]	**han**			

Das **pretérito perfecto** bildet man mit einer konjugierten Form des Hilfsverbs **haber** im Präsens und dem Partizip des Vollverbs.
Das Partizip besteht aus dem Stamm des Infinitivs und einer Endung. Alle Partizipien der Verben auf **-ar** enden auf **-ado**. Die Partizipien der regelmäßigen Verben auf **-er** und **-ir** enden auf **-ido**.

Merke!

Einige häufig gebrauchte Verben auf **-er** und **-ir** haben ein unregelmäßiges Partizip, z. B.

abrir → **abierto**	escribir → **escrito**	morir → **muerto**	romper → **roto**
cubrir → **cubierto**	hacer → **hecho**	poner → **puesto**	ver → **visto**
decir → **dicho**	imprimir → **impreso**	resolver → **resuelto**	volver → **vuelto**

▸ S. 190 (Das Partizip)

Im Spanischen werden alle zusammengesetzten Zeiten nur mit dem Hilfsverb **haber** (*haben*) gebildet. Das ist anders als im Deutschen (*haben/sein + Partizip*) und Französischen (*avoir/être + Partizip*). Anders als im Deutschen stehen die Form des Hilfsverbs **haber** und das Partizip im Spanischen immer direkt zusammen:

He hablado con él.	**He ido** a la escuela.
J'**ai parlé** avec lui.	Je **suis allé(e)** à l'école.
Ich habe mit ihm gesprochen.	*Ich bin zur Schule gegangen.*

10.5 Das *pretérito pluscuamperfecto* (Indikativ) El pretérito pluscuamperfecto

Den Gebrauch des **pretérito pluscuamperfecto** findest du auf ▸ S. 203.

	Hilfsverb **haber**	**hablar** sprechen	**comer** essen	**vivir** leben/wohnen
[yo] [tú] [él, ella, usted] [nosotros/-as] [vosotros/-as] [ellos/-as, ustedes]	**había** **habías** **había** **habíamos** **habíais** **habían**	habl**ado**	com**ido**	viv**ido**

Das **pretérito pluscuamperfecto** bildet man mit einer konjugierten Form des Hilfsverbs **haber** im **pretérito imperfecto** und dem Partizip des Vollverbs.
Das Partizip besteht aus dem Stamm des Infinitivs und einer Endung. Alle Partizipien der Verben auf **-ar** enden auf **-ado**. Die Partizipien der regelmäßigen Verben auf **-er** und **-ir** enden auf **-ido**.

▸ S. 190 (Das Partizip)

⚠

pretérito pluscuamperfecto [yo]	**pretérito pluscuamperfecto** [él, ella]
Ya **había hablado** contigo cuando me llamó David. Ich hatte schon mit dir gesprochen, als mich David anrief.	Ya **había hablado** contigo cuando me llamó. Er/Sie hatte schon mit dir gesprochen, als er/sie mich anrief.

Die Formen der 1. Person und 3. Person Singular des **pretérito pluscuamperfecto** sind identisch. Du kannst die Person nur aus dem Zusammenhang erschließen.

Zusatzwissen:

10.6 Das *pretérito anterior* (Indikativ) El pretérito anterior

Den Gebrauch des **pretérito anterior** findest du auf ▸ S. 204.

	Hilfsverb **haber**	**hablar** sprechen	**comer** essen	**vivir** leben/wohnen
[yo] [tú] [él, ella, usted] [nosotros/-as] [vosotros/-as] [ellos/-as, ustedes]	**hube** **hubiste** **hubo** **hubimos** **hubisteis** **hubieron**	habl**ado**	com**ido**	viv**ido**

Das **pretérito anterior** bildet man mit einer konjugierten Form des Hilfsverbs **haber** im **pretérito indefinido** und dem Partizip des Vollverbs.
Das Partizip besteht aus dem Stamm des Infinitivs und einer Endung. Alle Partizipien der Verben auf **-ar** enden auf **-ado**. Die Partizipien der regelmäßigen Verben auf **-er** und **-ir** enden auf **-ido**.

▸ S. 190 (Das Partizip)

10.7 Die Umschreibung der unmittelbaren Vergangenheit
La perífrasis del pasado inmediato (*acabar de* + *infinitivo*)

Den Gebrauch des **pasado inmediato** findest du auf ▸ S. 204.

[yo] [tú] [él, ella, usted] [nosotros/-as] [vosotros/-as] [ellos/-as, ustedes]	**acabo** **acabas** **acaba** **acabamos** **acabáis** **acaban**	de	hablar salir comer	Das **pasado inmediato** wird mit einer konjugierten Form des Verbs **acabar** im Präsens, der Präposition **de** und dem Infinitiv des Vollverbs gebildet. Es bedeutet soviel wie *gerade etwas getan haben.*

Die Struktur **acabar de** + *Infinitiv* entspricht der französischen Wendung **venir de** + *Infinitiv*:

Acabo de comer.
Je **viens de** manger.
Ich habe gerade gegessen.

10.8 Das Futur (Indikativ) El futuro

Den Gebrauch des Futurs findest du auf ▸ S. 205.

10.8.1 *El futuro simple*

	hablar sprechen	**comer** essen	**vivir** leben/wohnen
[yo]	hablar**é**	comer**é**	vivir**é**
[tú]	hablar**ás**	comer**ás**	vivir**ás**
[él, ella, usted]	hablar**á**	comer**á**	vivir**á**
[nosotros/-as]	hablar**emos**	comer**emos**	vivir**emos**
[vosotros/-as]	hablar**éis**	comer**éis**	vivir**éis**
[ellos/-as, ustedes]	hablar**án**	comer**án**	vivir**án**

Das **futuro simple** entspricht dem deutschen Futur I. Es wird gebildet, indem man an den Infinitiv die jeweilige oben fett gedruckte Endung anhängt. Die Endungen sind bei allen Verben identisch.

Merke!

Alle Endungen des **futuro simple** tragen einen Akzent, außer in der 1. Person Plural.

Infinitiv		futuro simple	
decir	sagen	**dir-**	diré, dirás...
haber	haben (*Hilfsverb*)	**habr-**	habré, habrás...
hacer	machen	**har-**	haré, harás...
poder	können	**podr-**	podré, podrás...
poner	stellen/legen	**pondr-**	pondré, pondrás...
querer	wollen/lieben	**querr-**	querré, querrás...
saber	wissen/können	**sabr-**	sabré, sabrás...
salir	(hin-)ausgehen	**saldr-**	saldré, saldrás...
tener	haben	**tendr-**	tendré, tendrás...
valer	wert sein / kosten	**valdr-**	valdré, valdrás...
venir	kommen	**vendr-**	vendré, vendrás...

Einige häufig verwendete Verben haben einen unregelmäßigen Stamm für das **futuro simple**.

Lerntipp:
Die unregelmäßigen Verbstämme des **futuro simple** sind dieselben wie die Verbstämme des **condicional simple**. Lerne sie gemeinsam.

Zusatzwissen:

contra**decir** (wiedersprechen) → contra**diré**, contra**dirás**...
des**hacer** (lösen) → des**haré**, des**harás**...
su**poner** (annehmen) → su**pondré**, su**pondrás**...
pro**poner** (vorschlagen) → pro**pondré**, pro**pondrás**...
man**tener** (instand halten) → man**tendré**, man**tendrás**...
con**tener** (enthalten) → con**tendré**, con**tendrás**...

Verben, die sich von Verben mit unregelmäßigem **futuro**-Stamm ableiten, haben ebenfalls einen unregelmäßigen Verbstamm.

aber:

ben**decir** (segnen) → bendeciré, ...
mal**decir** (verfluchen) → maldeciré, ...

Die Komposita **bendecir** und **maldecir** bilden das **futuro simple** regelmäßig.

10.8.2 *El futuro compuesto*

	Hilfsverb **haber**	**hablar** sprechen	**comer** essen	**vivir** leben/wohnen
[yo]	**habré**			
[tú]	**habrás**			
[él, ella, usted]	**habrá**	habl**ado**	com**ido**	viv**ido**
[nosotros/-as]	**habremos**			
[vosotros/-as]	**habréis**			
[ellos/-as, ustedes]	**habrán**			

Das **futuro compuesto** oder **futuro perfecto** entspricht dem deutschen Futur II.
Das **futuro compuesto** bildet man mit einer konjugierten Form des Hilfsverbs **haber** im **futuro simple** und dem Partizip des Vollverbs.

▸ S.190 (Das Partizip)

10.9 Die Umschreibung der Zukunft
La perífrasis del futuro inmediato (*ir a + infinitivo*)

Den Gebrauch des **futuro inmediato** findest du auf ▸ S. 207.

Neben dem **futuro compuesto** gibt es im Spanischen eine zweite zusammengesetzte Futurform. Diese Umschreibung der Zukunft wird auch **futuro inmediato** genannt.

[yo]	**voy**		
[tú]	**vas**		hablar
[él, ella, usted]	**va**	a	comer
[nosotros/-as]	**vamos**		salir
[vosotros/-as]	**vais**		
[ellos/-as, ustedes]	**van**		

Das **futuro inmediato** wird mit einer konjugierten Form des Verbs **ir** im Präsens, der Präposition **a** und dem Infinitiv des Vollverbs gebildet.

⚠ aber:
Anders als im Französischen (**aller** + *Infinitiv*) wird im Spanischen zusätzlich die Präposition **a** verwendet:

Voy	**a**	salir.
Je **vais**	■	sortir.
Ich werde	■	*ausgehen.*

Auf einen Blick: Die Bildung der regelmäßigen Verbformen im Indikativ

	Hilfsverb	hablar	comer	vivir
presente		habl**o** habl**as** habl**a** habl**amos** habl**áis** habl**an**	com**o** com**es** com**e** com**emos** com**éis** com**en**	viv**o** viv**es** viv**e** viv**imos** viv**ís** viv**en**
pretérito indefinido		habl**é** habl**aste** habl**ó** habl**amos** habl**asteis** habl**aron**	com**í** com**iste** com**ió** com**imos** com**isteis** com**ieron**	viv**í** viv**iste** viv**ió** viv**imos** viv**isteis** viv**ieron**
pretérito imperfecto		habl**aba** habl**abas** habl**aba** habl**ábamos** habl**abais** habl**aban**	com**ía** com**ías** com**ía** com**íamos** com**íais** com**ían**	viv**ía** viv**ías** viv**ía** viv**íamos** viv**íais** viv**ían**
pretérito perfecto	**he** **has** **ha** **hemos** **habéis** **han**	habl**ado**	com**ido**	viv**ido**

	Hilfsverb		hablar	comer	vivir
pretérito pluscuamperfecto	había habías había habíamos habíais habían		habl**ado**	com**ido**	viv**ido**
pretérito anterior	**hube** **hubiste** **hubo** **hubimos** **hubisteis** **hubieron**		habl**ado**	com**ido**	viv**ido**
perífrasis del pasado inmediato	acabo acabas acaba acabamos acabáis acaban	de	hablar	comer	vivir
futuro simple			hablar**é** hablar**ás** hablar**á** hablar**emos** hablar**éis** hablar**án**	comer**é** comer**ás** comer**á** comer**emos** comer**éis** comer**án**	vivir**é** vivir**ás** vivir**á** vivir**emos** vivir**éis** vivir**án**
futuro compuesto	**habré** **habrás** **habrá** **habremos** **habréis** **habrán**		habl**ado**	com**ido**	viv**ido**
perífrasis del futuro inmediato	**voy** **vas** **va** **vamos** **vais** **van**	a	hablar	comer	vivir

10.10 Der Imperativ El imperativo

Den Imperativ nennt man im Deutschen auch Befehlsform. Er ist einer von vier Modi im Spanischen. Daneben gibt es den **indicativo**, den **condicional** und den **subjuntivo**.

▸ S.142 (Der Unterschied zwischen Tempus und Modus)

Anders als im Deutschen und im Französischen verwendet man im Spanischen für die 2. Person Singular und Plural unterschiedliche Formen für den bejahten und den verneinten Imperativ:

	bejahter Imperativ (imperativo afirmativo)		verneinter Imperativ (imperativo negativo)	
	Singular	**Plural**	**Singular**	**Plural**
	Come.	Comed.	No **comas**.	No **comáis**.
	Mange.	**Mangez.**	Ne **mange** pas.	Ne **mangez** pas.
	Iss!	*Esst!*	*Iss nicht!*	*Esst nicht!*

Alle weiteren Formen (verneinter Imperativ, *Sie* als Höflichkeitsform im Singular und Plural und die *wir*-Form) entsprechen der jeweiligen Form des **presente de subjuntivo** (▸ S.166).

Genauso wie im Französischen steht im Spanischen nach einem Satz im Imperativ meist ein Punkt. Ein Ausrufezeichen steht am Satzanfang und -ende nur, wenn es sich um einen Ausruf handelt oder wenn einer Aufforderung besonderer Nachdruck verliehen werden soll.

Den Gebrauch des Imperativs findest du auf ▸ S.207. Die Stellung der Objektpronomen beim Imperativ findest du auf ▸ S.48- S.49 und auf ▸ S.174. Die Regeln zur Akzentsetzung findest du auf ▸ S.312.

10.10.1 Der bejahte Imperativ für die 2. Person Singular und Plural

Infinitiv	Präsens [él,ella]		Imperativ [tú]	
hablar	habla	er/sie spricht	**Habla.**	Sprich!
comer	come	er/sie isst	**Come.**	Iss!
abrir	abre	er/sie öffnet	**Abre.**	Öffne!

Der bejahte Imperativ der 2. Person Singular entspricht der 3. Person Singular des Präsens.

Infinitiv	Imperativ [tú]	
decir	**di**	sag
hacer	**haz**	tu / mach
ir(se)	**ve(te)**	geh (weg)
poner	**pon**	stell/leg
salir	**sal**	geh raus
ser	**sé**	sei (⚠ *auch*: ich bin)
tener	**ten**	hab/nimm
venir	**ven**	komm

Diese Verben sind im Imperativ der 2. Person Singular unregelmäßig.

Infinitiv	Imperativ [vosotros/-as]	
hablar	Habla**d.**	Sprecht!
comer	Come**d.**	Esst!
abrir	Abri**d.**	Öffnet!

Der bejahte Imperativ der 2. Person Plural wird gebildet, indem man das **-r** des Infinitivs durch ein **-d** ersetzt. Alle Formen sind regelmäßig.

10.10.2 Der verneinte Imperativ für die 2. Person Singular und Plural

Infinitiv	Imperativ [tú]		Imperativ [vosotros/-as]	
hablar	No habl**es.**	Sprich nicht!	No habl**éis.**	Sprecht nicht!
comer	No com**as.**	Iss nicht!	No com**áis.**	Esst nicht!
abrir	No abr**as.**	Öffne nicht!	No abr**áis.**	Öffnet nicht!

Der verneinte Imperativ der 2. Person Singular und Plural entspricht der jeweiligen Form des **presente de subjuntivo**.

▸ S.166 (Das *presente de subjuntivo*)

10.10.3 Der Imperativ für die Höflichkeitsform *usted* und *ustedes*

Infinitiv	Imperativ [usted]		Imperativ [ustedes]	
hablar	(No) Hable.	Sprechen Sie (nicht)!	(No) Hablen.	Sprechen Sie (nicht)!
comer	(No) Coma.	Essen Sie (nicht)!	(No) Coman.	Essen Sie (nicht)!
abrir	(No) Abra.	Öffnen Sie (nicht)!	(No) Abran.	Öffnen Sie (nicht)!

Der bejahte und verneinte Imperativ der Höflichkeitsform (3. Person Singular und Plural) entspricht der jeweiligen Form des **presente de subjuntivo**.

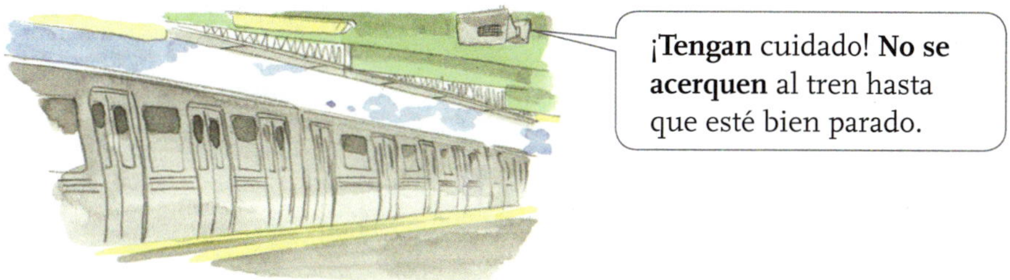

Merke dir die häufig verwendeten Formen des Imperativs:

Infinitiv	[tú]	[usted]	[vosotros/-as]	[ustedes]
dar	**da**	**dé**	dad	**den**
decir	**di**	**diga**	decid	**digan**
hacer	**haz**	**haga**	haced	**hagan**
ir	**ve**	**vaya**	id	**vayan**
irse	**vete**	**váyase**	idos	**váyanse**
poner	**pon**	**ponga**	poned	**pongan**
salir	**sal**	**salga**	salid	**salgan**
ser	**sé**	**sea**	sed	**sean**
tener	**ten**	**tenga**	tened	**tengan**
venir	**ven**	**venga**	venid	**vengan**

10.10.4 Die Aufforderung, die uns selbst miteinschließt

Infinitiv	Imperativ [nosotros/-as]	
hablar	(No) Hablemos.	Sprechen wir (nicht)! / Lasst uns (nicht) sprechen!
comer	(No) Comamos.	Essen wir (nicht)! / Lasst uns (nicht) essen!
abrir	(No) Abramos.	Öffnen wir (nicht)! / Lasst uns (nicht) öffnen!

Der bejahte und verneinte Imperativ der Aufforderung, die uns selbst mit einschließt (1. Person Plural), entspricht der 1. Person Plural des **presente de subjuntivo**.

⚠

ir	¡Vayamos a tomar algo! → ¡**Vamos** a tomar algo!	Lasst uns etwas trinken gehen!
	¡Vayamos a casa! → ¡**Vámonos** a casa!	Lasst uns nach Hause gehen!

Die Imperativform **vayamos** kann durch **¡Vamos!** oder **¡Vámonos!** ersetzt werden.

Zusatzwissen:

Nunca vuelvas a hacerlo.
Tu das nie wieder!
Jamás me mientas.
Lüg mich niemals an!

Die Verneinung kann anstatt mit **no** auch mit anderen verneinenden Wörtern erfolgen.

▶ S. 291 (Die Verneinung im Satz)

Auf einen Blick: Der Imperativ der regelmäßigen Verbformen

	hablar		comer		abrir	
[tú]	habla	no hables	come	no comas	abre	no abras
[usted]	hable	no hable	coma	no coma	abra	no abra
[nosotros/-as]	hab**lemos**	no hab**lemos**	com**amos**	no com**amos**	abr**amos**	no abr**amos**
[vosotros/-as]	habl**ad**	no habl**éis**	com**ed**	no com**áis**	abr**id**	no abr**áis**
[ustedes]	hablen	no hablen	coman	no coman	abran	no abran

10.11 Der *condicional* El condicional

Der **condicional** ist einer von vier Modi im Spanischen. Daneben gibt es den **indicativo**, den **imperativo** und den **subjuntivo**.
▶ S. 142 (Der Unterschied zwischen Tempus und Modus)

Den Gebrauch des **condicional** findest du auf ▶ S. 208.

10.11.1 *El condicional simple*

	hablar sprechen	comer essen	vivir leben/wohnen
[yo]	hablar**ía**	comer**ía**	vivir**ía**
[tú]	hablar**ías**	comer**ías**	vivir**ías**
[él, ella, usted]	hablar**ía**	comer**ía**	vivir**ía**
[nosotros/-as]	hablar**íamos**	comer**íamos**	vivir**íamos**
[vosotros/-as]	hablar**íais**	comer**íais**	vivir**íais**
[ellos/-as, ustedes]	hablar**ían**	comer**ían**	vivir**ían**

Der **condicional simple** wird gebildet, indem man an den Infinitiv die jeweiligen oben fett gedruckten Endungen anhängt. Die Endungen sind bei allen Verben gleich.

Merke!

Die Endungen des **condicional simple** sind identisch mit den Endungen des **pretérito imperfecto** im Indikativ der Verben auf **-er** und **-ir**.

▶ S. 155 (Das *pretérito imperfecto*)

Infinitiv		condicional simple	
decir	sagen	**dir-**	diría, dirías...
haber	haben (*Hilfsverb*)	**habr-**	habría, habrías...
hacer	machen	**har-**	haría, harías...
poder	können	**podr-**	podría, podrías...
poner	stellen/legen	**pondr-**	pondría, pondrías...
querer	wollen/lieben	**querr-**	querría, querrías...
saber	wissen/können	**sabr-**	sabría, sabrías..
salir	weggehen	**saldr-**	saldría, saldrías..
tener	haben	**tendr-**	tendría, tendrías...
valer	wert sein/kosten	**valdr-**	valdría, valdrías...
venir	kommen	**vendr-**	vendría, vendrías...

Einige häufig verwendete Verben haben einen unregelmäßigen Stamm für den **condicional simple**.

Lerntipp:
Die Verbformen des **futuro simple** und des **condicional simple** haben denselben Stamm. Lerne sie gemeinsam!

Zusatzwissen:

contra**decir** (wiedersprechen) → contra**diría**, contra**dirías**...
des**hacer** (lösen) → des**haría**, des**harías**...
su**poner** (annehmen) → su**pondría**, su**pondrías**...
pro**poner** (vorschlagen) → pro**pondría**, pro**pondrías**...
con**tener** (enthalten) → con**tendría**, con**tendrías**...
⚠ ben**decir** (segnen) → bende**ciría**, bende**cirías**...
mal**decir** (verfluchen) → malde**ciría**, malde**cirías**...

Verben, die sich von Verben mit unregelmäßigem **condicional**-Stamm ableiten, haben ebenfalls einen unregelmäßigen Verbstamm. **Bendecir** und **maldecir** bilden eine Ausnahme.

10.11.2 *El condicional compuesto*

	Hilfsverb **haber**	**hablar** sprechen	**comer** essen	**vivir** leben/wohnen
[yo]	**habría**			
[tú]	**habrías**			
[él, ella, usted]	**habría**	habl**ado**	com**ido**	viv**ido**
[nosotros/-as]	**habríamos**			
[vosotros/-as]	**habríais**			
[ellos/-as, ustedes]	**habrían**			

Den **condicional compuesto** bildet man mit einer konjugierten Form des Hilfsverbs **haber** im **condicional simple** und dem Partizip des Vollverbs.
Das Partizip besteht aus dem Stamm des Infinitivs und einer Endung. Alle Partizipien der Verben auf **-ar** enden auf **-ado**. Die Partizipien der regelmäßigen Verben auf **-er** und **-ir** enden auf **-ido**.

▸ S. 190 (Das Partizip)

10.12 Der *subjuntivo* El subjuntivo

Der **subjuntivo** ist einer von vier Modi im Spanischen. Daneben gibt es den **indicativo**, den **imperativo** und den **condicional**.
▸ S. 142 (Der Unterschied zwischen Tempus und Modus)

Den Gebrauch des **subjuntivo** findest du auf ▸ S. 211.

10.12.1 *El presente de subjuntivo*

Regelmäßige Verben

	hablar sprechen	**comer** essen	**vivir** leben/wohnen
[yo]	habl**e**	com**a**	viv**a**
[tú]	habl**es**	com**as**	viv**as**
[él, ella, usted]	habl**e**	com**a**	viv**a**
[nosotros/-as]	habl**emos**	com**amos**	viv**amos**
[vosotros/-as]	habl**éis**	com**áis**	viv**áis**
[ellos/-as, ustedes]	habl**en**	com**an**	viv**an**

Man bildet das **presente de subjuntivo** dem Stamm der 1. Person Singular Präsens und den oben fett gedruckten Endungen. Dies gilt auch für die meisten unregelmäßigen Verben.

Merke!

Bei den Verben auf **-ar** steht im **presente de subjuntivo** in allen Endungen ein **-e-**. Bei den Verben auf **-er** und **-ir** steht in allen Endungen ein **-a-**.

Infinitiv		Indikativ Präsens [yo]	presente de subjuntivo
caer	fallen	caigo	**caiga, caigas...**
coger	nehmen	cojo	**coja, cojas...**
conocer	kennen(lernen)	conozco	**conozca, conozcas...**
construir	bauen	construyo	**construya, construyas...**
convencer	überzeugen	convenzo	**convenza, convenzas...**
decir	sagen	digo	**diga, digas...**
distinguir	unterscheiden	distingo	**distinga, distingas...**
hacer	machen	hago	**haga, hagas...**
oír	hören	oigo	**oiga, oigas...**
poner	stellen/legen	pongo	**ponga, pongas...**
seguir	folgen	sigo	**siga, sigas...**
salir	(hin-)ausgehen	salgo	**salga, salgas...**
tener	haben	tengo	**tenga, tengas...**
traer	bringen	traigo	**traiga, traigas...**
venir	kommen	vengo	**venga, vengas...**

Denke daran, dass viele Verben in der 1. Person Singular Indikativ Präsens eine orthographische Besonderheit oder eine unregelmäßige Form haben. Diese Verben bilden das **presente de subjuntivo** mit der Unregelmäßigkeit der 1. Person Singular Präsens. Die Endungen sind regelmäßig.

▸ S. 150 (Verben mit Besonderheiten in der 1. Person Singular)

Infinitiv		Präsens [yo]	presente de subjuntivo
continuar	fortsetzen	continúo	**continúe, continúes...** ⚠ **continuemos, continuéis**
enviar	schicken	envío	**envíe, envíes...** ⚠ **enviemos, enviéis**

Bei Verben mit Akzentverschiebung im Präsens wird der Akzent außer in der 1. und 2. Person Plural in den **subjuntivo**-Formen ebenfalls verschoben.

► S.149 (Verben mit Stammvokalwechsel **-i-** → **-í-**)
► S.150 (Verben mit Stammvokalwechsel **-u-** → **-ú-**)

-c- → **qu-** vor **-e**		**-g-** → **-gu-** vor **-e**		**-z-** → **-c-** vor **-e**	
buscar	suchen	**llegar**	ankommen	**cruzar**	kreuzen
bus**que**		lle**gue**		cru**ce**	
bus**ques**		lle**gues**		cru**ces**	
bus**que**		lle**gue**		cru**ce**	
bus**quemos**		lle**guemos**		cru**cemos**	
bus**quéis**		lle**guéis**		cru**céis**	
bus**quen**		lle**guen**		cru**cen**	

Manche Verben auf **-ar** ändern die Schreibung eines Stammkonsonanten, um die Aussprache des Stamms beizubehalten. Dies ist wie bei der 1. Person Singular des **pretérito indefinido.**

► S.151 (Verben mit Veränderungen eines Stammkonsonanten)

⚠

Ojalá **llegue** a tiempo. Hoffentlich kommt er/sie rechtzeitig. Hoffentlich komme ich rechtzeitig.	Die Formen der 1. und der 3. Person Singular des **presente de subjuntivo** sind identisch. Man kann nur aus dem Zusammenhang erschließen, um welche Person es sich handelt.

Gruppenverben

-e- → -ie-				-o- → -ue-			
pensar	suchen	**querer**	wollen/lieben	**contar**	(er)zählen	**poder**	können
piense		quiera		cuente		pueda	
pienses		quieras		cuentes		puedas	
piense		quiera		cuente		pueda	
pensemos		queramos		contemos		podamos	
penséis		queráis		contéis		podáis	
piensen		quieran		cuenten		puedan	

Die Verben auf **-ar** und **-er**, die im Indikativ Präsens ihren Stammvokal im Singular und in der 3. Person Plural ändern (**-e-** → **-ie-** und **-o-** → **-ue-**), ändern diesen auch im **presente de subjuntivo**.

▸ S. 148 (Gruppenverben)

-e- → -ie-/-i-				-o- → -ue-/-u-			
preferir	vorziehen	*ebenso:*		**dormir**	schlafen	*ebenso:*	
prefiera		divertirse	sich amüsieren	duerma		morir	sterben
prefieras		mentir	lügen	duermas			
prefiera		referir	berichten	duerma			
⚠ prefiramos		sentir	fühlen	⚠ durmamos			
⚠ prefiráis		sugerir	vorschlagen	⚠ durmáis			
prefieran				duerman			

Die Verben auf **-ir**, die im Indikativ Präsens ihren Stammvokal im Singular und in der 3. Person Plural ändern (**e-** → **-ie-** und **-o-** → **-ue-**), ändern diesen auch im **presente de subjuntivo**. Zusätzlich wandeln sie in der 1. und 2. Person Plural das **-e-** zu **-i-** bzw. das **-o-** zu **-u-**.

⚠

-u- → -ue-	
jugar	spielen
juegue	
juegues	
juegue	
juguemos	
juguéis	
jueguen	

Bei dem Verb **jugar** (*spielen*) wird das **-u-** des Stamms im Singular und in der 3. Person Plural zu **-ue-**. Das ist wie im Indikativ Präsens. Gemäß den Ausspracheregeln des Spanischen ändert sich im **presente de subjuntivo** außerdem die Schreibung des Stammendes **-g-** zu **-gu-**.

-e- → -i-			
pedir	bitten/bestellen	**reír**	lachen
pida		ría	
pidas		rías	
pida		ría	
pidamos		riamos	
pidáis		riáis	
pidan		rían	

Der **presente de subjuntivo** der Verben wie **pedir** wird regelmäßig gebildet, d. h. der Stamm entspricht in allen Personen dem Stamm der 1. Person Singular des Indikativ Präsens.
⚠ Der Stammvokal **-i-** des Verbs **reír** trägt einen Akzent in den stammbetonten Formen, nicht jedoch in den endungsbetonten Formen.

Die sechs unregelmäßigen Verben

ser sein	**estar** sein	**ir** gehen	**haber** haben	**dar** geben	**saber** wissen
sea	**est**é	**vay**a	**hay**a	**d**é	**sep**a
seas	**est**és	**vay**as	**hay**as	**d**es	**sep**as
sea	**est**é	**vay**a	**hay**a	**d**é	**sep**a
seamos	**est**emos	**vay**amos	**hay**amos	**d**emos	**sep**amos
seáis	**est**éis	**vay**áis	**hay**áis	**d**eis	**sep**áis
sean	**est**én	**vay**an	**hay**an	**d**en	**sep**an

Nur diese sechs Verben sind im **presente de subjuntivo** unregelmäßig.

10.12.2 *El imperfecto de subjuntivo*

pretérito indefinido 3. Ps. Plural	Verbstamm des **imperfecto de subjuntivo**
hablaron	**habla-**
comieron	**comie-**
vivieron	**vivie-**

Als Verbstamm des **imperfecto de subjuntivo** dient die 3. Person Plural des **pretérito indefinido** ohne die Endung **-ron**. An diesen Stamm werden die Endungen des **imperfecto de subjuntivo** angehängt.

hablar		**comer**		**vivir**	
habla**ra**	habla**se**	comie**ra**	comie**se**	vivie**ra**	vivie**se**
habla**ras**	habla**ses**	comie**ras**	comie**ses**	vivie**ras**	vivie**ses**
habla**ra**	habla**se**	comie**ra**	comie**se**	vivie**ra**	vivie**se**
hablá**ramos**	hablá**semos**	comié**ramos**	comié**semos**	vivié**ramos**	vivié**semos**
habla**rais**	habla**seis**	comie**rais**	comie**seis**	vivie**rais**	vivie**seis**
habla**ran**	habla**sen**	comie**ran**	comie**sen**	vivie**ran**	vivie**sen**

Für das **imperfecto de subjuntivo** gibt es zwei Arten von Endungen. Sie sind für alle Verben regelmäßig. Alle Verben haben die gleichen Endungen.
Die beiden Formen (**-ra/-se**) können wahlweise verwendet werden, wobei in der gesprochenen Sprache meist die Formen auf **-ra** und in der gehoben und literarischen Sprache oft die Formen auf **-se** verwendet werden.

Infinitiv		**imp. de subjuntivo** 1. Form	**imp. de subjuntivo** 2. Form
		fuera	fuese
		fueras	fueses
ser	sein	fuera	fuese
ir	gehen	fuéramos	fuésemos
		fuerais	fueseis
		fueran	fuesen

Die Verben **ser** und **ir** haben dieselben Formen, genauso wie im **pretérito indefinido**.

Infinitiv		indefinido-Stamm	imperfecto de subjuntivo
andar	gehen	**anduvie-**	anduviera, anduvieras, anduviera...
decir	sagen	**dije-**	dijera, dijeras, dijera...
estar	sein	**estuvie-**	estuviera, estuvieras, estuviera...
haber	haben *(Hilfsverb)*	**hubie-**	hubiera, hubieras, hubiera...
hacer	machen	**hicie-**	hiciera, hicieras, hiciera...
poder	können	**pudie-**	pudiera, pudieras, pudiera...
poner	stellen/legen	**pusie-**	pusiera, pusieras, pusiera...
querer	wollen/lieben	**quisie-**	quisiera, quisieras, quisiera...
saber	wissen/können	**supie-**	supiera, supieras, supiera...
tener	haben	**tuvie-**	tuviera, tuvieras, tuviera...
traer	bringen	**traje-**	trajera, trajeras, trajera...
venir	kommen	**vinie-**	viniera, vinieras, viniera...

Denke daran, dass viele Verben im **pretérito indefinido** einen besonderen Stamm haben. Diese Verben bilden das **imperfecto de subjuntivo** mit diesem unregelmäßigen Verbstamm. Die Endungen sind regelmäßig.

Lerntipp:
Erleichtere dir das Lernen der **imperfecto de subjuntivo**-Formen, indem du die **indefinido**-Formen wiederholst. (► S. 152, Das *pretérito indefinido*)

10.12.3 *El perfecto de subjuntivo*

	Hilfsverb **haber**	**hablar**	**comer**	**vivir**
perfecto de subjuntivo	**haya** **hayas** **haya** **hayamos** **hayáis** **hayan**	habl**ado**	com**ido**	viv**ido**

Das **perfecto de subjuntivo** setzt sich aus einer Form des **presente de subjuntivo** des Hilfsverbs **haber** sowie dem Partizip des Vollverbs zusammen.

10.12.4 *El pluscuamperfecto de subjuntivo*

	Hilfsverb **haber**	**hablar**	**comer**	**vivir**
pluscuamperfecto de subjuntivo	**hubiera/hubiese** **hubieras/hubieses** **hubiera/hubiese** **hubiéramos/hubiésemos** **hubierais/hubieseis** **hubieran/hubiesen**	habl**ado**	com**ido**	viv**ido**

Das **pluscuamperfecto de subjuntivo** setzt sich aus einer Form des **imperfecto de subjuntivo** des Hilfsverbs **haber** sowie dem Partizip des Vollverbs zusammen.

Auf einen Blick: Von welchen Verbformen kann man andere ableiten?

Die folgende Tabelle zeigt, von welcher Verbform man andere Verbformen ableiten kann. Unregelmäßige Verben weichen häufig von diesem Schema ab.

vom Infinitiv	leitet man ab	Zeit / Modus	Bildung
hablar	voy a **hablar**	futuro inmediato	**ir a** + *Infinitiv*
	hablaré	futuro simple	*Infinitiv* + *Endung*
	hablaría	condicional simple	
hablar	**habla**d	Imperativ [vosotros/-as]	*Infinitiv* (ohne **-r**) + **d**
hablar	**habl**aba	pretérito imperfecto	*Infinitivstamm* + *Endung*
	hablé	pretérito indefinido	
	hablado	Partizip	
	hablando	gerundio	
vom Indikativ Präsens	leitet man ab	Zeit / Modus	Bildung
hablo **teng**o (1. Person Singular)	**habl**e **teng**a	presente de subjuntivo	*Stamm der 1. Person Singular des Indikativ Präsens* + *Endung*
habla (3. Person Singular)	**habla**	Imperativ [tú]	3. Person Singular des Indikativ Präsens
vom pretérito indefinido	leitet man ab	Zeit / Modus	Bildung
hablaron **tuvie**ron (3. Person Plural)	**habla**ra / **habla**se **tuvie**ra / **tuvie**se	imperfecto de subjuntivo	*3. Person Plural des indefinido* (ohne **-ron**) + *Endung*
vom presente de subjuntivo	leitet man ab	Zeit / Modus	Bildung
hables **tengas** (2. Person Singular)	no **hables** no **tengas**	verneinter Imperativ [tú]	2. Person Singular des presente de subjuntivo
habléis **tengáis** (2. Person Plural)	no **habléis** no **tengáis**	verneinter Imperativ [vosotros]	2. Person Plural des presente de subjuntivo
hable **tenga** (1./3. Person Singular)	**hable** **tenga**	Imperativ [usted]	3. Person Singular des presente de subjuntivo
hablen **tengan** (3. Person Plural)	**hablen** **tengan**	Imperativ [ustedes]	3. Person Plural des presente de subjuntivo
hablemos **tengamos** (1. Person Plural)	**hablemos** **tengamos**	Imperativ [nosotros/-as]	1. Person Plural des presente de subjuntivo

Abschlussübung Evaluación

1. **Mit welchen Verbformen werden usted und ustedes verwendet?**

a. 1. Ps. Singular / 1. Ps. Plural b. 2. Ps. Singular / 2. Ps. Plural c. 3. Ps. Singular / 3. Ps. Plural

2. **Aus welcher Verbform wird das presente de subjuntivo abgeleitet?**

a. 1. Ps. Singular Präsens b. 3. Ps. Plural pretérito indefinido c. 3. Ps. Plural condicional simple

3. **Bei welchem der beiden Sätze kann man nur aus dem Zusammenhang erkennen, um welche Person es sich handelt und warum?**

a. Antonio quiere que **vaya** a su fiesta. b. Antonio quiere que **vayan** a su fiesta.

4. **Ergänze die Tabelle.**

Infinitiv	[yo] Präsens Indikativ	[yo] presente de subjuntivo	[ellos/-as] pretérito indefinido	[yo] imperfecto de subjuntivo
a. tomar	tomo	tome	tomaron	tomara/tomase
b. aprender	…	…	…	…

c. abrir e. hacer g. pedir i. poder k. ir
d. querer f. tener h. dormir j. ser l. estar

5. **Ergänze die Tabelle mit dem Infinitiv und den Verbformen in derselben Person wie im Präsens.**

Präsens Indikativ	Infinitiv	futuro simple	pretérito indefinido	pretérito imperfecto
a. charlan	charlar	charlarán	charlaron	tomo
b. llegáis	…	…	…	…

c. lee e. empiezas g. vengo i. cogemos k. eres
d. construimos f. oye h. sé j. doy l. dicen

6. **Die folgenden Verben stehen im presente de subjuntivo bzw. imperfecto de subjuntivo. Gib den Infinitiv dieser Verben an.**

presente de subjuntivo:
a. dé c. vayas e. prefiramos g. sean i. llegues
b. sepan d. hayan f. muera h. practiquen j. sigan

imperfecto de subjuntivo:
a. tuvieras c. pusieran e. pudiera g. dierais i. durmieras
b. dijéramos d. supiera f. vinieras h. fuera j. sintiera

Die Lösungen findest du unter:
www.cornelsen.de/webcodes
Gib dort den Webcode gram-evaluacion10 ein.

11. Die reflexiven Verben
Los verbos pronominales

Reflexive Verben werden wie im Deutschen immer von einem Objektpronomen begleitet. Dieses Objektpronomen verweist auf das Subjekt und heißt deswegen Reflexivpronomen, auch rückbezügliches Pronomen.

Ein reflexives Verb wird genauso konjugiert wie die Verbgruppe, zu der es gehört:

z. B. **alegrarse** wird wie die regelmäßigen Verben auf **-ar** konjugiert,
aburrirse wird wie die regelmäßigen Verben auf **-ir** konjugiert:

alegrarse Me alegro mucho.	*sich freuen* *Ich freue mich sehr.*
aburrirse Me aburro como una ostra.	*sich langweilen* *Ich langweile mich zu Tode.*

Nicht alle Verben, die im Spanischen reflexiv sind, sind es auch im Deutschen und umgekehrt:

llamarse ¿Cómo te llamas?	*heißen* *Wie heißt du?*
cambiar María José ha cambiado mucho.	*sich verändern* *María José hat sich sehr verändert.*

Einige spanische Verben haben eine andere Bedeutung, wenn sie reflexiv gebraucht werden:

dormir Pablo duerme.	*schlafen* *Pablo schläft.*
dormirse Pablo se durmió.	*einschlafen* *Pablo ist eingeschlafen.*

In diesem Kapitel findest du:

Außerdem findest du:
→ ¿Cómo evitar errores?, S. 177,
→ eine Evaluación, S. 178, in der du dein Wissen überprüfen kannst.

11.1 Das Reflexivpronomen El pronombre reflexivo

	Me	siento bien.	Ich fühle mich gut.
¡Qué	**te**	diviertas!	Amüsier dich!
Roberto/Laura/ Usted	**se**	aburre.	Roberta/Laura langweilt sich. / Sie langweilen sich.
	Nos	vestimos rápido.	Wir ziehen uns schnell an.
	¿Os	habéis despedido?	Habt ihr euch verabschiedet?
Los padres/ Ustedes	**se**	alegraron mucho.	Die Eltern / Sie freuten sich sehr.

Das Reflexivpronomen bezieht sich genauso wie die Verb-Endung auf das Subjekt des Satzes und steht deswegen auch in derselben Person.

▸ S.46 (Die Reflexivpronomen)

Die Reflexivpronomen folgen denselben Stellungsregeln wie die anderen unbetonten Objektpronomen:

Se alegró tanto de verte. Er freute sich so sehr dich zu sehen. No **nos** hemos acordado de la dirección. Wir erinnerten uns nicht an die Adresse.	Bei einfachen und zusammengesetzten Zeitformen steht das Reflexivpronomen direkt vor dem konjugierten Verb bzw. dem Hilfsverb **haber**.
Dime algo antes de ir**te**. Sag mir Bescheid, bevor du gehst.	In Sätzen mit Infinitivergänzungen wird das Reflexivpronomen an den Infinitiv angehängt.
No **me** puedo acostar a las nueve. / No puedo acostar**me** a las nueve. Ich kann nicht um neun schlafen gehen. Marcos **se** está lavando. / Marcos está lavándo**se**. Marcos wäscht sich gerade.	Wenn das Prädikat eines Satzes aus einer Struktur mit **Infinitiv** oder **gerundio** besteht, können die Objektpronomen sowohl vor dem konjugierten Verb stehen, als auch an den **Infinitiv** bzw. an das **gerundio** angehängt werden.
No **te** enfades. Reg dich nicht auf. Siénta**te**. Setz dich hin.	Beim verneinten Imperativ steht das Reflexivpronomen vor dem konjugierten Verb. Beim bejahten Imperativ wird es an das konjugierte Verb angehängt.

▸ S.48 (Die Stellung der Objekt- und Reflexivpronomen im Satz)

11.2 Die Bedeutung reflexiver Verben
El significado de los verbos pronominales

Me ducho cada día. Ich dusche täglich. **¿Te lavas** las manos, por favor? Wäschst du dir bitte die Hände? **Me pongo** una camiseta roja. Ich ziehe (mir) ein rotes T-Shirt an.	Ein reflexives Verb beschreibt eine Handlung des Sprechers, die sich auf ihn selbst bezieht. Das kann eine Handlung an sich selbst, an einem Teil seines Körpers oder an etwas, das er bei sich hat, sein.

Zusatzwissen:

Me conozco **a mí mismo.**	Ich kenne mich selbst.
¡Ámate **a ti mismo!**	Liebe dich selbst.
Así ella se hace daño **a sí misma.**	So schadet sie sich selbst.

So kann man das Reflexivpronomen betonen.

Esteban e Inés **se conocieron** un día de primavera.
Esteban und Inés lernten sich an einem Frühlingstag kennen. (= *Esteban lernte Inés und Inés lernte Esteban kennen.*)
Se escribieron muchas cartas.
Sie schrieben sich viele Briefe. (= *Esteban schrieb viele Briefe an Inés und Inés viele Briefe an Esteban.*)
Pero ahora Esteban e Inés **se odian.**
Aber heute hassen Esteban und *Inés* sich. (= *Esteban hasst Inés und Inés hasst Esteban.*)

Ein reflexiv verwendetes Verb kann auch ausdrücken, dass mehrere Personen eine Handlung gegenseitig, d.h. der eine am anderen, ausführen.

Siempre **os pegáis** unos a otros.	Immer schlagt ihr einander.
¿Por qué **os echáis** la culpa mutuamente?	Warum beschuldigt ihr euch gegenseitig?
Las ballenas **se comunican** entre sí.	Die Wale kommunizieren untereinander.

Die Gegenseitigkeit kann zusätzlich betont werden, indem weitere Ausdrücke verwendet werden.

11.3 Der Gebrauch reflexiver Verben
El uso de los verbos pronominales

¿Cómo **se dice** «Fisch» en español? Wie sagt man „Fisch“ auf Spanisch? ¿Cómo **se hacen** los churros? Wie macht man *churros*?	Anstatt eines unpersönliches Satzes mit *man* oder eines Passivsatzes steht im Spanischen häufig eine reflexive Konstruktion aus **se** und einem Verb in der dritten Person Singular oder Plural.
«Peces» **se escribe** con «c». „Peces“ wird mit „c“ geschrieben. No **se aceptan** billetes de 500 euros. 500-Euro-Scheine werden nicht angenommen.	

▸ S.181 (*Pasiva refleja*)

Llamo a Roberto. Ich rufe Roberto an. **Me llamo** Ana. Ich heiße Ana. Ana **duerme.** Ana schläft. Ana **se durmió** a las once. Ana ist um elf eingeschlafen.	Manche Verben werden sowohl mit als auch ohne Reflexivpronomen verwendet. Sie haben dann unterschiedliche Bedeutungen.

Merke dir die folgenden Verben, die ihre Bedeutung ändern, wenn sie reflexiv gebraucht werden:

nicht reflexiv		**reflexiv**	
acordar	vereinbaren	acordarse	sich erinnern
caer	fallen	caerse	hinfallen
cambiar	(sich) ändern / wechseln	cambiarse	sich umziehen
despertar	wecken	despertarse	aufwachen
dormir	schlafen	dormirse	einschlafen
encontrar	finden	encontrarse	sich treffen / sich befinden
ir	gehen/fahren	irse	weggehen
levantar	hochheben	levantarse	aufstehen
llamar	rufen/anrufen	llamarse	heißen
llevar	bringen	llevarse	mitnehmen
meter	hineinlegen/-stecken	meterse	sich einmischen
negar	verneinen/verweigern	negarse	sich weigern
ocurrir	geschehen	ocurrirse	einfallen
poner	setzen/stellen/legen	ponerse + *Adj.*	*Adj.* + werden
quedar	sich verabreden	quedarse	bleiben
volver	zurückkehren	volverse	sich umdrehen / werden

No **me** he dado cuenta de esto.
Ich habe ■ das nicht bemerkt.
Me fui inmediatamente.
Ich ging ■ sofort weg.

Einige Verben werden im Spanischen reflexiv verwendet, in ihrer deutschen Entsprechung nicht.

Merke dir die folgenden Verben, die nur im Spanischen reflexiv gebraucht werden:

acostarse	schlafen gehen	enterarse	erfahren
bañarse	baden	irse	weggehen
cansarse	müde werden	levantarse	aufstehen
casarse	heiraten	llamarse	heißen
caerse	hinfallen	marcharse	weggehen
curarse	gesund werden	mudarse	umziehen
darse cuenta de que	bemerken	pararse	anhalten
despertarse	aufwachen	parecerse	ähnlich sein
dormirse	einschlafen	quedarse	bleiben
enfermarse	krank werden	romperse	kaputt gehen

¿Quieres descansar ■ un poco?
Willst du dich ein bisschen ausruhen?

Einige Verben werden im Deutschen reflexiv verwendet, in ihrer spanischen Entsprechung nicht.

Merke dir auch die folgenden Verben, die nur im Deutschen reflexiv gebraucht werden:

acontecer	sich ereignen	girar	sich drehen
cambiar	sich verändern	mejorar	sich verbessern
cuidar	sich kümmern	empeorar	sich verschlechtern
descansar	sich ausruhen	quedar	sich verabreden
		recordar	sich erinnern

Wie vermeide ich Fehler? ¿Cómo evitar errores?

Ist das Verb auch in der jeweils anderen Sprache reflexiv?

Einem spanischen reflexiven Verb entspricht nicht immer ein deutsches reflexives Verb und anders herum:

Er heißt Krümel.	**Se llama** Krümel.
Geh weg.	**Vete.**
Wann ereignete sich das Verbrechen?	¿Cuándo **aconteció** el crimen?
Musst du dich nie ausruhen?	¿Nunca tienes que **descansar**?

Reflexive Verben und der bejahte Imperativ

Wenn das Reflexivpronomen beim bejahten Imperativ an das Verb angehängt wird, muss die neue Form wegen der spanischen Betonungsregeln eventuell einen Akzent erhalten:

Putz dir die Zähne!	¡**Lávate** los dientes!
Setz dich dort hin!	¡**Siéntate** allí!
Steh jetzt auf!	¡**Levántate** ya!
Bleib hier!	¡**Quédate** aquí!

Deutsch: Possessivbegleiter ⟷ Spanisch: reflexives Verb + *bestimmter Artikel*

Häufig verwendet man im Spanischen ein reflexives Verb und einen bestimmten Artikel, während man im Deutschen einen Possessivbegleiter benutzt:

Ich ziehe meine Jeans an.	**Me** pongo **los** vaqueros.
Zieh deine Handschuhe aus.	Quí**tate los** guantes.
Hast du deine Haare gefärbt?	¿**Te** has teñido **el** pelo?
Er brach sich seinen Arm.	**Se** rompió **el** brazo.

Das Pronomen *se*

Das Pronomen **se** kann verschiedene Funktionen im Satz haben.

Se als Reflexivpronomen drückt eine Rückbezüglichkeit oder eine Gegenseitigkeit aus:

Er wäscht sich täglich.	**Se** lava cada día.
Sie küssen sich. (= *gegenseitig*)	**Se** besan.

Se ist auch die Ersatzform von **le** bzw. **les** bei der Verwendung von zwei Objektpronomen:

Ich schreibe ihm eine Karte. → Ich schreibe sie ihm.	**Le** escribo una tarjeta. → **Se** la escribo.

Se mit der 3. Person Singular oder Plural des Verbs wird zur Umschreibung des Passivs verwendet:

Aquí **se habla** español.	Hier wird Spanisch gesprochen.
No **se aceptan** billetes de 500 euros.	500-Euro-Scheine werden nicht angenommen.

Abschlussübung Evaluación

1. **Ordne die Wörter zu einem Satz und konjugiere das reflexive Verb wie im Beispiel.**

Ejemplo:
levantarse / a las seis / siempre / mi hermana
Mi hermana siempre se levanta a las seis.

a. llamarse / ¿cómo? / [tú]
b. quejarse / ¿por qué? / siempre / de tus profes / [tú]
c. acostarse / esta semana / a las 9 de la noche / Juan y Eva
d. llevarse / muy bien / con vuestros hermanos / [vosotros]
e. sentarse / por favor / [ustedes]
f. irse / ahora mismo / [tú]
g. bañarse / Tomás / querer / nunca
h. levantarse / [yo] / preferir / tarde
i. afeitarse / Manolito / todavía / no saber
j. ducharse / Pablo / cuando / su novia / llamar

2. **Wer hat wem Flecken auf den Mantel gemacht? Ordne die Sätze den Personen zu.**

a. Le has manchado el abrigo.	1. [Pablo y Esteban a Ana y Laura]
b. Me ha manchado el abrigo.	2. [Ana a sí misma]
c. Se ha manchado el abrigo.	3. [usted a mí]
d. Os habéis manchado el abrigo.	4. [tú a Ana]
e. Te has manchado el abrigo.	5. [tú a ti mismo]
f. Les ha manchado el abrigo.	6. [vosotros a vosotros mismos]
g. Les han manchado el abrigo.	7. [él a Ana y Laura]

3. **Welche der folgenden Verben sind im Deutschen nicht reflexiv?**

a. llamarse
b. levantarse
c. quedarse
d. llevarse bien con alguien
e. aburrirse
f. vestirse

4. **Reflexive oder nichtreflexive Form? Übersetze.**

a. Entweder weckst du mich oder ich wache erst um zehn Uhr auf.
b. Falls sich das Wetter ändert, ziehe ich mich um.
c. Immer wenn ich spät einschlafe, schlafe ich nicht gut.
d. Ich bringe dir die Bücher, damit du sie mit in die Bibliothek nehmen kannst.
e. Erinnert sich keiner daran, was wir vereinbart haben?
f. Ein Mädchen hat für dich angerufen. Sie hieß Emily.
g. Wir haben uns um fünf getroffen und um sechs hatten wir schon ein Geschenk für Jorge gefunden.

Die Lösungen findest du unter:
www.cornelsen.de/webcodes
Gib dort den Webcode gram-evaluacion11 ein.

12. Das Passiv
La voz pasiva

In einem Aktivsatz führt jemand oder etwas eine Handlung aus. In einem Passivsatz „erleidet" jemand oder etwas eine Handlung. Im Spanischen verwendet man das Passiv seltener als im Deutschen und bevorzugt aktive Ersatzformen.

Aktiv: Antoni Gaudí (Subjekt) planificó la Sagrada Familia (Objekt).

Passiv: La Sagrada Familia (Subjekt) fue planificada por Antoni Gaudí (Objekt).

Aktiv: *Antoni Gaudí entwarf die Sagrada Familia.*
Passiv: *Die Sagrada Familia wurde von Antoni Gaudí entworfen.*

In diesem Kapitel findest du:

12.1 Die Bildung des Passivs
12.2 Der Gebrauch des Passivs
12.3 Ersatzkonstruktionen für das Passiv

Außerdem findest du:
→ ¿Cómo evitar errores?, S. 182,
→ eine Evaluación, S. 183, in der du dein Wissen überprüfen kannst.

12.1 Die Bildung des Passivs La formación de la voz pasiva

La película **fue rodada** en Madrid. Der Film wurde in Madrid gedreht. Las novelas **son publicadas** anónimamente. Die Romane werden anonym veröffentlicht.	Das Vorgangspassiv bildet man mit einer konjugierten Form des Hilfsverbs **ser** und dem Partizip. Die Form von **ser** entspricht dabei dem deutschen Hilfsverb *werden*.

♂ männlich	♀ weiblich
El artículo **es publicado.** Der Artikel wird veröffentlicht. Los datos **son publicados.** Die Daten werden veröffentlicht.	La novela **es publicada.** Der Roman wird veröffentlicht. Las pruebas **son publicadas.** Die Beweise werden veröffentlicht.
Die Form des Partizips richtet sich im Passiv in Geschlecht und Zahl nach dem Subjekt.	

► S. 190 (Das Partizip)

⚠

La tarea ya **está hecha.** Die Aufgabe ist schon erledigt.	Das Zustandspassiv wird mit dem Hilfsverb **estar** und dem Partizip gebildet. **Estar** entspricht dem deutschen Hilfsverb *sein*.

presente	El artículo	**es**	**publicado.**	Der Artikel	wird veröffentlicht.
perfecto		**ha sido**	**publicado.**		ist veröffentlicht worden.
indefinido		**fue**	**publicado.**		wurde veröffentlicht.
pluscuamperfecto		**había sido**	**publicado.**		war veröffentlicht worden.
futuro simple		**será**	**publicado.**		wird veröffentlicht werden.
condicional I		**sería**	**publicado.**		würde veröffentlicht werden.
subjuntivo presente	... que	**sea**	**publicado.**	... dass der	veröffentlicht wird.
subjuntivo imperfecto	el artículo	**fuera**	**publicado.**	Artikel	veröffentlicht wurde.

Das Passiv kann in allen Zeiten und Modi verwendet werden.

Merke!

Die Zeit und den Modus einer Passivform erkennt man an der Form von **ser**.

España es gobernada **por** el presidente del gobierno y representada **por** el rey.
Spanien wird vom Ministerpräsidenten regiert und vom König repräsentiert.
El edificio fue diseñado **por** el arquitecto Félix Candela.
Das Gebäude wurde von dem Architekten Félix Candela entworfen.

Der Urheber einer Handlung kann mit der Präposition **por** angeschlossen werden. Er wird aber nicht immer genannt.

Das ist ähnlich wie im Französischen:

El puente fue construido **por** los romanos.
Le pont fut construit **par** les Romains.
Die Brücke wurde von den Römern erbaut.

Aktivsatz	Passivsatz
Un huracán destruyó la ciudad. Ein Wirbelsturm zerstörte die Stadt.	La ciudad fue destruida **por** un huracán. Die Stadt wurde durch einen Wirbelsturm zerstört.

Um einen Aktiv- in einen Passivsatz umzuwandeln, wird das direkte Objekt des Aktivsatzes zum Subjekt im Passivsatz und man verwendet eine Passivform des Verbs. Das Subjekt des Aktivsatzes, d.h. der „Urheber", kann mit **por** angeschlossen werden.

12.2 Der Gebrauch des Passivs El uso de la voz pasiva

Das Passiv wird im Spanischen seltener verwendet als im Deutschen oder Englischen. Es kommt vor allem in Zeitungsartikeln, in Radio- und Fernsehnachrichten sowie in Sachtexten vor.

Los heridos **fueron trasladados** a varios hospitales cercanos. Die Verletzten wurden in verschiedene Krankenhäuser in der Nähe gebracht.	Es wird verwendet: – wenn man nicht die handelnde Person, sondern die von der Handlung betroffene Person oder Sache hervorheben will
El secreto **fue revelado.** Das Geheimnis wurde gelöst. El edificio **fue construido** en 1954. Das Gebäude wurde 1954 erbaut.	– oder wenn man die handelnde Person nicht nennen kann oder wenn sie unwichtig ist.

Das Passiv wird fast ausschließlich in der 3. Person Singular und Plural benutzt.
Das Vorgangspassiv mit **ser** beschreibt eine Handlung. Das Zustandspassiv mit **estar** bezeichnet einen Zustand. Das ist wie im Deutschen.

Vorgangspassiv → Handlung	Zustandspassiv → Ergebnis
La decisión **es tomada** ahora mismo. Die Entscheidung wird in diesem Moment gefällt. La casa **fue construida** en el siglo XVI. Das Haus wurde im 16. Jh. erbaut. La ventana **fue abierta** por la profesora. Das Fenster wurde von der Lehrerin geöffnet.	La decisión ya **está tomada.** Die Entscheidung ist schon gefallen. La casa **está construida** de madera. Das Haus ist aus Holz gebaut. La ventana **estaba abierta.** Das Fenster war geöffnet.
Das Passiv mit **ser** drückt den Ablauf eines Vorgangs aus und wird deswegen auch Handlungs-, Verlaufs- oder Vorgangspassiv genannt.	Das Passiv mit **estar** dagegen drückt das Ergebnis eines Vorgangs aus und heißt daher auch Zustandspassiv. ⚠ Es wird nur im **presente** und im **pretérito imperfecto** benutzt.

12.3 Ersatzkonstruktionen für das Passiv
Sustitución de la voz pasiva

Im Spanischen verwendet man das Passiv viel seltener als im Deutschen und benutzt stattdessen andere Konstruktionen, wie z. B. die **pasiva refleja** oder einen Aktivsatz.

12.3.1 *Pasiva refleja*

statt: Tarjetas de crédito **son aceptadas.** Kreditkarten werden akzeptiert. → **Se aceptan** tarjetas de credito. Kreditkarten werden akzeptiert./ Man akzeptiert Kreditkarten.	Im gesprochenen Spanisch wird anstatt des Passivs häufig die **pasiva refleja** verwendet. Diese Form bildet man mit dem Reflexivpronomen **se** + *Verb in der 3. Person Singular/Plural.* Der Urheber wird nicht genannt. Die Form wird im Deutschen meist mit *es wird/werden* oder *man* wiedergegeben.

Se vende la casa. Das Haus wird verkauft. ¿Cómo **se cultivan** los plátanos? Wie werden Bananen angebaut?	Ob das Verb im Singular oder Plural steht, richtet sich nach dem Bezugswort (Subjekt), auf das es sich bezieht.
En este bar no **se baila.** In dieser Kneipe wird nicht getanzt.	Wenn es kein Bezugswort gibt, steht das Verb im Singular.

⚠

Uno se acostumbra a la vida en la ciudad. Man gewöhnt sich an das Leben in der Stadt.	Reflexive Verben können kein Passiv mit **se** bilden. Deshalb wird **uno/-a** hinzugefügt.

12.3.2 Aktivsatz in der 3. Person Plural

statt: voz pasiva:

La luz **ha sido cortada.**	Der Strom wurde abgestellt.
voz activa:	
Han cortado la luz.	Sie haben den Strom abgestellt.

Eine weitere Ersatzform des Passivs ist ein Aktivsatz mit dem Verb in der 3. Person Plural. Der Urheber wird auch hier nicht genannt.

⚠ aber:

voz pasiva:	El crimen **fue cometido** por una anciana.	Das Verbrechen wurde von einer älteren Dame begangen.
voz activa:	El crimen **lo** cometió una anciana.	Das Verbrechen beging eine ältere Dame. *(und kein Jugendlicher)*

Wenn jedoch der Urheber einer Handlung genannt werden soll, dann verwendet man entweder das Passiv oder eine weitere aktive Ersatzform. Das direkte Objekt des Verbs steht bei dieser Ersatzform am Satzanfang und muss durch das entsprechende direkte Objektpronomen (*hier*: **lo**) wieder aufgenommen werden.

Wie vermeide ich Fehler? ¿Cómo evitar errores?

Deutsch: Passivsatz ⟷ Spanisch: *pasiva refleja* / reflexives Verb

Deutsche Passivsätze, die mit dem unpersönlichen *es* beginnen oder kein Subjekt haben, haben keine Entsprechung im Spanischen. Meist übersetzt man sie mit **se** + *Verb*:

Es wird Spanisch gesprochen.	**Se habla** castellano.
Hier wird nicht geraucht.	Aquí no **se fuma.**

Deutsch: Passivsatz ⟷ Spanisch: Aktivsatz (Verb in 3. Person Plural)

Wenn im deutschen Passivsatz ein Objekt genannt wird bzw. wenn der entsprechende spanische Aktivsatz ein Objekt enthält, verwendet man häufig einen Aktivsatz mit dem Verb in der 3. Person Plural. Dabei wird kein Urheber genannt:

Mir wurde gesagt, dass...	Me **han dicho** que...
Wir wurden gebeten zu gehen.	Nos **pidieron** que nos fuéramos.
Sie wurde gefragt, ob...	Le **preguntaron** si...

Deutsch: Passivsatz ⟷ Spanisch: Aktivsatz (Verb + Partizip)

Um einen Passivsatz im Spanischen als Aktivsatz auszudrücken, können auch weitere Verben in Verbindung mit einem Partizip verwendet werden:

Der Fahrer wurde schwer verletzt.	El conductor **resultó** gravemente **herido.**
Ich war zu Tode erschrocken.	Me **quedé horrorizado/-a.**
Das Handy war immer noch kaputt.	El móvil **seguía roto.**
Sie waren seit Tagen auf dem Boot zusammengepfercht.	**Llevaban** días **amontonados** en la lancha.

Abschlussübung Evaluación

1. **Bilde aus diesen Schlagzeilen Sätze im Passiv.**

a. 14 casas destruidas por fuertes vientos
b. Ex futbolista condenado a 6 años de cárcel
c. Mujer detenida por robo de prendas de vestir
d. Inaugurado en Nueva York un nuevo museo de videojuegos
e. Violín que sonaba cuando el Titanic se hundía, vendido por 1,4 millones de dólares
f. Descubierto un nuevo cuadro de Van Gogh

2. **Bilde Passivsätze in der jeweiligen Zeitform. Denke an die Angleichung des Partizips.**

a. La novela **(publicar)** en veinte idiomas.	(presente)
b. Susana **(invitar)** por su novio.	(pretérito perfecto)
c. España **(conquistar)** por los romanos.	(pretérito indefinido)
d. El edificio **(reformar)** en 2020.	(futuro simple)
e. La página web **(desarrollar)** por dos adolescentes.	(pretérito indefinido)
f. El supuesto ladrón **(observar)** pocos días antes.	(pretérito pluscuamperfecto)
g. El hospital **(construir)** en 2016 / si el alcalde firmara el contracto.	(condicional simple)

3. **Setze die Aktivsätze ins Passiv.**

a. El profesor corrige los exámenes.
b. Una pareja joven ha encontrado el perro perdido.
c. Gael García Bernal interpretó el papel principal.
d. En 2002 España introdujo el euro.
e. Este autor publicará un nuevo libro en septiembre.
f. Sin la colaboración de varios colegas, el científico no habría descubierto el virus.
g. Construyeron este coche hasta 1967.
h. Hace dos meses encontraron la huella de un dinosaurio cerca de Zaragoza.
i. En 1982 eligieron a Felipe González presidente de España.

4. **Übertrage die Sätze ins Spanische und verwende dabei mögliche Aktivsätze.**

a. Wie sagt man „Auto" auf Spanisch?
b. Wie schreibt man „cocodrilo"?
c. Mein Portemonnaie ist gestohlen worden.
d. Hier werden neue Wohnhäuser gebaut.
e. Der Brief wurde von Pablo unterschrieben.
f. Gestern wurde mein Vater operiert.
g. Der Gazpacho wird kalt serviert.
h. Ich wurde nicht informiert!

Die Lösungen findest du unter:
www.cornelsen.de/webcodes
Gib dort den Webcode gram-evaluacion12 ein.

13. Die unpersönlichen Verbformen
Las formas no personales del verbo

Die wichtigsten unpersönlichen Verbformen sind:

- der **Infinitiv**: hablar, comer, vivir
- das **gerundio**: hablando, comiendo, viviendo
- das **Partizip**: hablado, comido, vivido

Den **Infinitiv** verwendet man mit Modalverben, anstelle eines Imperativs oder eines Substantivs sowie mit einer Präposition zur Verkürzung eines Nebensatzes.

Das **gerundio** verwendet man mit dem Hilfsverb **estar** als Verlaufsform, mit anderen Hilfsverben in feststehenden Wendungen sowie zur Verkürzung eines Nebensatzes.

Das **Partizip** verwendet man mit dem Hilfsverb **haber** zur Bildung der zusammengesetzten Zeiten und Modi und des Passivs sowie als Adjektiv.

In diesem Kapitel findest du:

Außerdem findest du:

→ ¿Cómo evitar errores?, S. 193,
→ eine Evaluación, S. 194, in der du dein Wissen überprüfen kannst.

13.1 Der Infinitiv El infinitivo

habl**ar** com**er** viv**ir**	Der Infinitiv ist die Grundform des Verbs. An der Endung des Infinitivs erkennt man, zu welcher der drei Verbgruppen (**-ar**, **-er**, **-ir**) ein Verb gehört. Der Infinitiv ist auch die Form, unter der ein Verb im Wörterbuch zu finden ist.

13.1.1 Der Infinitiv als Substantiv

Patinar es divertido. Skaten ist lustig. Me gusta **nadar**. Ich schwimme gern. (= *Ich mag Schwimmen.*)	Man kann den Infinitiv wie ein Substantiv verwenden.
Para los bebés, **el dormir** boca abajo puede ser peligroso. Für Babys kann das Schlafen auf dem Bauch gefährlich sein. **El saber** es poder. Wissen ist Macht.	Vor dem Infinitiv steht dann häufig der männliche bestimmte Artikel im Singular (**el**).

13.1.2 Verbaler Gebrauch des Infinitivs

Quiero estudiar. Ich möchte studieren. No puedo pagar los estudios. Ich kann das Studium nicht bezahlen. Tengo que ganar dinero. Ich muss Geld verdienen.	Der Infinitiv steht als Vollverb nach Modalverben. Er bezeichnet die eigentliche Handlung, während das Modalverb angibt, ob die Handlung möglich, gewollt, notwendig usw. ist.

▸ S.139 (Die Modalverben)

13.1.3 Feststehende Wendungen mit dem Infinitiv

Es gibt viele feststehende Wendungen, in denen der Infinitiv meist durch eine Präposition mit einem anderen konjugierten Verb verbunden wird (sogenannte **perífrasis verbales**):

Acabo de llegar. Ich bin gerade angekommen.	**acabar de** + *Infinitiv* gerade etwas getan haben
¿Ya **empiezas a** preparar la fiesta? Fängst du schon an, die Party vorzubereiten?	**empezar a** + *Infinitiv* anfangen, etw. zu tun
¿**Vas a** participar en el curso? Wirst du an dem Kurs teilnehmen?	**ir a** + *Infinitiv* etw. tun werden
¡**Ponte a** trabajar! Fang an zu arbeiten.	**ponerse/meterse a** + *Infinitiv* sich daran machen / anfangen, etw. zu tun
Por la mañana **suelo** escuchar la radio. Am Morgen höre ich normalerweise Radio.	**soler** + *Infinitiv* etw. normalerweise tun
Rafa **ha vuelto a** escribirme mensajes. Rafa hat mir wieder Nachrichten geschrieben.	**volver a** + *Infinitiv* etw. wieder tun

ir a + *Infinitiv* ▸ S.160, S.207 (*El futuro inmediato*)
acabar de + *Infinitiv* ▸ S.158, S.204 (*El pasado inmediato*)

Zusatzwissen:

Weitere Wendungen mit dem Infinitiv sind:

Se echó a llover. Es fing plötzlich an zu regnen.	**echar(se) a** + *Infinitiv* etw. plötzlich tun
Tu habitación **está por** ordenar. Dein Zimmer muss noch aufgeräumt werden.	**estar por** + *Infinitiv* etw. muss noch getan werden
Nunca **dejes de** soñar. Hör niemals auf zu träumen.	**dejar de** + *Infinitiv* mit etw. aufhören
El abogado no está pero **no tardará en** llegar. Der Anwalt ist nicht da, aber er wird bald kommen.	**no tardar en** + *Infinitiv* etw bald. tun

▸ S.226 (Das Verb und seine Ergänzungen)

13.1.4 Der Infinitiv anstelle eines Imperativs

Sentaros, por favor. Setzt euch bitte hin.	Besonders häufig ersetzt der Infinitiv einen Imperativ in der 2. Person Plural.

Cortar las patatas en cuadros. Die Kartoffeln in Würfel schneiden. **Pulsar** el botón verde. Auf den grünen Knopf drücken.	Außerdem wird der Infinitiv häufig in Rezepten oder Gebrauchsanweisungen benutzt.

¡A dormir! Schlaf/Schlaft jetzt! **No** fumar. Rauchen verboten. **Prohibido** fijar carteles. Plakate ankleben verboten.	Man kann mit dem Infinitiv auch anderweitig Aufforderungen und Verbote ausdrücken und damit einen Imperativ ersetzen: **a** + *Infinitiv* **no** + *Infinitiv* **prohibido** + *Infinitiv*

▸ S. 207 (Der Imperativ)

Zusatzwissen:

13.1.5 Präposition und Infinitiv zur Verkürzung eines Nebensatzes

Man kann mit bestimmten Präpositionen und einem Infinitiv einen adverbialen Nebensatz verkürzen:

Al ver a mi madre, me puse más tranquilo. (= Cuando vi a mi madre, me puse más tranquilo.) Als ich meine Mutter sah, wurde ich ruhiger.	**al** + *Infinitiv* als
Con ser difícil, la situación no me parece dramática. (= Aunque sea difícil, la situación no me...) Auch wenn die Situation schwierig ist, erscheint sie mir nicht dramatisch.	**con** + *Infinitiv* obwohl / auch wenn
De ser tan inteligente como tú, estudiaría. (= Si fuera tan inteligente como tú, estudiaría.) Wenn ich so intelligent wäre wie du, würde ich studieren.	**de** + *Infinitiv* wenn
Practicó el salto **hasta** cansarse. Er übte den Sprung, bis er müde wurde.	**hasta** + *Infinitiv* bis
Quedé con él **para** hablar de mis planes. Ich traf mich mit ihm, um über meine Pläne zu sprechen.	**para** + *Infinitiv* um zu
Se burlan de él **por** llevar una camiseta rosa. (= Se burlan de él porque lleva...) Sie machen sich über ihn lustig, weil er ein rosa T-Shirt trägt.	**por** + *Infinitiv* weil/ da
Se fueron **sin** despedirse de nosotros. Sie sind gegangen, ohne sich von uns zu verabschieden.	**sin** + *Infinitiv* ohne

Compré pan **antes de** regresar a casa. Ich kaufte Brot, bevor ich nach Hause ging. **Después de** hablar con él, fui a la biblioteca. Nachdem ich mit ihm gesprochen hatte, ging ich in die Bibliothek.	**antes de** + *Infinitiv* bevor **después de** + *Infinitiv* nachdem/nach

⚠ Wenn man **antes de** und **después de** mit dem Infinitiv nutzt, muss das Subjekt des Hauptsatzes identisch mit Subjekt dem des Nebensatzes sein.

Merke dir außerdem diese weiteren Wendungen:

a pesar de / pese a + *Infinitiv*	obwohl
a fin de / con el fin de + *Infinitiv*	um zu
en caso de + *Infinitiv*	wenn/falls
nada más + *Infinitiv*	kaum dass

13.2 Das *gerundio* El gerundio

Das **gerundio** beschreibt meist eine Handlung in ihrem Verlauf.
Es kann als Vollverb in verbalen Umschreibungen (**perífrasis verbales**) stehen oder eine adverbiale Funktion erfüllen.

13.2.1 Die Bildung des *gerundio*

Verben auf **-ar**	hablar → **hablando**	Man bildet das **gerundio** der Verben, indem man die jeweiligen Endungen an den Verbstamm des Infinitivs anhängt. Alle Verben auf **-ar** bilden das **gerundio** mit der Endung **-ando**. Die regelmäßigen Verben auf **-er** und auf **-ir** erhalten die Endung **-iendo**.
Verben auf **-er**	comer → **comiendo**	
Verben auf **-ir**	vivir → **viviendo**	

Merke!

Die **gerundio**-Form wird nie verändert.

⚠

caer	fallen	→ ca**yendo**	Bei Verben auf **-er** und **-ir**, deren Stamm auf einen Vokal endet, wird das **-i-** der Endung zu **-y-**: **-yendo**
leer	lesen	→ le**yendo**	
construir	bauen	→ constru**yendo**	
oír	hören	→ o**yendo**	
ir	gehen	→ **yendo**	Das **gerundio** des Verbs **ir** ist **yendo**.

e → i			o → u		
decir	sagen	→ diciendo	dormir	schlafen	→ durmiendo
mentir	lügen	→ mintiendo	morir	sterben	→ muriendo
pedir	bitten	→ pidiendo	poder	können	→ pudiendo
preferir	vorziehen	→ prefiriendo			
reír	lachen	→ riendo			
repetir	wiederholen	→ repitiendo			
seguir	folgen	→ siguiendo			
sentir	fühlen	→ sintiendo			
venir	kommen	→ viniendo			

Viele Verben auf **-ir** mit einem **-e-** oder einem **-o-** in der vorletzten Silbe bilden das **gerundio** unregelmäßig.

Lerntipp:
Meist kann man das **gerundio** unregelmäßiger Verben aus der 3. Person Plural des **pretérito indefinido** ableiten:

Infinitiv	3. Person Plural **indefinido**	**gerundio**
leer	**leyeron**	**leyendo**
dormir	**durmieron**	**durmiendo**
seguir	**siguieron**	**siguiendo**

Verwechsle nicht die **gerundio**-Form **(-ando/-iendo)** und das Partizip (**-ado/-ido**) eines Verbs: Im Begriff **gerundio** steckt das **-n-** der Endungen -**ando** und -**iendo.**

hablaNdo mit **N** wie **geruNdio**

13.2.2 Der Gebrauch des *gerundio*

Die Verlaufsform

Estoy leyendo un artículo.
Ich lese gerade einen Artikel.
¿Qué **estás haciendo**?
Was machst du gerade?
Estaba durmiendo cuando regresamos.
Er schlief gerade, als wir zurückkamen.
Mañana a estas horas **estaremos esquiando.**
Morgen um diese Uhrzeit werden wir Skifahren.
Espero que lo **estéis pasando** bien.
Ich hoffe, dass ihr Spaß habt.
No parecía que **estuvieran hablando** de ti.
Es schien nicht so, als redeten sie über dich.

Die Verlaufsform ist eine der am häufigsten verwendeten verbalen Umschreibungen, in denen das **gerundio** steht. Sie wird mit einer Form des Hilfsverbs **estar** sowie dem **gerundio** des Vollverbs gebildet und beschreibt eine Handlung, die gerade abläuft. Im Deutschen gibt es keine direkte Entsprechung, sie wird häufig mithilfe des Adverbs *gerade* übersetzt.
Die Verlaufsform steht meistens im **Präsens** oder im **pretérito imperfecto**, kann aber auch in anderen Zeiten benutzt werden.

Die Verlaufsform kennst du aus dem Englischen (*present progressive*):

¿Los chicos? **Están jugando** al fútbol.
The kids? They **are playing** soccer.
Die Kinder? Sie spielen gerade Fußball.

Zusatzwissen:

Uf, estoy muerta. **He estado bailando** toda la noche.
Uff, ich bin total kaputt. Ich habe die ganze Nacht getanzt.
Estuvo discutiendo media hora con la jefa, pero no la pudo convencer.
Er diskutierte eine halbe Stunde mit der Chefin, konnte sie aber nicht überzeugen.

Wenn der Verlauf einer vollendeten Handlung (hier: *tanzen, diskutieren*) betont werden soll, steht diese in der Verlaufsform.

Weitere verbale Umschreibungen mit *gerundio*

Das **gerundio** kann neben **estar** auch mit anderen Verben verwendet werden. Die gebräuchlichsten dieser Ausdrücke sind:

El bebé **acabó durmiéndose.** Schließlich schlief das Baby doch ein.	**acabar** + *gerundio* schließlich etw. tun
El tiempo **iba empeorando.** Das Wetter wurde immer schlechter.	**ir** + *gerundio* immer/allmählich ... werden
Ya **llevo** tres años **viviendo** en Madrid. Ich wohne schon seit drei Jahren in Madrid. Ana **lleva** dos horas **hablando** por teléfono. Ana telefoniert (schon) seit zwei Stunden.	**llevar** + *Angabe eines Zeitraums* + *gerundio* schon seit + *Angabe eines Zeitraums* + tun
Llámala ahora mismo, no te **quedes esperando.** Ruf sie jetzt an, warte nicht noch länger!	**quedar(se)** + *gerundio* (beginnen und) weiterhin etw. tun
Mi padre **seguía/continuaba hablando.** Mein Vater sprach immer weiter.	**seguir** + *gerundio* bzw. **continuar** + *gerundio* weiter / immer noch etw. tun

Gerundio als adverbiale Bestimmung

María salió de la habitación **llorando.** María ging weinend aus dem Zimmer. Los niños se durmieron **sonriendo.** Die Kinder schliefen lächelnd ein. Se aprende una lengua **hablando** mucho. Man lernt eine Sprache, indem man viel spricht.	Mit dem **gerundio** kann man die Art und Weise ausdrücken, wie etwas getan wird. Im Deutschen wird es meist mit dem Partizip Präsens oder mithilfe der Konjunktion *indem* übersetzt.

Zusatzwissen:

Gerundio zur Verkürzung eines Nebensatzes

Insbesondere in der Schriftsprache kann man mit einem **gerundio** einen adverbialen Nebensatz verkürzen.

Levantándote temprano, llegarías a tiempo. (= Si te levantaras temprano, llegarías...) Wenn du früh aufstehen würdest, kämst du rechtzeitig.	Die wichtigsten Anwendungsmöglichkeiten sind die Angabe: – einer Bedingung (*wenn/falls*),
Aun ganando la lotería, no te lo compraría. (= Aunque ganara la lotería, no te lo compraría.) Auch wenn ich im Lotto gewinnen würde, würde ich dir das nicht kaufen.	– einer Einräumung oder einer unzureichenden Bedingung (*obwohl / auch wenn*) (häufig mit **aun** vor dem **gerundio**),
No pudiendo llamarle, le mandé un mensaje. (= Como no podía llamarle, le mandé...) Da ich ihn nicht anrufen konnte, schickte ich ihm eine SMS.	– eines Grundes (*weil*)
Mirando tus fotos, me acordé de mis vacaciones. (= Cuando miraba tus fotos, me acordé...) Als ich deine Fotos ansah, erinnerte ich mich an meinen Urlaub.	– oder eines zeitlichen Zusammenhangs (*als/ wenn/nachdem*).

⚠ In all diesen Fällen ist das Subjekt des Haupt- und des Nebensatzes dasselbe.

Veo a un chico **jugando** con muñecas. (= Veo a un chico que está jugando con muñecas.) Ich sehe einen Jungen mit Puppen spielen.	Man kann mit einem **gerundio** einen Relativsatz ersetzen, wenn im Hauptsatz ein Verb der Wahrnehmung (z. B. **ver** (*sehen*), **oír** (*hören*), **observar** (*beobachten*), usw.) steht. Das **gerundio** bezieht sich auf das direkte Objekt des Hauptsatzes.

13.3 Das Partizip El participio

13.3.1 Die Bildung des Partizips

habl**ar**	sprechen	→ habl**ado**	gesprochen	Man bildet das Partizip (**participio**) der Verben, indem man die jeweiligen Endungen an den Verbstamm des Infinitivs anhängt. Alle Verben auf **-ar** bilden das Partizip mit der Endung **-ado**. Die regelmäßigen Verben auf **-er** und **-ir** erhalten die Endung **-ido**.
com**er**	essen	→ com**ido**	gegessen	
viv**ir**	wohnen/leben	→ viv**ido**	gewohnt/gelebt	

abrir	öffnen	→ **abierto**	geöffnet	morir	sterben	→ **muerto**	gestorben
cubrir	zudecken	→ **cubierto**	zugedeckt	resolver	lösen	→ **resuelto**	gelöst
				volver	zurückkommen	→ **vuelto**	zurückgekommen
decir	sagen	→ **dicho**	gesagt	escribir	schreiben	→ **escrito**	geschrieben
hacer	tun	→ **hecho**	getan	freír	braten	→ **frito**	gebraten
poner	legen/stellen	→ **puesto**	gelegt/gestellt	imprimir	drucken	→ **impreso**	gedruckt
ver	sehen	→ **visto**	gesehen	romper	brechen	→ **roto**	zerbrochen

Einige häufig gebrauchte Verben auf **-er** und **-ir** haben ein unregelmäßiges Partizip.

Zusatzwissen:

sup**oner** (annehmen) → **supuesto**
prop**oner** (vorschlagen) → **propuesto**
des**hacer** (lösen) → **deshecho**
des**cubrir** (entdecken) → **descubierto**
de**volver** (zurückgeben) → **devuelto**
en**volver** (einpacken) → **envuelto**

Verben, die sich von Verben mit unregelmäßigem Partizip ableiten, haben ebenfalls ein unregelmäßiges Partizip.

leer	lesen	→ **leído**	gelesen
caer	fallen	→ **caído**	gefallen
oír	hören	→ **oído**	gehört
traer	bringen	→ **traído**	gebracht

Bei Verben auf **-er/-ir**, deren Stamm auf einen starken Vokal (**a, e, o**) endet, schreibt man das **-í-** der Partizip-Endung mit Akzent.

Lerntipp:
Lerne die Partizipien stets mit dem Infinitiv eines Verbs mit!

Unterscheide zwischen **gerundio (-ando/-iendo)** und **participio (-ado/-ido)**.

Silvi y Juanito están **preparando** la cena.

Silvi y Juanito han **preparado** la cena.

13.3.2 Der Gebrauch des Partizips

He trabajado toda la mañana. Ich habe den ganzen Morgen gearbeitet.	pret. perfecto, ► S.156
Juan **había trabajado** todo el día y por eso estaba cansado. Juan hatte den ganzen Tag gearbeitet und deswegen war er müde.	pret. pluscuamperfecto, ► S.157
Mis amigos nunca **habrían trabajado** en esa empresa. Meine Freunde hätten niemals in dieser Firma gearbeitet.	condicional compuesto, ► S.165
Me molesta que se lo **hayas dicho**. Es stört mich, dass du es ihm gesagt hast.	perfecto de subjuntivo, ► S.170
Si **hubieras trabajado** más, tendrías más dinero. Wenn du mehr gearbeitet hättest, hättest du mehr Geld.	pluscuamperfecto de subjuntivo, ► S.170
A las cuatro **habrán salido**. Um vier werden sie gegangen sein.	futuro compuesto, ► S.159

Mit dem Partizip werden die zusammengesetzten Zeiten und Modi gebildet. Hierbei ist das Partizip in Geschlecht und Zahl unveränderlich. Das ist wie im Deutschen.

Los ladrones **fueron detenidos** por la policía. Die Diebe wurden von der Polizei festgenommen. La catedral **fue construida** por Gaudí. Die Kathedrale wurde von Gaudí erbaut.	Passiv

Mit dem Partizip wird auch das Passiv gebildet. Die Endung des Partizips wird in Geschlecht und Zahl an das Subjekt angeglichen.

► S.179 (Das Passiv)

Zusatzwissen:

los meses **pasados**
die vergangenen Monate
una peli muy **divertida**
ein sehr lustiger Film

Wie im Deutschen wird das Partizip oft auch als Adjektiv verwendet. Dann wird es in Geschlecht und Zahl an das Substantiv angeglichen, auf das es sich bezieht.

Pamplona, **conocida** por los Sanfermines, es una ciudad del norte de España.
(= Pamplona, que es conocida por los Sanfermines, es una ciudad del norte de España.)
Pamplona, bekannt für sein Sanfermines-Fest, ist eine Stadt im Norden Spaniens.
Pasada la fiesta, volvimos al País Vasco.
(= Cuando había pasado la fiesta, volvimos al País Vasco.)
Nachdem das Fest vorbei war, kehrten wir ins Baskenland zurück.

Mit dem Partizip können manche Nebensätze verkürzt werden. Dies kommt vor allem in der Schriftsprache vor. Das Partizip wird dabei an das jeweilige Bezugswort in Zahl und Geschlecht angepasst, weil es die Funktion eines Adjektives erfüllt.

Wie vermeide ich Fehler? ¿Cómo evitar errores?

Finden von Verbformen im Wörterbuch

Wenn du die Bedeutung eines Verbs im Wörterbuch nachschlägst, benötigst du den Infinitiv des Verbs. Denke deshalb immer an die Besonderheiten, die ein konjugiertes Verb aufweisen kann:

Verbform	Infinitiv	Besonderheit
piensa	pensar	e → ie (presente)
recuerdan	recordar	o → ue (presente)
durmiendo	dormir	o → u (gerundio, 3. Person pretérito indefinido)
has **hecho**	hacer	unregelmäßiges Partizip

gerundio vs. *participio*

Wegen der großen Ähnlichkeit von **gerundio** und **Partizip** eines Verbs verwechselt man häufig die beiden Formen:

Ich habe mit der Lehrerin gesprochen.	**He hablado** con la profesora.	(Partizip)
Sie sprach gerade mit Ana.	**Estaba hablando** con Ana.	(gerundio)
Hast du deine Rolle schon gelernt?	¿Ya **has aprendido** tu papel?	(Partizip)
Ich lerne es gerade auswendig.	Lo **estoy aprendiendo** de memoria.	(gerundio)

Das deutsche *indem*

Das deutsche *indem* im Sinne von *dadurch, dass* hat im Spanischen keine direkte Entsprechung und wird mit dem **gerundio** übersetzt:

Der Athlet schlug den Rekord, indem er 2,20 Meter sprang.
El atleta batió el récord **saltando** 2,20 metros.
Der Nachbar grüßte mich, indem er ein Zeichen mit der Hand machte.
El vecino me saludó **haciendo** un gesto con la mano.

Feststehende Wendungen mit dem Infinitiv bzw. dem *gerundio*

Im Spanischen gibt es viele feststehende Wendungen mit dem **Infinitiv** oder dem **gerundio**, die eine Handlung genauer beschreiben. Im Deutschen gibt man diese Bedeutungen häufig mithilfe von Adverbien wieder:

Das haben wir gerade gelesen.	**Acabamos de** leer eso.
Lies bitte weiter.	**Sigue leyendo**, por favor.
Er fing plötzlich an zu lachen.	**Se echó a** reír.
Schreib nicht wieder ab!	No **vuelvas a** copiar.
Die Tafel muss noch gewischt werden.	La pizarra **está por** limpiar.
Fang an zu lesen.	**Empieza a** leer.
Hör auf zu schreiben.	**Deja de** escribir.

Abschlussübung Evaluación

1. **Ordne die Formen in die Tabelle ein und ergänze jeweils die fehlenden Formen.**

a. hablando
b. aprendiendo
c. abriendo
d. viendo
e. dormir
f. escrito
g. hecho
h. muerto
i. resolver
j. yendo
k. pidiendo
l. mintiendo
m. leyendo
n. poniendo
o. poder

Infinitiv	gerundio	Partizip
hablar	*hablando*	*hablado*

2. **Bilde Sätze mit dem gerundio.**

Ejemplo: ¿qué? / **hacer** → ¿Qué estás haciendo?
a. **salir** del cole / mi amigo / encontrarse con su ex-novia
b. con una amiga / [ella] **hacer** la compra
c. mi amigo / **seguir** andar
d. aun **haber** dejado [él a ella] / llevar semanas / **pensar** en ella
e. esta mañana / [él] encontrar una foto suya / **buscar** su móvil debajo de la cama
f. en la foto / estar [ellos] / **besarse**

3. **Setze das richtige Partizip der Verben ein.**

a. Las novelas de mi madre nunca han sido **(publicar)**.
b. Había **(poner)** mi mochila debajo de mi escritorio.
c. Mis carpetas han sido **(robar)**.
d. Ana había **(tomar)** mi pluma y ahora está **(romper)**.
e. ¿Tu gorra? No sé dónde la has **(poner)**.
f. La puerta, ¿la has **(abrir)** tú?
g. Las ventanas también están **(abrir)**.
h. Carlos está **(dormir)**.

4. **Infinitiv, gerundio oder Partizip? Korrigiere, falls notwendig.**

A mí me encanta **aprender** el español porque pienso que es una lengua muy útil. **Siendo** una persona muy comunicativa, me gusta mucho **hablando** con la gente. Antes de **vivido** en Berlín, no podía **conocer** a españoles tan fácilmente. Pero como aquí hay cada vez más jóvenes españoles, es muy fácil **conocido** a algún hispanohablante o, por lo menos, **hablar** un poco con un nativo. **Yendo** en metro, por ejemplo, estoy siempre **escuchado** lo que están **diciendo** los turistas españoles y ya puedo **comprendiendo** mucho. También me gusta **explicar** el camino a unos turistas porque así estoy **ayudando** y **practicando** el español a la vez. Creo que **hablando** se aprende mejor una lengua. Ahora mismo llevo tres años **aprendido** el español y no me resulta muy difícil después de haber **aprendido** el francés.

Die Lösungen findest du unter:
www.cornelsen.de/webcodes
Gib dort den Webcode gram-evaluacion13 ein.

14. Der Gebrauch der Verbformen
El uso de los verbos

In diesem Kapitel findest du Informationen zum Gebrauch der einfachen und zusammengesetzten Zeiten im Indikativ:

Anschließend findest du Informationen zum Gebrauch der anderen drei Modi:

Die Bildung der Verbformen findest du auf ▸ S. 146.

Außerdem findest du:

→ ¿Cómo evitar errores?, S. 222,
→ eine Evaluación, S. 224, in der du dein Wissen überprüfen kannst.

14.1 Das Präsens (Indikativ) El presente

Die Bildung des Präsens findest du auf ▸ S. 147.

Das **presente** ist die Zeitform der Gegenwart.

Llega mi padre. Mein Vater kommt.	Das **presente** dient zum Ausdruck von: – Handlungen
Vivo en Berlín. Ich wohne in Berlin.	– und Zuständen der Gegenwart.

⚠ aber:

–¿Qué **estás haciendo**? –**Estoy cenando.** – Was machst du gerade? – Ich esse gerade. Julio **está durmiendo.** Julio schläft gerade.	Für Handlungen, die sich gleichzeitig zum Sprechzeitpunkt ereignen, verwendet man die Verlaufsform. Sie wird meist mit *gerade etwas tun* ins Deutsche übersetzt.

▸ S. 188 (Das *gerundio*)

La tierra **es** redonda. Die Erde ist rund.	Das **presente** nutzt man außerdem für: – allgemein bekannte, zeitlose Tatsachen
Normalmente **hago** mucho deporte. Normalerweise treibe ich viel Sport.	– und für Gewohnheiten.

¿Qué **haces** el finde? Was machst du am Wochenende? En verano **voy** a Bilbao. Im Sommer fahre ich nach Bilbao. ¿**Vienes** mañana? Kommst du morgen?	Mit dem **presente** kann man umgangssprachlich auch: – anstelle des Futurs zukünftige Handlungen oder Vorhaben beschreiben. Dann steht eine Zeitangabe der Zukunft im Satz oder im nahen Kontext.
¡Ahora tú te **callas**! Du hältst jetzt den Mund!	– Befehle erteilen, ohne den Imperativ zu verwenden.

▸ S. 205 (Das Futur); ▸ S. 207 (Der Imperativ)

En este capítulo el protagonista **encuentra** el tesoro. In diesem Kapitel findet der Protagonist den Schatz.	Wie im Deutschen nutzt man das **presente**: – für Inhaltsangaben
En 1492 Colón **descubre** América. 1492 entdeckt Kolumbus Amerika.	– und um ein vergangenes Ereignis besonders lebhaft und anschaulich zu schildern („historisches Präsens").

14.2 Das *pretérito indefinido* El pretérito indefinido

Die Bildung des **pretérito indefinido** findest du auf ▸ S. 152.

Das **pretérito indefinido** beschreibt einmalige oder konkret oft wiederholte Handlungen oder Ereignisse in der Vergangenheit. Oft steht es in Verbindung mit Ausdrücken, die einen bestimmten Zeitpunkt (Beginn oder Ende der Handlung) oder einen abgeschlossenen Zeitraum bezeichnen. Achte auf diese „Signalwörter":

anoche	gestern Abend / gestern Nacht	el otro día	vor ein paar Tagen
ayer	gestern	la semana pasada	letzte Woche
aquel día	an jenem Tag	el año pasado	letztes Jahr
hace … días/semanas	vor … Tagen/Wochen	de repente	plötzlich
hace … meses/años	vor … Monaten/Jahren	primero	zuerst
en (el año) …	(im Jahr) …	después	danach
en el siglo …	im … Jahrhundert		

El año pasado **fui** a Berlín. Letztes Jahr bin ich nach Berlin gefahren. Aquel día Ana me **dio** el primer beso. An jenem Tag gab Ana mir den ersten Kuss. **Nací** el 17 de junio de 1997. Ich bin am 17. Juni 1997 geboren.	Man verwendet das **pretérito indefinido**, um von in der Vergangenheit abgeschlossenen Handlungen oder Ereignissen zu berichten:  Gegenwart

Primero **visitaron** Barcelona y después **fueron** a Madrid.
Zuerst haben sie Barcelona besucht und dann sind sie nach Madrid gefahren.
Sonó el móvil, lo **cogí** y se me **cayó**.
Das Telefon klingelte, ich bin rangegangen und es ist mir runtergefallen.

Man verwendet das **pretérito indefinido** außerdem in Erzählungen oder Berichten dazu, um aufeinanderfolgende Handlungen (Handlungskette: *„Zuerst ..., dann ..., danach...“*) in der Vergangenheit zu schildern:

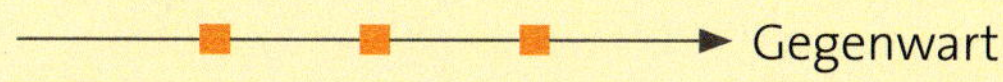

⚠ aber:

Todos los días **salía** de casa, me **encontraba** con Diego en la calle e **íbamos** juntos al parque.
Jeden Tag bin ich aus dem Haus gegangen, habe Diego auf der Straße getroffen und wir sind zusammen in den Park gegangen.

Bei gewohnheitsmäßigen Handlungen, die aufeinander folgten, verwendet man das **pretérito imperfecto**.

▸ S.197 (Das *pretérito imperfecto*)

Estábamos trabajando cuando **se cortó** la luz.
Wir haben gerade gearbeitet, als der Strom ausfiel.
Tenían 30 años cuando **se casaron**.
Sie waren 30 Jahre alt, als sie heirateten.

Das **pretérito indefinido** wird für eine Handlung in der Vergangenheit verwendet, die eintrat, als eine andere Handlung schon vor sich ging:

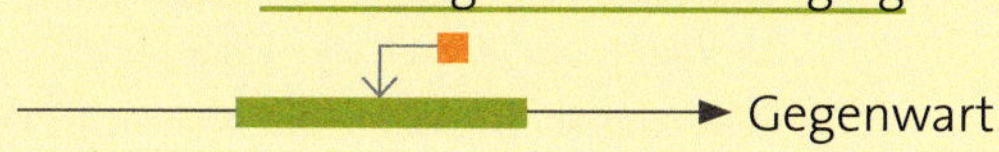

Merke!

Das **pretérito indefinido** verwendest du, wenn du auf die folgenden Fragen antwortest:
Was geschah?
Was ist dann/danach geschehen?
Wie ging es weiter?

Eine Gegenüberstellung von **pretérito indefinido** und **pretérito imperfecto** findest du auf ▸ S.200 (*Pretérito imperfecto* und *pretérito indefinido* im Satz).

14.3 Das *pretérito imperfecto* (Indikativ) El pretérito imperfecto

Die Bildung des **pretérito imperfecto** findest du auf ▸ S.155.

Das **pretérito imperfecto** ist eine Vergangenheitsform, die beschreibt, wie etwas war oder was gerade vor sich ging.
Oft steht es auch mit bestimmten Ausdrücken, die Wiederholungen oder die Gleichzeitigkeit von Handlungen in der Vergangenheit ausdrücken.
Achte auf diese „Signalwörter“:

a veces	manchmal	siempre	immer
antes	früher	todos los días	jeden Tag
mientras	während	en aquellos años	damals
muchas veces	oft	en aquella época	damals / zu dieser Zeit

Era un día gris: **llovía** y **había** mucha niebla.
Es war ein grauer Tag: Es regnete und es war sehr neblig.
Rafa no **tenía** ganas de salir.
Rafa hatte keine Lust auszugehen.

Das **pretérito imperfecto** beschreibt eine Situation oder einen Zustand in der Vergangenheit.

Max **preparaba** la cena y yo **ponía** la mesa.
Max machte das Abendessen und ich deckte den Tisch.
Mientras **hacía** los deberes, **escuchaba** música.
Während ich Hausaufgaben machte, hörte ich Musik.

Es steht außerdem für:
– gleichzeitig verlaufende Handlungen („*während...*") in der Vergangenheit, deren Beginn und Ende nicht angegeben werden:

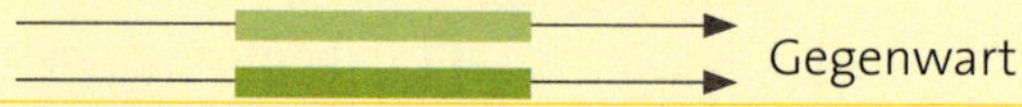

De niña **jugaba** siempre en el jardín.
Als Kind spielte ich immer im Garten.
Todos los días **preparábamos** juntos el almuerzo y **comíamos** en el jardín.
Jeden Tag bereiteten wir gemeinsam das Mittagessen zu und aßen im Garten.

– und Gewohnheiten und wiederholte Handlungen in der Vergangenheit. Dies können auch gewohnheitsmäßige Handlungen sein, die aufeinander folgen.

Tenían 30 años cuando se casaron.
Sie waren 30 Jahre alt, als sie heirateten.
Estábamos trabajando cuando se cortó la luz.
Wir haben gerade gearbeitet, als der Strom ausfiel.

Das **pretérito imperfecto** wird für eine Handlung in der Vergangenheit verwendet, die vor sich ging, als eine andere Handlung passierte:

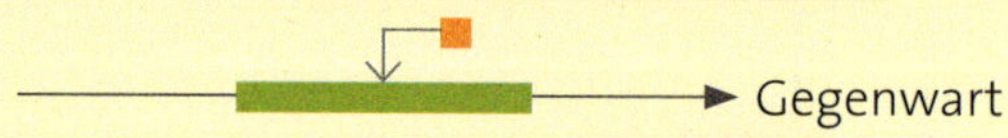

¿Qué **deseaba** usted?
Was wünschen Sie?
Quería pedirle un favor.
Ich wollte/möchte Sie um einen Gefallen bitten.

Man verwendet das **pretérito imperfecto** auch für höfliche Formulierungen und Bitten.

Merke!

Das **pretérito imperfecto** verwendest du, wenn du auf die folgenden Fragen antwortest:
Wie war es damals?
Was tat jemand damals gerade?
Was geschah damals häufig oder regelmäßig?

Zusatzwissen:

Anoche tuve un sueño muy raro: **Estaba** en Tíbet y **hablaba** con el Dalai Lama.
Letzte Nacht hatte ich einen seltsamen Traum:
Ich war in Tibet und sprach mit dem Dalai Lama.

Auch für die Beschreibung von Träumen wird das **pretérito imperfecto** verwendet.

Eine Gegenüberstellung von **pretérito indefinido**, **pretérito imperfecto** und **pretérito perfecto** findest du auf ► S. 200.

Das *pretérito imperfecto* in der indirekten Rede in der Vergangenheit

direkte Rede	indirekte Rede
«**Leo** un libro.» „Ich lese ein Buch."	Dijo que **leía** un libro. Sie sagte, dass sie ein Buch lese.
«**Leía** un libro.» „Ich habe ein Buch gelesen."	Dijo que **leía** un libro. Sie sagte, dass sie ein Buch gelesen habe.
«**Voy a leer** un libro.» „Ich werde ein Buch lesen."	Dijo que **iba a leer** un libro. Sie sagte, dass sie ein Buch lesen werde.

Wenn die indirekte Rede mit einem Verb in einer Vergangenheitsform eingeleitet wird („**Dijo que...**"), dann steht das **pretérito imperfecto** statt des **presente, pretérito imperfecto** oder der unmittelbaren Zukunft **(ir a** + *Inf.*) der direkten Rede.

▸ S. 284 (Die Zeitenfolge in der indirekten Rede)

14.4 Das *pretérito perfecto* (Indikativ) El pretérito perfecto

Die Bildung des **pretérito perfecto** findest du auf ▸ S. 156.

Das **pretérito perfecto** entspricht nicht immer dem deutschen Perfekt. Es wird für Ereignisse verwendet, die in einem Zeitraum stattgefunden haben, der noch nicht abgeschlossen ist (z. B. **hoy, esta semana**). Es wird außerdem für Ereignisse verwendet, die aus Sicht des Sprechers noch in einem gewissen Zusammenhang mit der Gegenwart stehen, weil das Ergebnis für die Gegenwart noch von Bedeutung ist. Oft steht es in Verbindung mit bestimmten Ausdrücken.
Achte auf diese „Signalwörter":

hoy	heute	ya	schon
esta mañana/tarde	heute Morgen/Nachmittag	todavía no	noch nicht
esta noche	heute Abend/Nacht	hasta ahora	bis jetzt
esta semana	diese Woche	desde entonces	seitdem
este mes	diesen Monat	alguna vez	einmal
este año	dieses Jahr	nunca	nie

Hoy **ha sido** un día fantástico. Heute war ein toller Tag. Esta semana **hemos trabajado** muchísimo. Diese Woche haben wir sehr viel gearbeitet. Este año **ha llovido** mucho. Dieses Jahr hat es viel geregnet.	Der Zeitraum, den z. B. **hoy** *(heute)* oder **este año** *(dieses Jahr)* bezeichnen, ist im Moment des Sprechens noch nicht abgeschlossen. Man benutzt deshalb das **pretérito perfecto**, auch wenn die Handlung selbst bereits stattgefunden hat.
Nunca **he estado** en Nueva York. Ich war noch nie in New York. Todavía no me **has dicho** la verdad. Du hast mir noch nicht die Wahrheit gesagt.	Der Zeitraum, den z. B. **nunca** *((noch) nie)* oder **todavía no** *(noch nicht)* bezeichnen, reicht bis an die Gegenwart heran. *(noch nie = bis heute noch nicht)*

Ya **hemos llegado.** Wir sind schon angekommen. ¿Cómo lo **has hecho**? Wie hast du das gemacht?	Man verwendet das **pretérito perfecto** auch für abgeschlossene Handlungen, wenn: – die Handlung gerade erst passiert ist
Por fin **he comprado** coche. Endlich habe ich mir ein Auto gekauft. *(Ergebnis: Jetzt habe ich eins.)* **He olvidado** mi contraseña. Ich habe mein Passwort vergessen. *(Ergebnis: Ich kann es nicht eingeben.)* Mi perro **ha muerto.** Mein Hund ist gestorben. *(Ergebnis: Ich bin sehr traurig.)*	– oder ihre Bedeutung für die Gegenwart besonders hervorgehoben werden soll, weil z. B. ihr Ergebnis für die Gegenwart wichtig ist.

Der Gebrauch des **pretérito perfecto** ist ähnlich wie der des englischen **present perfect**:

Esta semana **he trabajado** muchísimo.
This week I **have worked** a lot.
Diese Woche habe ich sehr viel gearbeitet.

¿**Has estado** alguna vez en India? Bist du schon einmal in Indien gewesen? ¿**Habéis llamado** a vuestra abuela? Habt ihr eure Oma angerufen?	In Fragen ohne genaue Zeitangabe, mit denen man wissen will, ob eine Handlung überhaupt statt gefunden hat, benutzt man das **pretérito perfecto**.

14.5 *Pretérito indefinido, pretérito imperfecto* und *pretérito perfecto*, im Vergleich Comparación de pretérito indefinido, pretérito imperfecto y pretérito perfecto

Bei der Übersetzung der drei Vergangenheitszeiten **pretérito indefinido, pretérito imperfecto** und **pretérito perfecto** ins Deutsche wird meist kein Unterschied gemacht. Im Spanischen ist aber meist klar geregelt, welche der drei Zeitformen verwendet wird.

11.5.1 *Pretérito imperfecto* und *pretérito indefinido* im Satz

pretérito imperfecto	**pretérito indefinido**
Siempre **íbamos** juntos al cole. Wir gingen immer zusammen zu Schule.	Frida Kahlo **nació** el 6 de julio de 1907. Frida Kahlo wurde am 6. Juli 1907 geboren.
wiederholte Handlungen, Gewohnheiten	einmalige Ereignisse (z. B. **nacer, entrar**)
Laura **trabajaba** en un bar en aquella época. Laura arbeitete damals in einer Bar.	El mes pasado **fui** al teatro. Letzten Monat ging ich ins Theater.
in der Vergangenheit verlaufende Handlungen	abgeschlossene Ereignisse

Mientras María **comía**, **chateaba** con sus amigos y **escuchaba** música.

Während María aß, chattete sie mit ihren Freunden und hörte Musik.

mehrere gleichzeitig verlaufende Handlungen

Ayer por la tarde María primero **comió**, después **chateó** con sus amigos y luego **escuchó** música.

Gestern Nachmittag hat María zuerst gegessen, danach mit ihren Freunden gechattet und dann Musik gehört.

aufeinanderfolgende Ereignisse

María **estaba comiendo** cuando llegaron sus amigos.

María aß, als ihre Freunde kamen.

eine Handlung, die gerade vor sich ging

María **estaba comiendo** cuando **llegaron** sus amigos.

María aß, als ihre Freunde kamen.

eine Handlung, die plötzlich einsetzte

14.5.2 *Pretérito imperfecto* und *pretérito indefinido* im Kontext

Hintergrund (**pretérito imperfecto**) Situation, Zustand, Erklärung	Vordergrund (**pretérito indefinido**) Handlung, Ereignis, Aktion, Feststellung
Frage: *Wie war es?*	Frage: *Was geschah?*
Era sábado por la noche. No **había** nadie en la calle, solo una pareja que se **estaba besando.** El cielo **estaba** despejado y **había** muchas estrellas. **Era** la una de la madrugada ... →	...cuando Javi **llegó** a casa.
La puerta de su piso **estaba** cerrada con llave. ¡Qué raro! →	Javi **entró** y se **quedó** de piedra:
Adentro todo se **encontraba** en el mejor orden. →	Primero Javi se **asustó**...
...porque la cosa que más **despreciaba** en la vida **era** el orden. →	Pero enseguida **entendió**. **Corrió** a su dormitorio, **abrió** la puerta y **dijo**: «Hola, mamá, ¿qué tal tu viaje?»

Es handelt sich um die Schilderung eines Geschehens in der Vergangenheit, das keinen Bezug zur Gegenwart hat. Deshalb wird im Text nur das **pretérito imperfecto** für die Beschreibung der Situation und das **pretérito indefinido** für die Handlung verwendet.

Lerntipp:
Um die Vergangenheitszeiten richtig anzuwenden, hilft dir die Vorstellung, eine Theaterbühne zu sehen: der Hintergrund (das „Bühnenbild" und auch die Handlung der „Statisten") steht im **pretérito imperfecto**, der Vordergrund (das „Geschehen auf der Bühne") steht im **pretérito indefinido**.

14.5.3 *Pretérito perfecto* und *pretérito indefinido* im Vergleich

pretérito perfecto	pretérito indefinido
Sara me **ha llamado** esta tarde. Sara hat mich heute Nachmittag angerufen.	Sara me **llamó** ayer. Sara hat mich gestern angerufen.
die Handlung ist gerade erst geschehen	der Zeitpunkt der Handlung liegt in der Vergangenheit
Esta semana **hemos encontrado** a Diego. Diese Woche haben wir Diego getroffen.	La semana pasada **encontramos** a Diego. Letzte Woche haben wir Diego getroffen.
der Zeitraum, in dem die Handlung stattgefunden hat, ist noch nicht abgeschlossen	der Zeitraum, in dem die Handlung stattgefunden hat, ist abgeschlossen
No puedo pagar porque **he olvidado** el pin de mi tarjeta. Ich kann nicht bezahlen, weil ich die PIN meiner Karte vergessen habe.	**Olvidé** llamar a mis abuelos. Ich habe vergessen, meine Großeltern anzurufen.
die Handlung hat noch Auswirklungen auf die Gegenwart	die Handlung hat keine Auswirkung auf die Gegenwart
Mi perro **ha muerto**. Mein Hund ist gestorben.	Mi perro **murió** hace seis meses. Mein Hund starb vor sechs Monaten.
der Sprecher will verdeutlichen, dass das Ereignis für ihn noch von Bedeutung ist	der Sprecher will verdeutlichen, dass das Ereignis für ihn nicht mehr von Bedeutung ist

14.6 Das *pretérito pluscuamperfecto* (Indikativ)
El pretérito pluscuamperfecto

Die Bildung des **pretérito pluscuamperfecto** findest du auf ▸ S.157.

Mit dem **pretérito pluscuamperfecto** wird eine Vorvergangenheit ausgedrückt.

El sábado estaba cansado porque **me había acostado** tarde la noche del viernes. Am Sonnabend war ich müde, weil ich am Freitagabend spät ins Bett gegangen war. Cuando salí de mi habitación a las once, mis padres ya **habían vuelto** del mercado. Als ich um elf aus meinem Zimmer kam, waren meine Eltern schon vom Markt zurückgekommen.	Das **pretérito pluscuamperfecto** beschreibt ein Geschehen, das vor einem anderen, ebenfalls vergangenen Geschehen liegt.

Der Sprecher blickt in die Vergangenheit:

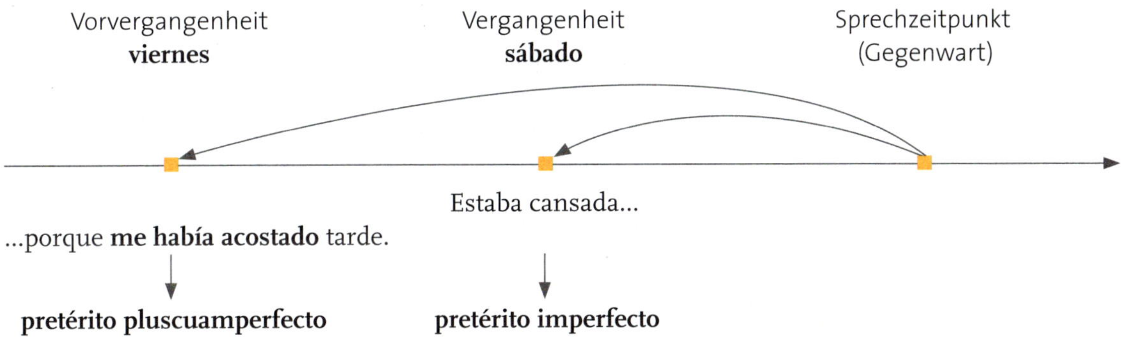

Lerntipp:
Wenn du nicht weißt, für welche Handlung oder welches Ereignis du das **pretérito pluscuamperfecto** verwenden musst, stelle dir folgende Frage: *Welche der beiden vergangenen Handlungen ist zuerst passiert?* Für dieses Ereignis verwendest du dann das **pretérito pluscuamperfecto.**

Das *pretérito pluscuamperfecto* in der indirekten Rede in der Vergangenheit

direkte Rede	indirekte Rede
«**He leído** un libro.» „Ich habe ein Buch gelesen."	Dijo que **había leído** un libro. Sie sagte, dass sie ein Buch gelesen habe.
«**Leí** un libro.» „Ich habe ein Buch gelesen."	Dijo que **había leído** un libro. Sie sagte, dass sie ein Buch gelesen habe.
«**Había leído** un libro.» „Ich hatte ein Buch gelesen."	Dijo que **había leído** un libro. Sie sagte, dass sie ein Buch gelesen habe.

Wenn die indirekte Rede im Hauptsatz mit einem Verb in einer Vergangenheitsform eingeleitet wird (**«Dijo que...»**), dann steht das **pretérito pluscuamperfecto** anstelle des **pretérito perfecto, pretérito indefinido** oder des **pretérito pluscuamperfecto** der direkten Rede.

▸ S.284 (Die Zeitenfolge in der indirekten Rede)

Zusatzwissen:

14.7 Das *pretérito anterior* El pretérito anterior

Die Bildung des **pretérito anterior** findest du auf ▸ S.157.

Mit dem **pretérito anterior** drückt man wie mit dem **pretérito pluscuamperfecto** (▸ S.203) eine Vorvergangenheit aus.

Tan pronto como **hubo recibido** la noticia, llamó a sus padres.
Kaum hatte er die Nachricht erhalten, rief er seine Eltern an.
Apenas sus huéspedes se **hubieron marchado**, empezó a llorar.
Kaum waren ihre Gäste gegangen, begann sie zu weinen.

Das **pretérito anterior** beschreibt ein Geschehen, das unmittelbar vor einem anderen, ebenfalls vergangenen Geschehen (im **pretérito indefinido**) liegt. Es wird nur noch sehr selten und ausschließlich in der gehobenen Schriftsprache verwendet und steht dann meist in Nebensätzen nach Konjunktionen wie **tan pronto como** *(sobald)*, **en cuanto** *(sobald)*, **luego que** *(nachdem)* oder **apenas** *(kaum)*.

14.8 Die Umschreibung der unmittelbaren Vergangenheit La perífrasis del pasado inmediato (*acabar de + infinitivo*)

Die Bildung des **pasado inmediato** findest du auf ▸ S.158.

Mit **acabar de** + *Infinitiv* schildert man die unmittelbare Vergangenheit.

Antonio **acaba de llegar**. Antonio ist gerade angekommen.	**Acabar de** + *Infinitiv* beschreibt eine soeben erst abgeschlossene Handlung.
Acababa de levantarse cuando llegué. Er war gerade aufgestanden, als ich kam.	Die Wendung kann auch im **pretérito imperfecto** stehen. Damit drückt man aus, dass eine Handlung in der Vergangenheit gerade abgeschlossen war, als etwas anderes geschah.

14.9 Das Futur (Indikativ) El futuro

Die Bildung des Futurs findest du auf ▸ S. 158.

Im Spanischen gibt es wie im Deutschen zwei Zeiten des Futur: das **futuro simple** und das **futuro compuesto**.

14.9.1 *El futuro simple* (Futur I)

En diez años cada alumno **tendrá** una tableta. In 10 Jahren wird jeder Schüler ein Tablet haben. Pronto **te sentirás** mejor. Es wird dir bald besser gehen.	Das **futuro simple** verwendet man: – für mögliche Handlungen oder Zustände in der Zukunft,
–¿Qué hora es? –**Serán** las dos. – Wie spät ist es? – Es wird wohl zwei Uhr sein.	– für Vermutungen
Manolo no **tendrá** tiempo mañana. Manolo wird morgen wohl keine Zeit haben.	– oder Zweifel.

Irás a tu habitación y ya no **saldrás**. Du gehst auf dein Zimmer und kommst nicht mehr raus. **Harás** lo que te diga. Du wirst das tun, was ich dir sage. No **mentirás**. Du sollst nicht lügen.	Es kann umgangssprachlich als Ersatzform des Imperativs genutzt werden und eine Forderung oder ein Gebot ausdrücken.

¿**Será** usted tan amable de acompañarme? Wären Sie so freundlich und würden mich begleiten? ¿Me **pasará** usted la sal, por favor? Könnten Sie mir bitte das Salz reichen?	Mit dem **futuro simple** kann man auch: – höfliche Bitten formulieren
¡**Será** posible! Das kann doch wohl nicht wahr sein! ¿No **estarás** enfermo? Du wirst doch wohl nicht krank sein?	– und Überraschung in Frage- und Ausrufesätzen zum Ausdruck bringen, was im Deutschen oft mit *doch wohl nicht!* übersetzt wird.

Das *futuro simple* in konditionalen Satzgefügen

Si llueve, **iremos** a la bolera. Wenn es regnet, gehen wir zum Bowlen. Si tengo tiempo, te **llamaré**. Wenn ich Zeit habe, werde ich dich anrufen.	Man verwendet das **futuro simple** außerdem im Hauptsatz, wenn die Bedingung des Konditionalsatzes erfüllbar ist.

▸ S. 269 (Die reale Bedingung)

Mañana **voy** al cine. Morgen gehe ich ins Kino. ¿Qué **haces** esta noche? Was machst du heute Abend?	Zukünftige Geschehnisse kann man umgangssprachlich auch im **presente** ausdrücken. Dann steht im Satz eine Zeitangabe, die sich auf die Zukunft bezieht.

14.9.2 *El futuro compuesto* (Futur II)

Dentro de cuatro meses **habré terminado** el colegio. In vier Monaten werde ich die Schule beendet haben. Mañana ya lo **habrán olvidado** todo. Morgen werden sie schon alles vergessen haben. Cuando llegues, Pepe ya **habrá salido.** Wenn du ankommst, wird Pepe schon gegangen sein.	Das **futuro compuesto** verwendet man für Handlungen oder Zustände, die zu einem bestimmten Zeitpunkt in der Zukunft abgeschlossen sein werden. Es kann auch ein Bezug hergestellt werden, indem ein anderes Ereignis genannt wird, das im Anschluss beginnt.

Der Erzähler blickt in die Zukunft:

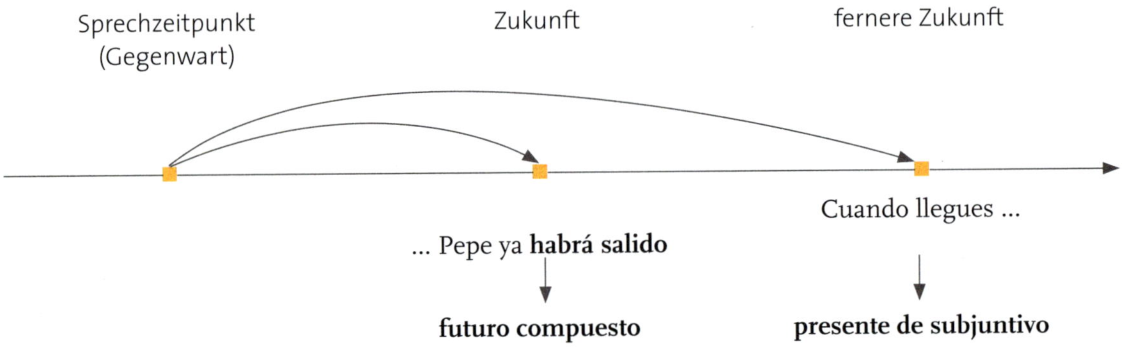

Lerntipp:
Wenn du bei zwei zukünftigen Handlungen oder Ereignissen nicht weißt, für welche von beiden du das **futuro compuesto** verwenden musst, stelle dir folgende Frage: *Welche der beiden Handlungen ist früher passiert?* Für dieses Ereignis verwendest du dann das **futuro compuesto.**

–¿Por qué hay luz en tu piso? –Ya **habrá vuelto** mi novio de Madrid. – Warum brennt in deiner Wohnung Licht? – Mein Freund wird wohl schon aus Madrid zurückgekehrt sein. Sergio aún no **habrá leído** mi mensaje. Sergio wird meine Nachricht wohl noch nicht gelesen haben.	Wie im Deutschen kann man das **futuro compuesto** auch verwenden, wenn man vermutet, dass etwas schon bzw. noch nicht passiert ist.

14.10 Die Umschreibung der Zukunft El futuro inmediato (*ir a + infinitivo*)

Die Bildung des **futuro inmediato** findest du auf ▸ S.160.

Mañana Marta **va a visitar** a sus abuelos. Morgen wird Marta ihre Großeltern besuchen. **Va a llover.** Es wird gleich regnen.	Das **futuro inmediato** beschreibt, was in der nahen Zukunft geschehen wird.
Vamos a hablar con Tere. Wir werden mit Tere reden. No **va a funcionar.** Das wird nicht funktionieren.	Man drückt damit aus, dass eine Handlung geplant oder ziemlich sicher ist.

14.11 Der Imperativ El imperativo

Die Bildung des Imperativs findest du auf ▸ S.162.

Déjalo en paz. ¡No lo **hagas**! ¡**Pare**! **Vamos**/**Vayamos** a casa. **Entren**, por favor.	Lass ihn in Ruhe! Tu das nicht! Halten Sie an! Gehen wir nach Hause. Kommen Sie doch bitte herein.	Den Imperativ nennt man im Deutschen auch Befehlsform. Man verwendet ihn für: – Befehle und Aufforderungen
Ayudadme, por favor. **Disculpe**.	Helft mir bitte. Entschuldigen Sie.	– sowie Bitten.

Zusatzwissen:
Neben den Imperativformen gibt es im Spanischen noch weitere Möglichkeiten, eine Aufforderung auszudrücken:

Vamos a brindar. Lasst uns anstoßen.	**Vamos a** + *Infinitiv* wird in der Umgangssprache oft anstelle des Imperativs in der 1. Ps. Plural verwendet.
¡**A** dormir! Geh schlafen! / Geht schlafen!	**A** + *Infinitiv* wird umgangssprachlich anstelle der 2. Person Singular und Plural verwendet.
Pelar y **picar** la cebolla,... Die Zwiebel schälen und schneiden, ... **Dejar** secar el producto. Das Produkt trocknen lassen. No **estacionar** Parken verboten	In Kochrezepten, Gebrauchsanweisungen oder auf Verbotsschildern werden Aufforderungen häufig durch den Infinitiv ausgedrückt.

▸ S.186 (Der Infinitiv anstelle eines Imperativs)

Ahora me **dirás** la verdad. Du sagst mir jetzt die Wahrheit!	Das **futuro simple** kann umgangssprachlich ebenfalls eine Forderung ausdrücken.

Es necesario que tenga instalado el programa. Es ist notwendig, dass Sie das Programm installiert haben. **Le convendría** decir la verdad. Er sollte die Wahrheit sagen.	Auch unpersönliche Ausdrücke können anstelle des Imperativs stehen.
¡**Silencio**! / ¡**Cuidado**! / ¡**Ánimo**! Ruhe! / Achtung! / Kopf hoch!	Selbst einzelne Substantive können einen Imperativ ersetzen.

¡**Vaya**!, he aprobado todas las asignaturas. Wow, ich habe in allen Fächern bestanden! ¡**Vaya** calor! Was für eine Hitze! ¡**Venga**, date prisa! Los, beeil dich!	**Vaya** und **venga** werden oft in Ausrufen benutzt. **Vaya** bedeutet dann etwa *wow!* oder in Verbindung mit Substantiven *was für ein/e...!* **Venga** bedeutet so viel wie *los!*
–Tengo que irme. –**Venga**, hasta luego. – Ich muss gehen. – Okay, bis später.	In Spanien wird **venga** auch oft anstelle von **vale** verwendet.

14.12 Der *condicional* El condicional

Die Bildung des **condicional** findest du auf ► S.164.

Im Gegensatz zum Indikativ, der eine Tatsache darstellt, stellt der **condicional** ein Geschehen als möglich oder gewünscht dar. Es wird genauso wie im Französischen das *conditionnel* verwendet.

Indikativ	condicional
Me **gusta** nadar. Ich schwimme gern.	Me **gustaría** ir a nadar. Ich würde gerne schwimmen gehen.
Dieser Satz im Indikativ drückt eine Tatsache aus.	Dieser Satz im **condicional** drückt einen Wunsch aus.

11.12.1 Der *condicional simple*

¿**Podrías** ayudarme con las Mates? Könntest du mir mit Mathe helfen? ¿Le **importaría** abrir la ventana? Würde es Ihnen etwas ausmachen, das Fenster zu öffnen?	Den **condicional simple** verwendet man: – für höfliche Bitten,

Yo que tú **estudiaría** Informática. Ich an deiner Stelle würde Informatik studieren. En tu lugar, no lo **haría**. An deiner Stelle würde ich das nicht machen.	– für Ratschläge,
Mañana **podría** llover. Morgen könnte es regnen.	– für Möglichkeiten,
Podrías escribir al periódico. Du könntest an die Zeitung schreiben.	– für Vorschläge
Me **encantaría** conocer a tu hermano. Ich würde sehr gern deinen Bruder kennen lernen. ¿Te **gustaría** trabajar en esta empresa? Würdest du gern in dieser Firma arbeiten?	– und zum Ausdruck von Wünschen.

Estaría bien pasar un año en Argentina. Es wäre schön, ein Jahr in Argentinien zu verbringen.	Es kann außerdem Vermutungen beschreiben.
–¿A qué hora llegó Sara? –**Serían** las once. – Wann kam Sara? – Es war wohl um elf.	Diese Vermutungen können sich auch auf die Vergangenheit beziehen.

⚠ aber:

Magda **quisiera** ser como Laura. Magda wäre gern wie Laura. **Quisiera** probarme esa blusa. Ich würde gern diese Bluse probieren.	Bei dem Verb **querer** *(wollen/lieben)* wird statt des **condicional** meist die Form des **imperfecto de subjuntivo** verwendet.

Der *condicional simple* in der indirekten Rede der Vergangenheit

direkte Rede	indirekte Rede
«**Leeré** un libro.» „Ich werde ein Buch lesen."	Dijo que **leería** un libro. Sie sagte, dass sie ein Buch lesen werde.
«**Leería** un libro.» „Ich würde ein Buch lesen."	Dijo que **leería** un libro. Sie sagte, dass sie ein Buch lesen würde.

Wenn die indirekte Rede im Hauptsatz mit einem Verb in einer Vergangenheitsform eingeleitet wird («**Dijo que ...**»), dann steht der **condicional simple** anstelle des **futuro simple** oder des **condicional simple** der direkten Rede.

▸ S. 284 (Die Zeitenfolge in der indirekten Rede)

Der *condicional simple* in konditionalen Satzgefügen

Si tuviera tiempo, te **acompañaría** al cine. Wenn ich Zeit hätte, würde ich mit dir ins Kino gehen. Si vinieras a la fiesta, **conocerías** a Laia. Wenn du auf die Party kämst, würdest du Laia kennen lernen.	Man verwendet den **condicional simple** im Hauptsatz, wenn die Erfüllung der Bedingung im Konditionalsatz eventuell möglich, aber eher unwahrscheinlich ist: *Was wäre, wenn etwas getan wird?* ⚠ Anders als im Deutschen steht es jedoch nur im Hauptsatz, nie im Satz mit **si**.

▸ S. 270 (Die irreale Bedingung der Gegenwart)

14.12.2 Der *condicional compuesto*

Yo que tú **habría preguntado** a Sergio. Ich an deiner Stelle hätte Sergio gefragt. En tu lugar eso no lo **habría hecho**. Das hätte ich an deiner Stelle nicht getan.	Der **condicional compuesto** verwendet man: – um jemandem Ratschläge zu geben, wie er in der Vergangenheit hätte handeln können
Me **habría gustado** pasar más tiempo contigo. Ich hätte gerne mehr Zeit mit dir verbracht. Nuria **habría comprado** el collar, pero no tenía dinero. Nuria hätte die Kette gekauft, aber sie hatte kein Geld.	– und um Bedauern über Dinge auszudrücken, die in der Vergangenheit versäumt wurden.

Cuando empezó la peli, los niños ya **se habrían dormido.** Als der Film begann, waren die Kinder wohl schon eingeschlafen.	Man kann mit dem **condicional compuesto** auch Vermutungen über die Vorvergangenheit anstellen.

direkte Rede	indirekte Rede
«**Habré leído** la novela.» „Ich werde den Roman gelesen haben." «**Habría leído** la novela si hubiera tenido tiempo.» „Ich hätte den Roman gelesen, wenn ich Zeit gehabt hätte."	Dijo que **habría leído** la novela. Sie sagte, dass sie den Roman gelesen haben werde. Dijo que **habría leído** la novela si hubiera tenido tiempo. Sie sagte, dass sie den Roman gelesen hätte, wenn sie Zeit gehabt hätte.

Wenn die indirekte Rede im Hauptsatz mit einem Verb in einer Vergangenheitsform eingeleitet wird («**Dijo que...**»), dann steht der **condicional compuesto** statt des **futuro compuesto** oder des **condicional compuesto** der direkten Rede.

▸ S. 284 (Die Zeitenfolge in der indirekten Rede)

Der *condicional compuesto* in konditionalen Satzgefügen

Si me hubieras preguntado a mí, yo te **habría dicho** la verdad. Wenn du mich gefragt hättest, hätte ich dir die Wahrheit gesagt.	Der **condicional compuesto** wird im Hauptsatz verwendet, wenn die Bedingung im Konditionalsatz nicht erfüllt wurde: *Was wäre geschehen, wenn etwas getan worden wäre?*

▸ S. 270 (Die irreale Bedingung der Vergangenheit)

14.13 Der *subjuntivo* El subjuntivo

Die Bildung des **subjuntivo** findest du auf ▸ S.166.

Der spanische **subjuntivo** hat im Deutschen keine Entsprechung. Meist entspricht die Verwendung des **subjuntivo** jedoch der Verwendung des *subjonctif* im Französischen.

Indikativ	subjuntivo
Es seguro que Ana **aprueba** el bachillerato. Es ist sicher, dass Ana das Abitur besteht.	No creo que Ana **apruebe** el bachillerato. Ich glaube nicht, dass Ana das Abitur besteht.
Dieser Satz im **Indikativ** drückt aus, dass sich der Sprecher sicher ist, dass Ana das Abitur besteht.	Dieser Satz im **subjuntivo** drückt aus, dass sich der Sprecher nicht sicher ist, dass Ana das Abitur besteht.

14.13.1 Der *subjuntivo* im Hauptsatz

[nosostros] **Demos** un paseo. Lasst uns einen Spaziergang machen. [usted] **Hable** con su hija. Sprechen Sie mit Ihrer Tochter. [ustedes] ¡**Tengan** cuidado! Seien Sie vorsichtig!	Der **subjuntivo** steht nur selten in Hauptsätzen. Er steht als Imperativ: – für die 1. Person Plural und – für die Höflichkeitsformen (**usted / ustedes**)
No **comas** tanto chocolate. Iss nicht so viel Schokolade.	– sowie für alle Formen des verneinten Imperativs.

¡**Vivan** los novios! Así **sea**.	Es lebe das Brautpaar! So soll es sein.	Der **subjuntivo** steht auch in vielen Floskeln, die einen Wunsch oder eine Willensäußerung ausdrücken.
¡Ojalá **tengas** suerte! ¡Que **aproveche**! ¡Que te **mejores**! ¡Que **te diviertas**! ¡Que **os divirtáis**! ¡Que **venga**!	Hoffentlich hast du Glück! Guten Appetit! Gute Besserung! Viel Spaß (dir)! Viel Spaß (euch)! (Sag ihm/ihr,) Er soll kommen!	Dazu zählen auch Sätze mit **ojalá** (*hoffentlich*) und **que**.

Zusatzwissen:

Haz **lo que quieras**.	Mach, was du willst.
–¿Tomamos un helado? –**Como quieras**.	– Essen wir ein Eis? – Wie du willst.
Sea como sea ...	Wie dem auch sei ...
Que yo sepa ... / No que yo sepa.	Soweit ich weiß ... / Soweit ich weiß, nicht.
Que yo recuerde ...	Soweit ich mich erinnere ...
Que yo haya visto ...	Soweit ich gesehen habe ...
Que nos sea conocido ...	Soweit uns bekannt ist ...

Der **subjuntivo** steht auch in manchen feststehenden Wendungen und in vorangestellten Nebensätzen mit **que**.

Indikativ oder *subjuntivo*?

Nach einigen Wörtern, die eine Vermutung ausdrücken, wie **quizá(s)**, **tal vez** oder **acaso** (*vielleicht*), steht meist der **subjuntivo**. Je nachdem, was der Sprecher ausdrücken will, kann aber auch der Indikativ stehen.

Sicherheit → Indikativ	**Unsicherheit, Zweifel** → subjuntivo
Quizás Espe **viene** mañana. Tal vez Espe **viene** mañana. Vielleicht (= *bestimmt*) kommt Espe morgen.	Quizás **llueva** mañana. Tal vez **llueva** mañana. Vielleicht regnet es morgen.
Der Sprecher will ausdrücken, dass er sich ziemlich sicher ist. Deshalb steht das Verb im **Indikativ**.	Der Sprecher will ausdrücken, dass er sich eher unsicher ist. Deshalb steht das Verb im **subjuntivo**.

⚠

A lo mejor no **llueve** mañana. Vielleicht regnet es morgen nicht.	Nach **a lo mejor** (*vielleicht*) steht immer der Indikativ.

14.13.2 Der *subjuntivo* im Nebensatz

Concha quiere que la **llames**. Concha möchte, dass du sie anrufst. Es posible que **llegue** tarde. Es ist möglich, dass ich später komme. Paco se disfraza para que no lo **reconozcan**. Paco verkleidet sich, damit er nicht erkannt wird.	Der **subjuntivo** im Nebensatz mit **que** wird meist durch bestimmte Verben, unpersönliche Ausdrücke im Hauptsatz oder Konjunktionen ausgelöst.

Das ist meist wie im Französischen. Auch hier steht der **subjonctif** nach einer Reihe von Verben und Ausdrücken der Willensäußerung **(vouloir que, aimer que, demander que)**, nach einer Reihe von unpersönlichen Ausdrücken **(il / c'est possible, il / ce n'est pas sûr que)** und verneinten Verben des Sagens und Denkens **(je ne pense/trouve pas que)** sowie einigen Konjunktionen **(avant que, pour que, sans que)**.

Pablo quiere que **vayamos** a Madrid. Pablo möchte, dass wir nach Madrid fahren. ¿Te molesta que **esté** aquí? Stört es dich, dass ich hier bin? Es posible que Francisco no **venga**. Es ist möglich, dass Francisco nicht kommt.	Wenn das Verb im Hauptsatz einen Willen, eine Gefühlsäußerung oder eine persönliche Bewertung ausdrückt, so steht der **subjuntivo** im mit **que** (*dass*) eingeleiteten Nebensatz. Voraussetzung ist, dass das Subjekt im Hauptsatz ein anderes ist, als im Nebensatz.
⚠ Pablo **quiere ir** a Madrid. Pablo möchte nach Madrid fahren.	Wenn das Subjekt im Nebensatz dasselbe wie im Hauptsatz ist (hier: *Pablo*), verwendet man nach dem auslösenden Verb direkt einen Infinitiv (d.h. ohne **que**).

Im Spanischen steht kein Komma vor **que** *(dass)*.
Das ist genauso wie im Französischen und anders als im Deutschen.

Pepe quiere que vengamos.
Pepe veut que nous venions.
Pepe möchte, dass wir kommen.

Der *subjuntivo* nach Verben der Willensäußerung

Der **subjuntivo** steht im mit **que** eingeleiteten Nebensatz, wenn das Verb im Hauptsatz eine Willensäußerung oder einen Wunsch ausdrückt (*wollen, wünschen, bitten…*):

Quiero que me **digas** la verdad. Ich möchte, dass du mir die Wahrheit sagst.	– Wunsch
Te pido que me **escuches** primero. Ich bitte dich, mir zuerst zuzuhören.	– Bitte
El policía ordena que la grúa **retire** el coche. Der Polizist ordnet an, dass der Abschleppdienst das Auto abschleppt.	– Aufforderung, Befehl
Le recomiendo que **imprima** el billete. Ich empfehle Ihnen, dass Sie das Ticket ausdrucken.	– Empfehlung
Te prohibo que **salgas** de casa. Ich verbiete dir, aus dem Haus zu gehen.	– Verbot

Merke dir die folgenden Verben der Willensäußerung, nach denen im Nebensatz mit **que** in der Regel der **subjuntivo** steht:

aconsejar que	raten, dass	preferir que	lieber wollen / vorziehen, dass
desear que	wünschen, dass	prohibir que	verbieten, dass
exigir que	verlangen, dass	proponer que	vorschlagen, dass
mandar que	auffordern, dass	querer que	wollen, dass
obligar que	zwingen, dass	recomendar que	empfehlen, dass
ordenar que	anordnen, dass	rogar (que)	bitten, dass
pedir que	bitten, dass	suplicar que	anflehen, dass
permitir que	erlauben, dass	tolerar que	dulden, dass

Auch diese Verben zählen dazu. Sie drücken aus, dass jemand Einfluss darauf nimmt, ob etwas geschieht oder nicht:

alcanzar que	erreichen, dass	hacer que	bewirken, dass
conseguir que	schaffen, dass	lograr que	schaffen, dass
dejar que	zulassen, dass	impedir que	verhindern, dass

⚠ Auch wenn diese Verben verneint werden, steht der **subjuntivo** im Nebensatz.

Der *subjuntivo* nach Verben der Gefühlsäußerung

Der **subjuntivo** steht im mit **que** eingeleiteten Nebensatz, wenn das Verb im Hauptsatz eine Gefühlsäußerung ausdrückt (*sich freuen, sich ärgern, bedauern, hoffen...*):

Me alegro de que **esté** usted aquí. Ich freue mich, dass Sie hier sind.	– Freude
Me molesta que me **trates** así. Es stört mich, dass du mich so behandelst.	– Verärgerung, Empörung
Me extraña que no **haya** llamado. Es erstaunt mich, dass er nicht angerufen hat.	– Erstaunen, Überraschung
Espero que mi ayuda te **sirva** de algo. Ich hoffe, dass dir meine Hilfe irgendwie nützt.	– Hoffnung
Me gusta que **sepas** tocar la guitarra. Es gefällt mir, dass du Gitarre spielen kannst.	– Gefallen
Siento que no **puedas** venir. Es tut mir leid, dass du nicht kommen kannst.	– Bedauern
Tiene miedo de que **se burlen** de él. Er hat Angst, dass sie sich über ihn lustig machen.	– Angst
Mis padres prefieren que **estudie** lenguas. Meine Eltern möchten lieber, dass ich Sprachen studiere.	– Vorliebe
Le da igual que le **mientan**. Es ist ihm egal, dass sie ihn anlügen.	– Gleichgültigkeit

⚠ esperar que + *subjuntivo*
espérer que + *Indikativ*

Merke dir die folgenden Verben der Gefühlsäußerung, nach denen im Nebensatz mit **que** in der Regel der **subjuntivo** steht:

agradecer que	dafür danken, dass	lamentar que	beklagen, dass
alegrarse de que	sich darüber freuen, dass	preferir que	vorziehen, dass
		quejarse de que	sich beschweren, dass
esperar que	hoffen, dass	sentir que	bedauern, dass
estar contento/-a de que	zufrieden sein, dass	temer que	fürchten, dass
estar harto/-a de que	es satt haben, dass	tener miedo de que	Angst haben, dass
⚠ estar triste de que	traurig sein, dass		

Auch wenn diese Verben verneint werden, steht der **subjuntivo** im Nebensatz.

Der *subjuntivo* nach verneinten Verben des Sagens, Denkens und Glaubens

No pienso que **sepas** cantar. Ich denke nicht, dass du singen kannst. No creo que **tengas** razón. Ich glaube nicht, dass du recht hast.	Wenn im Hauptsatz die Aussage des Nebensatzes bezweifelt wird, steht im Nebensatz der **subjuntivo**.

Indikativ oder *subjuntivo*?

Mit den verneinten Verben des Sagens, Denkens und Glaubens wird Zweifel ausgedrückt. Daher steht im Nebensatz der **subjuntivo**.
Werden diese Verben nicht verneint und drücken damit Sicherheit aus, steht der Indikativ:

Sicherheit → Indikativ		**Zweifel, Verneinung** → subjuntivo
Creo que Julia **se ha enamorado** de Pedro. Ich glaube, dass sich Julia in Pedro verliebt hat. (= *ich bin mir sicher*)		Pero no creo que Pedro **se haya enamorado** de Julia. Aber ich glaube nicht, dass sich Pedro in Julia verliebt hat. (= *ich bezweifle es*)
creo que + *Ind.*	ich glaube (nicht), dass	**no** creo que + *subj.*
digo que + *Ind.*	ich sage (nicht), dass	**no** digo que + *subj.*
estoy convencido/-a de que + *Ind.*	ich bin (nicht) überzeugt, dass	**no** estoy convencido/-a de que + *subj.*
estoy seguro/-a de que + *Ind.*	ich bin (nicht) sicher, dass	**no** estoy seguro/-a de que + *subj.*
me imagino que + *Ind.*	ich stelle mir (nicht) vor, dass	**no** me imagino que + *subj.*
me parece que + *Ind.*	es scheint mir (nicht), dass	**no** me parece que + *subj.*
opino que + *Ind.*	ich meine (nicht), dass	**no** opino que + *subj.*
pienso que + *Ind.*	ich denke (nicht), dass	**no** pienso que + *subj.*
recuerdo que + *Ind.*	ich erinnere mich (nicht), dass	**no** recuerdo que + *subj.*
sé que + *Ind.*	ich weiß (nicht), dass	**no** sé que + *subj.*
tengo la impresión de que + *Ind.*	ich habe (nicht) den Eindruck, dass	**no** tengo la impresión de que + *subj.*
⚠ **no** dudo que + *Ind.*	ich zweifle (nicht) daran, dass	dudo que + *subj.*
no ignoro que + *Ind.*	ich weiß (nicht), dass	ignoro que + *subj.*
no niego + *Ind.*	ich bestreite (nicht), dass	niego que + *subj.*

⚠

No espero que me **entiendas**. Ich erwarte nicht, dass du mich verstehst. Espero que **estés** bien. Ich hoffe, dass es dir gut geht.	**No esperar algo** bedeutet *etwas nicht erwarten*. **Esperar que** bedeutet *hoffen*, weshalb auch nach diesem Ausdruck der **subjuntivo** steht.

In der indirekten Rede muss man unterscheiden, ob die Verben des Sagens und Schreibens als Bericht **(Indikativ)** oder zur Aufforderung **(subjuntivo)** dienen:

Bericht → Indikativ	**Aufforderung** → subjuntivo
Magda dice que Soledad **regresa** hoy. Magda sagt, dass Soledad heute zurückkommt. Mi novio me escribe que **ha perdido** el tren. Mein Freund schreibt, dass er den Zug verpasst hat.	Mi padre me dice que **regrese** ahora mismo. Mein Vater sagt mir, dass ich sofort zurückkommen soll. Mi novio me escribe que lo **recoja** en la estación. Mein Freund schreibt mir, dass ich ihn am Bahnhof abholen soll.
Im Nebensatz steht der Indikativ, wenn das Verb des Hauptsatzes im Sinne von *berichten* benutzt wird.	Im Nebensatz steht der **subjuntivo**, wenn das Verb des Hauptsatzes eine Aufforderung ausdrücken soll. Im Deutschen wird der Nebensatz mit *sollen + Infinitiv* übersetzt.

Der *subjuntivo* nach unpersönlichen Ausdrücken

Der **subjuntivo** steht im mit **que** eingeleiteten Nebensatz, wenn im Hauptsatz unpersönliche Ausdrücke (*es ist wichtig/nötig/möglich…*) stehen, die folgendes ausdrücken:

Es necesario que se lo **digamos.** Es ist notwendig, dass wir es ihm <u>sagen</u>. Está bien que Juan lo **sepa.** Es ist gut, dass Juan es <u>weiß</u>.	– Bewertung oder persönliche Stellungsnahme
Es posible que **te equivoques.** Es ist möglich, dass tu <u>dich irrst</u>. No es cierto que **venga.** Es ist nicht sicher, dass er <u>kommt</u>.	– Vermutung ⚠ es cierto + *Indikativ* no es cierto + **subjuntivo**

Merke dir die folgenden unpersönlichen Ausdrücke, nach denen im Nebensatz mit **que** in der Regel der **subjuntivo** steht, weil sie eine Bewertung, persönliche Stellungnahme ode Vermutung ausdrücken:

es difícil que	es ist unwahrscheinlich, dass	es necesario que	es ist wichtig, dass
es frecuente que	es kommt häufig vor, dass	es normal que	es ist normal, dass
es importante que	es ist wichtig, dass	es obligatorio que	es ist zwingend notwendig, dass
es (im)posible que	es ist (un)möglich, dass	es raro que	es kommt selten vor, dass
es (im)probable que	es ist (un)wahrscheinlich, dass	es una locura que	es ist Wahnsinn, dass
es justo que	es ist gerecht, dass	(es una) lástima que	(es ist) schade, dass
es lógico que	es ist logisch, dass	es bueno/malo que	es ist gut/schlecht, dass
es mejor que	es ist besser, dass	está bien/mal que	es ist gut/schlecht, dass

Merke!

Es gibt zwei Möglichkeiten, *es ist gut/schlecht, dass* zu übersetzen. Vor **bien/mal** steht immer **estar**.
<u>es</u> **bueno/malo** que <u>**está**</u> **bien/mal** que <u>es ist gut/schlecht</u>, dass

basta (con) que	es genügt, dass	parece + *Adj.* que	es erscheint + *Adj.*, dass
conviene que	es ist angebracht, dass	es adecuado que	es ist angemessen, dass
hace falta que	es ist nötig, dass	parece mentira que	es ist unglaublich, dass
(no) importa que	es ist (nicht) wichtig, dass	puede (ser) que	es kann sein, dass

me gusta que	es gefällt mir, dass	me fastidia que	es ärgert mich, dass
me da igual que	es ist mir egal, dass	me importa que	es macht mir etwas aus, dass
me duele que	es tut mir weh, dass	me molesta que	es stört mich, dass
me encanta que	es freut mich sehr, dass	me sorprende que	es überrascht mich, dass
me extraña que	es erstaunt mich, dass		

Indikativ oder *subjuntivo*?

Folgende unpersönliche Ausdrücke stellen bejaht den Inhalt des Nebensatzes als sicher oder wahr dar; verneint vermitteln sie jedoch Unsicherheit oder Zweifel:

Sicherheit → Indikativ	**Unsicherheit, Zweifel** → subjuntivo
Es seguro/cierto que el bus **pasa** por aquí. Es ist sicher, dass der Bus hier vorbeifährt. Es verdad que Raúl y Lara **son** novios. Es ist die Wahrheit, dass Raúl und Lara zusammen sind. Es evidente que no **podemos** hacer nada. Es ist offensichtlich, dass wir nichts tun können.	**No** es seguro/cierto que **vengan**. Es ist nicht sicher, dass sie kommen **No** es verdad que Miri **haya llegado** tarde. Es ist nicht die Wahrheit, dass Miri zu spät gekommen ist. **No** es evidente que **haya sido** un zorro. Es ist nicht offensichtlich, dass es ein Fuchs war.
Werden die Ausdrücke bejaht, steht der **Indikativ**.	Werden die Ausdrücke verneint, steht der **subjuntivo**.

14.13.3 Der *subjuntivo* nach bestimmten Konjunktionen

Hago todo para que **te sientas** bien. Ich tue alles, damit du dich gut fühlst. Lo hizo sin que nadie **se diera** cuenta. Er tat es, ohne dass jemand etwas merkte.	Das **presente de subjuntivo** steht nach bestimmten Konjunktionen.

Merke dir die folgenden Konjunktionen, nach denen in der Regel der **subjuntivo** steht:

a condición de que	unter der Bedingung, dass	como si (+ *imperfecto de subjuntivo*)	als ob
a fin de que	damit	comoquiera que	wie auch immer
a menos que	es sein denn, dass	con tal (de) que	vorausgesetzt, dass
a no ser que	es sei denn, dass	dondequiera que	wo auch immer
antes de que	bevor	para que	damit
en caso que	falls	siempre que	vorausgesetzt, dass
en (el) caso de que	falls	sin que	ohne, dass

▸ S.134 (Konjunktionen mit *subjuntivo*)

Indikativ oder *subjuntivo*?

Nach bestimmten Konjunktionen wird entweder der **subjuntivo** oder der **Indikativ** benutzt. Das hängt davon ab, ob sich der Satz auf die Zukunft bzw. etwas Unbestimmtes oder auf die Gegenwart/Vergangenheit bzw. etwas Reales bezieht:

Gegenwart, Gewohnheit, Vergangenheit → Indikativ	**Zukunft** → subjuntivo
Cuando **llego** a casa, llamo a mi amiga. (Immer) Wenn ich nach Hause komme, rufe ich meine Freundin an. Todo iba bien hasta que **llegó** la crisis. Alles lief gut, bis die Krise kam.	Llámame cuando **llegues** a casa. Ruf mich an, sobald du nach Hause kommst. Practica la canción hasta que la **sepas** de memoria. Übe das Lied, bis du es auswendig kannst.
Wenn sich der Inhalt eines Nebensatzes auf die Gegenwart, eine Gewohnheit oder eine tatsächlich stattgefundene Handlung bezieht, steht der **Indikativ**.	Wenn sich der Inhalt eines Nebensatzes auf die Zukunft bezieht, steht der **subjuntivo**.

Auch nach diesen Konjunktionen kann der **Indikativ** oder der **subjuntivo** stehen:

a pesar de que	obwohl / selbst wenn	en cuanto	sobald
apenas	nachdem/sobald	mientras (que)	während/solange
aunque	obwohl / selbst wenn	tan pronto como	sobald
cada vez que	jedesmal, wenn	siempre que	immer wenn
después de que	nachdem/sobald	una vez que	sobald

Merke dir vor allem die unterschiedliche Verwendung von **aunque, cuando** und **mientras (que)**:

Gegenwart → Indikativ	**Zukunft** → subjuntivo
Aunque no **tiene** mucho tiempo, va al cine con nosotros. Obwohl er nicht viel Zeit hat, kommt er mit uns ins Kino.	Aunque Rafa **tenga** tiempo, no irá al cine con nosotros. Selbst wenn Rafa Zeit hat (= *haben sollte*), wird er nicht mit uns ins Kino kommen.
Cuando **hago** los deberes, escucho música. (Immer) Wenn ich Hausaufgaben mache, höre ich Musik.	Cuando **sepa** algo, te llamo. Sobald ich etwas weiß, rufe ich dich an.
Mientras Hugo **lee**, Pilar mira la tele. Während Hugo liest, sieht Pilar fern.	Mientras **llueva**, no voy a salir. Solange es regnet, gehe ich nicht raus.

Merke!

aunque
- *obwohl* → *Indikativ*
- *selbst wenn* → subjuntivo

cuando
- *(immer) wenn* → *Indikativ*
- *sobald* → subjuntivo

mientras
- *während* → *Indikativ*
- *solange* → subjuntivo

▸ S.133 (Konjunktionen mit Indikativ oder *subjuntivo*)

14.13.4 Der *subjuntivo* in Relativsätzen

Wenn das Bezugswort, auf das sich ein Relativsatz bezieht, etwas Unbekanntes bezeichnet, steht das Verb im Relativatz im **subjuntivo**.

Busco un colega que **hable** chino. Ich suche einen Kollegen, der Chinesisch spricht. *(= Ich weiß nicht, ob es einen Kollegen gibt, der Chinesisch spricht.)*	Der **subjuntivo** steht in Relativsätzen, wenn diese einen Wunsch oder eine Bedingung beinhalten, oder weil das Bezugswort, auf das sich der Relativsatz bezieht, etwas Unbekanntes bezeichnet.

▸ S. 278 (Der Modus im Relativsatz)

14.13.5 Der *subjuntivo* in irrealen Konditionalsätzen

Der **subjuntivo** steht in Konditionalsätzen, wenn die Bedingung unerfüllbar zu sein scheint oder in der Vergangenheit nicht erfüllt worden ist.

Si no **hiciera** tanto calor, jugaríamos al fútbol. Wenn es nicht so heiß wäre, würden wir Fußball spielen. Si **fuera** un animal, sería un gato. Wenn ich ein Tier wäre, würde ich eine Katze sein.	Wenn man die Bedingung für unerfüllbar hält oder daran zweifelt, dass sie erfüllt wird, verwendet man im Konditionalsatz das **imperfecto de subjuntivo**.

▸ S. 268 (Der Konditionalsatz)

Merke!

Nach **si** (*wenn/falls*) steht nie das **presente de subjuntivo**.

Si **hubiera aprobado** el examen, no tendría que estudiar ahora. Wenn ich die Prüfung bestanden hätte, müsste ich jetzt nicht lernen. Si **hubiera tenido** dinero, me habría comprado la tableta. Wenn ich Geld gehabt hätte, hätte ich mir das Tablet gekauft.	Wenn die Bedingung in der Vergangenheit nicht erfüllt wurde oder nicht erfüllbar war, verwendet man im Konditionalsatz das **pluscuamperfecto de subjuntivo**.

14.13.6 Die Verwendung der Zeiten in Nebensätzen mit *subjuntivo*

Man unterscheidet zwei Gruppen von Zeitformen im Hauptsatz, die beeinflussen, welche Form des **subjuntivo** im Nebensatz verwendet wird:

1. Präsens, pretérito perfecto, Futur
2. pretérito indefinido, pretérito imperfecto, pretérito pluscuamperfecto, condicional

1. Auslöser im Hauptsatz im Präsens, *pretérito perfecto* oder Futur

Quiero que me **digas** la verdad. Ich möchte, dass du mir die Wahrheit sagst. Te he dicho que me **escribas**. Ich habe dir gesagt, dass du mir schreiben sollst. Quedaremos cuando **estés** mejor. Wir treffen uns, wenn es dir besser geht.	Wenn der Nebensatz eine Handlung in der Gegenwart oder Zukunft beschreibt, dann steht das Verb im Nebensatz im **presente de subjuntivo**.

Me molesta que **hayas llegado** tarde. Es stört mich, dass du zu spät gekommen bist. No hemos dicho que **haya sido** fácil. Wir haben nicht gesagt, dass es leicht gewesen ist. Revisaremos tu trabajo cuando lo **hayas terminado**. Wir werden deine Arbeit überarbeiten, wenn du sie beendet hast.	Wenn der Nebensatz eine vergangene Handlung beschreibt, die einen Bezug zur Gegenwart hat (ähnlich wie das **perfecto compuesto**) oder eine Handlung, die zu einem bestimmten Zeitpunkt in der Zukunft abgeschlossen sein wird, steht das Verb im **perfecto de subjuntivo**.

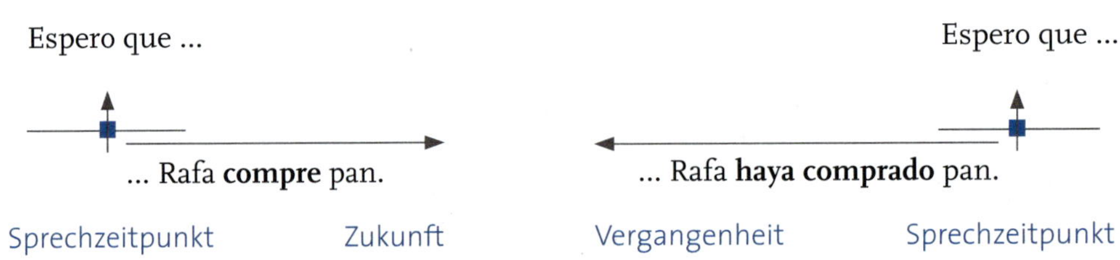

2. Auslöser im Hauptsatz im *pretérito indefinido, pretérito imperfecto, pretérito pluscuamperfecto* oder *condicional*

Le dije que **volviera.** Ich sagte ihm, dass er zurückkommen soll. Mis padres querían que **tuviera** una vida mejor. Meine Eltern wollten, dass ich ein besseres Leben hätte. Me habían pedido que no te **dijera** la verdad. Sie hatten mich darum gebeten, dass ich dir nicht die Wahrheit sage.	Wenn der Nebensatz eine – im Bezug zum Hauptsatz – in der Vergangenheit gleichzeitige oder zukünftige Handlung beschreibt, dann steht das Verb im Nebensatz im **imperfecto de subjuntivo**.
Me gustaría que **fuéramos** juntos a la fiesta. Ich würde mich sehr freuen, wenn wir gemeinsam zur Party gehen würden.	Drückt der **condicional** des Hauptsatzes eine Höflichkeit in der Gegenwart aus, so steht im Nebensatz trotzdem das **imperfecto de subjuntivo**.

No se esperaban que me **hubiera gustado** tanto. Sie hätten nicht gedacht, dass es mir so gut gefallen hätte.	Wenn sich der Nebensatz auf eine Handlung bezieht, die in der Vergangenheit abgeschlossen war, steht das Verb des Nebensatzes im **plus-cuamperfecto de subjuntivo**.

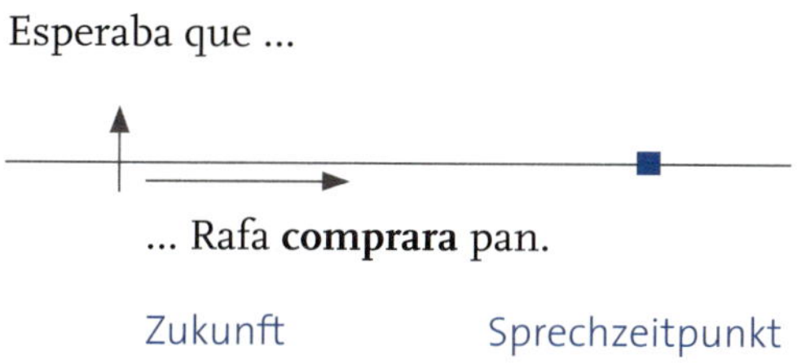

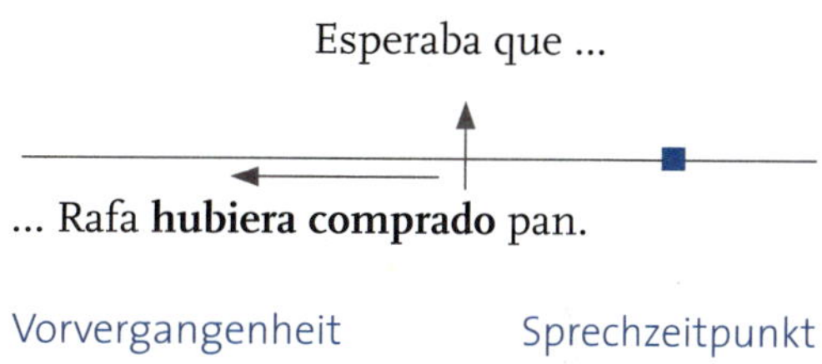

▸ S. 282 (Die indirekte Aussage)
▸ S. 283 (Die indirekte Aufforderung)

Merke!

Verb des Hauptsatzes (= Auslöser des subjuntivo im Nebensatz)	Verb des Nebensatzes
presente pretérito perfecto futuro →	**presente de subjuntivo** (Geschehen: zeitgleich oder zukünftig) **perfecto de subjuntivo** (Geschehen: zuvor)
pretérito imperfecto pretérito indefinido pretérito pluscuamperfecto condicional →	**imperfecto de subjuntivo** (Geschehen: zeitgleich oder zukünftig) **pluscuamperfecto de subjuntivo** (Geschehen: zuvor)

Wie vermeide ich Fehler? ¿Cómo evitar errores?

Pretérito perfecto, pretérito indefinido und *pretérito imperfecto*

Die spanischen Vergangenheitszeiten verwendet man anders als die Vergangenheitszeiten im Deutschen. Das deutsche Präteritum und das Perfekt je nach Perspektive des Sprechers mit dem **pretérito perfecto, pretérito indefinido** oder **pretérito imperfecto** wiedergegeben werden. Je nach Vergangenheitszeit kann sich die Bedeutung eines Satzes ändern:

Pablo und Nadine verbrachten ihren Urlaub in Chile. / Pablo und Nadine haben ihren Urlaub in Chile verbracht.

dieses Jahr:
Este año Pablo y Nadine han pasado sus vacaciones en Chile.
→ Der Zeitraum, in dem Pablo und Nadine in Chile waren *(dieses Jahr)*, ist zum Sprechzeitpunkt noch nicht abgeschlossen (es ist immer noch *dieses Jahr*). Die Verwendung des pretérito perfecto drückt einen Bezug zur Gegenwart aus.

vergangenes Jahr:
El año pasado Pablo y Nadine pasaron sus vacaciones en Chile.
→ Pablo und Nadines Urlaub war ein einmaliges Ereignis in der Vergangenheit. Der Zeitraum, in dem die Handlung stattfand, ist abgeschlossen.

früher:
Antes Pablo y Nadine pasaban sus vacaciones en Chile.
→ Früher haben Pablo und Nadine ihre Ferien immer in Chile verbracht. Die Verwendung des pretérito imperfecto zeigt eine Gewohnheit in der Vergangenheit (= *Wiederholung*) an.

Hintergrundhandlung:
Pablo y Nadine pasaban sus vacaciones en Chile cuando los conocí.
→ Pablo und Nadine haben gerade Urlaub in Chile gemacht, als etwas anderes passierte. Die Verwendung des pretérito imperfecto zeigt an, dass eine Handlung gerade in der Vergangenheit andauerte, als etwas anderes passierte. Für das neu einsetzende Ereignis verwendet man das pretérito indefinido.

Nicht immer wird der unterschiedliche Gebrauch der Vergangenheitsformen durch entsprechende Zeitangaben verdeutlicht. Welche Vergangenheitszeit verwendet wird, ergibt sich manchmal allein aus dem Zusammenhang oder aus der Absicht des Sprechers:

pretérito perfecto	pretérito indefinido	pretérito imperfecto
	einmalige Ereignisse	wiederholte Handlungen, Gewohnheiten
Ereignisse mit Bezug zur Gegenwart	abgeschlossene Ereignisse	in der Vergangenheit verlaufende Handlungen
	aufeinanderfolgende Ereignisse („Handlungskette“)	mehrere gleichzeitig verlaufende Handlungen
	Handlung, die plötzlich einsetzte („Vordergrund“)	Handlung, die gerade vor sich ging („Hintergrund“)

Die folgenden Verben können im **pretérito imperfecto** und im **pretérito indefinido / pretérito perfecto** unterschiedliche Bedeutungen haben:

conocer

David **conoció** a Julia en marzo. Yo la he **conocido** hoy, pero Esteban ya la **conocía** antes.

David hat Julia im März kennengelernt. Ich habe sie heute kennengelernt, aber Esteban kannte sie schon früher.

conocía ich kannte ⟷ conocí / he conocido ich habe kennengelernt

saber

Sabía que su amigo le mentía, pero finalmente **ha sabido / supo** la verdad.

Er wusste, dass sein Freund ihn anlog, aber letzte Woche hat er endlich die Wahrheit erfahren.

sabía er wusste ⟷ supo / ha sabido er hat erfahren (= *angefangen zu wissen*)

tener

Dolores ya **tenía** dos hijas. El año pasado **tuvo** un hijo.

Dolores hatte schon zwei Töchter. Letztes Jahr bekam sie einen Sohn.

tenía sie hatte ⟷ tuvo sie bekam

---

querría vs. *quería*

Unterscheide **quería** (**pretérito imperfecto**) von **querría** (**condicional**):

Solo **quería** decirte la verdad.
Ich wollte dir nur die Wahrheit sagen.

Querría saber la verdad.
Ich wüsste gern die Wahrheit.

Auslöser des *subjuntivo*

Deutsche Muttersprachler vergessen immer wieder, den **subjuntivo** zu verwenden, da es im Deutschen keine Entsprechung gibt. Beachte vor allem folgende Hinweise:

In welcher Art von Sätzen muss der *subjuntivo* stehen?

– in irrealen Konditionalsätzen
– in vorangestellten **que**-Sätzen
– in Ausrufesätzen mit **qué** oder **ojalá**

In welcher Art von Nebensätzen kann der *subjuntivo* stehen?

– in mit **que** (*dass*) eingeleiteten Nebensätzen
– in Relativsätzen
– in anderen Adverbialsätzen

Wann muss man den *subjuntivo* verwenden?

– nach Verben der Willensäußerung
– nach Verben der Gefühlsäußerung
– nach verneinten und verneinenden Verben des Sagens, Denkens und Glaubens
– nach fast allen unpersönlichen Ausdrücken
– nach einigen Konjunktionen

Abschlussübung Evaluación

1. Nach welchen „Signalwörtern" steht meist das pretérito indefinido, das pretérito imperfecto oder das pretérito perfecto? Ordne sie in eine Tabelle ein.

a. ayer
b. de repente
c. hoy
d. el año pasado
e. primero
f. en aquellos años
g. este año
h. todavía no
i. todos los días
j. a veces
k. en 1980
l. alguna vez
m. ya
n. después
o. siempre
p. el otro día
q. antes
r. en aquella época
s. nunca
t. esta tarde

pretérito indefinido	pretérito imperfecto	pretérito perfecto

2. Übersetze die Sätze ins Spanische und achte dabei auf die richtige Zeitform: pretérito indefinido, pretérito imperfecto oder pretérito pluscuamperfecto.

a. Álvaro war gerade im Wohnzimmer, als er ein merkwürdiges Geräusch hörte.
b. Er ging zum Fenster und sah eine Person, die gerade auf den Balkon der Nachbarin im ersten Stock kletterte.
c. Was geschah da? Er musste etwas tun!
d. Er betrat die Wohnung mit dem Schlüssel der Nachbarin, die auf Reisen war.
e. Er schaltete das Licht an - und lief knallrot an.
f. Im Wohnzimmer sah er die Nachbarin. Sie erschrak sehr und sagte: „Ich wollte Sie nicht stören, weil es schon so spät war."

3. Pretérito perfecto, pretérito imperfecto, pretérito indefinido oder pretérito pluscuamperfecto? Setze das Verb in Klammern in die richtige Vergangenheitsform.

Hola, Nacho:
Te escribo desde Siurana donde me lo estoy pasando bomba. (**Llegar**/yo) la semana pasada a este pueblo encantador. El viaje (**ser**) un poco largo. Cuando mis amigos me (**recoger**/ellos) en Cornudella de Montsant, ya (**pasar**/yo) cinco horas entre el AVE y el autobús. Menos mal que mis amigos (**llegar**/ellos) el día anterior y ya (**montar**/ellos) las tiendas de campaña ;-). Desde el camping tienes unas vistas increíbles sobre la sierra de Montsant y el pueblo de Siurana. Me (**contar**/ellos) mis amigos que durante el siglo XII Siurana (**ser**) la última fortaleza árabe en Cataluña. Durante mucho tiempo los cristianos (**asediar**/ellos) la fortaleza, pero no (**lograr**/ellos) conquistarla. Allí (**vivir**/ella) Abdelazia, una reina mora de gran belleza. Al final, como en todas las leyendas trágicas (**haber**) un traidor que (**permitir**/él) entrar a los cristianos. Como Abdelazia (**ser**/ella) muy orgullosa (**preferir**/ella) morir en vez de rendirse a los enemigos: (**montar**/ella) su caballo y lo (**forzar**/ella) a saltar al precipicio cercano. Por esto la gente le (**dar**) a la roca el nombre de «Salt de la reina mora».
¿Por qué te (**escribir**/yo) todo esto? Pues, en esta pared hoy (**escalar**/yo) mi primera vía 6c* (muy muy difícil). Mira la foto en mi facebook. Pero no creas que estemos aquí solo para escalar. Esta semana, también (**hacer**/nosotros) un poco de senderismo, (**alquilar**/nosotros) unas canoas y (**probar**/nosotros) la buena cocina catalana. Y tú, ¿com va? (así es como se dice en catalán para preguntar «¿cómo te va?») :-) Te echo mucho de menos.
Muchos «petons» (besos catalanes) xxx
Lola

* la via 6c – *die Kletterroute mit dem Schwierigkeitsgrad 6c*

4. Entscheide, welcher Modus verwendet werden muss: Indikativ oder subjuntivo?

a. Te llamaré cuando **puedo/pueda**, pero antes de las seis.
b. Me duelen los brazos cuando **hago/haga** yoga.
c. Te agradezco mucho que me **has dicho / hayas dicho** esto.
d. Temo que no **has aprobado / hayas aprobado** el examen.
e. Es evidente que el ladrón no **dice/diga** la verdad.
f. Mamá quiere que **vuelves/vuelvas** a casa temprano.
g. Mamá ha preguntado si **vuelves/vuelvas** a casa temprano.
h. Ronaldo es un chico muy gracioso. Habla con él. Es el que **lleva/lleve** la gorra verde.

5. Manolito ist sehr stolz auf sein Meerschweinchen und spricht ständig darüber. Aber nicht alles, was er sagt, stimmt auch. Schreibe auf, was seine Freunde zu den richtigen (+) und den falschen (–) Aussagen sagen.

Manolito: Pues, para mí los cobayas son las mascotas perfectas. Pertenecen a la misma familia que los hámsteres (+). Viven en parejas (+) y algunas razas incluso tienen una vida social muy compleja. Tienen cinco dedos en las patas anteriores y ocho en las patas posteriores (–). Saben saltar hasta un metro de alto (–). Los cobayas tienen una visión muy buena. Pueden mirar atrás sin girar la cabeza (+). Al nacer tienen todavía los ojos cerrados (–), al igual que los gatos. Pueden distinguir el verde del azul, pero no del rojo (+). Por desgracia pueden tener muchas alergias (–), incluso contra el humano.

Pepa: Oye, Manolito, ¿sabías que en Perú la gente come los cobayas? Parece que son muy sabrosos...

Pablo: Es verdad que pertenecen a la misma familia que los hámsteres.
Luna: Todo el mundo sabe que...
Dario: Está claro que...
Julia: Está demostrado que...

Vera: No es verdad que sepan saltar hasta un metro de alto.
Daniel: Es mentira que...
Toño: No es cierto que...
Concha: No creo que...

Die Lösungen findest du unter:
www.cornelsen.de/webcodes
Gib dort den Webcode gram-evaluacion14 ein.

15. Das Verb und seine Ergänzungen
El verbo y sus complementos

Verben haben verschiedene Ergänzungen, zum Beispiel:

– ein direktes Objekt (Sache)	Pablo canta **una canción.**
– ein direktes Objekt (Abstraktum)	Ana tiene **una pregunta.**
– ein direktes/indirektes Objekt (Person) mit **a**	Mario ve/pregunta **a Ana.**
– eine präpositionale Ergänzung	Piensa **en ella.**
– eine Infinitivergänzung	Quiere **ir** con ella al cine.
– eine Infinitivergänzung mit **a**	Empieza **a ponerse** nervioso.
– eine Infinitivergänzung mit **de**	Trata **de calmarse.**

Einige Verben können auch mehrere Ergänzungen haben.

Oft hängt die Bedeutung eines Verbs von seiner Ergänzung ab, zum Beispiel:

No voy a **cambiar de idea.**	*Ich werde meine Meinung nicht ändern.*
Cambió el libro **por** un cedé.	*Er tauschte das Buch gegen eine CD.*

Im folgenden Kapitel erfährst du, welche Ergänzungen spanische Verben haben können und welche Unterschiede es zum Deutschen gibt:

15.1 Direktes Objekt im Spanischen versus indirektes Objekt im Deutschen
15.2 Indirektes Objekt im Spanischen versus direktes Objekt im Deutschen
15.3 Verben mit Präpositionen nur im Deutschen
15.4 Verben mit Präpositionen nur im Spanischen
15.5 Verben mit Präpositionen

Außerdem findest du eine Evaluación, S. 240, in der du dein Wissen überprüfen kannst.

Wenn ein Verb im Spanischen ein direktes Objekt hat, hat es im Deutschen meist ebenfalls ein direktes Objekt und wenn es ein indirektes Objekt im Spanischen hat, hat es meist auch ein indirektes Objekt im Deutschen:

direktes Objekt	**indirektes Objekt**
Juan busca a Soledad. Juan sucht Soledad.	Elías presta el libro a Joaquín. Elías leiht Joaquín das Buch.

Das ist aber nicht bei allen Verben so.

▸ S. 251 (Das direkte Objekt)
▸ S. 252 (Das indirekte Objekt)

15.1 Direktes Objekt im Spanischen versus indirektes Objekt im Deutschen Complemento directo en español contra complemento indirecto en alemán

Marta ayuda a su padre.	Marta hilft ihrem Vater.

Das spanische Verb **ayudar** steht z.B. mit einem direkten Objekt, das deutsche Verb *helfen* aber mit einem indirekten Objekt.

Besonders für die richtige Verwendung der Objektpronomen musst du wissen, welches Objekt ein Verb hat.
Merke dir deshalb vor allem die folgenden Verben mit direktem Objekt im Spanischen und indirektem Objekt im Deutschen:

direktes Objekt	indirektes Objekt	
afectar a alg.	jdm. nahegehen	Esto **la** afecta mucho. Das geht ihr sehr nahe.
ayudar a alg. (en algo)	jdm. (bei etw.) helfen	**La** ayudo (en su trabajo). Ich helfe ihr (bei ihrer Arbeit).
ayudar a alg. a + *Inf.*	jdm. dabei helfen, etw. zu tun	¿**Lo** ayudas a escribir su tesina? Hilfst du ihm, seine Diplomarbeit zu schreiben?
contradecir algo / a alg.	etw./jdm. widersprechen	Tengo que contradecir**los**. Ich muss ihnen widersprechen.
dañar algo / a alg.	etw./jdm. schaden	Este asunto **la** ha dañado mucho. Diese Angelegenheit hat ihr sehr geschadet.
disculpar a alg.	jdm. verzeihen	¿Por qué no **los** disculpas? Warum verzeihst du ihnen nicht?
escuchar algo / a alg.	etw./jdm. zuhören	Nunca **lo** escuchan. Nie hören sie ihm zu.
evitar algo / a alg.	etw./jdm. ausweichen	¿**Me** estás evitando? Weichst du mir aus?
felicitar a alg. (por algo)	jdm. (zu etw.) gratulieren	Ana no **la** ha felicitado por su examen. Ana hat ihr nicht zu ihrer Prüfung gratuliert.
perdonar a alg.	jdm. verzeihen	No **lo** puedo perdonar. Ich kann ihm nicht verzeihen.
preceder algo / a alg.	etw./jdm. vorausgehen	¿Quién **la** ha precedido? Wer ist ihr vorausgegangen?
seguir algo / a alg.	etw./jdm. folgen	Sígue**la** con la bici. Folge ihr mit dem Fahrrad!

⚠ Die Präposition **a** steht nicht nur vor dem indirekten Objekt, sondern auch vor dem direkten Objekt, wenn es sich dabei um eine Person handelt.

15.2 Indirektes Objekt im Spanischen versus direktes Objekt im Deutschen Complemento indirecto en español contra complemento directo en alemán

Pregunta a tu madre.	Frag deine Mutter.

Manche Verben im Spanischen, wie z. B. **preguntar**, stehen mit einem indirekten Objekt, während sie im Deutschen (*fragen*) aber mit einem direkten Objekt steht.

Merke dir vor allem diese Verben mit indirektem Objekt im Spanischen und direktem Objekt im Deutschen:

indirektes Objekt	direktes Objekt	
costar mucho a alg.	jdn. viel kosten	Eso **le** cuesta mucho. Das kostet ihn/sie viel.
doler a alg. que + *subj.*	jdn. schmerzen, dass ...	**Le** duele que la haya dejado. Es schmerzt sie, dass er sie verlassen hat.
hablarle a alg.	jdn. ansprechen	¿Ya **le** has hablado (a esta chica)? Hast du sie (= *dieses Mädchen*) schon angesprochen?
hacer desesperar a alg.	jdn. zur Verzweiflung bringen	No sé por qué **les** he hecho desesperar. Ich weiß nicht, warum ich sie zur Verzweiflung gebracht habe.
hacer esperar a alg.	jdn. warten lassen	Irene siempre **le** hace esperar. Irene lässt ihn/sie immer warten.
impedir a alg. + *Inf.*	jdn. daran hindern, etw. zu tun	**Le** impidieron venir. Man hinderte ihn/sie daran zu kommen.
interesar a alguien	jdn. interessieren	Eso no **me** interesa. Das interessiert mich nicht.
mentir a alguien	jdn. anlügen	¿Por qué **les** mientes? Warum lügst du sie an?
pedir algo a alg.	jdn. um etw. bitten	¿Cuándo **le** pedí el libro? Wann habe ich Sie um das Buch gebeten?
preguntar (algo) a alg.	jdn. (etw.) fragen	¿Por qué no **se** (*für:* **le**) lo has preguntado? Warum hast du es ihn/sie nicht gefragt?
recordar algo a alg.	jdn. an etw. erinnern	¿**Le** recuerdas mi cumpleaños? Erinnerst du ihn/sie an meinen Geburtstag?
sobrevivir a algo/alg.	etw./jdn. überleben	Sobrevivió a **la catástrofe** muy poca gente. Nur wenige Leute haben die Katastrophe überlebt.

15.3 Verben mit Präpositionen nur im Deutschen
Verbos con preposición solo en alemán

Solicito ■ el puesto de asistente.	Ich bewerbe mich um die Stelle als Assistent.

Während im Deutschen auf manche Verben eine Präposition folgt, haben sie im Spanischen keine Präposition.

Merke dir vor allem diese Verben, die im Spanischen nicht mit einer Präposition anschließen:

ohne Präposition	mit Präposition	
agradecer algo a alg.	jdm. für etw. danken	Te agradezco tu ayuda. Ich danke dir für deine Hilfe.
apretar algo	auf etw. drücken	Tienes que apretar el botón. Du musst auf den Knopf drücken.
consultar algo	in etw. nachschlagen	Puedes consultar el diccionario. Du kannst im Wörterbuch nachschlagen.
elegir a alg. + *Substantiv*	jdn. zu + *Substantiv* wählen	Me eligieron presidente el año pasado. Vergangenes Jahr haben sie mich zum Präsidenten gewählt. / Vergangenes Jahr wurde ich zum Präsidenten gewählt.
escasear algo	an etw. fehlen	Escasea el dinero. Es fehlt an Geld.
esperar algo / a alg.	auf etw./jdn. warten	Te he esperado media hora. Ich habe eine halbe Stunde auf dich gewartet.
jubilarse	sich zur Ruhe setzen	Me jubilé en 2012. Ich setzte mich 2012 zur Ruhe.
nombrar a alg. + *Substantiv*	jdn. zu + *Substantiv* ernennen	La nombraron ministra en 2011. 2011 ernannte man sie zur Ministerin. / 2011 wurde sie zur Ministerin ernannt.
pedir algo a alg.	jdn. um etw. bitten	¿Cuándo le pediste el libro? Wann hast du ihn/sie um das Buch gebeten?
pensar + *Inf.*	vorhaben, etw. zu tun	Piensan quedarse en casa. Sie haben vor, zu Hause zu bleiben.
recordar algo	sich an etw. erinnern	¿No recuerdas la fecha de mi cumple? Erinnerst du dich nicht an meinen Geburtstag?
señalar algo / a alg.	auf etw./jdn. hinweisen	Señala la fecha del concierto. Er weist auf das Datum des Konzerts hin.
solicitar algo	sich um etw. bewerben	Solicita el puesto de auxiliar. Er bewirbt sich um die Stelle als Hilfskraft.

15.4 Verben mit Präpositionen nur im Spanischen
Verbos con preposición solo en español

Mario se casó con Julia.	Mario hat ■ Julia geheiratet.

Andererseits gibt es im Spanischen Verben, die mit einer Präposition anschließen, während im Deutschen keine Präposition folgt.

Merke dir vor allem diese Verben, die im Deutschen nicht mit einer Präposition anschließen:

mit Präposition	ohne Präposition	
abstenerse **de** algo	etw. entsagen	Hugo se abstiene **del** alcohol. Hugo entsagt dem Alkohol.
abusar **de** algo/alg.	etw./jdn. missbrauchen / ausnutzen	Paula abusa **de** mi bondad. Paula nutzt meine Liebenswürdigkeit aus.
acabar **de** + *Inf.* acabar **por** + *Inf.*	etw. gerade getan haben schließlich etw. tun	Álvaro acaba **de** llegar. Álvaro ist gerade angekommen. Han acabado **por** contestarme. Sie haben mir schließlich geantwortet.
acercarse **a** algo/alg.	sich etw./jdm. nähern	Se están acercando **a** Madrid. Sie nähern sich Madrid.
aprovecharse **de** algo/alg.	etw./jdn. ausnutzen	Carla se ha aprovechado **de** él. Carla hat ihn ausgenutzt.
arrepentirse **de** algo	etw. bereuen	No me arrepiento **de** esta decisión. Ich bereue diese Entscheidung nicht.
asistir **a** algo	etw. besuchen	Iker asiste **a** clase raras veces. Iker besucht den Unterricht nur selten.
atender **a** algo/alg.	etw./jdn. bedienen	¿Atiendes **al** cliente, por favor? Bedienst du bitte den Kunden?
bajar **por** algo	etw. hinuntergehen/hinunterfahren	Bajan **por** la pista. Sie fahren die Skipiste hinunter.
cambiar **de** algo cambiar **de** casa	etw. wechseln/ändern umziehen	Miguel ha cambiado **de** opinión. Miguel hat seine Meinung geändert. Elena cambia **de** casa. Elena zieht um.
casarse **con** alg.	jdn. heiraten	¿Cuándo se va a casar tu hermana **con** David? Wann wird deine Schwester David heiraten?
confiar **en** algo/alg.	etw./jdm. vertrauen	No confío **en** él. Ich vertraue ihm nicht.
contactar **con** alg.	jdn. kontaktieren	¿Cómo puedo contactar **con** el catedrático? Wie kann ich den Professor kontaktieren?

convenir **en** algo	etw. vereinbaren	Han convenido **en** la fecha del viaje. Sie haben das Datum der Reise vereinbart.
corresponder **a** algo	etw. entsprechen	El resultado no corresponde **a** mis esperanzas. Das Ergebnis entspricht nicht meinen Erwartungen.
cumplir **con** algo	etw. erfüllen	Mario nunca cumple **con** sus promesas. Mario erfüllt nie seine Versprechen.
deber **de** + *Inf.*	wohl etw. tun müssen	Lucía debe **de** llamar pronto. Lucía muss wohl bald anrufen.
desconfiar **de** alg.	jdm. misstrauen	¿Por qué desconfías **de** mí? Warum misstraust du mir?
disfrutar **de** algo	etw. genießen	En verano nos gusta disfrutar **del** sol. Im Sommer genießen wir gerne die Sonne.
echar a alg. **de** menos	jdn. (sehr) vermissen	¡Ya te estoy echando **de** menos! Ich vermisse dich schon sehr!
enterarse **de** algo	etw. erfahren	No me he enterado **del** terremoto. Ich habe von dem Erdbeben nicht erfahren.
estar enfadado/-a **con** alg. estar **de** acuerdo con alg.	jdm. böse sein mit jdm. einer Meinung sein	Pablo está enfadado **con** Paula. Pablo ist Paula böse. Nunca estás **de** acuerdo conmigo. Nie bist du mit mir einer Meinung.
faltar **a** algo faltar **por** + *Inf.*	etw. fernbleiben/ versäumen noch zu tun sein	Hoy Daniel ha faltado **a** clase. Heute hat Daniel den Unterricht versäumt. Faltan muchas cosas **por** hacer. Es ist noch viel zu tun
fiarse **de** algo/alg.	etw./jdm. vertrauen	No me fío **de** Jaime. Ich vertraue Jaime nicht.
influir **en/sobre** algo/ alg.	etw./jdn. beeinflussen	Han influido **en/sobre** la decisión política. Sie haben die politische Entscheidung beeinflusst.
ir **a** + *Inf.* ir **de** compras ir (a) **por** algo/alg.	etw. tun werden einkaufen gehen etw./jdn. holen	Voy **a** escribirle. Ich werde ihr schreiben. ¿Tienes ganas de ir **de** compras? Hast du Lust einkaufen zu gehen? Voy **(a) por** el pan / el médico. Ich hole das Brot / den Arzt.
jugar **a** algo	etw. spielen	Me gusta jugar **al** fútbol. Ich spiele gerne Fußball.
llamar **por** teléfono (a alg.)	(jdn.) anrufen	¿Ya (te) han llamado **por** teléfono? Haben sie (dich) schon angerufen?
optar **a** algo optar **por** algo	etw. anstreben etw. wählen	Desde hace mucho Noa ha optado **a** este cargo. Noa hat seit langem dieses Amt angestrebt. Han optado **por** la solución más fácil. Sie haben die leichteste Lösung gewählt.

parecerse **a** alg.	jdm. ähneln	Paloma se parece mucho **a** su padre. Paloma sieht ihrem Vater sehr ähnlich.
pertenecer **a** algo/alg.	etw./jdm. gehören	El Camp Nou pertenece **al** FC Barcelona. Das Camp Nou gehört dem FC Barcelona.
quedar **en** algo/+ *Inf.* quedar **por** hacer quedarse **con** algo	etw. ausmachen noch getan werden müssen etw. nehmen (= *kaufen*)	¿**En** qué hemos quedado? Was haben wir ausgemacht (= *verabredet*)? Todos estos ejercicios quedan **por** hacer. All diese Aufgaben müssen noch gemacht werden. Me quedo **con** este libro. Ich nehme dieses Buch.
renunciar **a** algo	etw. aufgeben/niederlegen	En 2013 Natalia renunció **a** su cargo. 2013 legte Natalia ihr Amt nieder.
sospechar **de** alg.	jdn. verdächtigen	El comisario sospecha **de** ella. Der Kommissar verdächtigt sie.

15.5 Verben mit Präpositionen Verbos con preposiciones

Oft werden im Spanischen andere Präpositionen verwendet als im Deutschen. Anbei findest du Verben, die oft Fehlerquellen darstellen oder mit unterschiedlichen Präpositionen gebraucht werden können:

acordarse **de** algo/alg. acordarse **de** + *Inf.*	sich an etw./jdn. erinnern daran denken, etw. zu tun	¿No te **acuerdas de** mí? Erinnerst du dich nicht an mich? **Acuérdate de** llamar cuando llegues a casa. Denke daran anzurufen, wenn du nach Hause kommst.
acostumbrarse **a** algo/alg. acostumbrarse **a** + *Inf.*	sich an etw./jdn. gewöhnen sich daran gewöhnen, etw. zu tun	Ya **te acostumbrarás al** clima. Du wirst dich schon an das Klima gewöhnen. Nunca **me acostumbraré a** trabajar tan temprano. Ich werde mich nie daran gewöhnen, so früh zu arbeiten.
alegrarse **por** algo/alg.	sich für etw./jdn. freuen	**Me alegro por** ti. Ich freue mich für dich.
amenazar a alg. **con** algo	jdm. mit etw. drohen	Su padre **ha amenazado** a Juan **con** castigarlo. Sein Vater hat Juan damit gedroht ihn zu bestrafen.
aprender **a** + *Inf.*	lernen, etw. zu tun	Catalina **aprendió a** leer a los 4 años. Catalina lernte mit 4 Jahren zu lesen / Lesen.
apuntarse **a** algo	sich für etw. anmelden / bei etw. mitmachen	¿Quién **se apunta a** la excursión? Wer meldet sich für die Exkursion an?
atreverse **a** + *Inf.*	sich trauen / es wagen, etw. zu tun	¿Por qué no **te atreves a** hablar con tu profe? Warum traust du dich nicht, mit deinem Lehrer zu sprechen?
autorizar a alg. **a/para** + *Inf.*	jdn. (dazu) ermächtigen, etw. zu tun	¿Quién te **ha autorizado para/a** comprar el coche? Wer hat dich ermächtigt, das Auto zu kaufen?

avisar a alg. **de** algo	jdn. auf etw. hinweisen	No nos **avisaron de** las novedades. Sie haben uns nicht auf die Neuigkeiten hingewiesen.
ayudar a alg. **a** + *Inf.* ayudar a alg. **en** algo	jdm. helfen, etw. zu tun jdm. bei etw. helfen	¿La **ayudas a** hacer esta tarea? Hilfst du ihr, diese Aufgabe zu machen? ¿Te puedo **ayudar en** algo? Kann ich dir bei irgendetwas helfen?
bajar **a** + *Inf.* bajar **a** + *Ort* bajar(se) **de** algo bajar(se) **en** + *Ort*	hinunterkommen, um etw. zu tun hinuntergehen in/zu/... aus etw. aussteigen aussteigen in + *Ort*	**Baja a** ayudarme, por favor. Komm bitte runter, um mir zu helfen. **Bajo al** sótano. Ich gehe runter in den Keller. ¡**Baja del** coche! Steig aus dem Auto aus! Usted tiene que **bajarse en** Gran Vía. Sie müssen in der Gran Vía aussteigen.
basta **con** + *Inf.*	es reicht, etw. zu tun	**Basta con** escribir un mensaje. Es reicht, eine SMS zu schreiben.
burlarse **de** alg.	sich über jdn. lustig machen	Todos **se burlaron de** él. Alle machten sich über ihn lustig.
caber **en** algo caber **por** algo	in etw. hineinpassen durch etw. passen	No **cabe** todo eso **en** la maleta. Das passt nicht alles in den Koffer. ¿El armario **cabe por** la puerta? Passt der Schrank durch die Tür?
cambiar algo **por** algo	etw. gegen etw. tauschen	**He cambiado** la moto **por** una bicicleta. Ich habe das Motorrad gegen ein Fahrrad getauscht.
cansarse **de** algo / **de** + *Inf.*	etw. satt haben / es satt haben, etw. zu tun	Paz **se cansa de** repetir siempre lo mismo. Paz hat es satt, immer dasselbe zu wiederholen.
cesar **de** + *Inf.*	aufhören, etw. zu tun	**Ha cesado de** llover. Es hat aufgehört zu regnen.
comenzar **a** + *Inf.*	anfangen, etw. zu tun	**Comienzan a** estudiar en febrero. Sie fangen im Februar an zu studieren.
complacerse **en** + *Inf.*	Gefallen daran finden, etw. zu tun	**Se complacen en** colaborar en este proyecto. Sie finden Gefallen daran, an diesem Projekt mitzuarbeiten.
comprometerse **a** + *Inf.* comprometerse **con** alg. comprometerse **en** algo	sich verpflichten, etw. zu tun sich jdm. gegenüber verpflichten sich in etw. verwickeln	Luis **se compremete a** colaborar. Luis verpflichtet sich mitzuarbeiten. Felipe **se compromete con**migo. Felipe verpflichtet sich mir gegenüber. ¿Por qué te **has comprometido en** este asunto? Warum hast du dich in dieses Angelegenheit verwickelt?
consistir **en** algo	aus etw. bestehen	¿**En** cuántos párrafos **consiste** el texto? Aus wie vielen Absätzen besteht der Text?

contar **con** algo	über etw. verfügen	La empresa **cuenta con** 10 años de experiencia. Die Firma verfügt über 10 Jahre Erfahrung.
contar **con** algo/alg.	sich auf etw./jdn. verlassen	Puedes **contar con**migo. Du kannst dich auf mich verlassen.
contar **entre** algo	zu etw. zählen	**Cuenta entre** los mejores actores del mundo. Er zählt zu den besten Schauspielern der Welt.
contribuir **a** + *Inf.*	dazu beitragen, etw. zu tun	Con su trabajo **contribuye a** mejorar la situación. Mit seiner Arbeit trägt er dazu bei, die Situation zu verbessern.
creer **en** algo/alg.	an etw./jdn. glauben	**Creo en** ti. Ich glaube an dich.
cuidar **de** algo/alg.	auf etw./jdn. aufpassen	¡**Cuida de** tu hermanita! Pass auf deine kleine Schwester auf!
cuidarse **de** alg.	sich um jdn. kümmern	Tomás **se cuida** mucho **de** sus padres. Tomás kümmert sich sehr um seine Eltern.
cuidarse **de** + *Inf.*	sich hüten, etw. zu tun	Hay que **cuidarse de** meterse en este peligro. Man muss sich hüten, sich in diese Gefahr zu begeben.
dar **a** + *Ort*	zu etw. führen	Esta puerta **da a** la calle. Diese Tür führt zur Straße.
dar **de** + *Inf.* a alg.	jdm. etw. zu ... geben	Noelia **da de** comer al perro. Noelia gibt dem Hund etwas zu fressen.
dar **por** + *Adj.* a alg.	jdn. für ... halten	La **dan por** muerta. Man hält sie für tot.
deberse **a** algo	auf etw. zurückzuführen sein	Eso **se debe a** varias razones. Das ist auf mehrere Gründe zurückzuführen.
decidirse **a** + *Inf.*	sich entschließen, etw. zu tun	¿Cuándo **te has decidido a** ir a Málaga? Wann hast du dich entschieden, nach Malaga zu fahren?
dejar **de** + *Inf.*	aufhören, etw. zu tun	¿Cuándo **dejas de** fumar? Wann hörst du auf zu rauchen?
detenerse **en** + *Inf.*	sich damit aufhalten, etw. zu tun	**Me he detenido** mucho **en** pensar en este problema. Ich habe mich lange damit aufgehalten, über dieses Problem nachzudenken.
disponer **de** algo	über etw. verfügen	El instituto **dispone de** 100 ordenadores. Die Schule verfügt über 100 Computer.
disponerse **a** + *Inf.*	sich daranmachen, etw. zu tun	Aún no **se ha dispuesto a** prepararse. Er hat sich noch nicht daran gemacht sich vorzubereiten.
distinguirse **de** algo/alg.	sich von etw./jdm. unterscheiden	Carlos **se distingue** mucho **de** su hermano. Carlos unterscheidet sich sehr von seinem Bruder.
distinguirse **en** algo	sich in etw. besonders hervortun	Carla **se distingue en** francés. Carla ist besonders gut in Französisch.
distinguirse **por** algo	sich durch etw. auszeichnen	Paola **se distingue por** su astucia. Paola zeichnet sich durch ihre Gewitztheit aus.
dudar **de** algo	an etw. zweifeln	**Dudo de** tu sinceridad. Ich zweifle an deiner Aufrichtigkeit.

dudar **entre** + *Inf.*	unschlüssig sein, etw. oder etw. zu tun	**Dudamos entre** ir a Madrid o a Barcelona. Wir sind unschlüssig, ob wir nach Madrid oder Barcelona fahren sollen.
dudar **en** + *Inf.*	zögern, etw. zu tun	No **dudes en** ir. Zögere nicht zu gehen.
empezar **a** + *Inf.*	anfangen, etw. zu tun	**Empieza a** llover. Es fängt an zu regnen.
empezar **con** algo	mit etw. beginnen	¿Por qué siempre **empiezan con** las mismas preguntas? Warum fangen sie immer mit denselben Fragen an?
empezar **por** algo	auf/an etw. anfangen	¿Por qué no **empezáis por** este lado? Warum fangt ihr nicht auf dieser Seite an?
enamorarse **de** alg.	sich in jdn. verlieben	Diego **se enamoró de** Julia. Diego verliebte sich in Julia.
encargarse **de** algo	sich um etw. kümmern	¿Por qué **te encargas de** tantas cosas? Warum kümmerst du dich um so viele Sachen?
enfadarse **con** alg.	auf jdn. böse werden / sich über jdn. ärgern	**Me enfadé** mucho **con** ella. Ich habe mich sehr über sie geärgert.
enseñar **a** + *Inf.*	beibringen, etw. zu tun	Ana me **enseñó a** tocar el violín. Ana brachte mir bei, Geige zu spielen.
equivocarse **con** alg.	sich in jdm. täuschen	**Me equivoqué con** María. Ich habe mich in María getäuscht.
equivocarse **de** algo	sich in etw. irren	**Nos equivocamos de** calle. Wir haben uns in der Straße geirrt.
esforzarse **en/para/por** + *Inf.*	sich bemühen, etw. zu tun	Iván **se esfuerza en/para/por** llegar a tiempo. Iván bemüht sich rechtzeitig anzukommen.
estar **a** + *Distanz* de algo	*Distanz* + von etw. entfernt sein	Cádiz **está a** 130 km de Sevilla. Cádiz ist 130 km von Sevilla entfernt.
estar **de** algo	zu etw. aufgelegt sein	No **estoy de** bromas. Ich bin nicht zum Scherzen aufgelegt.
estar **en** algo	in etw. liegen	El problema **está en** el dinero. Das Problem ist das Geld (= *liegt im Geld*).
estar **para** + *Inf.*	bereit sein, etw. zu tun	El avión **está para** despegar. Das Flugzeug ist startklar (= *bereit abzuheben*).
estar **por** algo/alg.	für etw./jdn. sein	Todos **estamos por** la libertad. Wir sind alle für die Freiheit.
estar **a punto de** + *Inf.*	im Begriff sein, etw. zu tun	El avión **está a punto de** despegar. Das Flugzeug ist im Begriff abzuheben.
estar cansado/-a **de** + *Inf.*	es satt haben, etw. zu tun	**Estoy cansado de** esperarlo. Ich habe es satt auf ihn zu warten.
estar contento/-a **con** algo	mit etw. zufrieden sein	**Estoy** muy **contenta con** mi trabajo. Ich bin mit meiner Arbeit sehr zufrieden.
estar contento/-a **de** + *Inf.*	sich freuen, etw. zu tun	¿**Estás contento de** verla mañana? Freust du dich sie morgen zu sehen?

estar **de** vacaciones	im Urlaub sein	Mis padres **están de vacaciones.** Meine Eltern sind im Urlaub.
estar impaciente **por** + *Inf.*	es nicht erwarten können, etw. zu tun	**Estoy impaciente por** encontrarla. Ich kann es nicht erwarten sie zu treffen.
estar interesado/-a **en** algo/alg.	an etw./jdm. interessiert sein	**Está** muy **interesada en** trabajar contigo. Sie ist sehr daran interessiert mit dir zu arbeiten.
estar loco/-a **por** algo/alg.	verrückt sein nach etw./jdm.	Esta chica **está loca por** ti. Dieses Mädchen ist verrückt nach dir.
estar orgulloso/-a **de** + *Inf.*	stolz (darauf) sein, etw. zu tun	**Está orgullosa de** haber pasado el examen. Sie ist stolz darauf, die Prüfung bestanden zu haben.
estar seguro/-a **de** + *Inf.*	sicher sein, etw. zu tun	**¿Estás seguro de** querer estudiar Económicas? Bist du sicher, BWL studieren zu wollen?
excusarse **de** + *Inf.*	sich für etw. entschuldigen	**Se excusa de** no haber llamado antes. Er entschuldigt sich dafür nicht vorher angerufen zu haben.
faltar **en** algo	in/bei etw. fehlen	Hoy **han faltado** 5 alumnos **en** clase. Heute haben 5 Schüler im Unterricht gefehlt.
faltar ... **para**	sein (= *fehlen*) bis zu ...	**Faltan** cinco días **para** las vacaciones. Es sind noch 5 Tage bis zu den Ferien.
felicitar a alg. **por** algo	jdn. zu etw. beglück-wünschen	Me **felicitaron por** mi nuevo puesto. Sie haben mich zu meiner neuen Stelle beglückwünscht.
insistir **en** + *Inf.*	darauf bestehen, etw. zu tun	¿Por qué **insistes en** hablar con él? Warum bestehst du darauf, mit ihm zu sprechen?
interesarse **por** algo/alg.	sich für etw./jdn. interessieren	**Se interesan por** la ópera. Sie interessieren sich für die Oper.
ir **a** + *Ort*	nach + *Ort* fahren/ gehen	**Vamos a** Guadalajara. Wir fahren nach Guadalajara.
ir **a** pie	zu Fuß gehen	No quiero **ir a pie.** Ich will nicht zu Fuß gehen.
ir **con** algo	zu etw. passen	Esta falda **va** bien **con** la blusa. Dieser Rock passt gut zu der Bluse.
ir **de** algo	als etw. verkleidet gehen	**Va de** princesa. Sie geht als Prinzessin verkleidet.
ir **de** ... **a** ...	von ... nach ... gehen	Los Pirineos **van de** este **a** oeste. Die Pyrenäen gehen von Osten nach Westen.
ir **en** barco/ bici/ coche/tren/	mit dem Schiff/ Fahrrad/Auto/Zug fahren	**Voy en bici.** Ich fahre mit dem Fahrrad.
ir **para** + *Alter*	auf + *Alter* zugehen	**Va para** los 80. Sie geht auf die 80 zu.
jugar **de** + *Substantiv*	als + *Substantiv* spielen	No le gusta **jugar de** defensa. Er spielt nicht gerne als Verteidiger.
jugar **por** algo	um etw. spielen	No **jugamos por** dinero. Wir spielen nicht um Geld.
llamar la atención **sobre** algo	auf etw. aufmerksam machen	Mia **llamó** la atención **sobre** esta catástrofe. Mia machte auf diese Katastrophe aufmerksam.

llegar **a** + *Ort*	in + *Ort* ankommen	A las diez **llegan a** Córdoba. Um zehn Uhr kommen sie in Córdoba an.
limitar **con** algo	an etw. grenzen	Argentina **limita con** Chile. Argentinien grenzt an Chile.
limitarse **a** algo / **a** + *Inf.*	sich auf etw. beschränken	Tenemos que **limitarnos a** lo que sabemos. Wir müssen uns auf das beschränken, was wir wissen.
luchar **por** algo	um etw. kämpfen	**Luchemos por** un mundo más justo. Lasst uns für eine gerechtere Welt kämpfen.
meterse **en** algo meterse **con** alg.	sich in etw. einmischen sich mit jdm. anlegen	No **os metáis en** mis cosas. Mischt euch nicht in meine Angelegenheiten ein. No **te metas con** esa gente. Leg dich nicht mit diesen Leuten an.
morir(se) **de** algo	vor/an etw. sterben	¡**Me muero de** hambre! Ich sterbe vor Hunger!
negarse **a** + *Inf.*	sich weigern, etw. zu tun	Manuel siempre **se niega a** ayudarme. Manuel weigert sich immer mir zu helfen.
obligar a alg. **a** algo	jdn. zu etw. zwingen	Le **han obligado a** participar en la competición. Man hat ihn gezwungen, am Wettbewerb teilzunehmen.
ocuparse **de** algo	sich um etw. kümmern	Alba **se ocupa de** todo. Alba kümmert sich um alles.
oler **a** algo	nach etw. riechen	¡Aquí **huele a** pies! Hier riecht es nach Füßen!
olvidar(se) **de** + *Inf.*	vergessen, etw. zu tun	Paula siempre **(se) olvida de** cerrar la puerta. Immer vergisst Paula, die Tür zu schließen.
parar **de** + *Inf.*	aufhören, etw. zu tun	¿Cuándo va a **parar de** nevar? Wann hört es auf zu schneien?
participar **en** algo	an etw. teilnehmen	¿Quién va a **participar en** el curso? Wer nimmt an dem Kurs teil?
pasar **a** algo pasar **por** + *Ort* pasar **por** algo	zu etw. kommen durch + *Ort* gehen/fahren als etw. gelten	**Pasemos al** próximo tema. Kommen wir zum nächsten Thema! **Pasamos por** la calle de Alcalá. Wir sind durch die calle de Alcalá gefahren. Este chico **pasa por** muy altivo. Dieser Junge gilt als sehr überheblich.
pelear(se) **por** algo/ alg.	sich um etw./jdn. streiten	No **os peleéis por** los juguetes. Streitet euch nicht um das Spielzeug.
pensar **en** algo/alg. pensar **sobre** algo	an etw./jdn. denken über etw. nachdenken	¡**Piensa en** el pasaporte! Denk an den Pass! Jorge aún tiene que **pensar sobre** este caso. Jorge muss noch über diesen Fall nachdenken.
persuadir **a** alg. a + *Inf.*	jdn. überreden, etw. zu tun	¿Rafael no os **ha persuadido a** acompañarlo? Hat euch Rafael nicht überredet ihn zu begleiten?

ponerse **al** teléfono	ans Telefon gehen	La abuela **se pone al teléfono.** Die Oma geht ans Telefon.
ponerse **en** el lugar de alg. ponerse **a** + *Inf.*	sich in jdn. hinein versetzen anfangen, etw. zu tun	Hay que **ponerse en** su **lugar.** Man muss sich in ihn hinein versetzen. **Ponte a** estudiar. Fang an zu lernen.
preguntar **por** algo/alg.	nach etw./jdm. fragen	Una chica **ha preguntado por** ti. Ein Mädchen hat nach dir gefragt.
preocuparse **de** algo/alg. preocuparse **por** algo/alg.	sich um etw./jdn. kümmern sich wegen etw./jdn. Sorgen machen	**Preocúpate de** tus asuntos. Kümmere dich um deine Angelegenheiten. No te **preocupes por** mí. Mach dir wegen mir keine Sorgen.
prepararse **a** + *Inf.* prepararse **para** algo	sich darauf vorbereiten, etw. zu tun sich auf etw. vorbereiten.	Paula **se prepara a** salir. Paula macht sich zum Gehen fertig. (= *bereitet sich darauf vor*). Pablo **se prepara para** el examen. Pablo bereitet sich auf das Examen vor.
quejarse **de** algo/alg.	sich über etw./jdn. beschweren	Paula siempre **se queja de** todo. Paula beschwert sich immer über alles.
referirse **a** algo	sich auf etw. beziehen	¿**A** qué **se refiere** el texto? Worauf bezieht sich der Text?
reírse **de** algo/alg.	über etw./jdn. lachen	¿**De** qué **os reís**? Worüber lacht ihr?
renunciar **a** algo	auf etw. verzichten	¿Por qué **has renunciado a** esta herencia? Warum hast du auf diese Erbschaft verzichtet?
resistirse **a** + *Inf.*	sich sträuben, etw. zu tun	Isabel siempre **se resiste a** estudiar. Immer sträubt sich Isabel zu lernen.
salir **a** + *Ort* salir **de** algo salir **por** + *Ort*	auf/zu + *Ort* (hinaus) gehen von/aus etw. (weg-) gehen durch + *Ort* hinausgehen	**Salió** mucha gente **a** la calle. Es sind viele Leute auf die Straße gegangen. Ya **han salido de** casa. Sie sind schon aus dem Haus gegangen. Francisco **salió por** la puerta. Francisco ging durch die Tür hinaus.
ser **(in)capaz de** + *Inf.*	(un)fähig sein, etw. zu tun	**Son capaces de** hacerlo. Sie sind fähig, es zu tun.
servir **de** algo servir **para** + *Inf.* servir **para** algo	als etw. dienen dazu dienen, etw. zu tun zu etw. gut sein	Eso **sirve de** ejemplo. Das dient als Beispiel. Esta escalera mecánica **sirve para** facilitar el acceso al centro. Diese Rolltreppe dient dazu, den Zugang zum Zentrum zu erleichtern. No **sirve para** nada. Das ist zu nichts gut.

soñar **con** algo/alg.	von etw./jdm. träumen	Sonya **sueña con** Sergio. Sonya träumt von Sergio.
soñar **con** + *Inf.*	davon träumen, etw. zu tun	**Sueña con** casarse con él. Sie träumt davon ihn zu heiraten.
subir **a** algo	in etw. einsteigen	Hay que **subir al** tren ahora mismo. Man muss jetzt in den Zug einsteigen.
tardar **en** + *Inf.*	zögern / (Zeit) brauchen, um etw. zu tun	¿Por qué **tardáis en** contestarme? Warum zögert ihr mir zu antworten?
temer **por** algo/alg.	um etw. Angst haben	**Temo por** ellos y **por** su seguridad. Ich habe Angst um sie und (um) ihre Sicherheit.
tener el derecho **de/a** + *Inf.*	das Recht haben, etw. zu tun	¡No **tenéis el derecho** de hacerlo! Ihr habt nicht das Recht es zu tun!
tener ganas **de** + *Inf.*	Lust haben, etw. zu tun	**Tengo ganas de** salir con Bea. Ich habe Lust mit Bea auszugehen.
tener (la) intención **de** + *Inf.*	vorhaben, etw. zu tun	¿**Tienes la intención de** invitar a Pili? Hast du vor, Pili einzuladen?
tener interés **en** + *Inf.*	Interesse daran haben, etw. zu tun	Alberto **tiene** mucho **interés en** verte. Alberto hat großes Interesse daran dich zu sehen.
tener miedo **de** + *Inf.*	Angst haben, etw. zu tun	No **tengas miedo de** llamarla. Hab keine Angst sie anzurufen!
tener motivo **para** + *Inf.*	Grund haben, etw. zu tun	No **tengo motivo para** creerle. Ich habe keinen Grund ihr zu glauben.
tener permiso **de** + *Inf.*	die Erlaubnis haben, etw. zu tun	¿**Tienes permiso de** hacerlo? Hast du die Erlaubnis es zu tun?
terminar **de** + *Inf.*	aufhören, etw. zu tun	¿Cuándo **termináis de** trabajar? Wann hört ihr auf zu arbeiten?
tomar a alg. **por** algo	jdn. für etw. halten	Lo **toman por** listo. Man hält ihn für schlau.
trabajar **de** + *Beruf*	als + *Beruf* arbeiten	**Trabaja de** camarero. Er arbeitet als Kellner.
tratar **de** + *Inf.*	versuchen, etw. zu tun	**Trata de** olvidarla. Er versucht sie zu vergessen.
tratar a alg. **de** ...	jdn. mit ... ansprechen	¿La **tratas de** *tú* o de *usted*? Sprichst du sie mit *du* oder *Sie* an?
tratar **de/sobre** algo	von etw. handeln	Este libro **trata de/sobre** el destino de Pepe. Dieses Buch handelt von Pepes Schicksal.
tratarse **de** algo/alg.	sich um etw./jdn. handeln	¡**Se trata de** un escándalo enorme! Es handelt sich um einen Riesenskandal!
venir **a** + *Inf.*	kommen, um etw. zu tun	**Vengo a** recoger las fotos. Ich komme, um die Fotos abzuholen.
venir **por** algo	wegen etw. kommen	¿**Vienes por** el libro? Kommst du wegen des Buchs?
volver **a** algo	auf/zu etw. zurückkommen	**Volvamos al** tema. Kommen wir auf das / zum Thema zurück.

Abschlussübung Evaluación

1. **Vervollständige die Sätze mit der passenden Präposition und/oder dem Objektpronomen!**

a. No [?] acuerdo [?] él.
b. No [?] mientas a tus padres.
c. ¿Por qué aún no han comenzado [?] repasar?
d. Han luchado mucho [?] mejores condiciones de trabajo.
e. Me pregunto por qué Bea siempre se olvida [?] llamar a sus abuelos.
f. ¿Cuándo [?] vas a disculpar? (*a ella*)

2. **Bilde sinnvolle Sätze mit den angegebenen Elementen!**

a. ¿Por qué no / pides / el coche / Ana?
b. ¿Cuándo vas / casarte / Carlota?
c. Te prometo que voy a cumplir / mi promesa.
d. Tenéis que fiaros / lo que os ha dicho.

3. **Setze die der Bedeutung des Satzes entsprechende Präposition in die Lücken ein oder lasse sie frei!**

a. Los trabajadores han acabado [?] hacer huelga. (*schließlich etw. tun*)
Acabamos [?] cenar. (*gerade etw. getan haben*)
b. Pasemos [?] la próxima pregunta. (*zu etw. kommen*)
Ya hemos pasado [?] la Gran Vía. (*durch etw. gehen*)
c. ¡Snifff! ¡Ya no piensa [?] mí! (*an jdn. denken*)
Aún tengo que pensar [?] este problema. (*über etw. nachdenken*)
d. Luciano sueña [?] estudiar Geografía. (*von etw. träumen*)
e. No queremos obligarte [?] cambiar tus planes. (*jdn. zu etw. zwingen*)

4. **Übersetze und achte dabei auf die unterschiedlichen Objekte und Präpositionen im Spanischen und Deutschen!**

estar
a. Madrid ist 1.800 km von Düsseldorf entfernt.
b. Warum seid ihr schlecht gelaunt?
c. Wir haben es satt, immer auf ihn zu hören.
d. Ich bin sehr daran, interessiert für Sie zu arbeiten.

ir
a. Er wird dir antworten.
b. Laura fährt im Mai nach Granada.
c. Sie fährt mit dem Auto.
d. Die Hosen passen gut zu den Schuhen.

tener
a. Sie wird keine Lust haben mit mir ins Kino zu gehen. Wie schade!
b. Er hat nicht die Absicht dich abzuholen.
c. Sie haben Grund mir zu glauben.
d. Sie haben keine Angst, Mathematik zu studieren.

Die Lösungen findest du unter:
www.cornelsen.de/webcodes
Gib dort den Webcode gram-evaluacion15 ein.

16. Besonderheiten einiger Verben
Particularidades de varios verbos

In diesem Kapitel findest du:

Außerdem findest du eine Evaluación, S. 248, in der du dein Wissen überprüfen kannst.

16.1 Das deutsche *werden* El verbo alemán *werden*

Im Spanischen gibt es keine genaue Entsprechung für das deutsche *werden*. Es hängt vom Satzinhalt ab, wie dieses Verb übersetzt wird.

Berlín **se ha convertido en** una ciudad turística de primer orden. Berlin ist zu einer Touristenstadt ersten Ranges geworden.	**convertirse en** + *Substantiv:* Veränderung mit einem endgültigen Ergebnis
Ana ya **se ha hecho** una mujer. Ana ist schon eine (richtige) Frau geworden. Este hombre **se ha hecho** rico en pocos años. Dieser Mann ist in wenigen Jahren reich geworden.	**hacerse:** allmähliche Veränderung
María **va a ser** abogada. María wird Anwältin. José **quiere ser** modelo. José möchte Model werden.	**ir a ser / querer ser** + *Substantiv:* Absicht, oft ein Berufswunsch
Carlos **ha llegado a ser** alcalde. Carlos ist Bürgermeister geworden (= *hat es geschafft, Bürgermeister zu* werden).	**llegar a ser:** Erreichen eines Ziels als Ergebnis einer Anstrengung
Puri **se ha puesto** enferma. Puri ist krank geworden. ¿Por qué **te pones** rojo? Warum wirst du rot?	**ponerse** + *Adjektiv:* vorübergehende Veränderung
Manuel **se quedó** viudo a los 75 años. Manuel wurde mit 75 Jahren Witwer. De pronto Luis **se quedó** depresivo. Plötzlich wurde Luis depressiv.	**quedarse:** meist plötzlicher oder abrupter Wechsel, der nicht wieder rückgängig zu machen ist
Pero, ¿**te has vuelto** loco? Bist du denn verrückt geworden?	**volverse:** plötzlicher und oft unerwarteter Wandel von Personen

Verben und Ausdrücke mit eindeutiger Entsprechung

Häufig entspricht den deutschen Konstruktionen mit *werden* im Spanischen ein einzelnes Verb ohne zusätzliche Ergänzung:

¡Ojalá el tiempo **mejore** mañana! Hoffentlich wird das Wetter morgen besser!	**mejorar** besser werden
Creo que la situación económica aún **empeorará**. Ich glaube, dass die wirtschaftliche Situation noch schlimmer/schlechter wird.	**empeorar** schlimmer/schlechter werden

Weitere Verben mit eindeutiger Bedeutung sind:

adelgazar	schlank werden	engordar	dick werden
anochecer	Nacht werden	envejecer	alt werden
atardecer	Abend werden	oscurecer	dunkel werden

Merke dir auch die folgenden reflexiven Verben mit eindeutiger Entsprechung im Deutschen:

calmarse	ruhig werden	enfurecerse	wütend werden
cansarse	müde werden	enloquecerse	verrückt werden
despertarse	wach werden	enojarse	böse werden
empobrecer(se)	arm werden	enriquecerse	reich werden
enfadarse	böse werden	entristecerse	traurig werden
enfermarse	krank werden		

Pronto Manu **cumple** 35 años. Manu wird bald 35 Jahre alt.	**cumplir ... años** ... Jahre alt werden
Es hora de que el gobierno actúe. Es wird Zeit, dass die Regierung handelt.	**es hora de que** es wird Zeit, dass ...

Manu **tiene** 13 años. Pronto **cumple** 14 años.

Zusatzwissen:

No todos los niños inteligentes **devienen** físicos.
Nicht alle intelligenten Kinder werden Physiker.

In der Schriftsprache, vor allem in literarischen Texten, findet man für *werden* immer häufiger das aus dem Französischen stammende Verb **devenir**.

16.2 Der Gebrauch von *ser* und *estar* El uso de *ser* y *estar*

16.2.1 *Ser* und *estar* mit Substantiven

Definition, Identifikation

ser	estar
Carlos **es** español. Carlos ist Spanier. José **es** profesor. José ist Lehrer. **Es** mi libro. Das ist mein Buch.	
Um auszudrücken, wer oder was jemand oder etwas ist, benutzt man ausschließlich **ser.**	

Zeitangaben

ser	estar
Son las tres. Es ist drei Uhr. Hoy **es** el 13 de marzo. Heute ist der 13. März. Todavía no **es** hora. / Ya **es** tarde. Es ist noch nicht soweit. / Es ist schon (zu) spät.	¿A qué día **estamos**? Welcher Tag ist heute? **Estamos** a 7 de septiembre. Wir haben den 7. September.
Mit der Uhrzeit, dem Datum, den Tageszeiten, Wochentagen, Monaten oder Jahreszeiten sowie **pronto**, **temprano**, **tarde** und **hora** wird **ser** verwendet.	In der Umgangssprache kann für die Angabe des Datums und die Frage danach auch **estar** in der 1. Person Plural verwendet werden.

Ortsangaben

ser	estar
El concierto **es** en París. Das Konzert ist in Paris. El examen **será** en el aula 23. Die Prüfung ist in Raum 23.	**Estamos** en Madrid. Wir sind in Madrid. El libro **está** en la mesa. Das Buch ist auf dem Tisch.
Bei Ortsangaben drückt **ser** aus, wo etwas stattfindet.	Bei Ortsangaben drückt **estar** aus, wo sich etwas befindet bzw. wo etwas liegt.

Preise

ser	estar
¿Cuánto **es**? Wie viel macht das?	¿A cuánto **están** las naranjas? Wie viel kosten die Apfelsinen (heute)?
Bei der Verwendung von **ser** wird der Wert erfragt oder ausgedrückt.	Bei der Verwendung von **estar** wird der augenblickliche Preis erfragt oder ausgedrückt.

ser + de: Herkunft, Material, Besitzverhältnis vs. *estar + de:* feststehende Ausdrücke

ser	estar
Puri **es** de Santiago. Puri stammt aus Santiago. La mochila **es** de cuero. Der Rucksack ist aus Leder. La moto **es** de Miguel. Das Motorrad gehört Miguel.	Juan **está** de viaje. Juan ist verreist. Conchi **está** de vacaciones. Conchi ist in Urlaub. Pedro **está** de camarero. Pedro jobbt als Kellner.
ser + de beschreibt die Herkunft, das Material oder ein Besitzverhältnis.	**estar + de** findet sich in feststehenden Ausdrücken.

16.2.2 *Ser* und *estar* mit Adjektiven

Der Gebrauch von **ser** oder **estar** (*sein*) bei Adjektiven ist für viele, die Spanisch als Fremdsprache sprechen, bis in die letzten Feinheiten oft nicht nachvollziehbar. Hier werden einige wichtigste Unterschiede anhand markanter Beispiele aufgelistet.

ser	estar
Los libros **son** caros. Die Bücher sind teuer. Carlos **es** rubio y alto. Carlos ist blond und groß. Merce **es** inteligente. Merce ist intelligent. Nuestra casa **es** verde. Unser Haus ist grün.	María **está** enferma. María ist krank. José **está** cansado. José ist müde. ¿Cómo **estás**? – **Estoy** muy bien. Wie geht es dir? – Mir geht es sehr gut. Los tomates todavía **están** verdes. Die Tomaten sind noch grün. (= *werden aber bald rot*)
Ser benutzt man normalerweise zur Beschreibung charakteristischer, bleibender Eigenschaften (z. B. Persönlichkeitsmerkmale, Nationalität usw.).	**Estar** benutzt man häufig bei vorübergehenden Eigenschaften (z. B. körperlichen oder emotionalen Zuständen). Wenn das Resultat einer Handlung zu sehen ist, wird immer **estar** verwendet.

Oft will der Sprecher auch eine bestimmte Intention oder Nuance zum Ausdruck bringen, zum Beispiel:

ser	estar
La iglesia **es** hermosa. Die Kirche ist schön. (= *charakteristisch für dieses Gebäude*)	La iglesia **está** hermosa. Die Kirche ist schön. (= *vorher war sie zerfallen, nach der Restaurierung ist sie schön geworden*)
Carlos **es** ancho de espaldas. Carlos hat breite Schultern. (= *er ist ein kräftiger Kerl*)	Carlos **está** ancho de espaldas. Carlos hat breite Schultern. (= *vorher war er wohl eher schmächtig*)

Bei der Entscheidung, ob man **ser** oder **estar** vor einem Adjektiv benutzt, helfen die folgenden Fragen:

ser	estar
Beschreibt das Adjektiv zu einer Person oder Sache ...	
– den Charakter? – ein wesentliches Kennzeichen?	– das Verhalten? – einen zufälligen/vorübergehenden Zustand? – das zufällige/vorübergehende Aussehen?
oder ist die Beschreibung eher ...	
– absolut? – objektiv?	– relativ? – subjektiv?

Bei den folgenden Adjektiven kann man sowohl **ser** als auch **estar** benutzen:

ser/estar calvo/-a	kahlköpfig sein	ser/estar soltero/-a	unverheiratet sein
ser/estar casado/-a	verheiratet sein	ser/estar virgen	Jungfrau sein
ser/estar divorciado/-a	geschieden sein	ser/estar viudo/-a	verwitwet sein

Lerntipp:
Denke an die Angleichung des Adjektivs in Geschlecht und Zahl an sein Bezugswort!

Informationen zum Gebrauch von **ser** bzw. **estar** beim Passiv findest du auf ▸ S. 181.
Informationen zum Gebrauch von **estar** beim **gerundio** findest du auf ▸ S. 188.

Adjektive mit Bedeutungsänderung

Los padres de Ana son muy **ricos**. Estas tortillas están muy **ricas**.

Einige Adjektive ändern ihre Bedeutung, je nachdem, ob sie mit **ser** oder **estar** verwendet werden:

ser	estar
Los padres de Ana **son** muy ricos. Die Eltern von Ana sind sehr reich.	Esta tortilla **está** muy rica. Diese Tortilla ist sehr lecker.
Mari **es** lista. Mari ist schlau.	José **está** listo. José ist fertig/bereit.
Pablo **es** muy simpático. Pablo ist sehr sympathisch.	Hoy el profe **está** bastante simpático. Heute ist der Lehrer ganz nett. (= *sonst eher nicht*)

Merke dir auch die folgenden Adjektive mit Bedeutungsänderung bei der Verwendung mit **ser** oder **estar**:

ser atento/-a	liebenswürdig sein	estar atento/-a	aufmerksam sein
ser bueno/-a	einen guten Charakter haben	estar bueno/-a	bei guter Gesundheit sein / gut schmecken (*Speisen*)
ser claro/-a	hell sein	estar claro/-a	klar sein
ser frío/-a	gefühlslos sein	estar frío/-a	kalt sein
ser grave	ernst sein	estar grave	sehr krank sein
ser guapo/-a	hübsch sein	estar guapo/-a	hübsch (angezogen) sein
ser joven	jung sein	estar joven	jung aussehen/wirken
ser malo/-a	böse sein	estar malo/-a	krank sein
ser moreno/-a	dunkelhaarig sein	estar moreno/-a	braungebrannt sein
ser nervioso/-a	nervös sein	estar nervioso/-a	(gerade wegen etw.) nervös sein
ser seguro/-a	sicher sein	estar seguro/-a	sich sicher sein
ser vivo/-a	lebhaft/gescheit sein	estar vivo/-a	leben / lebendig sein

16.3 Der Gebrauch von *estar* und *hay*
El uso de los verbos *estar* y *hay*

En la habitación **hay** una cama. In dem Zimmer steht ein Bett. ¿**Hay** un parque por aquí? Ist hier in der Nähe ein Park? En la mesa **hay** ▪ fotos. Auf dem Tisch liegen Fotos. En la habitación **hay** dos chicos. In dem Zimmer sind zwei Jungen.	Bei Ortsangaben wird **hay** benutzt, wenn das Substantiv (= direktes Objekt; Frage: *Wen?/Was?*) unbestimmt ist, d.h. wenn vor dem Substantiv: – ein unbestimmter Artikel, – überhaupt kein Begleiter – oder ein Zahlwort steht.
–¿**Hay** alguien por aquí? – Ist hier jemand? –No, aquí no **hay** nadie. – Nein, hier ist niemand.	Auch vor unbestimmten Pronomen wird **hay** benutzt.

La cama **está** a la derecha. Das Bett steht rechts. ¿Dónde **está** el parque? Wo ist der Park? Mi libro **está** en la mesa. Mein Buch liegt auf dem Tisch. Laura y Roberto **están** en la habitación. Laura und Roberto sind im Zimmer.	Bei Ortsangaben wird **estar** benutzt, wenn das Substantiv (= Subjekt; Frage: *Wer?*) genau bestimmt ist, d.h. wenn: – ein bestimmter Artikel davor steht, – ein Possessivbegleiter davor steht – oder wenn es ein Eigenname ist.
⚠ Los dos chicos **están** delante de la estantería. Die beiden Kinder stehen vor dem Regal.	Trotz des Zahlworts ist hier der bestimmte Artikel ausschlaggebend für den Gebrauch von **estar**.

16.4 Die Verben *gustar, parecer* und *encantar*
Los verbos *gustar, parecer* y *encantar*

16.4.1 *gustar*

	indirektes Objekt		Verb	Subjekt
[A mí]	Me	Mir	gusta gefällt	el libro. das Buch.
[A ti]	Te	Dir		
[A él/ella/usted]	Le	Ihm/Ihr/Ihnen		
[A nosotros/-as]	Nos	Uns	gustan gefallen	estas canciones. diese Lieder.
[A vosotros/-as]	Os	Euch		
[A ellos/-as, ustedes]	Les	Ihnen/Ihnen		

Ein Satz mit **gustar** besteht immer aus einem Subjekt, einem Verb und einer Person als indirektem Objekt. Das Subjekt steht meist in der 3. Person Singular oder Plural. Am Satzanfang steht im Spanischen meist das indirekte Objekt.

Les **gusta** el vino. Sie mögen Wein. A Ana le **gustan** estas películas. Ana gefallen/mag diese Filme.	Es hängt von jedem einzelnen Fall ab, ob **gustar** mit *gefallen* oder *mögen* übersetzt wird.
Nos **gusta** nadar. Wir schwimmen gerne.	Die Konstruktion mit *indirektem Objekt* + **gusta** + *Infinitiv* entspricht dem Deutschen *jemand tut etwas gerne*.

¿Te **gustan** las obras de teatro de García Lorca? Gefallen dir die Theaterstücke von García Lorca?	In Fragen benutzt man **gustar**, wenn man wissen will, ob jemandem etwas gefällt.

16.4.2 *parecer*

¿Qué te **parecen** los poemas de García Lorca? Wie gefallen dir die Gedichte von García Lorca? Me **parecen** muy buenos. Ich finde sie sehr gut.	Will man ausdrücken oder erfragen, wie jemandem etwas gefällt, benutzt man in Fragen **que** + **parecer**, in Antworten **parecer** + *Adjektiv*.

16.4.3 *encantar*

Le **encanta** bailar. (= le gusta mucho) Er/Sie tanzt sehr gerne. Me **encantan** los gatos. (= me gustan mucho) Ich mag Katzen sehr.	Will man eine Steigerung von *gefallen* (**gustar**) ausdrücken, kann man das Verb **encantar** benutzen.

⚠

–¿Te **gusta** bailar? –Sí, me **encanta**./ No, no me **gusta**.	– Tanzt du gerne? – Ja, sehr gerne./ Nein, ich mag es nicht.	**Encantar** wird nie in Fragen verwendet oder verneint. Stattdessen benutzt man **gustar**.

Abschlussübung Evaluación

1. **Übersetze die folgenden Sätze!**

a. Pedro wird nervös (, *weil er Sara treffen wird*).
b. Ich will Schauspieler werden.
c. Schließlich ist Ana Lehrerin geworden.
d. Mein Hund ist aggressiv geworden.
e. Juan ist ein sehr guter Freund von mir geworden.
f. Carlos ist ein richtiger Mann geworden.

2. **Wähle zwischen ser und estar aus!**

a. Estas casas **son/están** caras.
b. **Somos/Estamos** muy cansados por el viaje.
c. La Plaza Mayor **es/está** llena de turistas y salmantinos.
d. Oye, **¿eres/estás** listo? ¡Te estoy esperando!
e. ¡Qué listas **son/están** estas chicas!
f. El pescado no era fresco. Ahora **somos/estamos** malos.

3. **Ser oder estar? Setze das passende Verb in die richtige Form!**

a. Bernhard ist aus Köln.
b. Pepe ist in Madrid.
c. Pía ist Spanischlehrerin.
d. Wir sind Spanierinnen.
e. Das *Festival Internacional de Música y Danza* ist in Granada.
f. Das Handy ist von Claudia.

4. **Hay oder está/n? Entscheide dich!**

a. Los libros [?] en la mesa.
b. Debajo de la cama [?] muchos zapatos.
c. ¿Cornelia? ¿Dónde [?] ?
d. ¿Dónde [?] una farmacia por aquí?
e. A la izquierda de la iglesia [?] un bar.
f. El cine [?] a la derecha del hotel Colón.

5. **Übersetze, indem du gustar, encantar oder parecer benutzt!**

a. Diese Schauspieler finden wir toll.
b. Wie findet ihr diesen Roman?
c. Ich mag die Lieder von Manu Chao.
d. Pablo singt gerne.
e. Mögt ihr dieses Theaterstück?
f. Ja, wir finden es ganz toll!

Die Lösungen findest du unter:
www.cornelsen.de/webcodes
Gib dort den Webcode gram-evaluacion16 ein.

17. Der Satz und seine Bestandteile
La oración y sus componentes

Ein Satz setzt sich aus verschiedenen Satzgliedern zusammen, die bestimmte Funktionen übernehmen.

Dieses Kapitel enthält:

Außerdem enthält es eine Evaluación, S. 255, in der du dein Wissen überprüfen kannst.

17.1 Das Subjekt El sujeto

Nach dem Subjekt fragt man mit *Wer*? oder *Was*?

Existo. Ich existiere.	Das Subjekt eines Satzes kann: – in der Verb-Endung stecken (**-o**: Subjekt *ich* des deutschen Satzes),
Pablo trabaja. Pablo arbeitet.	– ein Eigenname,
Él no tiene tiempo. Er hat keine Zeit.	– ein Subjektpronomen (nur zur Betonung benutzt),
Mis / Todos mis amigos viven en Argentina. Meine / Alle meine Freunde leben in Argentinien.	– ein Substantiv mit einem oder mehreren Begleitern,
Bucear es interesante. Tauchen ist interessant.	– ein Infinitiv
Me gusta **lo que has dicho**. Mir gefällt, was du gesagt hast.	– oder ein Nebensatz sein.

17.2 Das Prädikat El predicado

Das Prädikat ist die Satzaussage. Es beschreibt die Handlung oder die Situation des Satzes und ist der Kern, von dem andere Satzglieder abhängen. Es besteht aus einer einfachen oder zusammengesetzten Verbform, die verschiedene Ergänzungen haben kann.

Paula	**escribe**	un mensaje.	Paula	schreibt	eine SMS.	
	escribió			schrieb	eine SMS.	
	ha escrito			hat	eine SMS	geschrieben.
	va a escribir			wird	eine SMS	schreiben.
	está escribiendo			schreibt gerade	eine SMS.	
	acaba de escribir			hat gerade	eine SMS	geschrieben.

In einfachen Zeiten besteht das Prädikat aus einem Wort, in zusammengesetzten Zeiten, in der Verlaufsform sowie im **futuro inmediato** und **pasado inmediato** besteht das Prädikat aus mehreren Wörtern.

▸ S.146 (Die Bildung der Verbformen)

⚠

Paula **está enferma.** Paula ist krank. Marcos, ¿por qué **te pones rojo**? Marcos, warum wirst du rot? Mis primos **se están haciendo mayores.** Meine Cousins werden groß.	Denke daran, dass nach bestimmten Verben Adjektive prädikativ gebraucht und in Geschlecht und Zahl an das Bezugswort angeglichen werden.

▸ S.78 (Der prädikative Gebrauch des Adjektivs)

17.3 Die Ergänzung des Prädikats El complemento del predicado

Bernarda lee **un libro.** Bernarda liest ein Buch.	Das Prädikat kann folgende Ergänzungen haben: – ein direktes Objekt,
Alba le escribe **a Pepe.** Alba schreibt Pepe.	– ein indirektes Objekt,
Martirio piensa **en Pepe.** Martirio denkt an Pepe.	– ein präpositionales Objekt,
La familia vive **en Andalucía.** Die Familie lebt in Andalusien.	– eine adverbiale Ergänzung
Adela quiere **vivir** con Pepe. Adela will mit Pepe leben.	– oder eine Infinitivergänzung.

17.3.1 Das direkte Objekt

Nach dem direkten Objekt fragt man im Deutschen mit *Wen?* oder *Was?*

Veo **un avión.** Ich sehe ein Flugzeug.	Das direkte Objekt kann: – ein Substantiv mit einem Begleiter,
Veo **a Puri.** Ich sehe Puri.	– ein Eigenname,
Las compro. Ich kaufe sie.	– ein direktes Objektpronomen,
Quiero **ir al cine.** Ich will ins Kino gehen.	– ein Infinitivsatz,
No entiendo **lo que ha dicho.** Ich verstehe nicht, was er gesagt hat.	– ein Relativsatz, der mit **lo que** eingeleitet wird,
Dice **que viene mañana.** Sie sagt, dass sie morgen kommt.	– ein Nebensatz in der indirekten Aussage
Me pregunta **cuándo vienes.** Er fragt mich, wann du kommst.	– oder eine indirekte Frage sein.

Das Spanische unterscheidet beim direkten Objekt zwischen Sachen, Abstrakta und Lebewesen.

No comprendo ▪ **esta tarea.** Ich verstehe diese Aufgabe nicht. No comprendo ▪ **esta pregunta.** Ich verstehe diese Frage nicht.	Sach- bzw. abstrakte Objekte werden unmittelbar angeschlossen, d. h. ohne Präposition.

No comprendo a **este chico / Juan.** Ich verstehe diesen Jungen / Juan nicht. No encuentro a **mi gato (Carlos).** Ich finde meine Katze (Carlos) nicht. Amo a **mi tierra.** Ich liebe meine Heimat.	In diesen Sätzen ist das direkte Objekt eine bestimmte Person, ein Haustier oder eine personifizierte Sache und wird deshalb mit der Präposition **a** angeschlossen.
⚠ Busco ▪ **una secretaria.** Ich suche eine Sekretärin. (= *irgendeine*) Buscamos a **un niño.** Se llama Pepe. Wir suchen einen kleinen Jungen. Er heißt Pepe.	Handelt es sich nicht um eine bestimmte Person, entfällt die Präposition **a**. Trotz des unbestimmten Artikels handelt es sich hier um eine bestimmte Person (Pepe).

Manolo **tiene** ■ **dos hijos.** Manolo hat zwei Kinder.	Das direkte Objekt als bestimmtes Lebewesen wird nie mit der Präposition **a** angeschlossen: – nach dem Verb **tener**
¡Aquí **hay** ■ **mucha gente!** Hier sind aber viele Leute!	– und nach dem Verb **haber**.

⚠ In den meisten Fällen entspricht die direkte Ergänzung im Spanischen dem direkten Objekt im Deutschen. Ausnahmen findest du auf ▸ S. 226 (Das Verb und seine Ergänzungen).

17.3.2 Das indirekte Objekt

Nach dem indirekten Objekt fragt man im Deutschen mit *Wem?*

Les escribo **a mis amigos.** Ich schreibe meinen Freunden.	Das indirekte Objekt kann: – ein Substantiv mit einem Begleiter,
Le contesta **a Carla.** Er antwortet Carla.	– ein Eigenname,
¿**Nos** das tu nuevo número de teléfono? Gibst du uns deine neue Telefonnummer?	– ein indirektes Objektpronomen
Quiero añadir algo **a lo que has dicho.** Ich möchte dem, was du gesagt hast, etwas hinzufügen.	– oder ein Relativsatz sein, der mit **a lo que** eingeleitet wird.

⚠ In den meisten Fällen entspricht die indirekte Ergänzung im Spanischen dem indirekten Objekt im Deutschen. Ausnahmen findest du auf ▸ S. 226 (Das Verb und seine Ergänzungen).

Merke!

Die Präposition **a** steht immer vor dem indirekten Objekt, wenn es Personen oder Sachen sind. Vor dem unbetonten Objektpronomen (**me, te, le, nos, os, les**) steht jedoch keine Präposition.

17.3.3 Das präpositionale Objekt

Ein präpositionales Objekt ist eine Ergänzung des Prädikats, die mit einer Präposition (**a, con, de, ...**) angeschlossen wird und dabei weder direktes oder indirektes Objekt (▸ 17.3.1 bzw. 17.3.2) oder eine adverbiale Bestimmung (▸ 17.3.5) ist.

Los miércoles juego **al fútbol.** Mittwochs spiele ich Fußball.	Es kann bestehen aus einer Präposition und: – einem Substantiv (mit Begleiter),
Me gusta bailar **con ella.** Ich tanze gerne mit ihr.	– einem Objektpronomen
Hemos hablado **de Manú y Mari.** Wir haben über Manú und Mari gesprochen.	– oder Eigennamen.

17.3.4 Die Stellung des Objekts im Satz

Estoy escribiendo **un mensaje.** Ich schreibe gerade eine SMS.	In der Regel steht sowohl das direkte als auch das indirekte Objekt nach dem Verb.
Le he escrito a Alonso. Ich habe Alonso geschrieben.	Sehr oft wird dabei das indirekte Objekt durch das passende dem Verb vorangestellte Objektpronomen verstärkt.
Le mando un mensaje a Alonso. Ich schicke Alonso eine SMS.	Anders als im Deutschen steht im Spanischen das direkte vor dem indirekten Objekt.
Me gusta hablar **con ella.** Ich spreche gerne mit ihr. Paula se interesa **por Pablo.** Paula interessiert sich für Pablo.	Das präpositionale Objekt steht immer nach dem Verb.

Informationen zur Stellung der Objektpronomen findest du auf ▸ S.48.

17.3.5 Die adverbiale Bestimmung

Daniel vive **en Barcelona.** Daniel wohnt in Barcelona.	Eine adverbiale Bestimmung gibt Auskunft über: – den Ort (*Wo? / Wohin? / Woher?*),
Vuelve **a las cinco.** Sie kommt um 5 Uhr nach Hause.	– die Zeit (*Wann?*),
Nos quedamos en la cama **por el frío.** Wegen der Kälte blieben wir im Bett. Lo hace **para ayudarte.** Sie macht es, um dir zu helfen.	– den Grund (*Warum?*) – bzw. den Zweck (*Wozu?*),
Vamos allí **en bici.** Wir fahren mit dem Fahrrad dahin.	– die Art und Weise (*Wie?*)
Me mandó el paquete **por correo.** Er schickte mir das Paket per Post.	– oder ein Mittel (*Womit?*).

El cine está **allí.** Das Kino ist da (hinten).	Eine adverbiale Bestimmung kann bestehen aus: – einem Adverb,
Vivo **en la Plaza Santa Ana.** Ich wohne auf dem Platz Santa Ana.	– einem Eigennamen nach einer Präposition,
Los sábados vamos a la discoteca. Samstags gehen wir in die Disco. ¿Vamos **a la ópera**? Gehen wir in die Oper?	– einem Substantiv (mit einem Begleiter), meist nach einer Präposition,
Llámame **cuando quieras.** Ruf mich an, wann du willst. Encontré el móvil **donde lo había perdido.** Ich habe das Handy da gefunden, wo ich es verloren hatte.	– einem mit **cuando** bzw. **donde** eingeleiteten Relativsatz,

Laura lo sabe **porque se lo he dicho.** Laura weiß es, weil ich es ihr gesagt habe.	– einem Kausalsatz (Angabe des Grundes)
José habla tan alto **para que le hagáis caso.** José spricht so laut, damit ihr ihn beachtet.	– oder einem Finalsatz (Angabe eines Ziels).

Hoy no voy al instituto. Heute gehe ich nicht in die Schule. No voy al instituto **hoy**. Ich gehe heute nicht in die Schule.	Eine adverbiale Bestimmung, die sich auf einen ganzen Satz bezieht, kann am Anfang oder am Ende dieses Satzes stehen.

Los jueves, en el aula magna, ensaya la orquesta del instituto. Donnerstags probt das Schulorchester in der Aula.	Beziehen sich mehrere adverbiale Bestimmungen auf einen ganzen Satz, so können sie: – zusammen am Satzanfang stehen,
La orquesta del instituto ensaya **los jueves en el aula magna.** Das Schulorchester probt donnerstags in der Aula.	– zusammen am Satzende stehen
Los jueves, la orquesta del instituto ensaya **en el aula magna.** Donnerstags probt das Schulorchester in der Aula.	– oder verteilt auf Satzanfang und Satzende stehen.

17.3.6 Die Infinitivergänzung

No puede ■ **venir.** Sie kann nicht kommen. Se han decidido **a emigrar.** Sie haben sich entschlossen zu emigrieren. Me he olvidado **de contestarle.** Ich habe vergessen ihr zu antworten.	Eine Infinitivergänzung wird mit oder ohne Präposition an das Prädikat angeschlossen. Das hängt vom konjugierten Verb ab.

▸ S. 226 (Das Verb und seine Ergänzungen)

Manolo sueña **con casarse** con Bea. Manolo träumt davon, Bea zu heiraten. Espera **encontrar** a Paula el sábado en la fiesta de Carlos. Er hofft, Paula am Samstag auf Carlos' Party zu treffen.	Der Infinitivergänzung können weitere Ergänzungen folgen, z. B. Objekte (Bea bzw. Paula) oder adverbiale Ergänzungen (**el sábado, en la fiesta de Carlos**).

La quiero llamar. / Quiero llamar**la.** Ich will sie anrufen. **Le** voy a escribir. / Voy a escribir**le.** Ich werde ihr schreiben.	Ist das direkte oder indirekte Objekt ein Pronomen, so kann dies vor dem konjugierten Verb stehen oder an den Infinitiv unmittelbar angeschlossen werden.
Sueña con bailar **con él.** Sie träumt davon, mit ihm zu tanzen.	Ist das Pronomen dagegen ein präpositionales Objekt, so kann es nur hinter dem Infinitiv stehen.

▸ S. 48 (Die Stellung der Objekt- und Reflexivpronomen im Satz)

Abschlussübung Evaluación

1. Setze die Wörter in die richtige Reihenfolge!

a. llama – Mari – sus amigas – a.
b. con – Quiere – bailar – ellas – ir a – discoteca – una – en.
c. Pablo – acompañarlas – A – gustaría – le.
d. antes – tiene que – sus – a – padres – Pero – preguntarles.
e. trabaja – Su – pinchadiscos* – padre – en – esta discoteca – de.
f. jóvenes – tienen – Así – los – gratis – entrada.
g. una – divertida – noche – Pasan – muy – allí.

2. Direktes, indirektes oder präpositionales Objekt? Bestimme die fett gedruckten Ergänzungen.

a. Marta ve **a Carlos.**
b. Marta ayuda **a su padre.**
c. Bea sueña **con su novio.**
d Carlos llama **a Marta.**
e. Maite le escribe **a Marta.**
f. Mañana jugamos **al fútbol.**
g. Su novio se interesa mucho **por el fútbol.**
h. Manolo le pregunta **a Bea** si quiere salir con él.
i. Carlos le compra **un móvil** a Bea.
j. Carlos le compra un móvil **a Bea.**

3. Wann steht die Präposition a vor dem Objekt?

a. Los alumnos no entienden [?] la pregunta.
b. Podemos llamar [?] nuestros primos.
c. ¿Conoces [?] una chica que busque un piso?
d. Mari no le contesta [?] Nacho.
e. Buscamos [?] una secretaria que hable italiano.
f. Tenemos [?] dos hermanos.
g. Siempre les mando una postal [?] todos mis amigos.
h. ¿Conoces [?] la chica que vive en el 3ª?

4. Ordne zu! Wie fragt man nach:

a. dem Subjekt
b. der adverbialen Bestimmung des Grundes
c. dem direkten Objekt
d. dem indirekten Objekt
e. der adverbialen Bestimmung der Zeit
f. der adverbialen Bestimmung der Art und Weise

1. *Wem?*
2. *Wie?*
3. *Wer?* oder *Was?*
4. *Wen?* oder *Was?*
5. *Warum?*
6. *Wann?*

Die Lösungen findest du unter:
www.cornelsen.de/webcodes
Gib dort den Webcode gram-evaluacion17 ein.

* el pinchadiscos – *der DJ*

18. Der Aussagesatz und der Fragesatz
La oración enunciativa y la oración interrogativa

Der Aussagesatz ist die am häufigsten vorkommende Satzart. Er endet immer mit einem Punkt:

Jorge vive en Madrid.	*Jorge wohnt in Madrid.*
No creo que vuelva.	*Ich glaube nicht, dass er zurückkommt.*
Te voy a llamar esta noche.	*Ich rufe dich heute Abend an.*

Ein Fragesatz wird immer durch ein umgekehrtes Fragezeichen eingeleitet. Beachte dabei, dass das umgekehrte Fragezeichen erst an der Stelle steht, an der die eigentliche Frage beginnt:

Y él, ¿ya te ha contestado?	*Und? Hat er dir schon geantwortet?*
Eh, vosotros, ¿dónde estuvisteis ayer?	*Hey, ihr, wo seid ihr gestern gewesen?*

Es gibt grundsätzlich zwei Arten von Fragen:

1. Entscheidungsfragen
Sie haben kein Fragewort und werden immer mit „ja“ oder „nein“ beantwortet:

¿Vas conmigo al cine?	*Gehst du mit mir ins Kino?*
Sí. / No.	*Ja. / Nein.*

2. Teilfragen
Sie werden mit einem Fragewort eingeleitet und werden mit bestimmten Angaben beantwortet:

–¿Cuándo me llamarás?	*– Wann wirst du mich anrufen?*
–Esta tarde. / Mañana. / La semana que viene.	*– Heute Nachmittag. / Morgen. / Nächste Woche.*
–¿Dónde vive Juan?	*– Wo wohnt Juan?*
–(Vive) En la calle de la Cruz. / En Madrid.	*– (Er wohnt) In der calle de la Cruz. / In Madrid.*

In diesem Kapitel findest du:

Außerdem findest du:

→ ¿Cómo evitar errores?, S. 261,
→ eine Evaluación, S. 262, in der du dein Wissen überprüfen kannst.

18.1 Der Aussagesatz La oración enunciativa

Aussagesätze stellen eine Behauptung auf, eine Information oder einen Sachverhalt dar – sie machen also eine Aussage über etwas, das tatsächlich ist oder möglich sein kann.

18.1.1 Die Wortstellung im Aussagesatz

Juana lee un libro. Juana liest ein Buch.	Im einfachen spanischen Aussagesatz stehen die Satzglieder normalerweise in der Reihenfolge Subjekt – Prädikat – Ergänzung.
Juana lee el periódico ↓ ↓ ↓ Juana liest die Zeitung, mientras Ana prepara la cena. während Ana das Abendessen zubereitet.	Das gilt, anders als im Deutschen, sowohl für Haupt- als auch für Nebensätze.

Juan **llegó** a las ocho. Juan kam um 8 Uhr. A las ocho **llegó** Juan. Um 8 Uhr kam Juan.	Das Subjekt steht meist vor dem Prädikat. Steht aber am Satzanfang z. B. eine Zeit- oder Ortsangabe (adverbiale Ergänzung), so steht das Subjekt nach dem Prädikat. Das ist wie im Deutschen.

⚠

La peli me **ha gustado** muchísimo. Der Film hat mir sehr gefallen. **Quisiera ir** contigo al cine. Ich würde gerne mit dir ins Kino gehen.	Im Spanischen werden zusammengesetzte Verbformen oder das Modalverb und seine Infinitivergänzung nie getrennt. Im Deutschen steht der Infinitiv dagegen meist am Satzende.

La **llamé** ayer. Ich habe sie gestern angerufen. Esta noche no **he dormido.** Letzte Nacht habe ich nicht geschlafen.	Objektpronomen und Verneinungspartikel stehen vor dem Prädikat.

▸ S. 48 (Die Stellung der Objekt- und Reflexivpronomen im Satz)

Ayer Ana le mandó el libro a Juana por correo. Gestern schickte Ana Juana das Buch per Post. Mis padres llegaron **ayer.** Meine Eltern sind gestern angekommen.	Zeitangaben stehen meist am Satzanfang, können aber, wie alle adverbialen Bestimmungen, auch am Satzende stehen.
Ana le mandó el libro a Juana **ayer** por correo. Ana schickte Juana das Buch gestern per Post. Mis padres llegaron **ayer** a Barcelona. Meine Eltern sind gestern in Barcelona angekommen.	Stehen mehrere adverbiale Bestimmungen am Satzende, so steht die Zeitangabe normalerweise vor der Angabe des Ortes oder des Mittels.

18.2 Der Fragesatz La oración interrogativa

18.2.1 Die Entscheidungsfrage

–¿Volvió a casa? – Sí./No. – Ist er nach Hause gekommen? – Ja./Nein. –¿Paolo te va a ayudar? –Sí. / No, no tiene tiempo. – Wird Paolo dir helfen? – Ja. / Nein, er hat keine Zeit.	Entscheidungsfragen haben kein Fragewort und werden immer mit *ja* oder *nein* beantwortet.

18.2.2 Die Teilfrage

Teilfragen werden im Spanischen genauso wie in anderen Sprachen durch Fragewörter eingeleitet und werden mit bestimmten Angaben beantwortet.
Die Fragewörter (**¿quién?**, **¿qué?**, **¿dónde?**, **¿cómo?**, usw.) sind entweder Pronomen, Begleiter oder Adverbien.

Pronomen

► S. 58 (Die Fragepronomen)

¿Qué sucede? Was ist los?	Mit dem Fragepronomen **¿qué?** kann gefragt werden nach: – dem Subjekt,
¿Qué has comprado? Was hast du gekauft?	– dem direkten Objekt
¿A qué esperas? Worauf wartest du? **¿Con qué** sueñas? Wovon träumst du? **¿De qué** trata la novela? Wovon handelt der Roman? **¿En qué** estás pensando? Woran denkst du gerade?	– oder nach präpositionalen Ergänzungen. Die Präposition steht dann vor dem Fragewort **¿qué?**

¿**Quiénes** son estas chicas? Wer sind diese Mädchen?	Auch mit dem Fragepronomen **¿quién?** kann gefragt werden nach: – dem Subjekt,
¿**A quién** ha llamado Mari? Wen hat Mari angerufen?	– dem direkten Objekt, (Da nach einer Person gefragt wird, steht die Präposition **a** vor **¿quién?**)
¿**A quién** escribes? Wem schreibst du?	– dem indirekten Objekt (Da nach einem indirekten Objekt gefragt wird, steht die Präposition **a** vor **¿quién?**)
¿**Con quién(es)** te gustaría colaborar? Mit wem würdest du gerne zusammenarbeiten? ¿**De quién** estás hablando? Von wem sprichst du? ¿**Para quién** es este regalo? Für wen ist dieses Geschenk? ¿**Por quién** me tomas? Für wen hältst du mich?	– oder nach präpositionalen Ergänzungen. Die Präposition steht dann vor dem Fragewort **¿quién?**

¿**Cuál** (de las chicas) habla chino? Welches (der Mädchen) spricht Chinesisch? ¿**En cuál** de los candidatos piensa usted? An welchen der Kandidaten denken Sie? –Este coche cuesta un ojo de la cara. –¿**Cuánto**? – Dieses Auto kostet ein Heidengeld. – Wie viel?	Auch mit den Fragepronomen **¿cuál?** und **¿cuánto?** kann man nach Subjekten, Objekten und präpositionalen Ergänzungen fragen.

Begleiter

▸ S. 31 (Die Fragebegleiter)

¿**Qué** música te gusta? Welche Musik gefällt dir? ¿**Qué** deporte practicas? Welchen Sport treibst du? ¿**De qué** película hablan? Von welchem Film sprechen sie?	Auch mit den Fragebegleitern **¿qué?** und **¿cuánto?** kann nach Subjekten, Objekten und präpositionalen Ergänzungen gefragt werden.
¿**Cuántos** idiomas hablas? Wie viele Sprachen sprichst du? ¿**A cuántos** amigos has enviado la invitación? An wie viele Freunde hast du die Einladung verschickt? ¿**Con cuántos** «amigos» tienes contacto en Facebook? Mit wie vielen „Freunden" hast du auf Facebook Kontakt?	

Adverbien

▸ S.102 (Akzent bei Frageadverbien)

¿**Cómo** está tu abuelo? Wie geht es deinem Opa?	Mit Ausnahme von **¿cómo?** kann allen Frageadverbien eine Präposition vorangestellt werden.
¿**Cuándo** llega el AVE? Wann kommt der ICE an? ¿**Desde cuándo** conoces a Paco? Seit wann kennst du Paco? ¿**Hasta cuándo** piensas quedarte? Bis wann gedenkst du zu bleiben?	
¿**Cuánto** me quieres? Wie sehr liebst du mich? ¿**A cuánto** están los tomates? Wie viel kosten die Tomaten?	
¿**Dónde** lo has leído? Wo hast du das gelesen? ¿**Adónde** va María? Wohin geht María? ¿**De dónde** viene ese pesimismo? Woher kommt dieser Pessimismus? ¿**Desde dónde** llega el tren? Woher kommt der Zug?	
¿**Para qué** sirve esto? Wozu dient das? ¿**Por qué** Ana quiere hablar conmigo? Warum will Ana mit mir sprechen?	

Welche Präposition den Fragewörtern vorgestellt wird, hängt oft davon ab, welche Präposition das Verb des Fragesatzes verlangt, z.B. hablar **de**, pensar **en**, soñar **con**.
▸ S.232 (Verben mit Präpositionen)

Die Wortstellung

¿**Pasaron** los chicos buenas vacaciones? Haben die Kinder schöne Ferien verbracht? ¿Los chicos **pasaron** buenas vacaciones? Haben die Kinder schöne Ferien verbracht?	Wird in Entscheidungsfragen das Subjekt genannt, so steht es meist nach dem Prädikat. Es kann aber auch dem Prädikat vorangestellt werden. Dann wird die Frage durch die Intonation (= die Satzmelodie) formuliert.

¿**A cuánto** están los tomates? Los tomates, ¿**a cuánto** están? Wie viel kosten die Tomaten? ¿**Cuándo** va a llegar el tío Anselmo? El tío Anselmo, ¿**cuándo** va a llegar? Wann kommt Onkel Anselmo an?	In den Teilfragesätzen steht das Subjekt ebenfalls meist nach dem Prädikat. Es kann aber auch dem Fragesatz vorangestellt werden.

¿Qué música te gusta? Was für Musik magst du?	Bei der Frage nach dem Subjekt mit **¿qué?** steht das Subjekt vor dem Prädikat.

⚠ ¿Cuándo **va a llegar** Fede? Wann wird Fede ankommen? ¿**Ha llamado** Puri? Hat Puri angerufen?	Wie schon erwähnt wurde, kann das Subjekt im Spanischen anders als im Deutschen nicht zwischen den einzelnen Elementen zusammengesetzter Verbformen und Modalverben + *Infinitiv* stehen.

¿**Has estado** alguna vez en España? Bist du (schon) irgendwann einmal in Spanien gewesen?	Längere adverbiale Bestimmungen stehen nach dem Prädikat.
¿Ya **has llamado** a tus padres? Hast du deine Eltern schon angerufen? ¿**Has hablado** ya con tus padres? Hast du schon mit deinen Eltern gesprochen?	Kurze Adverbien stehen meist vor dem Prädikat, können aber auch dem Prädikat nachgestellt werden.

¿Me **escribirás**? Wirst du mir schreiben? ¿Diego no **ha llamado**? Hat Diego nicht angerufen?	Auch im Fragesatz gilt die Regel, dass Objektpronomen und Verneinungspartikel vor dem Prädikat stehen.

Wie vermeide ich Fehler? ¿Cómo evitar errores?

Was bei Entscheidungsfragen zu beachten ist

Antworten auf Entscheidungsfragen beginnen immer mit einem *ja* oder *nein*, bzw. mit **sí** oder **no**:

–¿Has visto a Juan? – Hast du Juan gesehen?	–**Sí**, lo vi ayer. / **No**, no lo he visto. – Ja, ich habe ihn gestern gesehen. / Nein, ich habe ihn nicht gesehen.

Worauf du beim Satzbau achten musst

Auch im Aussage- und Fragesatz werden zusammengesetzte Zeiten sowie Modalverben + *Infinitiv* nie getrennt:

¿Cuándo **ha llegado** Antonio?	Wann ist Antonio angekommen?
Puri **quiere ir** al teatro.	Puri will ins Theater gehen.

Wie drückt man *welche/r, welches* auf Spanisch aus?

Wenn *welche/r, welches* als Begleiter direkt vor dem Substantiv steht, verwendet man im Spanischen das Fragewort **¿qué?** Wenn *welche/r, welches* jedoch allein steht oder durch eine Ergänzung vom Substantiv getrennt wird, so heißt es im Spanischen **¿cuál/es?**

Welche Sprachen sprichst du?	**¿Qué** idiomas hablas?
– Ich finde diesen Jungen sehr sympathisch. – Welchen?	–Este chico me parece muy simpático. –**¿Cuál?**
Welche (von diesen Liedern) gefallen dir?	**¿Cuáles** (de estas canciones) te gustan?

Abschlussübung Evaluación

1. **Frage nach den fett gedruckten Satzteilen!**

a. **Carlos** habla con Puri.
b. Puri está jugando **con Mari**.
c. Mari piensa **en Pepe**.
d. Pepe sueña **con ser futbolista del Barça**.
e. El presidente del Barça llama **a Messi**.
f. Messi nació **el 24 de junio de 1987**.
g. Messi es **de Rosario**.
h. Rosario está situada **en Argentina**.
i. Cada domingo, Pepe va **al estadio Camp Nou**.
j. Después se queda en el bar *Víctor* **hasta las ocho de la tarde**.

2. **Welche Wortstellungen sind in den folgenden Sätzen richtig bzw. falsch?**

a.
1. ¿Qué hace Pepe?
2. ¿Qué Pepe hace?
3. Y Pepe, ¿qué hace?

b.
1. Esta mañana me ha el nuevo novio de Mari llamado.
2. El nuevo novio de Mari me ha llamado esta mañana.
3. Esta mañana me ha llamado el nuevo novio de Mari.

c.
1. A Fede, ¿lo has visto?
2. ¿Has visto a Fede?
3. ¿Has a Fede visto?

d.
1. Fito, ¿a quién ha dado todos sus libros?
2. ¿A quién ha Fito dado todos sus libros?
3. ¿A quién Fito ha dado todos sus libros?

e.
1. ¿De quién es este coche?
2. Este coche, ¿de quién es?
3. ¿De quién este coche es?

f.
1. ¿Has ayer visto a Carla?
2. ¿Has visto a Carla ayer?
3. ¿Ayer has visto a Carla?

3. **Übersetze folgende Fragen!**

a. Woher kommen Merche und Adolfo?
b. Wo ist José?
c. Wohin gehst du?
d. Was macht ihr gerade?
e. Wovon sprechen sie?
f. Bis wann hast du in Rom gelebt?
g. Seit wann bist du in Madrid?
h. Wann fahren die Spanier nach Deutschland?
i. Welchen Sport treibst du?
j. Welche dieser Blusen gefällt dir?

Die Lösungen findest du unter:
www.cornelsen.de/webcodes
Gib dort den Webcode gram-evaluacion18 ein.

19. Der Aufforderungssatz und der Ausrufesatz La oración imperativa y la oración exclamativa

Mit Aufforderungssätzen werden Wünsche, Bitten, Befehle oder Verbote ausgedrückt:

Contéstenme pronto, por favor.	*Antworten Sie mir bitte bald!*
Pon la mesa.	*Deck den Tisch!*
No os ensuciéis.	*Macht euch nicht schmutzig!*

Mit Ausrufesätzen bringt man Erstaunen, Überraschung, Bewunderung, Freude, Enttäuschung, Verärgerung oder Abscheu zum Ausdruck:

¡Qué sorpresa!	*Was für eine Überraschung!*
¡Qué guapa es!	*Wie hübsch sie ist!*
¡Qué alegría!	*Wie schön!*
¡Qué lástima!	*Wie schade!*
¡Qué malo eres!	*Du bist so böse!*
¡Qué asco!	*Wie ekelhaft! / Das ist aber ekelhaft!*

In folgenden Kapitel findest du:

Außerdem findest du eine Evaluación, S. 267, in der du dein Wissen überprüfen kannst.

19.1 Der Aufforderungssatz La oración imperativa

19.1.1 Die Bildung des Aufforderungssatzes

bejahte Imperativform	verneinte Imperativform
Habla más despacio. Sprich langsamer!	**No hagas** tanto ruido. Mach nicht so viel Lärm!
¡**Escuchad**me! Hört mir zu!	**No juguéis** tanto con el ordenador. Spielt nicht so viel mit dem Computer!
Hágame el favor. Tun Sie mir den Gefallen!	**No** se lo **digas**. Sag es ihm nicht.
Demos un paseo. Lasst uns spazieren gehen.	**No** nos **levantemos** tan tarde. Lasst uns nicht so spät aufstehen.
Ayúdenme, por favor. Helfen Sie mir, bitte.	**No** me **recuerden** esto. Erinnern Sie mich nicht daran!
Aufforderungssätze werden meist mit der bejahten oder verneinten Imperativform des Verbs gebildet.	

Merke!

Während im Deutschen meist ein Ausrufezeichen nach Aufforderungssätzen steht, steht im Spanischen dagegen meist ein Punkt.

▸ S. 161 (Die Bildung des Imperativs)
▸ S. 207 (Der Gebrauch des Imperativs)

19.1.2 Weitere Möglichkeiten, Aufforderungen, Bitten und Vorschläge auszudrücken

Infinitiv anstelle des Imperativs

Sentaros, por favor. Setzt euch bitte hin. ¡**A dormir**! Geh/Geht schlafen!	In der Umgangssprache wird auch der Infinitiv für Aufforderungen verwendet, manchmal mit der vorgestellten Präposition **a**. Hierbei wird meist ein Ausrufezeichen gesetzt.
Lavar bien el pescado. Den Fisch gründlich waschen.	In Kochrezepten findet man fast ausschließlich den Infinitiv, so wie im Deutschen.
Elegir el programa. / **Elija** el programa. Das Programm auswählen. / Wählen Sie das Programm aus. **Pulsar** el botón. / **Pulse** el botón. Den Knopf drücken. / Drücken Sie den Knopf.	In Gebrauchsanweisungen wird zum Teil der Infinitiv, meist aber der Imperativ benutzt.
No pisar el césped. Rasen betreten verboten. ¡**Prohibido fijar** carteles! Plakate ankleben verboten.	Auf offiziellen Verbotsschildern findet man zwei verschiedene Formen mit dem Infinitiv, wobei die Variante mit **prohibido** + *Infinitiv* häufiger vorkommt.

¡Que + subjuntivo! als Befehl, Aufforderung oder Wunsch

¡**Que** se alejen (ustedes) de aquí! Verschwinden Sie von hier! ¡**Que** no se paren! Bleiben Sie nicht stehen!	Mit der Konstruktion **que** + *subjuntivo* kann eine unfreundliche Aufforderung oder ein Befehl ausgedrückt werden.
¡**Que** aproveche! Guten Appetit! ¡**Que** te diviertas! / ¡**Que** os divertáis! Viel Vergnügen! ¡**Que** te mejores! / ¡**Que** se mejore! Gute Besserung! ¡**Que** tenga/tengas/tengan/tengáis suerte! Viel Glück! ¡**Que** te/os/le/les vaya bien! Alles Gute!	Mit der Konstruktion **que** + *subjuntivo* kann aber auch freundlich ein Wunsch geäußert werden. Im Deutschen verwendet man hierbei oft einen unpersönlichen Ausdruck.

Weitere Möglichkeiten

¡**Vais** a la cama ahora mismo! Ihr geht jetzt sofort zu Bett! ¡**Te vas a lavar** enseguida! Du wirst dich jetzt sofort waschen gehen!	Ein normaler Aussagesatz kann wie im Deutschen durch eine bestimmte Intonation zum Befehl oder zur Aufforderung werden. Im Schriftbild geschieht dies durch Ausrufezeichen.
¿**Por qué no** vamos a esta fiesta? Warum gehen wir nicht einfach zu dieser Party? ¿Y **si hablaras** con tu novia? Und wenn du mit deiner Freundin sprechen würdest?	Mit der Frage **¿Por qué no …?** oder **¿Si +** ***imperfecto de subjuntivo*****?** kann man einen Vorschlag machen.
¿**Puedes** repetirlo, por favor? Kannst du das bitte wiederholen? ¿**Puede** hablar más alto, por favor? Können Sie bitte lauter sprechen?	Mit dem Verb **poder** im Indikativ Präsens in einer Frage kann man eine auffordernde Bitte ausdrücken.
¿**Podrías** llevar este libro a la biblioteca? Könntest du dieses Buch zur Bibliothek bringen? ¿**Podría** (usted) llamarme mañana? Könnten Sie mich morgen anrufen?	Mit dem Verb **poder** im **condicional** werden sehr höfliche Bitten formuliert.
Quisiera hacerle una pregunta. Ich würde Ihnen gerne eine Frage stellen.	Mit dem Verb **querer** im **imperfecto de subjuntivo** werden extrem höfliche Bitten formuliert.
¡**Vamos**! Auf geht's! ¡**Venga**! / ¡**Venga, venga**! Los! ¡**Pase, pase**! Herein (spaziert)! ¡**Adelante**! Vorwärts!	Entschiedene Aufforderungen bestehen manchmal aus nur einem Wort, wobei durch die Wiederholung der Nachdruck noch weiter betont wird.

19.2 Der Ausrufesatz La oración exclamativa

⚠ Ausrufesätze werden im Gegensatz zu Aufforderungssätzen immer mit Ausrufezeichen versehen.

¡**Eres** un tesoro! Du bist ein Schatz! ¡**Es** un sinvergüenza! Er ist unverschämt! (= *eine unverschämte Person*)	Normale Aussagesätze werden durch entsprechende Intonation zu Ausrufesätzen. Im Schriftbild geschieht dies durch Ausrufezeichen.
¡**Qué guapo** es! Wie schön er ist! ¡**Qué difícil** es! Wie schwer das ist! ¡**Qué interesante**! Wie interessant! ¡**Qué suerte** tenemos! Was haben wir für ein Glück!	Ausrufesätze können mit **qué** + *Adjektiv* bzw. **qué** + *Substantiv* eingeleitet werden.
¡**Vaya**! Na so was! / Uff! / Mist! ¡**Vaya** moto! Was für ein Motorrad! ¡**Vaya**, han terminado los exámenes! Uff, die Prüfungen sind endlich vorbei! ¡**Vaya**, ya ha suspendido otra vez! Mist, er ist schon wieder durchgefallen!	Die **subjuntivo**-Form **vaya** (von **ir**) kann einen Ausrufesatz voller Bewunderung bzw. Überraschung, Erleichterung oder aber Enttäuschung einleiten.
¡**Cómo** te quiero! Wie (sehr) ich dich liebe! Mira, ¡**cuánto** se alegran! Guck mal, wie die sich freuen!	Ausrufesätze können auch mit **cómo** (zum Ausdruck der Art und Weise) oder **cuánto** (zum Ausdrucks des Umfangs) eingeleitet werden.
¡**Hombre**! / ¡**Tío**! Mann! / Mensch! ¡**Anda**! Sag bloß! / Das gibt's doch nicht! ¡**Fuera**! Raus!	Manche Ausrufe bestehen nur aus einem Wort, mit dem Überraschung, Bewunderung, Verärgerung oder Ähnliches ausgedrückt wird.

Merke!

Im Aufforderungssatz mit **que** + *subjuntivo* steht **que** ohne Akzent.
Im Ausrufesatz mit **qué** + *Adjektiv* oder **qué** + *Substantiv* steht **qué** mit Akzent.

Abschlussübung Evaluación

1. Fordere eine Person, die du duzt, auf Spanisch auf ...

a. hierher zu kommen.
b. dir das Buch mitzubringen.
c. ihm nicht zu glauben.
d. sie nicht anzurufen.
e. dieses Buch nicht zu lesen.
f. vorsichtig zu sein.
g. den Tisch zu decken.
h. dich nicht anzulügen.

2. Fordere eine Person, die du siezt, auf Spanisch auf ...

a. dir das Wasser zu geben.
b. den Satz zu wiederholen.
c. nicht so schnell zu sprechen.
d. dich bald anzurufen.
e. hereinzukommen.
f. hinauszugehen.
g. nicht die Tür zu schließen.
h. auf dich zu warten.

3. Fordere mehrere Personen, die du duzt, auf Spanisch auf ...

a. ihre Rucksäcke unter den Tisch zu stellen.
b. sich die Hände zu waschen.
c. ihre Handys auszuschalten.
d. keine Angst zu haben.
e. nicht daran zu denken.
f. nicht zu sprechen.
g. dir zuzuhören.
h. dem Lehrer die Fotos zu zeigen.

4. Übersetze folgende Aufforderungen!

a. Könntest du bitte das Fenster schließen?
b. Und wenn ihr mit euren Eltern sprechen würdet?
c. Ich würde Sie *(Singular)* gerne sprechen.
d. Warum gehen wir nicht ins Kino?
e. Könntest du mir den Zucker geben?
f. Lasst uns einen Spaziergang machen!
g. Können Sie *(Plural)* das bitte wiederholen?
h. Und wenn du ihr schreiben würdest?
i. Wir würden Sie *(Plural)* gerne einladen.
j. Könntet ihr mir das Auto borgen?

5. Übersetze folgende Ausrufe ins Spanische!

a. Wie hässlich das ist!
b. Wie einfach das ist!
c. Wie langweilig!
d. Wie ich euch vermisse!
e. Was für eine Schauspielerin!
f. Wie traurig!
g. Was für ein schönes Haus!
h. Was für ein Film!
i. Wie schön sie singt!
j. Wie kalt es ist!

Die Lösungen findest du unter:
www.cornelsen.de/webcodes
Gib dort den Webcode gram-evaluacion19 ein.

20. Der Konditionalsatz
La oración condicional

Der Konditionalsatz ist ein Nebensatz, in dem eine Bedingung ausgedrückt wird, die für das Ereignis oder die Folge im Hauptsatz entscheidend ist. Er wird meist mit der Konjunktion **si** *(wenn/falls)* eingeleitet.

Es gibt drei Arten von Bedingungen im Konditionalsatz:

1. Die reale Bedingung – Man hält sie für erfüllbar:

   Si tiene tiempo, te escribirá. *Wenn er Zeit hat, wird er dir schreiben.*

2. Die irreale Bedingung der Gegenwart oder auch mögliche Bedingung – Ihre Erfüllung ist unwahrscheinlich, aber eventuell nicht ganz ausgeschlossen:

   Si tuviera tiempo, te escribiría. *Wenn er Zeit hätte, würde er dir schreiben.*

3. Die irreale Bedingung der Vergangenheit – Ihre Erfüllung ist unmöglich, da sie in der Vergangenheit nicht eingetreten ist:

   Si hubiera tenido tiempo, te habría escrito. *Wenn er Zeit gehabt hätte, hätte er dir geschrieben.*

In diesem Kapitel findest du:

Außerdem findest du:

→ Auf einen Blick: Die Zeitenfolge in realen und irrealen Konditionalsatzgefügen,
→ ¿Cómo evitar errores?, S. 273,
→ eine Evaluación, S. 274, in der du dein Wissen überprüfen kannst.

20.1 Die reale Bedingung La condición real

Die reale Bedingung hält der Sprecher für erfüllbar.

Bedingung (Konditionalsatz)	**Folge / Ereignis** (Hauptsatz)
Si **tiene** tiempo, Falls/Wenn er Zeit hat,	te **escribe**. schreibt er dir.
Si **tiene** tiempo, Falls/Wenn er Zeit hat,	**va a escribirte**. wird er dir (sicherlich) schreiben.
Si **tiene** tiempo, Falls/Wenn er Zeit hat,	te **escribirá**. wird er dir (schon) schreiben.
Si **tienes** tiempo, Falls/Wenn du Zeit hast,	**llámame**. ruf mich an!
Wenn sich die reale Bedingung auf die Gegenwart oder Zukunft bezieht, steht das Verb des Konditionalsatzes in den meisten Fällen im **Präsens Indikativ**.	Das Verb des Hauptsatzes steht entweder im **Präsens Indikativ**, im **futuro inmediato**, im **futuro simple** oder im **Imperativ.**

► S.158 (Die Bildung des Futurs)
► S.161 (Die Bildung des Imperativs)

Zusatzwissen:

Si has hecho la cama, **puedes** jugar con tus amigos.
Wenn du das Bett gemacht hast, kannst du mit deinen Freunden spielen.
Si ha terminado sus estudios, **irá** a Nueva York.
Wenn sie ihr Studium beendet hat, wird sie nach New York gehen.
Si has aprobado el examen, **llama** a tus padres.
Wenn du die Prüfung bestanden hast, ruf deine Eltern an!

Wenn die für möglich oder wahrscheinlich gehaltene Bedingung zeitlich vor der Folge liegt, im Sinne von *„Erst wenn ..., dann ...“*, dann steht das Verb des Konditionalsatzes im pretérito perfecto.

Si **tenía** dinero, **lo daba** a los pobres.
Wenn er Geld hatte, gab er den Armen.
Si **estuviste** en Granada, seguro que **visitaste** la Alhambra.
Wenn du in Granada warst, hast du sicherlich die Alhambra besichtigt.

Es gibt auch (eher seltene) Fälle, in denen sowohl das Verb des Konditionalsatzes als auch das Verb des Hauptsatzes in einer Vergangenheitsform des Indikativ steht. Dann wird entweder eine reale Bedingung und deren Erfüllung (**Si tenía dinero, ...**) oder eine sichere Überzeugung (**Si estuviste** ...) in der Vergangenheit wiedergegeben.

20.2 Die irreale Bedingung La condición irreal

20.2.1 Die irreale Bedingung der Gegenwart

Der Sprecher will ausdrücken, dass die Erfüllung der Bedingung unwahrscheinlich, eventuell aber nicht ganz ausgeschlossen ist, da sie sich auf die Gegenwart oder Zukunft bezieht.

Bedingung (Konditionalsatz = Nebensatz)	**Folge / Ereignis** (Hauptsatz)
Si **tuviera/tuviese** dinero, Wenn ich Geld hätte, Si **trabajara/trabajase** menos, Wenn er weniger arbeiten würde,	**compraría** una casa. würde ich ein Haus kaufen. no **estaría** tan nervioso. wäre er nicht so nervös.
Wenn die Erfüllung der Bedingung möglich, aber eher unwahrscheinlich ist, steht im Konditionalsatz der **imperfecto de subjuntivo**.	Das Verb des Hauptsatzes steht im **condicional simple**.

▸ S. 169 (Das *imperfecto de subjuntivo*)
▸ S. 164 (Der *condicional simple*)

20.2.2 Die irreale Bedingung der Vergangenheit

Der Sprecher will ausdrücken, dass die Erfüllung der Bedingung unmöglich ist, da dies in der Vergangenheit hätte geschehen müssen. Sie hat keine Auswirkungen auf die Gegenwart.

Bedingung (Konditionalsatz = Nebensatz)	**Folge / Ereignis** (Hauptsatz)
Si **hubiera tenido / hubiese tenido** dinero, Wenn ich Geld gehabt hätte, Si **hubiera trabajado / hubiese trabajado** menos, Wenn er weniger gearbeitet hätte,	me **habría comprado** una casa el año pasado. hätte ich mir letztes Jahr ein Haus gekauft. no **habría estado** tan nervioso. wäre er nicht so nervös gewesen.
Wenn die Erfüllung der Bedingung unmöglich war oder die Bedingung in der Vergangenheit nicht erfüllt wurde, steht im Konditionalsatz das **pluscuamperfecto de subjuntivo**.	Das Verb des Hauptsatzes steht im **condicional compuesto**.

▸ S. 170 (Das *pluscuamperfecto de subjuntivo*)
▸ S. 165 (Der *condicional compuesto*)

Zusatzwissen:

Bedingung (Konditionalsatz = Nebensatz)	**Folge / Ereignis** (Hauptsatz)
Si **hubiera tenido / hubiese tenido** dinero, Wenn ich Geld gehabt hätte,	te **hubiera comprado** un regalo. hätte ich dir ein Geschenk gekauft.

Im heutigen Spanisch wird manchmal anstelle des **condicional compuesto** im Hauptsatz auch das **pluscuamperfecto de subjuntivo** verwendet.

20.3 Mischformen Combinaciones mixtas

Es gibt Situationen, in denen eine irreale Bedingung und eine reale Erfüllung bzw. eine reale Bedingung und eine irreale Erfüllung kombiniert werden.

Bedingung (Konditionalsatz = Nebensatz)	**Folge / Ereignis** (Hauptsatz)
Si Ana **hubiera dormido / hubiese dormido**, Wenn Ana geschlafen hätte,	ahora **no estaría** tan cansada. wäre sie jetzt nicht so müde.

1. In dieser Kombination ist die Bedingung nicht eingetreten (*Ana hat nicht länger geschlafen*), aber das Ereignis ist real (Auswirkung auf die Gegenwart: *sie ist jetzt müde*). In diesem Fall steht das Verb im Konditionalsatz im **pluscuamperfecto de subjuntivo**, im Hauptsatz im **condicional simple**.

Bedingung (Konditionalsatz = Nebensatz)	**Folge / Ereignis** (Hauptsatz)
Si Pepe **tuviera/tuviese** más dinero, Wenn Pepe mehr Geld hätte,	ya se **habría comprado** esta casa tan bonita. hätte er sich das schöne Haus schon gekauft.

2. In dieser Kombination ist die Bedingung möglich, aber unwahrscheinlich (*Pepe hat das nötige Geld wohl nicht*), das Ereignis ist irreal (*er hat das Haus bislang nicht kaufen können*). Aber diese Situation könnte sich ändern. In diesem Fall steht das Verb im Konditionalsatz im **imperfecto de subjuntivo**, im Hauptsatz im **condicional compuesto**.

1.
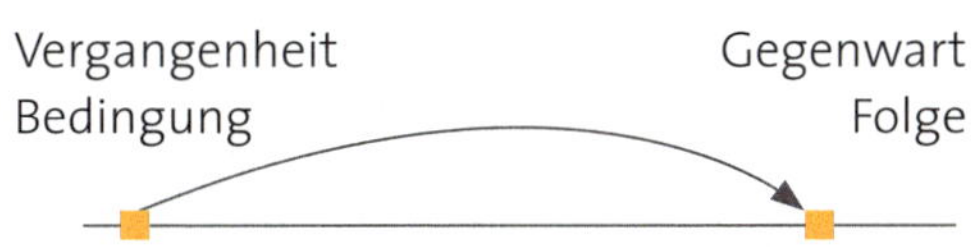

2.
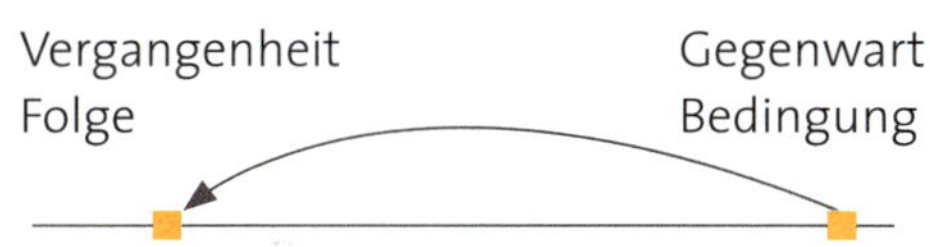

20.4 Andere Möglichkeiten, Bedingungen auszudrücken Otras posibilidades de expresar condiciones

Como no estudies, no saldrás. Wenn du nicht lernst, wirst du nicht ausgehen.	**como** + *subjuntivo*
Mientras (que) no venga, no podremos empezar. Solange er nicht kommt, können wir nicht anfangen.	**mientras (que)** + *subjuntivo*
Nos ayudará **siempre que** tenga bastante tiempo. Er wird uns helfen, vorausgesetzt, dass er genügend Zeit hat.	**siempre que** + *subjuntivo*
Te acompañaría **a condición de que** me llevaras a casa. Ich würde dich unter der Bedingung begleiten, dass du mich nach Hause bringst.	**a condición de que** + *subjuntivo*
En (el) caso de que no hubiera llovido, habríamos dado un paseo. Wenn es nicht geregnet hätte, wären wir spazieren gegangen.	**en (el) caso de que** + *subjuntivo*

Mit diesen Konjunktionen können ebenfalls Konditionalsätze eingeleitet werden. Nach allen muss das Verb des Konditionalsatzes im **presente de subjuntivo** stehen, wenn die Bedingung real ist. Wenn sie unwahrscheinlich, aber möglich ist, steht das Verb im **imperfecto de subjuntivo**. Wenn sie irreal ist, steht das Verb im **pluscuamperfecto de subjuntivo**.

20.5 Der Satzbau La sintaxis

Der Satzbau von realen und irrealen Satzgefügen ist wie im Deutschen. Oft steht der Konditionalsatz vor dem Hauptsatz.

Die Konditionalsätze, die mit **si** eingeleitet werden, können aber auch hinter dem Hauptsatz stehen. Welcher Satz hinten steht und damit betont wird, hängt davon ab, ob der Sprecher die Bedingung oder die Folge betonen möchte.

Auch Konditionalsätze, die mit den Konjunktionen **mientras (que)** und **siempre que** eingeleitet werden, können vor- oder nachgestellt werden.

Si Pepe tuviera dinero, **iría a Argentina.**
Wenn Pepe Geld hätte, würde er nach Argentinien fahren.
Mientras (que) no llame, **no puedo seguir trabajando.**
Solange er nicht anruft, kann ich nicht weiter arbeiten.
Siempre que me ayudes, **terminaré antes.**
Vorausgesetzt, dass du mir hilfst, werde ich früher fertig sein.

Wenn die Folge betont werden soll, steht der Hauptsatz hinten.

Pepe iría a Argentina, **si tuviera dinero.**
Pepe würde nach Argentinien fahren, wenn er Geld hätte.
No puedo seguir trabajando, **mientras (que) no llame.**
Ich kann nicht weiter arbeiten, solange er nicht anruft.
Terminaré antes, **siempre que me ayudes.**
Ich werde früher fertig sein, vorausgesetzt, dass du mir hilfst.

Wenn die Bedingung betont werden soll, steht der Konditionalsatz hinten.

Auf einen Blick: Die Zeitenfolge in realen und irrealen Konditionalsatzgefügen

	Konditionalsatz (= Nebensatz)	**Hauptsatz**
reale Bedingung	presente	presente futuro inmediato futuro simple imperativo
irreale Bedingung der Gegenwart	imperfecto de subjuntivo	condicional simple (condicional compuesto)
irreale Bedingung der Vergangenheit	pluscuamperfecto de subjuntivo	condicional compuesto (condicional simple) (pluscuamperfecto de subjuntivo)

Merke!

Im Bedingungssatz mit **si** steht nie das **futuro** oder **condicional**.

Wie vermeide ich Fehler? ¿Cómo evitar errores?

Was bei der Übersetzung deutscher irrealer Konditionalsätze ins Spanische zu beachten ist

Da im Deutschen in den irrealen Konditionalsätzen der Konjunktiv steht, besteht die Gefahr, im Spanischen der **condicional** oder das **futuro** zu benutzen. Das ist in Konditionalsätzen, die mit **si** eingeleitet werden, jedoch nie möglich:

	Konditionalsatz	Hauptsatz
🇩🇪	Falls/Wenn sie Zeit hätte,	würde sie mit dir gehen.
	falls/wenn + Konjunktiv	Konjunktiv
🇪🇸	**Si tuviera** tiempo,	te **acompañaría.**
	si + imperfecto de subjuntivo	*condicional simple*
🇩🇪	Falls/Wenn sie Zeit gehabt hätte,	hätte sie dich schon angerufen.
	falls/wenn + Konjunktiv II	Konjunktiv II
🇪🇸	**Si hubiera tenido** tiempo,	ya te **habría llamado.**
	si + pluscuamperfecto de subjuntivo	*condicional compuesto*

wenn: si vs. *cuando*

Si kann Konditionalsätze *((erst) wenn / falls)* einleiten und **cuando** wird in Temporalsätzen (*wenn/sobald*) verwendet: (▸ S.129, Die Konjunktionen)

Konditionalsatz: **Si ha terminado** sus estudios, **irá a** Nueva York.
(Erst) Wenn / Falls sie ihr Studium beendet hat, wird sie nach New York gehen.

Temporalsatz: **Cuando haya terminado** sus estudios, **irá a** Nueva York.
Wenn/Sobald sie ihr Studium beendet hat / beendet haben wird, wird sie nach New York gehen.

si: *wenn* vs. *ob*

Leitet **si** einen indirekten Fragesatz ein, bedeutet es *ob* und das Verb des Satzes kann u.a. auch im **condicional** oder **futuro** stehen. Leitet **si** einen Konditionalsatz ein, bedeutet es *falls/wenn*. Das Verb des Konditionalsatzes steht nie im **condicional** oder im **futuro**:

indirekter Fragesatz: Me ha preguntado **si** vendrás mañana.
Er hat mich gefragt, ob du morgen kommst.
Rafa quiere saber **si** te gustaría ir al cine con él.
Rafa möchte wissen, ob du gerne mit ihm ins Kino gehen würdest.

Konditionalsatz: **Si** me llamas, te lo cuento.
Falls/Wenn du mich anrufst, erzähle ich es dir.
Si tuviera dinero, te compraría un regalo.
Wenn ich Geld hätte, würde ich dir ein Geschenk kaufen

Konditionalsatz ohne Hauptsatz

Ein als Fragesatz formulierter Konditionalsatz ohne folgenden Hauptsatz ist eine Möglichkeit, einen Vorschlag zu formulieren: (▸ S.263, Der Aufforderungssatz)

¿Y **si fuéramos** todos juntos? Und wenn wir alle zusammen dorthin gingen?

Abschlussübung Evaluación

1. **Reale oder irreale Bedingung? – Bestimme die folgenden Konditionalsätze!**

a. Si el curso termina antes de las ocho, podemos ir al cine.
b. Si Carlos se hubiera levantado a tiempo, ya estaría aquí.
c. Si tuviera más dinero, ya habría ido a Nueva York.
d. Si lo hubiéramos sabido, habríamos venido antes.
e. Si hace sol, saldremos de excursión esta tarde.
f. Si quieres, ven a verme mañana.

2. **Welche Zeitenfolge ist nicht möglich?**

a. Konditionalsatz: tienes (presente) – Hauptsatz: comprarás (futuro simple)
b. Konditionalsatz: tendrás (futuro simple) – Hauptsatz: compra (imperativo)
c. Konditionalsatz: hubieras tenido / hubieses tenido (pluscuamperfecto de subjuntivo) – Hauptsatz: habrías comprado (condicional compuesto)
d. Konditionalsatz: habrías tenido (condicional compuesto) – Hauptsatz: hubieras comprado / hubieses comprado (pluscuamperfecto de subjuntivo)
e. Konditionalsatz: hubieras tenido / hubieses tenido (pluscuamperfecto de subjuntivo) – Hauptsatz: hubieras comprado / hubieses comprado (pluscuamperfecto de subjuntivo)

3. **Ergänze die Sätze mit den richtigen Verbformen! Manchmal gibt es mehrere Möglichkeiten.**

a. Si Jorge nos llama mañana, (**estar**) contentos.
b. Si Javier te llamara hoy, ¿(**estar**) más tranquila?
c. Si Bea me hubiera invitado al cine, la (**acompañar**).
d. Si hubieras trabajado más rápido, (**poder**) ir con nosotros al concierto.
e. Si tienes dificultades, (**llamar**me (¡!)).
f. Si Merce hubiera hablado con Pablo, este no (**irse**).

4. **Ergänze die Sätze mit den richtigen Verbformen!**

a. Por favor, pase por mi casa, si usted (**tener**) tiempo.
b. Si (**tener**) ganas, puedes acompañarme.
c. Si me (**escribir**) que ayer era el cumpleaños de Luis, le habría felicitado.
d. ¿Qué harías si (**ganar**) un millón de euros en la lotería?
e. Yo ya habría preparado la cena, si (**saber**) que llegabais a las ocho.
f. Si el móvil no (**existir**), (**haber**) que inventarlo.

5. **Übersetze die Sätze!**

a. Fernando hätte das Handy gekauft, wenn es billiger wäre.
b. Wenn Lulu dich liebt, wird sie dir eine SMS schicken.
c. Wenn das Taxi nicht so teuer wäre, würden wir damit zum Flughafen fahren.
d. Wenn ihr in Spanien studieren wolltet, wo würdet ihr da hingehen?
e. Ana wäre nach Bogotá gefahren, wenn sie die Möglichkeit gehabt hätte.
f. Wenn dir dein Vater sein Auto gibt, holst du mich dann ab?

Die Lösungen findest du unter:
www.cornelsen.de/webcodes
Gib dort den Webcode gram-evaluacion20 ein.

21. Der Relativsatz
La oración relativa

Relativsätze sind Nebensätze, die Informationen zu Substantiven oder Pronomen im Hauptsatz liefern.
Sie werden durch ein Relativpronomen, ein Relativadverb oder den Relativbegleiter cuyo eingeleitet:

	Bezugselement	Relativpronomen	
¿Conoces	a la chica	**que**	acaba de llegar?
Kennst du	*das Mädchen,*	*das*	*gerade gekommen ist?*
Este es	mi amigo	**de quien**	te he hablado.
Das ist	*mein Freund,*	*von dem*	*ich dir erzählt habe.*

Man unterscheidet zwischen notwenigen Relativsätzen und nicht notwendigen Relativsätzen. Anders als im Deutschen werden im Spanischen nur nicht notwendige Relativsätze durch Komma vom Hauptsatz abgetrennt.

Dieses Kapitel behandelt:

Außerdem findest du:

→ ¿Cómo evitar errores?, S. 279,
→ eine Evaluación, S. 280, in der du dein Wissen überprüfen kannst.

21.1 Die Relativpronomen, -begleiter und -adverbien
Los pronombres, determinantes y adverbios relativos

(el/la) que der/die/das/...	Este es un tema **que** me interesa mucho. Das ist ein Thema, das mich sehr interessiert. Marco es el chico **al que** conocí en Francia. Marco ist der Junge, den ich in Frankreich kennengelernt habe. Sofía llama a Paula, **a la que** había escrito un mensaje. Sofía ruft Paula an, der sie eine Nachricht geschrieben hatte. **Lo que** dice Mauro no me interesa. Das, was Mauro sagt, interessiert mich nicht.

⚠ Wenn im Hauptsatz kein Bezugswort vorhanden ist, steht vor dem Relativpronomen **que** der neutrale Artikel **lo** → **lo que**.

quien/es der/die	Fue Alberto **quien** decidió la fecha. Es war Alberto, der das Datum festlegte.
el/la cual der/die	La cámara con **la cual** saqué las fotos es de mi abuelo. Die Kamera, mit der ich die Fotos gemacht habe, ist von meinem Opa.

cuyo/-a dessen/deren	La chica **cuyo** padre es mexicano se llama Merche. Das Mädchen, dessen Vater Mexikaner ist, heißt Merche.

▸ S. 52 (Die Relativpronomen)
▸ S. 55 (*cuyo*)

donde wo	La tienda está en la calle **donde** vivimos. Das Geschäft ist in der Straße, wo / in der wir wohnen.
como wie	No estamos de acuerdo con la manera **como** hay que amueblar la casa. Wir sind uns nicht über die Art einig, wie das Haus eingerichtet werden soll.
cuando als	No recuerdo el día **cuando** os conocí. Ich kann mich nicht mehr an den Tag erinnern, als / an dem ich euch kennenlernte.
cuanto wie / alles, was	José gasta **cuanto** gana. José gibt alles aus, was er verdient.

▸ S. 56 (Anstelle von Relativpronomen gebrauchte Adverbien)

21.2 Die Stellung des Relativsatzes im Satzgefüge
La posición de la oración relativa en la oración compleja

El chico, **al que ves allí**, se llama Quique. Der Junge, den du da siehst, heißt Quique. Tengo algo **que podría interesarte.** Ich habe etwas, das dich interessieren könnte.	Der Relativsatz steht meist unmittelbar nach seinem Bezugswort (= Substantiv, Pronomen).
Aquí tengo una canción (muy) bonita **que aún no conoces.** Hier habe ich ein (sehr) schönes Lied, das du noch nicht kennst.	Zwischen dem Bezugswort und dem Relativsatz steht manchmal ein (Adverb +) Adjektiv.
Esa chica de Cuba, **que estuvo en la fiesta de anoche**, ¿la conoces? Dieses Mädchen aus Kuba, das gestern Nacht auf der Party war, kennst du es?	Auch ein adverbiales Attribut kann zwischen dem Bezugswort und dem Relativsatz stehen.

(1) Los alumnos **que habían entendido el ejercicio** empezaron a trabajar.
Die Schüler, die die Aufgabe verstanden hatten, fingen an zu arbeiten.
(= *nur die Schüler, die sie verstanden hatten: notwendige Information*)

(2) Los alumnos**, que habían entendido el ejercicio**, empezaron a trabajar.
Die Schüler, die die Aufgabe verstanden hatten, fingen an zu arbeiten.
(= *alle Schüler haben die Aufgabe verstanden: nicht notwendige Information*)

Man unterscheidet zwischen notwenigen Relativsätzen (1), die für das Verständnis unerlässlich sind, und nicht notwendigen Relativsätzen (2), die nur eine zusätzliche erklärende Funktion haben. Anders als im Deutschen werden nur die nicht notwendigen Relativsätze durch ein Komma vom Hauptsatz abgetrennt.

21.3 Die Wortstellung im Relativsatz
El orden de las palabras en la oración relativa

Hauptsatz	Relativsatz			
	Relativpronomen/-begleiter/-adverb	**Subjekt**	**Prädikat**	**Ergänzung**
¿Fito? Es el chico Fito? Das ist der Junge,	**que/quien**		está hablando	con Carla.
	der mit Carla spricht.			
	con **el que** con **quien** con **el cual**	Conchi	juega	al tenis.
	mit dem Conchi Tennis spielt.			
	cuyo padre		vive	en Barcelona.
	dessen Vater in Barcelona wohnt.			
	con **cuya** hermana	Fede	fue	al concierto.
	mit dessen Schwester Fede ins Konzert gegangen ist.			
Estoy en el bar	**donde**	Marta	desayuna	normalmente.
Ich bin in der Bar,	wo / in der Marta regelmäßig frühstückt.			

Am Anfang des Relativsatzes steht immer das Relativpronomen (gegebenenfalls nach einer Präposition und begleitet vom bestimmten Artikel), der Relativbegleiter (gegebenenfalls nach einer Präposition und mit seinem Bezugswort) oder das Relativadverb.
Es folgen das Subjekt (soweit das Relativpronomen/-begleiter nicht schon selbst das Subjekt ist und soweit es überhaupt genannt wird), das Verb und die Ergänzung.

Lerntipp:
Denke daran, dass im Relativpronomen eventuell vorhandene Artikel sowie adjektivisch gebrauchte Partizipien in Geschlecht und Zahl an das Bezugswort angeglichen werden:

El chico **con el que** hablé ayer ...
Der Junge, mit dem ich gestern sprach, ...

Los señores que están **sentados** en el parque ...
Die Männer, die im Park sitzen, ...

Las chicas **con las que** hablé ayer ...
Die Mädchen, mit denen ich gestern sprach, ...

La señora que está **sentada** en el banco ...
Die Frau, die auf der Bank sitzt, ...

21.4 Der Modus im Relativsatz El modo en la oración relativa

Haré lo que **quieres**. Ich werde tun, was du willst. Haré lo que **quieras**. Ich werde tun, was (auch immer) du willst.	**indicativo:** = *ich weiß, was du willst* **subjuntivo:** = *ich weiß (noch) nicht, was du willst*
Estoy buscando al guía que **habla** español. Ich suche den Führer, der Spanisch spricht. Buscamos un guía que **hable** español. Wir suchen einen Führer, der Spanisch spricht.	**indicativo:** = *ich kenne den Führer, der Spanisch spricht und suche ihn* **subjuntivo:** = *wir suchen irgendeinen Führer, der Spanisch spricht*

In den allermeisten Fällen steht das Verb des Relativsatzes im **Indikativ**, weil mit ihm etwas Bekanntes erklärt wird.
Der **subjuntivo** steht in Relativsätzen, wenn diese einen Wunsch oder eine Forderung beinhalten. Er steht außerdem, wenn das Bezugswort, auf das sich der Relativsatz bezieht, etwas Unbekanntes bezeichnet.

Merke!

Wenn die Information des Relativsatzes unbekannt oder zweifelhaft ist oder eine Bedingung, einen Wunsch, einen Befehl oder eine Forderung ausdrückt, so steht das Verb im Relativsatz im **subjuntivo**. In allen anderen Fällen steht das Verb im Indikativ.

Zusatzwissen:

No hay **nadie** que lo sepa. Es gibt niemanden, der es weiß. No conozco a **ningún** futbolista que te pueda sustituir. Ich kenne keinen Fußballspieler, der dich ersetzen könnte.	Wenn das Bezugswort im Hauptsatz verneint wird, also ein Nichtvorhandensein ausdrückt, dann steht das Verb des Nebensatzes ebenfalls im **subjuntivo**.

21.5 Relativsätze ohne Bezugswort Oraciones relativas sin antecedente

Quien dice esto, miente. Wer das sagt, lügt. **Los que** / **Las que** quieren, nunca castigan. Diejenigen, die lieben, bestrafen nie.	In diesen Satzgefügen ist der Relativsatz Subjekt des Hauptsatzes. Die entsprechenden Relativpronomen sind **quien/es** bzw. **el/la/los/las que**.
Lo que dice no me interesa. Mich interessiert nicht, was sie sagt. Apunta **lo que** tienes que hacer. Schreibe auf, was du zu tun hast.	Das Relativpronomen **lo que** bezieht sich auf einen Sachverhalt, der meist in einem vorangehenden Satz steht. Der Relativsatz mit **lo que** kann Subjekt oder Objekt des Hauptsatzes sein.

Wie vermeide ich Fehler? ¿Cómo evitar errores?

Que oder *lo que*?

Wenn das Relativpronomen sich auf Personen oder Sachen bezieht, heißt es **que**. Wenn es sich auf einen ganzen Satz bzw. einen Sachverhalt bezieht, so heißt es **lo que** *((das) was)*:

Das ist das Auto, das mir gefällt.	Este es el coche **que** me gusta.
Ich weiß nicht, was du machst.	No sé **lo que** haces.

Angleichung im Relativsatz

Wenn dem Relativpronomen ein Artikel vorausgeht, so wird dieser an das Bezugswort angeglichen:

Estas son las chicas con **las que / quienes** vamos a Sevilla.	Das sind die Mädchen, mit denen wir nach Sevilla fahren.

Der Relativbegleiter **cuyo** wird immer an das folgende Bezugswort angeglichen, anders als im Deutschen:

Este es el hombre cuya novia es Carla.	Das ist der Mann, dessen Freundin Carla ist.

Im Relativsatz vorkommende Adjektive oder adjektivisch gebrauchte Partizipien werden an ihr Bezugswort im Hauptsatz angeglichen:

Hay canciones que son **perfectas** para ciertos momentos.	Es gibt Lieder, die perfekt für bestimmte Momente sind.
Esta casa, que fue **construida** en 1681, es muy bonita.	Dieses Haus, das 1681 gebaut wurde, ist sehr schön.

Der Gebrauch des Relativpronomens *el cual*

Der übermäßige Gebrauch des Relativpronomens **el cual** macht einen Stil schnell gestelzt oder gespreizt, im gesprochenen Spanisch wirkt **el cual** schnell lächerlich. Wenn **el cual** benutzt wird, so muss es in Geschlecht und Zahl an das Bezugswort im Hauptsatz angeglichen werden:

Ist das der Junge, den du gestern angerufen hast?	¿Este es el chico **al que / a quien** llamaste ayer? ... **al cual** llamaste ayer?
Sind das die Fahrräder, mit denen wir den Ausflug machen müssen?	¿Son estas las bicis ... **con las** que tenemos que hacer la excursión? **con las cuales** tenemos que hacer la excursión?

Falsche Freunde

Anders als im Französischen kann man im Spanischen einen Relativsatz nur in seltenen Fällen (► S. 190) durch ein **gerundio** ersetzen:

- *Wir suchen einen Führer, der mindestens zwei Sprachen spricht.*
- On cherche un guide **qui parle** au moins deux langues.
  On cherche un guide **parlant** au moins deux langues.
- Buscamos un guía **que hable**, por lo menos, dos lenguas.
  ~~Buscamos un guía hablando por lo menos dos lenguas.~~

Abschlussübung Evaluación

1. **Que oder lo que?**

a. Ya te he dicho mil veces [?] es importante en la vida.
b. No me importa [?] piensa él de este asunto.
c. Las ideas [?] tienes sobre este asunto no me interesan.
d. El coche [?] ves allí es de Carlos.
e. La chica [?] está hablando se llama Bea.
f. La chica está hablando de [?] nos parece urgente.

2. **Welche der folgenden Relativpronomen und -begleiter passen sich nicht im Geschlecht an ihr Bezugswort an?**

a. que
b. cuyo
c. el que
d. el cual
e. quien
f. lo que

3. **Ändere die beiden Hauptsätze in ein Satzgefüge mit einem Haupt- und einem Relativsatz.**

a. Fito vive en Madrid. Su padre es andaluz.
b. Esta moto es muy buena. Ana la compró el mes pasado.
c. Esta chica es una actriz muy famosa. Todo el mundo conoce a esta chica.
d. Los padres de Felipe nos han invitado a cenar con ellos. Son muy simpáticos.
e. Este cantante se compromete mucho con los problemas sociales. Me encantan sus canciones.
f. ¿Te acuerdas de estas chicas? Conocimos a estas chicas en las Alpujaras.

4. **Übersetze!**

a. Ich habe das Buch gefunden, das du suchst.
b. Das ist die neue Spanischlehrerin, die sehr nett ist.
c. Jorge, dessen Eltern Chilenen sind, wohnt jetzt in Buenos Aires.
d. Das war der Tag, an dem meine Eltern heirateten.
e. Die Jungen, mit denen wir am Strand spielten, sind Deutsche.
f. Die Jungen, die heute am Strand waren, sind Engländer.

5. **Entscheide, ob das Verb des Relativsatzes im Indikativ oder subjuntivo stehen muss.**

a. Necesito un móvil que **tiene/tenga** GPS.
b. Me he comprado un móvil que **tiene/tenga** GPS.
c. Carlos tiene un piso que no **es/sea** muy caro.
d. Carlos busca un piso que no **es/sea** muy caro.
e. A Jorge le hace falta una novia que no **habla/hable** demasiado.
f. Jorge tiene una novia que **habla/hable** mucho.

Die Lösungen findest du unter:
www.cornelsen.de/webcodes
Gib dort den Webcode gram-evaluacion21 ein.

22. Die indirekte Rede
El estilo indirecto

Wenn man eigene Aussagen, Fragen oder Aufforderungen oder die einer anderen Person wiedergibt, verwendet man die indirekte Rede:

Paul: „Laura kommt morgen."	Paul: «Laura viene mañana.»
→ *Paul hat gesagt, dass Laura morgen komme.*	→ Paul ha dicho que Laura viene mañana.
Ich: „Ruf mich an."	Yo: «Llámame.»
→ *Ich habe dir gesagt, dass du mich anrufen sollst.*	→ Te he dicho que me llames.

Die indirekte Rede besteht aus einem Hauptsatz, in dem ein Verb des Sagens, Denkens oder Schreibens steht (decir, preguntar, pedir, creer, escribir ...) und einem Nebensatz, in dem der Inhalt der direkten Rede wiedergegeben wird.

Der Nebensatz wird als indirekte Aussage und Aufforderung immer mit der Konjunktion **que** *(dass)* eingeleitet. Die indirekte Frage wird mit der Konjunktion **si** *(ob)* eingeleitet. Anders als im Deutschen steht im Spanischen kein Komma zwischen dem Haupt- und dem Nebensatz.

Der Gebrauch von Zeiten und Modi in der indirekten Rede unterscheidet sich im Spanischen grundsätzlich vom Deutschen.

Dieses Kapitel behandelt:

22.1 Die indirekte Aussage
22.2 Die indirekte Frage
22.3 Die indirekte Aufforderung
22.4 Die Zeitenfolge in der indirekten Rede
22.5 Zeitangaben in der indirekten Rede
22.6 Die Verben ir, venir, llevar und traer in der indirekten Rede

Außerdem findest du:

→ Auf einen Blick: Die Zeitenfolge in der indirekten Rede in der Vergangenheit, S. 289,
→ ¿Cómo evitar errores?, S. 289,
→ eine Evaluación, S. 290, in der du dein Wissen überprüfen kannst.

22.1 Die indirekte Aussage El enunciado indirecto

Die häufigsten Verben des einleitenden Hauptsatzes sind:

afirmar	bestätigen/behaupten	contestar	antworten
añadir	hinzufügen	decir	sagen
comentar	kommentieren	escribir	schreiben
comunicar	mitteilen	explicar	erklären
contar	erzählen	repetir	wiederholen

direkte Rede	indirekte Rede
Paula: «Me gusta trabajar aquí.» „Ich arbeite gerne hier."	Paula **dice** que le gusta trabajar allí. Paula sagt, dass sie gerne hier da arbeite.
«Mis colegas son simpáticos.» „Meine Kollegen sind sympathisch."	**Ha añadido** que sus colegas son simpáticos. Sie hat hinzugefügt, dass ihre Kollegen sympathisch seien.

Lerntipp:
Denke daran, die Pronomen an die veränderte Redesituation anzupassen.
Auch die Ortsangaben müssen angepasst werden, wenn sich der Berichterstatter an einem anderen Ort befindet, als der Sprecher der direkten Rede.

⚠ Im Spanischen wird der Nebensatz, der eine Aussage wiedergibt, immer mit der Konjunktion **que** eingeleitet, so wie im Französischen. Das ist anders als im Deutschen oder Englischen.

- Dice **que** viene mañana.
- Elle dit **qu**'elle vient demain.
- She says ▪ she comes tomorrow. / She says **that** she comes tomorrow.
- *Sie sagt, ▪ sie komme morgen. / Sie sagt, dass sie morgen komme.*

22.2 Die indirekte Frage La interrogación indirecta

22.2.1 Die indirekte Entscheidungsfrage

Im Hauptsatz, dem die indirekte Entscheidungsfrage untergeordnet ist, steht meist ein Verb/Ausdruck wie:

preguntar	fragen
querer saber	wissen wollen
no saber	nicht wissen

direkte Rede		indirekte Rede
madre a su hijo: Mutter zu ihrem Sohn:	«¿Vas a salir?» „Gehst du aus?"	La madre le pregunta a su hijo **si** va a salir. Die Mutter fragt ihren Sohn, ob er ausgehe.
	«¿Ya ha comido Carla?» „Hat Carla schon gegessen?"	Quiere saber **si** Carla ya ha comido. Sie will wissen, ob Carla schon gegessen habe.
Marcos: Marcos:	«¿Laura va a venir?» „Wird Laura kommen?"	Marcos no sabe **si** Laura va a venir. Marcos weiß nicht, ob Laura kommen wird.

Die indirekte Entscheidungsfrage wird immer mit **si** (*ob*) eingeleitet.

22.2.2 Die indirekte Teilfrage

direkte Rede		indirekte Rede
Isa y Puri:	«¿**Quién** ha llamado?»	Isa y Puri preguntan **quién** ha llamado.
Isa und Puri:	„Wer hat angerufen?"	Isa und Puri fragen, wer angerufen habe.
Ana:	«¿**Qué** ha pasado?»	Ana quiere saber **qué** ha pasado.
Ana:	„Was ist passiert?"	Ana möchte wissen, was passiert sei.
Alma:	«¿A **cuántas** personas ha invitado Pepe?»	Oye, Pepe, Alma me pregunta a **cuántas** personas has invitado.
Alma:	„Wie viele Personen hat Pepe eingeladen?"	Hör mal, Pepe, Alma fragt mich, wie viele Personen du eingeladen hättest.
Pedro:	«¿**Cómo** estás?»	Pedro me pregunta **cómo** estoy.
Pedro:	„Wie geht es dir?"	Pedro fragt mich, wie es mir gehe.
Sara:	«¿**Cuándo** llega el tren?»	Sara pregunta **cuándo** llega el tren.
Sara:	„Wann kommt der Zug an?"	Sara fragt, wann der Zug ankomme.
Irene:	«¿**Dónde** está el móvil?»	Irene quisiera saber **dónde** está el móvil.
Irene:	„Wo ist das Handy?"	Irene würde gerne wissen, wo das Handy ist.
Pablo:	«¿**Por qué** no me contesta?»	Pablo pregunta **por qué** no le contestas.
Pablo:	„Warum antwortet sie mir nicht?"	Pablo fragt, warum du ihm nicht antwortest.

Die indirekte Teilfrage wird mit demselben Fragewort eingeleitet wie die entsprechende direkte Teilfrage. Die Fragewörter behalten auch in der indirekten Frage den Akzent. Auch die Wortstellung der direkten Frage bleibt in der indirekten Frage gleich. Das ist anders als im Deutschen.

Zusatzwissen:

direkte Frage	indirekte Frage
«¿**Cómo** ha pasado?» „Wie ist das passiert?"	El policía **se interesa por cómo** ha pasado. Der Polizist interessiert sich dafür, wie das passiert ist.

Verben, die eine Präposition nach sich führen, wie z. B. **interesarse por**, behalten diese auch vor der indirekten Frage.

22.3 Die indirekte Aufforderung La exhortación indirecta

direkte Rede		indirekte Rede
Yo:	«**Abre** la ventana.»	Te he pedido que **abras** la ventana.
Ich:	„Öffne das Fenster!"	Ich habe dich gebeten, das Fenster zu öffnen.
Vuestros padres:	«**Decid** la verdad.»	Vuestros padres exigen que **digáis** la verdad.
Eure Eltern:	„Sagt die Wahrheit!"	Eure Eltern verlangen, dass ihr die Wahrheit sagen sollt.
Elena:	«No lo **hagas**.»	Elena te aconseja que no lo **hagas**.
Elena:	„Tu es nicht!"	Elena rät dir, es nicht zu tun.

Wünsche, Befehle, Ratschläge und Verbote sind direkte Aufforderungen und werden meist durch Imperative wiedergegeben. In der indirekten Aufforderung steht das konjugierte Verb des Nebensatzes im **subjuntivo**.

direkte Aufforderung (Imperativ)	indirekte Aufforderung
«(Por favor,) no **fumen** en este local.» „Rauchen Sie (bitte) nicht in diesem Raum!"	Nos prohíben que **fumemos** en este local. → Nos prohíben **fumar** en este local. Sie verbieten uns, in diesem Raum zu rauchen.

Anders als im Deutschen gibt es im Spanischen nur wenige Verben (wie hier **prohibir**), nach denen die indirekte Aufforderung mit einem Infinitiv wiedergegeben wird.

22.4 Die Zeitenfolge in der indirekten Rede
La correspondencia de tiempos en el estilo indirecto

22.4.1 Die indirekte Rede mit einleitenden Verben im Indikativ Präsens, Futur und *pretérito perfecto*

	direkte Rede	indirekte Rede
Alle Zeiten bleiben gleich:	**Juan:**	**Juan** dice / dirá / ha dicho que ... Juan sagt / wird sagen / hat gesagt, dass ...
presente = presente	«Como.» „Ich esse."	come. er esse.
pret. perfecto = pret. perfecto	«He comido.» „Ich habe gegessen."	ha comido. er gegessen habe.
pret. indefinido = pret. indefinido	«Comí.» „Ich aß."	comió. er gegessen habe.
pret. imperfecto = pret. imperfecto	«Comía.» „Ich aß."	comía. er gegessen habe.
pret. pluscuamperfecto = pret. pluscuamperfecto	«Había comido.» „Ich hatte gegessen."	había comido. er gegessen habe.
futuro simple = futuro simple	«Comeré.» „Ich werde essen."	comerá. er essen werde.
futuro compuesto = futuro compuesto	«Habré comido.» „Ich werde gegessen haben."	habrá comido. er gegessen haben werde.
condicional simple = condicional simple	«Comería.» „Ich äße / würde essen."	comería. er äße / essen würde.
condicional compuesto = condicional compuesto	«Habría comido.» „Ich hätte gegessen."	habría comido. er gegessen hätte.

Steht das Verb des Hauptsatzes, das die indirekte Rede auslöst, im **Indikativ Präsens**, **Futur** oder **pretérito perfecto**, so sind die Zeiten in der direkten Rede und in der indirekten Rede immer gleich. Dies gilt für die indirekte Aussage, die indirekte Frage und Aufforderung.

22.4.2 Die indirekte Rede mit einleitenden Verben im *pretérito indefinido, pretérito imperfecto* und *pretérito plusquamperfecto*

	direkte Rede	indirekte Rede
⚠ Einige Zeiten verändern sich:	**Juan:**	**Juan dijo / decía / había dicho que …** Juan sagte / hatte gesagt, dass …
presente → **pret. imperfecto**	«Como.» „Ich esse."	**comía.** er esse.
pret. perfecto → **pret. pluscuamperfecto**	«He comido.» „Ich habe gegessen."	**había comido.** er gegessen habe.
pret. indefinido → **pret. pluscuamperfecto**	«Comí.» „Ich aß."	**había comido.** er gegessen habe.
pret. imperfecto = pret. imperfecto	«Comía.» „Ich aß."	comía. er gegessen habe.
pret. pluscuamperfecto = pret. pluscuamperfecto	«Había comido.» „Ich hatte gegessen."	había comido. er gegessen habe.
futuro simple → **condicional simple**	«Comeré.» „Ich werde essen."	**comería.** er essen werde.
futuro compuesto → **condicional compuesto**	«Habré comido.» „Ich werde gegessen haben."	**habría comido.** er gegessen haben werde.
condicional simple = condicional simple	«Comería.» „Ich äße / würde essen."	comería. er äße / essen würde.
condicional compuesto = condicional compuesto	«Habría comido.» „Ich hätte gegessen."	habría comido. er gegessen hätte.

Steht das Verb des Hauptsatzes, das die indirekte Rede auslöst, im **pretérito indefinido, pretérito imperfecto** oder **pretérito pluscuamperfecto**, so ändern sich einige Zeiten aus der direkten Rede in der indirekten Rede, andere dagegen bleiben erhalten. Dies gilt für die indirekte Aussage, die indirekte Frage und Aufforderung.

	direkte Rede	indirekte Rede
	Juan:	**Juan dijo / decía / había dicho que …** Juan sagte / sagte / hatte gesagt, dass …
presente + a + *Inf.* → pret. imperfecto + a + *Inf.*	«**Voy** a comer.» „Ich werde essen."	**iba** a comer. er essen werde.

Das **futuro inmediato** wird entsprechend der Zeitenfolge in der indirekten Rede der Vergangenheit umgeformt.

Lerntipp:

Die Verschiebung der Zeiten kennst du auch aus dem Englischen und Französischen:

Paula: «No **tengo** tiempo.» → Paula me dijo que no **tenía** tiempo.
Paula: « Je n'**ai** pas le temps. » → Paula m'a dit qu'elle n'**avait** pas le temps.
Paula: "I **don't have** time." → Paula told me that she **didn't have** time.
Paula: „Ich habe keine Zeit." → *Paula sagte mir, dass sie keine Zeit habe.*

Ebenso entspricht die Umwandlung der Satzkonstruktionen mit dem **subjuntivo** im Nebensatz dem Zeitschema der indirekten Rede im Indikativ:

Zeitform des subjuntivo	**subjuntivo**-Auslöser in der Gegenwart	**subjuntivo**-Auslöser in der Vergangenheit
	No cree / Ha dudado que ... Sie glaubt nicht / Sie hat Zweifel, dass ...	**No creía / Había dudado que ...** Sie glaubte nicht / Sie hatte Zweifel, dass ...
presente → imperfecto	llegue. er ankomme.	**llegara.** er ankomme.
perfecto → pluscuamperfecto	haya llegado. er angekommen sei.	**hubiera llegado.** er angekommen sei.
imperfecto → imperfecto	llegara. er ankommen würde.	llegara. er ankommen würde.
pluscuamperfecto → pluscuamperfecto	hubiera llegado. er angekommen sei.	hubiera llegado. er angekommen sei.

Zusatzwissen:

direkte Rede	indirekte Rede
Fito: «Ayer **comí** en este restaurante.» „Gestern aß ich in diesem Restaurant."	Fito me dijo que aquel día **comió** en este restaurante. Fito sagte mir, dass er an dem Tag in diesem Restaurant gegessen habe.

In der gesprochenen Sprache bleibt das **pretérito indefinido** in der indirekten Rede der Vergangenheit häufig erhalten (anstatt des **pretérito pluscuamperfecto**).

22.4.3 Die indirekte Aufforderung in der Vergangenheit

direkte Aufforderung (Imperativ)		indirekte Aufforderung
Yo: Ich:	«**Cierra** la puerta.» „Schließe die Tür!"	Te pedí que **cerraras** la puerta. Ich bat dich, die Tür zu schließen.
Vuestros padres: Eure Eltern:	«No **mintáis.**» „Lügt nicht!"	Vuestros padres pidieron que no **mintierais.** Eure Eltern verlangten, dass ihr nicht lügen sollt.
Profesora: Lehrerin:	«**Trabaja** más.» „Arbeite mehr!"	Tu profesora te aconsejó que **trabajaras** más. Deine Lehrerin riet dir mehr zu arbeiten.

Werden Imperative in indirekten Aufforderungen der Vergangenheit ausgedrückt, so steht das konjugierte Verb dort im **imperfecto de subjuntivo**.

direkte Aufforderung (Imperativ)	indirekte Aufforderung
«(Por favor,) no **fumen** en este local.» „Rauchen Sie (bitte) nicht in diesem Raum!"	Nos prohibieron que **fumáramos** en este local. → Nos prohibieron **fumar** en este local. Man verbat uns, in diesem Raum zu rauchen.

Auch hier gilt, dass es im Spanischen nur wenige Verben (wie hier **prohibir**) gibt, nach denen die indirekte Aufforderung mit einem Infinitiv wiedergegeben werden kann.

22.5 Zeitangaben in der indirekten Rede der Vergangenheit
Indicaciones temporales en el estilo indirecto del pasado

direkte Rede	indirekte Rede in der Vergangenheit
Manu:	**Manu contó que ...** Manu erzählte, dass ...
«**Hoy** va a ver a Ana.» Heute wird er Ana besuchen. «**Ayer** llegó Carlos.» Gestern ist Carlos angekommen. «**Mañana** irá al estadio Bernabéu.» Morgen wird er ins Bernabeu-Stadion gehen.	**el mismo día / aquel día** iba a ver a Ana. er an jenem Tag / am selben Tag Ana besuchen werde. Carlos había llegado **el día anterior / la víspera.** Carlos am Vortag angekommen sei. **al día siguiente** iría al estadio Bernabéu. er am folgenden Tag ins Bernabéu-Stadion gehen werde.

Zeitangaben, die vom Zeitpunkt des Sprechens abhängen, ändern sich in der indirekten Rede in der Vergangenheit.

Merke dir, wie sich die folgenden Zeitangaben in der indirekten Rede in der Vergangenheit ändern:

direkte Rede		indirekte Rede	
ayer	gestern	→ el día anterior / la víspera	am Vortag
hace (tres días)	vor (drei Tagen)	→ (tres días) antes	(drei Tage) vorher
hoy	heute	→ el mismo día / aquel día	an jenem Tag
esta mañana	heute Morgen	→ esa/aquella mañana	an jenem Morgen
esta semana	diese Woche	→ esa/aquella semana	in jener Woche
este mes	diesen Monat	→ ese/aquel mes	in jenem Monat
este año	dieses Jahr	→ ese/aquel año	in jenem Jahr
mañana	morgen	→ al día siguiente	am folgenden Tag
la última semana / la semana pasada	letzte Woche	→ la semana anterior	die Woche zuvor
la semana que viene / la próxima semana	nächste Woche	→ la semana siguiente	in der folgenden Woche

Zusatzwissen:

22.6 Die Verben *ir, venir, llevar* und *traer* in der indirekten Rede
Los verbos *ir, venir, llevar* y *traer* en el estilo indirecto

direkte Frage		indirekte Frage	
ir	(hin)gehen	venir	(her)kommen
llevar	(hin)bringen	traer	(her)bringen
venir	(her)kommen	ir	(hin)gehen
traer	(her)bringen	llevar	(hin)bringen

Die Verben **ir** und **venir** sowie **llevar** und **traer** werden oft bei der Umwandlung der direkten in die indirekte Rede ausgetauscht, da sich die Richtung (*hin* oder *her*) aus der Sicht des Sprechers ändert.

direkte Rede	indirekte Rede
Carlitos:	**Carlitos dice que ...** Carlitos sagt, dass ...
«**Vamos** a veros mañana.» „Wir kommen euch morgen besuchen." «Os **llevaremos** un recuerdo de Sevilla.» „Wir werden euch ein Souvenir aus Sevilla mitbringen." «**Ven** a nuestra casa.» „Komm uns besuchen!"	**vienen** a vernos mañana. sie uns morgen besuchen kämen. nos **traerán** un recuerdo de Sevilla. sie uns ein Souvenir aus Sevilla mitbringen würden. **vaya** a su casa. ich ihn besuchen kommen soll.
	Carlitos pregunta si ... Carlitos fragt, ob ...
«¿Me **traes** un DVD en español?» „Bringst du mir eine spanische DVD mit?"	le **llevo** un DVD en español. ich ihm eine spanische DVD mitbrächte.

⚠ Liegt der erwähnte Ort weder beim Sprecher der direkten Rede noch beim Berichtenden der indirekten Rede (Córdoba), so wird das Verb **ir** beibehalten.

Auf einen Blick: Die Zeitenfolge in der indirekten Rede in der Vergangenheit

direkte Rede		indirekte Rede in der Vergangenheit
presente pretérito imperfecto	→ =	**pretérito imperfecto**
pretérito perfecto **pretérito indefinido** pretérito pluscuamperfecto	→ → =	**pretérito pluscuamperfecto**
futuro simple condicional simple	→ =	**condicional simple**
futuro compuesto condicional compuesto	→ =	**condicional compuesto**
imperativo **presente del subjuntivo** imperfecto del subjuntivo	→ → =	**imperfecto del subjuntivo**
perfecto del subjuntivo pluscuamperfecto del subjuntivo	→ =	**pluscuamperfecto del subjuntivo**

Wie vermeide ich Fehler? ¿Cómo evitar errores?

Woran du bei der Umwandlung von der direkten in die indirekte Rede denken musst

direkte Rede	indirekte Rede
Paca:	**Paca dijo que ...** Paca sagte, dass...
«Esta semana he trabajado mucho.» „Diese Woche habe ich viel gearbeitet." «Paco me llamará mañana.» „Paco wird mich morgen anrufen." «El miércoles te llevo el libro.» „Ich bringe dir das Buch am Mittwoch mit."	esa/aquella semana había trabajado mucho. sie diese Woche viel gearbeitet habe. Paco la llamaría al día siguiente. Paco sie am nächsten Tag anrufen werde. el miércoles me traería el libro. sie mir das Buch am Mittwoch mitbrächte.
«¿Me esperas aquí?» „Wartest du hier auf mich?	**Paca preguntó si ...** Paca fragte, ob ... la esperaba allí. ob ich hier auf sie wartete / warten würde.

Checkliste:
- nach einem Verb der Redeeinleitung in der Vergangenheit die Zeitform des Verbs und eventuell das Verb ändern
- die Pronomen der veränderten Situation anpassen
- wenn es nötig ist, Zeit- und Ortsangaben ändern

Abschlussübung Evaluación

1. **Was sagt Puri? Gib die Erzählung in der indirekten Rede des Präsens wieder und verwende dabei decir, contar, añadir! Beginne mit: Puri cuenta que ...**

Puri: «Hola, ayer fui a la fiesta de Pepe. Mi hermana Naomí y su novio Fede también estuvieron allí. Bailamos, charlamos y nos divertimos mucho. Volví tarde a casa, y mis padres no estaban contentos. Esta mañana me he levantado tarde, así que no he comido casi nada y he ido a toda prisa al colegio. El profe de Mates nos ha dado muchos deberes. Pero estoy demasiado cansada para hacerlos ahora. Los haré más tarde.»

2. **Welche Zeitformen ändern sich in der indirekten Rede, wenn im Hauptsatz das Verb in der Vergangenheit steht?**

a. presente
b. pretérito pluscuamperfecto
c. pretérito perfecto
d. pretérito indefinido
e. futuro simple
f. pretérito imperfecto

3. **Gib das Gespräch in der direkten Rede als Dialog wieder!**

Beispiel:
Angel: «¿Qué piensas hacer...?»
Jesús: «...»

Ángel preguntó qué pensaba hacer Jesús aquel verano.
Jesús le dijo que iría a Inglaterra y que haría unas prácticas en un hotel.
Entonces Ángel quiso saber por qué se había decidido por ir a Inglaterra y Jesús le contestó que quería mejorar su inglés.
Ángel le dijo que ya era bueno en inglés en el insti.
Jesús contó que tenía conocimientos básicos bastante sólidos pero que hacía falta que lo practicara porque no entendía nada de nada cuando los ingleses hablaban rápido.
Ángel quiso saber dónde trabajaría y Jesús le dijo que iría a trabajar a un hotel cerca de Brighton.
Luego Ángel preguntó cuánto tiempo iba a trabajar allí y Jesús contó que las prácticas durarían dos meses.
Al final Ángel quiso saber cuándo volvería y Jesús contestó que volvería a finales de agosto.

4. **Fitos Vater erzählt seiner Frau, was Fito ihm am Telefon gesagt hat. Gib das Telefongespräch in der indirekten Rede der Vergangenheit wieder und beginne mit: Fito me dijo que ...**

«Esta tarde voy a volver más temprano porque no hay clase de alemán: la profe está enferma. Así no hemos podido hablar del intercambio con los alumnos alemanes. Voy a tomar el tranvía a las tres y media, así que llegaré a las cuatro y cuarto. ¿Sabes?, Luisa ya ha terminado su blog en alemán y quiere pasar por nuestra casa hacia las ocho. Ella también quisiera participar en el intercambio y quiere ayudarme a preparar mi blog. ¡Esta chica es estupenda! ¡Habla muy bien el alemán, y además tiene tanto talento para manejar el ordenador! Bueno, ¡ya no quiero molestar más! Hasta luego.»

Die Lösungen findest du unter:
www.cornelsen.de/webcodes
Gib dort den Webcode gram-evaluacion22 ein.

23. Die Verneinung im Satz
La negación en la oración

Ein verneinter Satz drückt die Falschheit oder das Nichtvorhandensein von Sachen, Sachverhalten oder Zuständen aus. Die Verneinung kann aus einem oder mehreren Wörtern bestehen:

Hoy **no** trabajo.	*Heute arbeite ich nicht.*
No veo **nada.**	*Ich sehe nichts.*
No viene **nadie.**	*Niemand kommt.*

Die Verneinung wird mithilfe folgender Elemente realisiert:

– Begleiter und Pronomen	**nada**	*nichts*
	nadie	*niemand*
	ninguno/-a	*keiner*
– Adverbien	**jamás**	*nie*
	nada	*nichts*
	no	*nein/nicht/kein*
	nunca	*nie*
	tampoco	*auch nicht*
– Konjunktionen	**ni**	*auch nicht (weder ... noch)*
	sino	*sondern*
– Präposition	**sin**	*ohne*

Merke!

Im verneinten Satz muss immer ein Verneinungswort vor dem konjugierten Verb stehen!

Das folgende Kapitel behandelt:

Außerdem findest du:
→ ¿Cómo evitar errores?, S. 296,
→ eine Evaluación, S. 297, in der du dein Wissen überprüfen kannst.

23.1 Die Verneinung mit *no* La negación con *no*

No como. **No** he dormido. **No** puedo venir. **No** voy a descansar. **No** tengo dinero.	Ich esse nicht. Ich habe nicht geschlafen. Ich kann nicht kommen. Ich werde mich nicht ausruhen. Ich habe kein Geld.	Ein Satz wird verneint, indem man das Adverb **no** vor das konjugierte Verb setzt.
No te quiero. **No** le he escrito. **No** se lo creo.	Ich liebe dich nicht. Ich habe ihr nicht geschrieben. Ich glaube es ihm nicht.	Zwischen **no** und dem konjugierten Verb können ein oder mehrere Pronomen stehen.

Merke!

No kann *nein* und *nicht/kein* bedeuten.

–¿Hay pan? –**No, no** hay pan.

– Gibt es Brot? – Nein, es gibt kein Brot.

23.2 Die Verneinung mit Pronomen und Begleitern La negación con pronombres y determinantes

nada nichts	**Nada** le interesa. / **No** le interesa **nada.** Nichts interessiert ihn. / Es interessiert ihn nichts.
nadie niemand	**Nadie** viene. / **No** viene **nadie.** Niemand kommt. / Es kommt niemand.
ninguno keine/r	**Ninguno** (de los chicos) ha contestado. / **No** ha contestado **ninguno** (de los chicos). Keiner (der Jungen) hat geantwortet. / Es hat keiner (der Jungen) geantwortet.
Wenn diese Verneinungspronomen oder -begleiter das Subjekt des Satzes sind, können sie vor oder hinter dem konjugierten Verb stehen. Stehen sie hinter dem Verb, muss vor dem Verb **no** stehen.	

Javier **no** hace **nada.** Javier macht nichts. **No** veo a **nadie.** Ich sehe niemanden. Alba **no** ha hablado con **ninguno** (de ellos). Alba hat mit keinem (von ihnen) gesprochen.	Wenn die Verneinungspronomen oder -begleiter das Objekt oder eine sonstige Ergänzung im Satz sind, stehen sie immer hinter dem konjugierten Verb. Vor dem konjugierten Verb muss dann **no** stehen.

23.3 Die Verneinung mit Adverbien La negación con adverbios

jamás	¡**Jamás** lo diría! / ¡**No** lo diría **jamás**¡ Nie würde ich das sagen! / Das würde ich nie sagen!
nunca	**Nunca** lo ha dicho. / **No** lo ha dicho **nunca**. Niemals hat er das gesagt. / Das hat er nie gesagt.
tampoco	**Tampoco** viene Ana. / Ana **no** viene **tampoco**. Auch Ana kommt nicht. / Ana kommt auch nicht.

Die Verneinungsadverbien können ebenfalls sowohl vor als auch hinter der konjugierten Verbform stehen. Stehen sie dahinter, muss auch hier vor dem Verb **no** stehen.

⚠

No quiero **nada** más. Ich möchte nichts mehr. **No** es **nada** difícil. Das ist überhaupt nicht schwer.	Als Adverb steht **nada** immer hinter dem konjugierten Verb.

23.4 *no ... ni / ni ... ni / no ... sino / (no) ... sin*

No lo entiendo **ni** me interesa. Ich verstehe es nicht und es interessiert mich auch nicht. **No** quiero pescado **ni** carne. Ich möchte keinen Fisch und auch kein Fleisch.	Enthält der Satz zwei Verneinungen, so wird zumindest die letzte mit **ni** gebildet: **no** + *Verb ...* + **ni** + *Verb (nicht und ... auch nicht)* **no** + *Substantiv ...* + **ni** + *Substantiv (kein ... und auch kein)*
No sé **ni** esquiar **ni** patinar. Ich kann weder Ski fahren noch eislaufen. **No** tengo **ni** tiempo **ni** dinero. Ich habe weder Zeit noch Geld.	**no** + *Verb* **... ni ... ni** *(weder ... noch)*

Carlos **no** habla alemán **ni siquiera** inglés. Carlos spricht kein Deutsch, nicht einmal Englisch.	**Ni** kann durch **siquiera** verstärkt werden: **ni siquiera** (*nicht einmal*).
⚠ **Ni** ha llamado **ni** ha escrito. Sie hat weder angerufen noch geschrieben. **Ni** Carlos **ni** Ana pueden venir. Weder Carlos noch Ana können kommen.	**Ni** kann auch am Anfang des Satzes vor der Verbform stehen. In diesem Fall entfällt **no**.

Sara saca buenas notas **sin** estudiar mucho. Sara bekommt gute Noten, ohne viel zu lernen.	**sin** (*ohne*)
No puedo estudiar **sin** escuchar música. Ich kann nicht lernen, ohne Musik zu hören. (= *Ich muss beim Lernen Musik hören.*)	Mit **no ... sin** (*nicht...ohne)* wird ein Sachverhalt verstärkt.

23.5 Die doppelte Verneinung La doble negación

No he encontrado a **nadie**. Ich habe niemanden getroffen. Carlos **no** va **nunca** al cine. Carlos geht nie ins Kino. **No** escribo **nunca** a **nadie**. Ich schreibe nie jemandem.	Wie oben beschrieben, muss im spanischen verneinten Satz vor dem konjugierten Verb immer ein verneinendes Wort stehen. Dies kann zu doppelten und mehrfachen Verneinungen führen.

Nunca jamás lo aprobarán. Sie werden dem nie und nimmer zustimmen. ¡**Nunca** te enteras de **nada**! Nie bemerkst du etwas! **No** digo **nada** a **nadie**. Ich sage niemandem etwas. **Nunca nadie** hace **nada** por **nadie**. Nie tut jemand etwas für jemanden (anderen).	Außer mit **no** können auch andere Verneinungswörter miteinander kombiniert werden. In der Kombination mit einem anderen Verneinungswort werden die Indefinitpronomen **nada** *(nichts)* und **nadie** *(niemand)* in der deutschen Übersetzung positiv: *etwas* bzw. *jemand*.
Nunca he tenido **ningún** problema con él. Ich habe mit ihm nie ein Problem gehabt.	Dasselbe gilt für den Begleiter **ningún**. Auch er wird positiv: *ein/e*.

23.6 Andere Formen der Verneinung Otras formas de negación

Aún no / Todavía no ha llamado. Sie hat noch nicht angerufen.	**aún no / todavía no** (*noch nicht*)
Ya no son novios. Sie gehen nicht mehr miteinander.	**ya no** (*nicht mehr*)

Merke!

ya = *schon*	↔	ya no = *nicht mehr*
aún/todavía = *noch*	↔	aún/todavía no = *noch nicht*

No comprendo **nada de nada**. Ich verstehe überhaupt nichts.	**Nada** wird durch **nada de nada** (*überhaupt nichts*) verstärkt.
Jorge **no** se despierta **hasta** las once. Jorge wacht erst um 11 Uhr auf. **No** es **más que** una pregunta. Das ist nur eine Frage. Esto **no** es **sino** otra forma de excusarse. Das ist nur eine andere Form sich zu entschuldigen.	Diese einschränkenden Verneinungen sind im Deutschen positiv: **no ... hasta** (*erst*) **no ... más que** (*nur*) **no ... sino** (*nur*)

Zusatzwissen:

No me interesa **ni (una) pizca / un pepino.**	Das interessiert mich kein bisschen.
–¿Sabes cuándo llega Fito? –**Ni idea.**	– Weißt du, wann Fito kommt? – Keine Ahnung!
¿Darle 1.000 €? **¡Ni hablar!**	Ihm 1.000 € geben? Kommt nicht in Frage!
Eso no se puede hacer **de ninguna manera.**	Das kann man auf gar keinen Fall machen.
¿Creen que voy a ir? **¡En absoluto!**	Sie glauben, dass ich dahin gehen werde? Keineswegs!

In der gesprochenen Sprache werden häufig feststehende Wendungen zur Verneinung benutzt.

23.7 Objektpronomen im verneinten Satz
Pronombres de complemento en la oración negativa

Nunca me ha decepcionado. Sie hat mich nie enttäuscht. ¿Por qué **no** se lo has dicho? Warum hast du es ihm nicht gesagt?	Die Objektpronomen stehen unmittelbar vor dem konjugierten Verb, die Verneinung vor dem Objektpronomen.
No va a llamarte. / **No** te va a llamar. Sie wird dich nicht anrufen. **No** quiere llamarte. / **No** te quiere llamar. Sie will dich nicht anrufen. No, **no** estoy escribiéndosela. / No, **no** se la estoy escribiendo. *(la carta)* Nein, ich bin nicht dabei ihn ihr/ihm/Ihnen zu schreiben. *(den Brief)*	Bei Infinitivkonstruktionen und der Verlaufsform kann das Objektpronomen unmittelbar vor dem konjugierten Verb stehen oder an den **Infinitiv** bzw. das **gerundio** angehängt werden. **No** steht in jedem Fall vor dem konjugierten Verb.

▸ S. 48 (Die Stellung der Objekt- und Reflexivpronomen im Satz)

23.8 Antworten auf verneinte Fragen
Respuestas a preguntas negativas

–¿Viene Carlos? –**Sí./No.** – Kommt Carlos? – Ja./ Nein.	Auf die bejahte Frage wird wie im Deutschen geantwortet.
–¿No viene Carlos? –**Sí./No.** – Kommt Carlos nicht? – Doch./Nein.	Bei der Antwort auf eine verneinte Frage entspricht **sí** dem deutschen *doch*.

Merke!

también = *auch*	–Vamos todos al cine, ¿y tú? –Yo **también.** – Wir gehen alle ins Kino, und du? – Ich auch.
tampoco = *auch nicht*	–Hoy no vamos al fútbol, ¿y tú? –Yo **tampoco.** – Heute gehen wir nicht zum Fußball, und du? – Ich auch nicht.

Wie vermeide ich Fehler? ¿Cómo evitar errores?

Wie übersetzt man *kein* ins Spanische?

Da im Spanischen das Verb (und damit auch der ganze Satz) verneint wird und nicht die einzelnen Satzglieder, können Substantive nicht immer mit **ninguno/-a** verneint werden. Man benutzt stattdessen **no** bei unzählbaren Substantiven oder im Plural:

Ich habe keine Lust.	**No** tengo ganas.
Ich habe kein Gemüse gekauft.	**No** he comprado verduras.
Ich habe keine Freunde.	**No** tengo amigos.
Ich mag keine Hunde.	**No** me gustan los perros.

Ninguno/-a wird nur mit zählbaren Substantiven zur Verneinung verwendet:

Ich habe keinen Lehrer gesehen.	**No** vi a **ningún** profesor.

aber:
Wenn zählbare Substantive in Verbindung mit dem Verb **tener** ohne Artikel gebraucht werden, wird auch hier nur mit **no** verneint:

Ich habe keinen Stift.	**No** tengo bolígrafo.
Ich habe kein Auto.	**No** tengo coche.

Was ist bei der Wortstellung in verneinten Sätzen zu beachten?

Ist das Verneinungswort das Subjekt, so kann es vor oder nach dem Verb stehen. Steht es davor, entfällt **no**. Steht es dahinter, steht **no** vor dem konjugierten Verb:

Nichts ist mir wichtig. / Mir ist nichts wichtig.	**Nada** me importa./ (A mí) **No** me importa **nada**.
Niemand hat mir geschrieben. / Mir hat niemand geschrieben.	**Nadie me** ha escrito. / **No me** ha escrito **nadie**.

Als Objekt steht es immer hinter dem Verb:

Ich kaufe nichts.	**No** compro **nada**.
Ich kenne niemanden.	**No** conozco a **nadie**.

Zusammengesetzte Zeiten oder Infinitivkonstruktionen werden, anders als im Deutschen, nie durch Verneinungspartikel getrennt:

Ich habe niemanden gesehen.	**No** he visto a **nadie**.
Niemand hat mich gesehen. / Mich hat niemand gesehen.	**Nadie** me ha visto. / **No** me ha visto **nadie**.
Ich werde niemanden einladen.	**No** voy a invitar a **nadie**.
Ich will sie nicht anrufen.	**No** quiero llamarla. / **No** la quiero llamar.

In vielen Fällen ist im Spanischen die Wortstellung freier als im Deutschen. Achte darauf, dass bei der Negation immer ein Verneinungswort vor dem konjugierten Verb stehen muss:

Auch Arturo antwortet nicht. / Arturo antwortet auch nicht. / Es antwortet auch nicht Arturo.	**Tampoco** Arturo contesta. / Arturo **tampoco** contesta. / **Tampoco** contesta Arturo. / Arturo **no** contesta **tampoco**.

Abschlussübung Evaluación

1. **Bringe die Wörter in die richtige Reihenfolge für einen verneinten Satz!**

a. ¿ – nada – no – interesa – Por qué – os – ?
b. ¿ – está – ella – enamorado – Por qué – nadie – de – ?
c. puede – dinero – familia – su – a – Ya – no – mandar
d. de – fiesta – amigos – Ninguno – venir – a – puede – sus – la
e. contestado – mensaje – no – novio – de – ha – aún – el – Pili – su
f. a – ayuda – hermanos – Pepe – nadie, – siquiera – no – a – sus – ni

2. **In welchem der Sätze könnte das fettgedruckte Verneinungswort auch an anderer Stelle stehen?**

a. No hace **nada**.
b. No lo he visto **nunca**.
c. No me interesa **nada**.
d. No es **nada** fácil.
e. No hay **nadie**.
f. No lo sé **tampoco**.

3. **Beantworte die folgenden Fragen mit einem vollständigen Satz! Berücksichtige dabei die Vorgaben in Klammern!**

Beispiel: ¿Ya has puesto la mesa? (noch nicht)
→ No, aún no / todavía no (he puesto la mesa).

a. ¿Jorge todavía practica el baloncesto? (nicht mehr)
b. ¿Pero fuma mucho? (nie)
c. ¿A Vero le gusta la ópera? (überhaupt nicht)
d. ¿Hay alguien que hable chino? (niemand)
e. ¿Qué le has dicho? (nichts)
f. ¿Qué le interesa? (nichts)
g. ¿Se lo has dicho a alguien? (niemandem)
h. ¿A quién quieres invitar a tu fiesta de cumpleaños? (niemanden)

4. **Forme die positiven Sätze in ganze verneinte Sätze um!**

Beispiel: Me gustan algunas canciones de Enrique Iglesias.
→ No me gusta ninguna canción de Enrique Iglesias.

a. A mí el teatro me interesa muchísimo.
b. Han encontrado a alguien.
c. Pedro ha visto algo.
d. Ana ha ido algunas veces a Argentina.
e. Ya he leído algunos libros en español.

5. **Übersetze!**

a. Er kann weder lesen noch schreiben.
b. Niemand kennt ihn. (2 Möglichkeiten)
c. – Ich gehe nicht mehr zum Training. – Ich auch nicht.
d. Mauro hat kein Handy.
e. Er geht erst um elf Uhr schlafen.
f. Sie wird dir keine SMS schicken!

Die Lösungen findest du unter:
www.cornelsen.de/webcodes
Gib dort den Webcode gram-evaluacion23 ein.

24. Der Text
El texto

Allein mit der Kenntnis grammatischer Strukturen kann man keine Texte schreiben. Dieses Kapitel hilft dir, spanische Texte verschiedener Art zu verfassen.

Im Abschnitt 1 findest Ausdrücke und Strukturen, die dir beim Schreiben eines Textes hilfreich sein können.

In den Abschnitten 2, 3, 4 und 5 werden Beispiele zu verschiedenen Textsorten angeboten. Schrittweise wird erläutert, wie man diese Texte vorbereitet und verfasst. Mithilfe der Kommentare dazu werden der Aufbau und die Strukturen einer Textsorte besser nachvollziehbar.

Schließlich findest du in Abschnitt 6 Tipps, einen selbst verfassten Text gründlich Korrektur zu lesen. So kannst du Fehler, die dir beim Schreiben von Texten unterlaufen können und die du während des Schreibprozesses vielleicht nicht wahrnimmst, selbst korrigieren.

Im folgenden Kapitel findest du:

24.1 Ausdrücke, die einen Text gliedern
Expresiones para estructurar un texto

24.1.1 Seine Gedanken gliedern

empecemos por	beginnen wir mit	pues	nun
comencemos por		ahora bien	nun/also
para empezar	zu Beginn	a propósito (de ...)	übrigens
primero	zuerst/erstens	por cierto	
en primer lugar	zunächst / an erster Stelle	dicho (sea) de paso	nebenbei bemerkt
segundo	zweitens	finalmente	schließlich
en segundo lugar	an zweiter Stelle	por último	zuletzt
a continuación	anschließend	para terminar	zum Schluss
respecto a	was ... betrifft	en resumen	zusammenfassend
en cuanto a		resumiendo	kurz (und gut)
por lo que se refiere a		en general	im Großen und Ganzen
por un lado ... por otro (lado)	einerseits ... andererseits	en una palabra	in einem Wort

24.1.2 Seine Meinung äußern

(yo) opino que ...	ich bin der Meinung, dass ...	en mi opinión	meiner Meinung nach
(yo) pienso que *...	ich denke, dass ...	a mi parecer	
(yo) personalmente	ich persönlich	a mi entender	
por mi parte	meinerseits	según yo	
estoy seguro/-a (de) que ...	ich bin sicher, dass ...	de mi punto de vista	aus meiner Sicht
		para mí	für mich
estoy convencido/-a (de) que ...	ich bin überzeugt, dass	sin duda alguna	ohne jeden Zweifel

* no pienso que / no creo que, usw. + *subjuntivo*! (▸ S. 214)

24.1.3 Präzisieren

es decir	das heißt	además	außerdem
luego	folglich	asimismo	ebenfalls
en otras palabras	mit anderen Worten	aparte de eso	abgesehen davon
dicho de otra manera	anders gesagt	en sentido estricto	genau genommen
mejor dicho	besser/genauer gesagt	esto/eso quiere decir	das bedeutet

24.1.4 Beispiele geben, belegen

por ejemplo	zum Beispiel
pongo por ejemplo (+ *Substantiv*)	ich nenne als Beispiel
pongamos por caso que ...	nehmen wir den folgenden Fall:
supongamos	nehmen wir an
eso se nota en	das sieht man an
... de la siguiente manera:	... folgendermaßen:
según el autor	dem Autor zufolge

24.1.5 Argumente anführen

de hecho	tatsächlich	en todo caso	jedenfalls
efectivamente		en general	im Allgemeinen
en efecto		quizá(s) + *Ind./subj.*	vielleicht
puesto que ... (+ *Ind.*)	da	tal vez + *Ind./subj.*	möglicherweise
en vista (del hecho) (de) que ... (+ *subj.*)	angesichts der Tatsache, dass ...	a lo mejor (+ *Ind.*)	anscheinend
		por lo visto	in der Tat
teniendo en cuenta que...		en efecto	deshalb

indiscutiblemente	unbestreitbar	por (lo) tanto	daher/folglich
probablemente	wahrscheinlich	por consiguiente	
como mucho	höchstens	lo que cuenta es (que) ...	worauf es ankommt, ist ...
en el fondo	im Grunde	se trata de (que) ...	es geht darum (, dass) ...
en principio	im Prinzip	se ve, pues, que ...	man sieht also, dass ...
normalmente	normalerweise	hasta cierto punto	bis zu einem gewissen Punkt
al menos	wenigstens		
por lo menos		al fin y al cabo	letzten Endes / letztendlich
prácticamente	praktisch	a fin de cuentas	

24.1.6 Widersprechen

al contrario	im Gegenteil
por lo contrario	
sin embargo	dagegen
a diferencia de	im Gegensatz/Unterschied zu
en realidad	in Wirklichkeit
lejos de (+ *Inf.*)	weit entfernt davon (etw. zu tun)

24.1.7 Einräumen, abschwächen

... es exacto.	... ist richtig.	digamos	sagen wir mal
... es correcto.		bueno	also gut
... es indiscutible.	... ist unbestreitbar.	para ser sincero/-a	um ehrlich zu sein
... de acuerdo en este punto.	... einverstanden in diesem Punkt.	es verdad que ... pero	es stimmt, dass ... aber ...
		es cierto, pero ...	sicherlich, aber ...

24.1.8 Schlussfolgerungen ziehen

por esto/eso	deswegen/deshalb	en general	im Großen und Ganzen
por este motivo	deswegen / aus diesem Grund	así se puede ver que ...	man sieht also, dass...
		de esto deduzco	daraus folgere ich
a causa de esto/eso	aufgrund dessen	de esto saco la conclusión	
por esto/eso			
así / de esto se puede deducir	so / daraus kann man schließen	para terminar se puede decir que ...	abschließend kann man sagen, dass ...

Der Text

Auszug aus: «Cosmofobia» von Lucía Etxebarria

Miriam y Daniel se casaron jóvenes y tuvieron a Teo. Hoy Miriam está separada de Daniel y vive con su hijo Teo en el barrio madrileño de Lavapiés, una zona multicultural de la ciudad. Ella y Daniel se están divorciando y no está claro quién se quedará con la custodia de Teo. Miriam acaba de conocer a Antón y recuerda a un antiguo novio, Yamal. También reflexiona sobre cuán importante es Teo para ella.

Cuando Miriam mete al niño en la cama, el crío se aferra al osito rojo que le regaló la abuela por Reyes. Luego se da la vuelta y cierra los ojos. A Miriam siempre le sorprende lo rápidamente que se queda dormido, probablemente sea porque sus días son agotadores.
Miriam lo recoge del colegio y lo lleva al parque [...]. Miriam ha elegido un parque fuera de los límites del barrio de Lavapiés, ya en Huertas, en la zona más turística, la cara. Allí los niños son todos blancos, excepto alguna chinita adoptada. Y la mayoría va con sus cuidadoras, ecuatorianas y colombianas. Antón insiste en que debería llevar a los niños al parque donde está la ludoteca, pero a Miriam no le hace ninguna gracia la presencia de los borrachos y los marroquíes que esnifan pegamento, así que Antón no ha logrado convencerla. Lo que Miriam no le dice a Antón es que no quiere bajar hacia esa parte del barrio porque allí es donde ella vivía con Yamal, y que por eso prefiere quedarse en la zona de los ricos, en la que vivió con Daniel. Es curioso que a dos mundos tan diferentes los separe sólo una calle ancha. A un lado, el Barrio de las Letras, los lofts de diseño, los bares para turistas, los teatros, los hoteles y las cafeterías; al otro, los inmigrantes, los niños derivados de los Servicios Sociales, los borrachos [...]. Por el mismo café que cuesta un euro en una zona te cobran tres en la otra.
Antón vendrá dentro de un rato, cuando el niño esté ya dormido, porque Miriam no quiere que Teo se acostumbre a verle en casa, y es que el niño ya habla mucho y un día le soltó a su papá que a casa venía un chico a ver a mamá. Cuando Daniel le preguntó a Miriam, ella le dijo que Teo se refería al fontanero [...]. Daniel fingió creérselo y no preguntó más. De todas formas, si Miriam se ve o no con alguien, eso ya no es de la incumbencia de Daniel. Miriam es consciente de ese detalle pero, aun así, prefiere que Daniel no sepa nada.
Cuando contempla a su hijo dormido, abrazado a su osito con cara de felicidad, Miriam recuerda aquella pregunta que le hizo la abogada: «¿Y no preferirías ceder la custodia?» [...]. Ella nunca habría esperado que Daniel reclamara la custodia [...]. La sola idea de vivir sin Teo le hacía sentirse sin aire. Estaba más enamorada de ese niño de lo que hubiera estado nunca de su padre e, incluso, de Yamal. Le encontraba perfecto; guapo, bueno, dulce, cariñoso, divertido, tierno. No sabía si todas las madres sentían eso por sus hijos. Seguramente, muchas no. [...].
A Yamal no le ha vuelto a ver [...]. Él no volvió a llamarla y ella decidió que si él no lo hacía ella tampoco intentaría contactarle; se trataba de una cuestión de orgullo. Sin embargo varias veces fue a La Taberna Encendida, por si acaso le veía, pero sin suerte. Y una de esas noches, acompañada por Diana, conoció a Antón. Antón no es importante para Miriam, tampoco lo es Yamal, y mucho menos Daniel. Para Miriam es importante el niño, que últimamente no quiere comer. Hace tiempo pensó que Yamal era el Hombre De Su Vida, después lo pensó de Daniel. Nunca se le ocurrió engañarse con Antón, porque Miriam ha crecido y no es la niña tonta que fue, y ahora sabe que el único Hombre De Su Vida es el niño que duerme aferrado a su osito rojo, ignorante del mundo que, ahí afuera, espera con las fauces abiertas a que crezca.

1 estar separado/-a de *getrennt sein von* **3** divorciarse *sich scheiden lassen* **3** la custodia *das Sorgerecht* **6** el crío se aferra al osito *das Kind klammert sich an den Teddy* **7** Reyes (Magos) *Heilige Drei Könige, katholischer Feiertag (6. Januar)* **8** agotador/a *anstrengend* **9** recoger a alg. *jdn. abholen* **12** la ludoteca *Spielraum für Kinder* **13** hacerle gracia a alg. *lustig finden* **13** esnifar pegamento *Klebstoff schnüffeln* **14** lograr algo *etwas schaffen* **22** soltarle algo a alg. *jdm gegenüber mit etwas herausplatzen* **23–24** referirse a alg. *sich auf jdn beziehen* **24** el fontanero *der Klempner/Installateur* **24** fingir *so tun, als ob* **25** ser de la incumbencia de alg. *jdn. etw. angehen* **28** ceder *hier: auf etw. verzichten* **34** el orgullo *der Stolz* **39** engañarse con alg. *sich in jdm. täuschen* **41** las fauces fig. *der Schlund*

24.2 Die Zusammenfassung El resumen

24.2.1 Eine Zusammenfassung vorbereiten

Eine Zusammenfassung (**resumen**) fasst einen längeren Text in wenigen Worten zusammen und gibt dabei die wichtigsten Informationen wieder.

Überlege zunächst, wofür oder für wen du das **resumen** schreibst:
Um jemandem mitzuteilen, was in einem Roman passiert?
Um festzustellen, ob du den Text richtig verstanden hast?
Um für eine Klausur zu üben?

Je nach Genre antwortet das **resumen** auf folgende W-Fragen:

Narrativer Text		Sachtext
Wer (tut etwas)?	**¿Quién/es?**	*Was ist das Thema des Textes?*
Was (passiert)?	**¿Qué?**	*Welches ist die Hauptinformation?*
Wann (passiert es)?	**¿Cuándo?**	*Welches sind die Argumente?*
Wo (passiert es)?	**¿Dónde?**	*Wenn der Text ein Fazit enthält: Welches ist es?*
Warum (kommt es dazu)?	**¿Por qué?**	
Wie (endet es)?	**¿Cómo?**	

- Überfliege den Text, um das Thema und die Haupthandlung zu verstehen.
- Achte beim zweiten Lesen auf Einzelheiten.
- Bevor du zu schreiben beginnst, stelle dir die oben aufgelisteten W-Fragen. Unterstreiche die Antworten und notiere sie als Stichworte. Sie sind die Grundlage für dein **resumen**.

24.2.2 Eine Zusammenfassung verfassen

- Schreibe in der 3. Person im **presente**. Wenn es der zeitliche Ablauf fordert, müssen im Einzelfall aber auch andere Zeitformen, z.B. das **pretérito imperfecto** oder das **pretérito indefinido** verwendet werden.
- Beginne mit einem Einleitungssatz, in dem du den Titel, den Autor, die Quelle und das Thema des Textes nennst.
- Schildere anschließend die wesentlichen Punkte, die du dir vorher notiert hast.
- Erstelle einen kurzen, mit deinen eigenen Worten verfassten Text. Übernimm weder Zitate noch Beispiele oder Einzelheiten des Originaltextes. Verwende stattdessen Wörter und Ausdrücke, die Sätze miteinander verknüpfen. Sie sind wichtig, weil sie den Leser beim Verstehen der Zusammenhänge unterstützen.
- Benutze einen sachlichen und distanzierten Stil. Nimm weder den Standpunkt oder die Sichtweise des Autors ein, noch füge persönliche Kommentare ein!

Arbeitsauftrag: Resume la biografía de Miriam basándote en las informaciones que ofrece el texto.

El presente texto es un fragmento de la novela «Cosmofobia», escrita por Lucía Etxebarria y publicada en 2007. Trata de las reflexiones de una mujer todavía bastante joven, Miriam, sobre s
vida actual y el pasado.
Miriam aún está casada con Daniel, con quien tiene un hijo, Teo. Sin embargo, está separada d
Daniel y los dos están en proceso de divorcio.
En el pasado Miriam vivía con su novio Yamal en Lavapiés, un barrio multicultural de Madri

Quería mucho a este hombre, con el que solía quedar en un bar, «La Taberna Encendida», pero la relación se rompió.
Después conoció a Daniel, con el que se casó y vivió en Huertas, un barrio vecino pero mucho más elegante que Lavapiés. Parece que Daniel es un hombre mucho más adinerado que Yamal. Actualmente la protagonista vive con su hijo otra vez en Lavapiés y tiene una relación con Antón, con el que queda por las tardes o noches en su piso, cuando su hijo ya está dormido.

Lies dein fertiges **resumen** durch und stelle dir folgende Fragen:

- *Kann jemand, der den Ursprungstext nicht kennt, anhand meines* **resumen** *verstehen, worum es geht und wie (und eventuell warum) die Handlung abläuft?*
- *Habe ich alle wichtigen Fakten berücksichtigt?*

Merke!

Resumen
– auf die W-Fragen antworten
– meist im Präsens
– deutlich kürzer als der Ursprungstext*
– keine direkte Rede, stattdessen indirekte Rede
– keine wörtlichen Zitate aus dem Ursprungstext
– keine persönliche Stellungnahme

* Die Länge des **resumen** hängt im Wesentlichen von der Informationsdichte des Textes ab. Die Erfahrung zeigt, dass man dazu neigt, zu viele Einzelheiten in das **resumen** aufzunehmen. Erwähne also nur die Einzelheiten, die für das Textverständnis von Bedeutung sind.

24.3 Die Personencharakterisierung Caracterizar a un personaje

24.3.1 Eine Personencharakterisierung vorbereiten

In einer Personencharakterisierung sollen die äußerlichen und charakterlichen Merkmale einer Person eines fiktionalen Textes dargestellt werden. Anschließend wird versucht, anhand dessen die Handlungen der Person zu begründen.

Vor dem Schreiben sind folgende Arbeitsschritte notwendig:

- Sammele alle Daten, die für die Charakterisierung notwendig sind. Dazu:
  - lies den Text genau, meist mehrfach!
  - unterstreiche alle Wörter, Ausdrücke oder Sätze, die Informationen über diese Person enthalten, zum Beispiel zum Aussehen, zu ihrer Familie, ihrem sozialen Umfeld, ihrem Verhalten, ihren Vorlieben und Abneigungen usw.
- Ordne diese Daten so (z. B. in einer Liste oder Mind Map), dass du sie leicht beim nächsten Schritt verwenden kannst.

24.3.2 Eine Personencharakterisierung schreiben

Schreibe die Charakteristik:

- Beginne mit den Grundinformationen wie z. B. Name, Alter, Nationalität, Herkunft.
- Beschreibe das Äußere der Person!
- Stelle die persönliche und familiäre/soziale Situation oder ihre Biographie heraus!
- Beschreibe das Verhalten der Person und den Charakter.

- Ziehe eine Schlussfolgerung, indem du die wichtigsten Ergebnisse deiner Charakteristik zusammenfasst. Dabei solltest du versuchen zu erklären, warum die Person sich so verhält.

Bei den ersten beiden Aspekten musst du nicht unbedingt zitieren; hingegen solltest du beim Beschreiben des Charakters und deiner Schlussfolgerung Textverweise oder Zitate einfließen lassen. Zitate kannst du in einen Satz einbauen, in Klammern als Beleg setzen oder nach einem Doppelpunkt anführen. Denke daran, Anführungszeichen zu setzen und die Seiten und Zeilen anzugeben, auf die du dich beziehst! Wenn du Wörter ergänzt, die im zitierten Satz fehlen, aber für das Verständnis wichtig sind, musst du diese in eckige Klammern setzen. Längere Textstellen als Zitat kannst du in einem eigenen Absatz schreiben.
Nicht-wörtliche Zitate – etwa Zusammenfassungen – kann man mit einer Formulierung wie:
Eso se puede ver en ... einleiten.

Eine Charakteristik wird größtenteils im Präsens verfasst. Außerdem verwendet man in der Regel viele Adjektive, um das Äußere oder den Charakter der Person zu beschreiben.
Den Gedankengang des Textes kann man durch Absätze und die hier wieder **fett** gedruckten Verknüpfungen deutlich machen.

Arbeitsauftrag: Caracteriza a Miriam, en el presente y en el pasado, tal como la describe el texto.

La protagonista, Miriam, es una chica española que vive en Madrid, en el popular barrio de Lavapiés. El texto no indica qué edad tiene exactamente ni cuál es su origen. Solo se sabe que tiene un hijo, Teo, y que aún está casada con Daniel, pero que los dos están en proceso de divorcio.
De joven, a Miriam le gustaba salir a bares como «La Taberna Encendida» en Lavapiés, adonde iba a menudo con su novio de entonces, Yamal, que era el «Hombre De Su Vida», o, más tarde, con su amiga Diana.
Parece que su vida cambió cuando conoció a Daniel, el segundo «Hombre De Su Vida». Este hombre parece ser bastante adinerado, se puede suponer que ejerce una profesión bien remunerada. Se casaron, tuvieron un hijo y vivieron en un barrio de moda llamado Huertas.
Resumiendo se puede decir que Miriam, en aquella época, estaba muy obsesionada con los hombres, más que con sí misma. Según sus propias ideas, era «la niña tonta» (l. 39).
Después de la separación de Daniel, Miriam intentó volver a encontrar a Yamal, su ex-amor: Como él no la llamaba, ella, por orgullo, tampoco lo llamó; pero sí volvió a frecuentar su bar habitual de entonces, esperando que allí volviera a verlo, pero nunca ocurrió.
Entonces Miriam conoció a Antón, pero este hombre «no es importante para [ella]» (l. 36).
Lo más importante de su vida actual es su hijo, Teo. Está sorprendida de lo cansado que está siempre (ll. 7–8). Pasa mucho tiempo con él (l. 9), quiere protegerlo de posibles peligros, por ejemplo contra el contacto con drogadictos o alcohólicos [extranjeros] (ll. 13–14) y prefiere criarlo en un ambiente seguro, caracterizado por niños blancos de familias ricas o acomodadas (ll. 10–11).
Así se puede decir que en su pasado había dos modos de vivir muy diferentes: su pasado con Yamal en el barrio Lavapiés, con su multiculturalidad, sus tensiones y problemas sociales, y su vida con Daniel en Huertas, el barrio de moda, caro, lujoso, turístico y cultural.
Ahora Miriam está buscando una vida más tranquila con su hijo. Como parece bastante desilusionada de los hombres, se aferra a su hijo, al que no quiere renunciar (l. 29), sin el que no puede vivir (ll. 29–30), ya que es «el Hombre De Su Vida» (l. 40). El hecho de que Teo lo sea todo para ella, se manifiesta en las frases «La sola idea de vivir sin Teo le hacía sentirse sin aire» (ll. 29–30), y «Le encontraba perfecto; guapo, bueno, dulce, cariñoso, divertido, tierno.» (l. 31).
Además se nota que Miriam se preocupa por él y su futuro. Esto queda reflejado en frases como por ejemplo: «A Miriam siempre le sorprende lo rápidamente que se queda dormido, probablemente sea porque sus días son agotadores.» (ll. 7–8), «... el niño que duerme aferrado a su osito

rojo, ignorante del mundo que, ahí afuera, espera con las fauces abiertas a que crezca.» (ll. 40–41). **Hay que añadir que** Miriam pretende ser una mujer decente, porque no quiere que Daniel sepa que tiene una relación amorosa con otro hombre (ll. 21–26), pero también puede ser que ella aún le tenga mucho o demasiado respeto a este hombre que le ha ofrecido una vida llena de riqueza y lujo. **Resumiendo se puede decir que** probablemente Miriam se encuentra en un estado caracterizado por cierta inseguridad, desorientación, pero que, al mismo tiempo, intenta ser una madre modelo para su hijo, sin renunciar completamente a su propia libertad.

24.4 Der Kommentar El comentario

Den Kommentar verfasst du im **presente**. Kennzeichnend für den Kommentar sind bewertende Ausdrücke und Formulierungen zur Meinungsäußerung, denn hier ist man aufgefordert, einen Standpunkt zu beziehen und Stellung zu nehmen. Viele dieser im Text fett gedruckten bewertenden Ausdrücke ziehen den **subjuntivo** nach sich.

▸ S. 211 (Der *subjuntivo*)

24.4.1 Einen Kommentar vorbereiten

Es ist ratsam, zunächst eine **mapa mental** mit Stichpunkten anzulegen, mit der du deinen Kommentar vorbereitest:

- Schreibe die Fragestellung in die Mitte.
- Notiere anschließend Argumente und Gegenargumente zum Thema, die du mit Beispielen oder Angaben des Textes verstärkst.
- Bilde dir schließlich eine Meinung und markiere in der **mapa mental** die Argumente, die du verwenden möchtest.

Bei einer Gegenüberstellung kannst du deine Stichpunkte auch in einer zweispaltigen Liste notieren. In deinem Kommentar kannst du wichtige Stellen der Vorlage zitieren und deine Behauptungen mit Beispielen belegen. Was du sagen willst und welche Gliederung du deinem Text geben willst, entscheidest du selbst.

24.4.2 Einen Kommentar schreiben

- Beginne mit einem Einleitungssatz, in dem du das Thema nennst. An dieser Stelle kannst du auch schon deine Position nennen.
- Analysiere mit Hilfe der **mapa mental** oder der Liste die einzelnen Argumente und Gegenargumente zum Thema und belege sie mit Beispielen aus dem Text, falls vorhanden.
- Lege deine eigene Meinung dar und begründe sie.

Arbeitsauftrag: Miriam, ¿es una mujer irresponsable?

Después de haber leído el fragmento de este texto sobre Miriam, **uno puede creer fácilmente que** se trata de una mujer irresponsable. ¿Por qué? Porque tenía relaciones amorosas con varios hombres de diferentes posiciones sociales y económicas, incluso después de tener a su hijo.
Pero, antes de reprobar su modo de vivir, habría que examinar más de cerca su biografía. No se sabe nada de la procedencia de esta mujer. **A mi entender** era una joven a la que le gustaba ▸

divertirse y frecuentar los bares del barrio donde conoció a su primer gran amor, Yamal. Todo eso **me parece muy normal** para una chica joven.
Tampoco sabemos dónde y cómo conoció a Daniel, este chico que vive en el vecino barrio de moda. Quizás fue en uno de los lofts de diseño de los que habla el texto. **Puede ser que** Miriam se dejara seducir por la riqueza de ese joven, que **seguramente** tenía un coche de lujo, que la llevaba a lugares que ella todavía no conocía, como discotecas de moda, restaurantes, etc., y que le compraba ropa de grandes marcas. **Yo pienso que en cierta manera se puede comprender** que a Miriam le gustara esta vida amena y protegida, ya que ella ve la vida llena de peligros (ll. 40–41: «... [el] mundo que, afuera, espera con las fauces abiertas ...»), y **también puede ser** que haya tenido unas experiencias desagradables.
Según mi entender una razón por la cual Miriam se separó de Daniel podría ser que este hombre trabajaba tanto que no tenía suficiente tiempo para ella y su hijo, para la familia. **Como** Miriam parece ser una mujer orgullosa con espíritu de libertad, **no dudo que no** pudiera contentarse con esta vida encerrada en una jaula dorada.
Después de haber conocido dos polos opuestos de posibles formas de vida, **es comprensible que** ahora busque una vida más tranquila, donde, por lo menos por cierto tiempo, pueda vivir sola con su hijo, conformándose con un piso, y con un hombre «normal» con el que quede de vez en cuando. **A mi entender el hecho de que** se esfuerce en no confrontar a Daniel, el padre de su hijo, con otro amante, ni a su hijo, **muestra que** quiere ser una mujer decente y una madre responsable. **Esta impresión mía también se manifiesta** en las reflexiones de Miriam sobre los lugares apropiados o inadecuados adónde puede ir a jugar con su hijo.
En resumen, **yo pienso que** Miriam es una joven mujer responsable, que ha vivido varias experiencias, períodos de la vida muy diferentes, y que está buscando un futuro más tranquilo, siempre con la conciencia de pensar en un futuro bueno para su hijo sin olvidar sus propios deseos.

24.5 Briefe Cartas

Das Verfassen eines formellen oder informellen Briefes ist an gewisse Regeln gebunden, die je nach Art des Briefes variieren. Allen Briefen gemein sind die folgenden Elemente:

Datum – Anrede – Briefinhalt – Schlussformel / Verabschiedung – Unterschrift

Handelt es sich um eine E-Mail, so können das Datum (das automatisch angegeben wird) und die Unterschrift wegfallen.

Beim Schreiben des Briefes musst du folgendes berücksichtigen:
Muss ich mich an den Adressaten mit Respekt wenden oder kann ich einen informelleren Ton anschlagen?
Was ist meine Absicht? Informieren – Grüßen – Gefühle ausdrücken – Überzeugen – Bitten – Protestieren – ...?

Wenn du den Brief beendet hast, überprüfe die Klarheit des Textes, die Rechtschreibung, die Grammatik, den Stil. Kontrolliere ebenfalls, ob der Brief alle notwendigen Elemente enthält!

Der Text

	una carta / un e-mail formal	una carta / un e-mail informal
Begrüßung	Estimados señores (y señoras): Sehr geehrte Damen und Herren,	
	Estimada Sra. Hernández: Estimado Sr. Molina: Sehr geehrte Frau Hernández, Sehr geehrter Herr Molina,	Querida Lulu: Querido Carlos: Liebe Lulu, Lieber Carlos,
	Estimada Sra. Directora: Estimado Sr. Director: Sehr geehrte Frau Direktorin, Sehr geehrter Herr Direktor,	Hola, Josefa/José: Hallo Josefa/José,
Briefanfang	A través de la presente quisiera ... Hiermit möchte ich ...	¿Qué tal? Wie geht's?
	Me dirijo a usted / a ustedes con el fin de ... Ich wende mich an Sie, um ...	¿Cómo te va? / ¿Cómo estás? Wie geht es dir?
	Le/Les escribo para solicitar información sobre ... Ich schreibe Ihnen, um Auskunft zu/über ... zu erhalten.	¿Qué me cuentas? Was gibt's Neues?
	Le/Les escribo en respuesta a su carta / su e-mail del 28 de mayo. Ich schreibe Ihnen mit Bezug auf Ihren Brief / Ihre E-Mail vom 28. Mai.	Por aquí todo bien. Te mando esta carta / este e-mail para ... Hier ist alles okay. Ich schicke dir diesen Brief / diese E-Mail, um ...
Hinweis auf einen Anhang	Adjunto a la presente ... Diesem Schreiben füge ich ... bei.	Te envío en el adjunto ... Im Anhang sende ich dir ...
	Adjunto a esta carta / a este e-mail encontrará Ud. / encontrarán ustedes ... Im Anhang dieses Briefes / dieser E-Mail finden Sie ...	
Schlussformel	Le agradezco de antemano su atención. Vielen Dank im Voraus für Ihre Bemühungen.	Esto es todo por ahora. Das war's erst einmal.
	A la espera de su respuesta, ... In Erwartung Ihrer Antwort verbleibe ich ...	Escríbeme pronto. Schreib mir bald!
		No se te olvide contestarme. Vergiss nicht mir zu antworten!
Verabschiedung	Reciba/Reciban un cordial saludo, ... Mit freundlichen Grüßen, ...	Un saludo, ... / Saludos, ... Lieber Gruß, ... / Liebe Grüße ...
	Le/Les saluda atentamente/cordialmente, ... Mit freundlichen Grüßen, ...	Un abrazo, ... / Abrazos, ... Ich drück dich, ...
	Atentamente/Cordialmente ... Mit freundlichen Grüßen, ...	Un beso, ... / Besos, ... Kuss, ... / Küsschen, ...

24.5.1 Formeller Brief

Maggy Einer
Nizzaallee 18
D-52072 Aachen

Hotel Almadraba
c/ Señores Curas
E-11140 Conil de la Frontera

Aachen, 19 de octubre de 2013

Estimados señores:

A través de la presente quisiera postular a unas prácticas en su hotel, a ser posible en la recepción.
Soy alemana, tengo 19 años y estoy terminando el primer año de Turismo Internacional. Su hotel les gustó muchísimo a los padres de una amiga mía; y por Internet sé que su hotel goza de mucho aprecio por parte de su clientela.
A través de la página web del Almadraba tengo la impresión de que es un hotel muy agradable.
Hablo bien el español, ya que lo he estudiado cinco años en el instituto; además me he inscrito en cursos universitarios de español mercantil y turístico. También domino muy bien el inglés, bastante bien el francés y, desde luego, el alemán ya que es mi lengua materna. Asimismo tengo bastantes buenos conocimientos de informática. Me gusta trabajar en equipo, ya que soy una persona muy comunicativa. En el adjunto les envío mi currículum vítae.

A la espera de su respuesta reciban un cordial saludo.

Maggy Einer

24.5.2 Informeller Brief / E-Mail

Wernigerode, 9 de septiembre de 2013

Hola Mari, hola Fito:
Antes de nada quiero daros las gracias por vuestra calurosa acogida y la estupenda estancia en vuestra familia. Ya les he contado a todas mis amigas lo bien que me he sentido en vuestra casa durante estos quince días inolvidables.
Gracias a vosotros sé ahora lo que es la vida española. He aprendido que a pesar de las muchas dificultades que sufre vuestro país en estos años se puede vivir bien, gracias a las amistades, la solidaridad familiar y los vecinos. ¡Y gracias a Dios nadie puede quitaros el sol y el cielo azul!
Dadle un beso a Magda y decidle que me alegro mucho de verla pronto en mi casa, aquí en Wernigerode.

Un abrazo muy fuerte.
Beate

24.6 Selbstgeschriebene Texte korrigieren: deine persönliche Fehlerliste Corregir tus propios textos

Nachdem du einen Text geschrieben hast, solltest du ihn nicht nur einmal, sondern mehrmals lesen und dabei deine Fehlersuche strukturieren. Wie eine solche Strukturierung aussehen kann, soll dir die folgende Übersicht zeigen.

Begleiter, Substantive und Adjektive

– Stimmen die Begleiter mit dem Substantiv überein, zu dem sie gehören?
la plaza der Platz los estudios das Studium vuestras canciones eure Lieder

– Stimmen die Adjektive mit den Substantiven überein, auf die sie sich beziehen?
la Plaza Roja der Rote Platz
la chica que conocí ayer es simpática das Mädchen, das ich gestern kennen gelernt habe, ist sympathisch.

– Hast du an die Verschmelzung des Artikels gedacht?
Hoy voy **al** cine. Heute gehe ich ins Kino.
las dificultades **del** alemán die Schwierigkeiten des Deutschen

– Hast du daran gedacht, dass einige Adjektive manchmal verkürzt werden?
Es una **gran** actriz. Sie ist eine großartige Schauspielerin.
Es un **buen** chico. Er ist ein guter Junge.

Verben

– Stimmen die Verbformen mit ihrem Subjekt überein?
Muchos habl**an** español. Viele sprechen Spanisch.
Ángel y yo **somos** de Guadalajara. Ángel und ich sind aus Guadalajara.

– Hast du die Verbform (Person, Zahl, Zeit, Modus) richtig gebildet?
¡**Ven** aquí! Komm her!
Tuviste suerte. Du hast Glück gehabt.
Tendré mucho dinero. Ich werde viel Geld haben.

Sätze

– Stimmen die Pronomen mit den Wörtern überein, die sie ersetzen?
(las chicas) Las veo. Les doy informaciones. Ich sehe sie. Ich gebe ihnen Informationen.

– Stehen die Pronomen an der richtigen Stelle?
No quiero dár**selas**. / No **se las** quiero dar. Ich will sie ihnen nicht geben.

– Ist die Verneinung richtig?
No me interesa **nada**. / **Nada** me interesa. Nichts interessiert mich.
No he estado **nunca** en Japón. / **Nunca** he estado en Japón. Ich bin nie in Japan gewesen.

– Hast du an die Verwendung des subjuntivo – auch in der richtigen Zeit – gedacht?
¡No **mientas**! Lüg nicht!
Quiere que lo **llames**. Er will, dass du ihn anrufst.
Era necesario que nos **ayudaran**. Es war nötig, dass sie uns halfen.

– Steht im Konditionalsatz weder Futur noch condicional?

Si **tienes** tiempo, ... Wenn du Zeit hast, ...

Si **tuviera** dinero, ... Wenn ich Geld hätte, ...

– Stimmt die Zeitenfolge in der indirekten Rede?

Dice que **viene/vendrá** mañana. Sie sagt, dass sie morgen komme / kommen werde.

Dijo que **venía/vendría** al día siguiente. Sie sagte, dass sie am nächsten Tag käme / kommen würde.

Text

– Stehen die Sätze des von dir geschriebenen Textes im richtigen Zusammenhang? Hast du Wörter verwendet, die diesen Zusammenhang verdeutlichen?

Pedro es feliz **porque** Paca va a acompañarlo al partido entre el Barça y el Real Madrid.
Pedro ist glücklich, weil Paca ihn zum Spiel Barça gegen Real Madrid begleitet.

Mientras que / Como mi hermana habla horas y horas con su novio, yo tengo que cocinar solo/-a.
Während/Da meine Schwester stundenlang mit ihrem Freund spricht, muss ich alleine kochen.

Aus den oben angesprochenen Aspekten kannst du dir eine **Checkliste** für das Korrekturlesen deiner eigenen Texte erstellen, z. B.:

- *Übereinstimmung der Substantive und Begleiter*
- *Übereinstimmung der Substantive und Adjektive*
- *Form und Stellung der Adjektive*
- *Übereinstimmung von Subjekt und Verb*
- *Übereinstimmung von Bezugswort und Pronomen*
- *subjuntivo? Gibt es Auslöser?*
- *Verbformen in si-Sätzen*
- *Zeitenfolge in der indirekten Rede*

Tipp 1: Werte alte Fehler aus!

Deine Schwächen kannst du selbst ermitteln, indem du die Häufigkeit von Fehlern in alten, schon korrigierten Klausuren oder besprochenen Hausaufgaben in ein Fehlerraster einträgst.
Mache für jeden Fehler einen Strich unter der Kategorie, zu der er gehört. So kannst du feststellen, welche Art von Fehlern dir am häufigsten unterläuft.

Tipp 2: Kontrolliere deinen Text mehrfach!

Es ist nahezu unmöglich, beim Korrekturlesen auf alle Punkte auf einmal zu achten.
Deshalb solltest du mehrere Korrekturgänge vorsehen, z. B.:
Beim ersten Lesen achtest du nur auf die Substantive, ihre Begleiter und die Adjektive;
beim zweiten Durchgang konzentrierst du dich auf die Übereinstimmung von Subjekt und Verb, beim dritten Lesen auf die Pronomen usw.

Tipp 3: Lies den Text rückwärts!

Wenn man einen Text Korrektur liest, wird man immer wieder gedanklich vom Inhalt abgelenkt und konzentriert sich nicht auf die Formen der Wörter und Sätze. Anders ist es, wenn du deinen Text Satz für Satz rückwärts liest.

Anhang
Anexo

Im Anhang findest du:

I Das Alphabet und die Aussprache
El alfabeto y la pronunciación

I.1 Das Alphabet

a [ɑ]	e [e]	i [i]	m [eme]	p [pe]	t [te]	x [ekis]
b [βe]	f [efe]	j [xota]	n [ene]	q [ku]	u [u]	y [ʝe]
c [θe]	g [xe]	k [ka]	ñ [eɲe]	r [ere]	v [uβe]	z [θeta]
d [de]	h [atʃe]	l [ele]	o [o]	s [ese]	w [uβe doβle]	

I.2 Die Aussprache

Die Konsonanten

[β] nuevo, deberes	[g] gorra, inglés, alegre	[ɲ] español, mañana
[b] vecino, también	[ɣ] regalo, amiga	[p] padre, página
[θ] centro, ciudad, zapato, feliz	[ʎ] llamar, allí, apellido	[ɾ] pero, centro
[tʃ] chico	[k] calle, querer, kilo	[r] río, gorra, guitarra
[d] deporte	[l] libro, hola	[s] salmantino, clase
[ð] estudiar	[m] monumento, también	[t] fatal, tú
[f] foto	[n] no, son	[ks] examen
[x] gente, hijo	[ŋ] inglés, lengua, encuentro	[ʝ] yo
		[w] windsurf

- **b** und **v** werden gleich ausgesprochen. Der spanische Laut dafür liegt zwischen den beiden deutschen Lauten.
- **c** wird vor **e** und **i** in Spanien wie englisch **th** in *think* ausgesprochen. In Lateinamerika wird es wie das stimmlose **s** in *dass* ausgesprochen. Vor allen anderen Buchstaben wird es wie **k** ausgesprochen.
- **ch** wird wie deutsch **tsch** in *Matsch* ausgesprochen.
- **g** wird vor **e** und **i** wie deutsch **ch** in *ach* ausgesprochen. Vor allen anderen Buchstaben wird es wie **g** ausgesprochen
- **h** wird nie ausgesprochen, außer bei ausländischen Eigennamen und bei Wörtern, die sich aus anderen Sprachen ableiten (z. B. **Hermann Hesse, el hegelianismo**).
- **j** wird immer wie deutsch **ch** in *ach* ausgesprochen.
- **ll** wird wie deutsch **j** in *ja* ausgesprochen.
- **ñ** wird wie deutsch **gn** in *Champagner* ausgesprochen.
- **r** wird gerollt (Zungenspitzen-**r**). Am Wortanfang wird es, ebenso wie **rr**, stark gerollt.
- **s** ist fast immer stimmlos wie deutsch **s** in *dass*. Nur vor einem stimmhaften Konsonanten (z. B. **desde**) gibt es auch eine stimmhafte Variante.
- **y** wird wie deutsch **j** in *ja* ausgesprochen.
- **z** wird in Spanien immer wie englisch **th** in *think* ausgeprochen. In Lateinamerika wird es wie das stimmlose **s** in *dass* ausgesprochen.

Die Vokale und die Diphthonge

[a] **aquí** [e] **edad** [i] **instituto, muy** [o] **hola, como** [u] **universidad, estudiante**	Die Vokale (**las vocales**) werden etwas kürzer und wesentlich offener ausgesprochen als im Deutschen.

⚠

¿Qué? ¿Quién? guitarra, Miguel	Der Vokal **u** wird nach **q** (**qu**) und zwischen **g** und **e/i** (**gue, gui**) nicht ausgesprochen.
pingüino vergüenza	Wenn **ü** anstelle von **u** steht, wird das **u** ausgesprochen.

[ai] **hay, bailar** [au] **aula, causa** [ei] **seis, veinte, voleibol** [eu] **euro, reuma** [oi] **voy, hoy** [ja] **genial**, [je] **bien**, [jo] **despacio**, [ju] **ciudad** [wa] **lengua**, [we] **bueno**, [wo] **cuota**, [wi] **ruido**	Die Doppellaute bzw. Diphthonge (**los diptongos**) bestehen im Spanischen aus der Kombination von einem schwachen Vokal (**i** und **u**) sowie einem starken Vokal (**a, e** oder **o**) oder einem weiteren schwachen Vokal (**i** und **u**). Sie bilden eine Silbe. Betont wird dabei der starke Vokal oder der zweite der beiden schwachen Vokale.

Ra-úl **rí-o**	Ein Diphthong wird aufgelöst und die beiden Vokale getrennt ausgesprochen, wenn der schwache Vokal einen Akzent trägt.
tra-er **le-opardo** **Lisbo-a**	Die starken Vokale (**a, e** und **o**) bilden keine Diphthonge miteinander und werden deshalb auch getrennt ausgesprochen.

II Die Betonung La acentuación

ca-sa in-te-re-san-te es-pe-ran em-pe-za-mos	Wörter, die auf einen Vokal oder auf **n** bzw. **s** enden, werden auf der vorletzten Silbe betont.
ge-nial re-gu-lar u-ni-ver-si-dad	Wörter, die auf einen Konsonanten außer **n** oder **s** enden, werden auf der letzten Silbe betont.
a-llí pá-gi-na te-lé-fo-no	Wörter, deren Betonung von diesen Regeln abweicht, haben einen Akzent auf der betonten Silbe.

III Die Rechtschreibung La ortografía

III.1 Die Groß- und Kleinschreibung

Im Spanischen werden Substantive in der Regel klein geschrieben.

Carmen	Carmen *(Vorname)*	Ausnahmen sind:
Pérez	Peréz *(Nachname)*	– Eigennamen,
Salamanca	Salamanca *(Stadt)*	– geografische Bezeichnungen sowie die Himmelsrichtungen,
el Ebro	der Ebro *(Fluss)*	
Norte	Norden	
Dios	Gott	– religiöse Bezeichnungen und Feiertage,
Alá	Allah	
la Semana Santa	die Karwoche	
la Edad Media	das Mittelalter	– historische Bezeichnungen,
el Renacimiento	die Renaissance	
Mates	Mathe	– Schulfächer und Studiengänge
Derecho	Jura	
la Iglesia	die Kirche	– sowie Namen von Institutionen.
el Gobierno	die Regierung	

III.2 Die Akzentsetzung

Neben dem Betonungsakzent (s. o.), dem Akzent bei Fragewörtern und Ausrufewörtern gibt es bei einigen Wörtern einen bedeutungsunterscheidenden Akzent:

de	*(Präposition)*	von	dé	*(Verbform)*	ich gebe / er gibt
el	*(Artikel)*	der	él	*(Pronomen)*	er
mi	*(Begleiter)*	mein/e	mí	*(Pronomen)*	mir/mich
se	*(Pronomen)*	sich	sé	*(Verbform)*	ich weiß
si	*(Konjunktion)*	wenn/ob	sí	*(Adverb/Pronomen)*	ja/sich
te	*(Pronomen)*	dich	té	*(Substantiv)*	Tee
tu	*(Begleiter)*	dein/e	tú	*(Pronomen)*	du

III.3 Doppel-Vokale/-konsonanten

Anders als im Deutschen entspricht im Spanischen jeder geschriebene Vokal einem eigenen Laut, auch wenn derselbe Vokal zweimal hintereinander erscheint (z. B. **le-er**).

Im Spanischen gibt es keine Doppelkonsonanten, außer **ll** und **rr.** Diese stehen für einen eigenen bedeutungsunterscheidenden Laut, z. B.:
el pilar *(die Säule)* ⟷ pillar *(erwischen)*
pero *(aber)* ⟷ el perro *(der Hund)*

Ausnahmen:
In der Kombination **acc-**, **ecc-** oder **occ-** entspricht jedes **c** einem anderen Laut:
das erste **c** wird stets [k] ausgesprochen und das zweite **c** stets [θ], z.B.: acción → [ak'θjon], eccema → [ek'θema], occidental → [ok'θiðen'tal].
Die Kombination **nn** tritt in einigen Wörtern auf, die sich aus der Vorsilbe **in-**. bzw. **en-** und einem Wort zusammensetzen, das mit **n** beginnt, z. B.: innato, ennoblecer

III.4 Besonderheiten

Aussprachebedingt gibt es einige Besonderheiten der Rechtschreibung, die vor allem bei der Konjugation der Gruppenverben eine Rolle spielen, z. B.:

Aussprache [g] vor **e** und **i** führt zur Schreibung **gu**:	**llegar** → **llegué**
Aussprache [k] vor **e** und **i** führt zur Schreibung **qu**:	**tocar** → **toqué**
Aussprache [x] vor **a**, **o** und **u** führt zur Schreibung **j**:	**coger** → **cojo**
Aussprache [θ] vor **e** und **i** führt zur Schreibung **c**:	**cazar** → **cacé**
Aussprache [gu] vor **e** und **i** führt zu Schreibung von **gü**:	**aguar** → **agüé**

IV Die Zeichensetzung La puntuación

IV.1 Der Punkt

Me ha llamado Carla. Carla hat mich angerufen. Ven conmigo. Komm mit mir!	Beim Gebrauch des Punktes gibt es keinen Unterschied zum Deutschen außer beim Imperativ. Hier wird im Spanischen meist ein Punkt gesetzt.

IV.2 Frage- und Ausrufezeichen

¿Me quieres? Liebst du mich? ¡Es un escándalo! Das ist ein Skandal!	In Spanischen stehen die Frage- und Ausrufezeichen am Anfang (umgekehrt) und am Ende des Frage- beziehungsweise Ausrufesatzes.
¡Hombre!, ¿qué tal? Mensch, wie geht's dir? Carlos, dime, ¿qué haces? Carlos, sag mir, was machst du?	Dabei steht immer nur die eigentliche Frage bzw. der eigentliche Ausruf zwischen den Frage- bzw. Ausrufezeichen. Meist werden sie vom Restsatz durch ein Komma getrennt.

IV.3 Das Komma

Im Deutschen hat das Komma die Funktion, einen Satz grammatisch zu gliedern und folgt dabei festen syntaktischen Regeln.

Im Spanischen steht das Komma meist als graphisches Zeichen für eine Sprechpause. Daher ist es oft dem Schreiber überlassen, ein Komma zu setzen oder auch nicht.

Dennoch gibt es einige Regeln. Im Folgenden findest du die wichtigsten.

Aufzählungen

Aquí se venden móviles, tabletas y mp3. Hier werden Handys, Tabletts und MP3-Player verkauft.	Zwischen den Elementen der Aufzählung steht wie im Deutschen jeweils ein Komma, außer vor dem letzten Element, das mit **y** angeschlossen wird.
Pablo ve la tele, y María prepara la comida. Pablo sieht fern und María bereitet das Essen vor. Joaquín fue a la ópera anoche, y al concierto va la semana que viene. Joaquín war gestern Abend in der Oper und nächste Woche geht er ins Konzert.	Wenn es der Sinn des Satzes erfordert, wird vor der Konjunktion **y** ein Komma gesetzt. Meist sind es zwei Hauptsätze, die durch **y** verbunden werden.
Y allí puedes encontrar camisas, camisetas, etc. Und hier kannst du Hemden, T-Shirts etc. finden.	Auch vor **etc.** / **etcétera** steht ein Komma, anders als im Deutschen.

Untergeordnete Nebensätze

El herido ya se había alejado cuando llegó la ambulancia. Der Verletzte hatte sich schon entfernt, als der Krankenwagen kam.	Wenn ein Nebensatz nach dem Hauptsatz steht, so steht zwischen beiden kein Komma, anders als im Deutschen.
No creo que te quiera. Ich glaube nicht, dass sie dich liebt. Te ayudo si quieres. Ich helfe dir, wenn du möchtest. Dice que te llamará. Sie sagt, dass sie dich anrufen werde.	Dies gilt vor allem für: – mit **que** *(dass)* eingeleitete Nebensätze, – Konditionalsätze – sowie für die indirekte Rede.

⚠ aber:

Cuando llegó la ambulancia, el herido ya se había ido. Als der Krankenwagen kam, hatte der Verletzte sich schon entfernt.	Wenn ein Nebensatz vor einem Hauptsatz steht, so steht zwischen beiden ein Komma.
Lláma a Bea, **pero** dile que se dé prisa. Ruf Bea an, aber sag ihr, dass sie sich beeilen soll.	Vor adversativen Konjunktionen (z. B. **pero, sin embargo**) steht ein Komma.
Son las once y media, **así que** voy a acostarme. Es ist halb zwölf, also gehe ich schlafen.	Ebenso steht ein Komma vor konsekutiven Konjunktionen (z. B. **así que, de manera que**).

Weitere Fälle, in denen ein Komma gesetzt wird

No obstante, no estoy de acuerdo contigo. Dessen ungeachtet bin ich nicht mit dir einer Meinung.	Nach satzverbindenden Ausdrücken, Adverbien oder adverbialen Ausdrücken am Satzanfang wird ein Komma gesetzt, um sie vom restlichen Satz abzutrennen.
Generalmente, se puede decir que en España hace mejor tiempo que en Alemania. Im Allgemeinen kann man sagen, dass das Wetter in Spanien besser als in Deutschland ist.	
La situación socioeconómica es crítica o, **mejor dicho**, catastrófica. Die sozio-ökonomische Situation ist kritisch oder, besser gesagt, katastrophal.	Werden Adverbien oder adverbiale Ausdrücke als Einschub in einen Satz integriert, so werden sie durch Kommata von diesem abgetrennt.

Auslassungssätze (= Ellipsen)

Nosotros somos españoles: Carla y yo, de Madrid, y Pepe, de Salamanca. Wir sind Spanier: Carla und ich aus Madrid und Pepe aus Salamanca.	Ein elliptischer Satz wird durch Kommata vom Hauptsatz abgesetzt.
⚠ Yo soy de Barcelona, y él ■ de Gijón. Ich bin aus Barcelona und er (ist) aus Gijón.	aber: Wenn der Satz sehr kurz ist, setzt man normalerweise kein Komma (■).

Kommasetzung bei Relativsätzen

Lola es una chica **que tiene muchos fans.** Lola ist ein Mädchen, das viele Fans hat.	Ist der Relativsatz für das Verständnis notwendig, so wird er nicht durch ein Komma vom Hauptsatz getrennt.
Lola, **que tiene 19 años**, tiene muchos fans. Lola, die 19 Jahre alt ist, hat viele Fans.	Enthält der Relativsatz zusätzliche, entbehrliche Informationen, so wird er durch Kommata vom Hauptsatz abgesetzt.

Kommasetzung bei verkürzten Nebensätzen

Me gusta mucho la tortilla **preparada por mi tía.** Ich mag die Tortilla, die meine Tante zubereitet, sehr.	Ist der verkürzte Nebensatz „notwendig", so wird kein Komma gesetzt.
Mi bici, **reparada hace poco por mi novio**, la robaron anoche. Mein Fahrrad, das vor kurzem von meinem Freund repariert worden war, ist letzte Nacht gestohlen worden.	Ist der verkürzte Nebensatz „nicht notwendig", so wird er mit Kommata vom Hauptsatz abgegrenzt.

V Die Silbentrennung La partición de palabras

Für die Silbentrennung gelten im Spanischen folgende Regeln:

ba-**jo**, ri-**co** hu-**ma**-**ni**-**d**ad	Ein einzelner Konsonant zwischen zwei Vokalen gehört zur folgenden Silbe.
in-**vier**-**no** ac-**ci**-dente es-**pe**-ran-**za**	Zwei Konsonanten zwischen zwei Vokalen werden getrennt.
ha-**blo** po-**bre** ti-**gre**	Kombinationen der Konsonanten **b, c, d, f, g, t** mit **l** oder **r** werden nicht getrennt.
co-**che** ca-**lle** pe-**rro**	Die Doppelkonsonanten **ch**, **ll** und **rr** werden nicht getrennt.
en-**tre**-gar ex-**tranje**-ro ⚠ cons-**tante** subs-**tantivo**	Von drei Konsonanten zwischen zwei Vokalen gehören zwei zur folgenden Silbe. aber: Ist der zweite Konsonant ein **s**, so gehört er zur vorhergehenden Silbe.
ins-**tru**-men-to **abs**-**trac**-to trans-**plan**-tar	Von vier Konsonanten zwischen zwei Vokalen gehören jeweils zwei zur vorhergehenden und folgenden Silbe.
tur-**bio** **vie**-jo pre-sen-**ciáis**	Diphthonge (zwei Vokale) und Triphtonge (drei Vokale) werden nicht getrennt.
ahu-mado **ahi**-jar	Ein **h** zwischen zwei Vokalen wird nicht als Konsonant berücksichtigt. Es zerstört keine Diphthonge oder Triphtonge.
an-**he**-lo en-**ho**-ra-bue-na	Steht ein h zwischen einem Konsonanten und einem Vokal, so bleibt es mit dem Vokal verbunden.
ve-**a**-mos **a**-**é**-re-**o** ⚠ *statt:* **a**-**é**reo *bzw.* aére-**o** → aé-reo	Aufeinanderfolgende silbenbildende Vokale können getrennt werden. Ein alleinstehender Vokal am Zeilenende oder -anfang wird aber vermieden.
vi-**ví**-**a**-mos ba-**úl**	Das gilt ebenso für durch Akzent aufgelöste Diphthonge.

VI Die unregelmäßigen Verben Los verbos irregulares

VI.1 Die Hilfsverben

haber

indicativo				condicional	subjuntivo	
presente	**imperfecto**	**indefinido**	**futuro**	**simple**	**presente**	**imperfecto**
he	había	hube	habré	habría	haya	hubiera/-se
has	habías	hubiste	habrás	habrías	hayas	hubieras/-ses
ha	había	hubo	habrá	habría	haya	hubiera/-se
hemos	habíamos	hubimos	habremos	habríamos	hayamos	hubiéramos/-semos
habéis	habíais	hubisteis	habréis	habríais	hayáis	hubierais/-seis
han	habían	hubieron	habrán	habrían	hayan	hubieran/-sen

Partizip: **habido** gerundio: **habiendo** unpersönliche Sonderform: **hay**

ser

indicativo				condicional	subjuntivo		imperativo
presente	**imperfecto**	**indefinido**	**futuro**	**simple**	**presente**	**imperfecto**	**afirmativo**
soy	era	fui	seré	sería	sea	fuera/-se	
eres	eras	fuiste	serás	serías	seas	fueras/-ses	sé
es	era	fue	será	sería	sea	fuera/-se	sea
somos	éramos	fuimos	seremos	seríamos	seamos	fuéramos/-semos	seamos
sois	erais	fuisteis	seréis	seríais	seáis	fuerais/-seis	sed
son	eran	fueron	serán	serían	sean	fueran/-sen	sean

Partizip: **sido** gerundio: **siendo**

estar

indicativo				condicional	subjuntivo		imperativo
presente	**imperfecto**	**indefinido**	**futuro**	**simple**	**presente**	**imperfecto**	**afirmativo**
estoy	estaba	estuve	estaré	estaría	esté	estuviera/-se	
estás	estabas	estuviste	estarás	estarías	estés	estuviera/-ses	está
está	estaba	estuvo	estará	estaría	esté	estuviera/-se	esté
estamos	estábamos	estuvimos	estaremos	estaríamos	estemos	estuviéramos/-semos	estemos
estáis	estabais	estuvisteis	estaréis	estaríais	estéis	estuvierais/-seis	estad
están	estaban	estuvieron	estarán	estarían	estén	estuvieran/-sen	estén

Partizip: **estado** gerundio: **estando**

VI.2 Die wichtigsten unregelmäßigen Verben

infinitivo	presente de indicativo	pretérito indefinido	futuro simple	presente de subjuntivo	imperativo	participio	gerundio
andar	ando	and**uve**	andaré	ande		andado	andando
	andas	and**uviste**	andarás	andes	anda		
	anda	and**uvo**	andará	ande	ande		
	andamos	and**uvimos**	andaremos	andemos	andemos		
	andáis	and**uvisteis**	andaréis	andéis	andad		
	andan	and**uvieron**	andarán	anden	anden		
caber	**quepo**	**cupe**	cab**r**é	**quepa**		cabido	cabiendo
	cabes	**cup**iste	cab**r**ás	**quep**as	cabe		
	cabe	**cupo**	cab**r**á	**quep**a	**quepa**		
	cabemos	**cup**imos	cab**r**emos	**quep**amos	**quep**amos		
	cabéis	**cup**isteis	cab**r**éis	**quep**áis	cabed		
	caben	**cup**ieron	cab**r**án	**quep**an	**quep**an		
caer	cai**g**o	caí	caeré	cai**g**a		caído	cayendo
	caes	caíste	caerás	cai**g**as	cae		
	cae	ca**y**ó	caerá	cai**g**a	cai**g**a		
	caemos	caímos	caeremos	cai**g**amos	cai**g**amos		
	caéis	caísteis	caeréis	cai**g**áis	caed		
	caen	ca**y**eron	caerán	cai**g**an	cai**g**an		
conocer	cono**zc**o	conocí	conoceré	cono**zc**a		conocido	conociendo
	conoces	conociste	conocerás	cono**zc**as	conoce		
	conoce	conoció	conocerá	cono**zc**a	cono**zc**a		
	conocemos	conocimos	conoceremos	cono**zc**amos	cono**zc**amos		
	conocéis	conocisteis	conoceréis	cono**zc**áis	conoced		
	conocen	conocieron	conocerán	cono**zc**an	cono**zc**an		
dar	**doy**	di	daré	**dé**		dado	dando
	das	diste	darás	des	da		
	da	dio	dará	dé	dé		
	damos	dimos	daremos	demos	demos		
	dais	disteis	daréis	deis	dad		
	dan	dieron	darán	den	den		
decir	di**g**o	di**j**e	**dir**é	di**g**a		**dicho**	diciendo
	dices	di**j**iste	**dir**ás	di**g**as	**di**		
	dice	di**j**o	**dir**á	di**g**a	di**g**a		
	decimos	di**j**imos	**dir**emos	di**g**amos	di**g**amos		
	decís	di**j**isteis	**dir**éis	di**g**áis	decid		
	dicen	di**j**eron	**dir**án	di**g**an	di**g**an		
hacer	ha**g**o	**hic**e	**har**é	ha**g**a		**hecho**	haciendo
	haces	**hic**iste	**har**ás	ha**g**as	**haz**		
	hace	**hiz**o	**har**á	ha**g**a	ha**g**a		
	hacemos	**hic**imos	**har**emos	ha**g**amos	ha**g**amos		
	hacéis	**hic**isteis	**har**éis	ha**g**áis	haced		
	hacen	**hic**ieron	**har**án	ha**g**an	ha**g**an		

infinitivo	presente de indicativo	pretérito indefinido	futuro simple	presente de subjuntivo	imperativo	participio	gerundio
ir	voy	fui	iré	vaya		ido	yendo
	vas	fuiste	irás	vayas	ve		
	va	fue	irá	vaya	vaya		
	vamos	fuimos	iremos	vayamos	vayamos		
	vais	fuisteis	iréis	vayáis	id		
	van	fueron	irán	vayan	vayan		
oír	oigo	oí	oiré	oiga		oído	oyendo
	oyes	oíste	oirás	oigas	oye		
	oye	oyó	oirá	oiga	oiga		
	oímos	oímos	oiremos	oigamos	oigamos		
	oís	oísteis	oiréis	oigáis	oíd		
	oyen	oyeron	oirán	oigan	oigan		
oler	huelo	olí	oleré	huela		olido	oliendo
	hueles	oliste	olerás	huelas	huele		
	huele	olió	olerá	huela	huela		
	olemos	olimos	oleremos	olamos	olamos		
	oléis	olisteis	oleréis	oláis	oled		
	huelen	olieron	olerán	huelan	huelan		
poder	puedo	pude	podré	pueda		podido	pudiendo
	puedes	pudiste	podrás	puedas	puede		
	puede	pudo	podrá	pueda	pueda		
	podemos	pudimos	podremos	podamos	podamos		
	podéis	pudisteis	podréis	podáis	poded		
	pueden	pudieron	podrán	puedan	puedan		
poner	pongo	puse	pondré	ponga		puesto	poniendo
	pones	pusiste	pondrás	pongas	pon		
	pone	puso	pondrá	ponga	ponga		
	ponemos	pusimos	pondremos	pongamos	pongamos		
	ponéis	pusisteis	pondréis	pongáis	poned		
	ponen	pusieron	pondrán	pongan	pongan		
querer	quiero	quise	querré	quiera		querido	queriendo
	quieres	quisiste	querrás	quieras	quiere		
	quiere	quiso	querrá	quiera	quiera		
	queremos	quisimos	querremos	queramos	queramos		
	queréis	quisiteis	querréis	queráis	quered		
	quieren	quisieron	querrán	quieran	quieran		
saber	sé	supe	sabré	sepa		sabido	sabiendo
	sabes	supiste	sabrás	sepas	sabe		
	sabe	supo	sabrá	sepa	sepa		
	sabemos	supimos	sabremos	sepamos	sepamos		
	sbéis	supisteis	sabréis	sepáis	sabed		
	saben	supieron	sabrán	sepan	sepan		

infinitivo	presente de indicativo	pretérito indefinido	futuro simple	presente de subjuntivo	imperativo	participio	gerundio
salir	salgo	salí	saldré	salga		salido	saliendo
	sales	saliste	saldrás	salgas	sal		
	sale	salió	saldrá	salga	salga		
	salimos	salimos	saldremos	salgamos	salgamos		
	salís	salisteis	saldréis	salgáis	salid		
	salen	salieron	saldrán	salgan	salgan		
tener	tengo	tuve	tendré	tenga		tenido	teniendo
	tienes	tuviste	tendrás	tengas	ten		
	tiene	tuvo	tendrá	tenga	tenga		
	tenemos	tuvimos	tendremos	tengamos	tengamos		
	tenéis	tuvisteis	tendréis	tengáis	tened		
	tienen	tuvieron	tendrán	tengan	tengan		
traer	traigo	traje	traeré	traiga		traído	trayendo
	traes	trajiste	traerás	traigas	trae		
	trae	trajo	traerá	traiga	traiga		
	traemos	trajimos	traeremos	traigamos	traigamos		
	traéis	trajisteis	traeréis	traigáis	traed		
	traen	trajeron	traerán	traigan	traigan		
traducir	traduzco	traduje	traduciré	traduzca		traducido	traduciendo
	traduces	tradujiste	traducirás	traduzcas	traduce		
	traduce	tradujo	traducirá	traduzca	traduzca		
	traducimos	tradujimos	traduciremos	traduzcamos	traduzcamos		
	traducís	tradujisteis	traduciréis	traduzcáis	traducid		
	traducen	tradujeron	traducirán	traduzcan	traduzcan		
valer	valgo	valí	valdré	valga		valido	valiendo
	vales	valiste	valdrás	valgas	vale		
	vale	valió	valdrá	valga	valga		
	valemos	valimos	valdremos	valgamos	valgamos		
	valéis	valisteis	valdréis	valgáis	valed		
	valen	valieron	valdrán	valgan	valgan		
venir	vengo	vine	vendré	venga		venido	viniendo
	vienes	viniste	vendrás	vengas	ven		
	viene	vino	vendrá	venga	venga		
	venimos	vinimos	vendremos	vengamos	vengamos		
	venís	vinisteis	vendréis	vengáis	venid		
	vienen	vinieron	vendrán	vengan	vengan		
ver	veo	vi	veré	vea		visto	viendo
	ves	viste	verás	veas	ve		
	ve	vio	verá	vea	vea		
	vemos	vimos	veremos	veamos	veamos		
	veis	visteis	veréis	veáis	ved		
	ven	vieron	verán	vean	vean		

Register
Índice

In dieser Liste kannst du alle grammatischen Begriffe auf **spanisch** und **deutsch** sowie spanische und deutsche Stichwörter nachschlagen. Suchst du einen Begriff, der aus einem Substantiv und einem anderen Wort besteht, schlag zuerst unter dem Substantiv nach. Wenn du z. B. den Begriff „bestimmter Artikel" suchst, musst du unter „Artikel" nachsehen. Dort findest du: Artikel, bestimmter S.20/2.1. Das bedeutet: Seite 20, Abschnitt 2, Unterabschnitt 1. Manchmal findest du auch die folgenden Angaben: S.75/4.3.1 = Seite 75, Abschnitt 4, Unterabschnitt 3, Unterpunkt 1; S.207/Z = Seite 207, Zusatzwissen; S.135/Ü = Seite 135, Übersicht (Auf einen Blick).

A

F

G

H

I

J

K

L

M

N

O

P